Der Mythos vom Volksbuch

Hans Joachim Kreutzer

Der Mythos vom Volksbuch

Studien zur Wirkungsgeschichte des frühen deutschen Romans seit der Romantik

1977
J. B. Metzlersche Verlagsbuchhandlung Stuttgart

CIP-Kurztitelaufnahme der Deutschen Bibliothek

Kreutzer, Hans Joachim
Der Mythos vom Volksbuch: Studien zur Wirkungsgeschichte
d. frühen dt. Romans seit d. Romantik. –
1. Aufl. – Stuttgart: Metzler, 1977.
ISBN 3-476-00338-8

Für den Umschlag wurde das Melusine-Motiv verwendet aus:
M. Geldner, Die deutschen Inkunabeldrucker, 2. Band,
Anton Hiersemann, Stuttgart, 1970.
(Jean d'Arras: Mélusine. Lyon: Martin Huß um 1477.)

ISBN 3 476 00338 8

Satz und Druck: Gulde-Druck, Tübingen
Printed in Germany

Inhalt

FÜR MARIANNE

Vorwort

Diese Studie ist ein erstes, für ihren Verfasser in dieser Form nicht erwartetes Ergebnis des Versuchs, die Überlieferungsgeschichte und Texttypologie des deutschen Romans im 15. und 16. Jahrhundert zu beschreiben. Sie ist nicht primär aus einer Beschäftigung mit den Autoren, von denen sie vornehmlich handelt, hervorgegangen, also den Entdeckern, Freunden und Erforschern der »Volksbücher«, sondern aus dem praktischen Umgang mit Handschriften und Frühdrucken: ihr Ursprung liegt in dem Erstaunen über die Diskrepanz zwischen dem Erscheinungsbild der Überlieferung und den Aussagen der Wissenschaft über diese Bücher. Die Frage nach den Gründen für diese Diskrepanz führte notwendig sowohl in die Wissenschaftsgeschichte wie in die Literaturgeschichte, insbesondere zu einer kritischen Prüfung der Wirkungsgeschichte derjenigen Literatur, die seit der Romantik mit dem Begriff »Volksbuch« etikettiert wird. Im Anfang ein Produkt der Rezeption eines breiten Spektrums frühneuzeitlicher Literatur, wandelt dieser Begriff sich allmählich zu einem Organon der Rezeption, nunmehr ausschließlich von Erzählwerken, vor allem des frühen deutschen Romans.

Unter dem Vorzeichen des Volksbuchbegriffs ließe sich die Geschichte der Erforschung des frühen deutschen Romans kurzgefaßt als die Geschichte eines wissenschaftlichen Irrtums bezeichnen, doch liegt in einer Denunziation der Geschichte auch und gerade in wissenschaftsgeschichtlicher Absicht keinerlei Sinn. Die Vorstellungen, die sich mit diesem Begriff verbinden, sind wesentliche Bestandteile der Literaturgeschichtschreibung und sie wären es nicht, wenn sie nicht auch Teil der Geschichte unserer Literatur wären. Eine kritische Vergewisserung über die einzelnen Elemente dieser Vorstellungen ist darum eine unabdingbare Voraussetzung für den Zugang zu den Phänomenen, die der Begriff »Volksbuch« zu bezeichnen vorgibt.

Mit einigen Hinweisen auf die Entstehung dieses Buches bringe ich zugleich meinen Dank an diejenigen zum Ausdruck, die daran Anteil haben. – Die praktischen Voraussetzungen für meine Arbeit gaben mir die Bibliotheken, in denen ich längere Zeit zu Gast sein konnte: die Arbeitsstelle des Gesamtkatalogs der Wiegendrucke in der Inkunabelabteilung der Deutschen Staatsbibliothek Berlin, die Handschriftenabteilung der Staats- und Universitätsbibliothek Hamburg, die Handschriften- und Inkunabelabteilung der Bayerischen Staatsbibliothek München, die Herzog August Bibliothek Wolfenbüttel, die Handschriftenabteilung der Zentralbibliothek Zürich. Vor allen jedoch sei genannt die Niedersächsische Staats- und Universitätsbibliothek Göttingen, die ihre seit alters und zu Recht gerühmte »Liberalität der Benutzung« auch mir gegenüber bewährte.

Karl Stackmann hat meine Arbeiten mit gutem Rat begleitet; Albrecht Schöne und er vertraten das Vorhaben gegenüber der Deutschen Forschungsgemeinschaft, von der ich ein Habilitationsstipendium erhielt. Der Druckfassung ist insbesondere Rudolf Schendas freundliches Interesse zugute gekommen. Die Philosophische Fakultät der Georg-August-Universität Göttingen hat die Arbeit 1975 als Habilitationsschrift angenommen.

I. Einführung: Problematik der Gegenstandsbestimmung

Eine umfassende Darstellung des deutschen Romans im 15. und 16. Jahrhundert ist heute noch in weitem Felde. Dieses Kapitel der deutschen Literaturgeschichte ist einerseits noch zu wenig überschaubar in den Details des konkreten historischen Lebens der Texte, anderseits sind die allgemeinen großen Grundlinien für seine literaturwissenschaftliche und literaturgeschichtliche Beurteilung weithin kontrovers geblieben. Haben wir es hier mit Spätformen, vielleicht auch Verfallsformen mittelalterlicher Literatur oder mit Vorboten einer literarischen Neuzeit zu tun? Verrät sich die Unsicherheit des historischen Urteils nicht schon darin, daß dabei so oft von einer »Vorstufe« des modernen Romans gesprochen wird?

Überlieferungsgeschichte auf der einen, Gattungstheorie und -geschichte auf der anderen Seite bilden die grundlegenden Voraussetzungen für die Beantwortung dieser Fragen. Eine bedeutsame Rolle unter den Prämissen für die Lösung dieser Probleme kommt jedoch den Vorstellungen zu, die die Forschung, angeregt von der literarischen Produktion und der literarischen Kritik und im Verein mit beiden, seit dem späten 18. Jahrhundert dazu selbst entwickelt hat. Dieses historisch gewachsene Vor-Urteil kristallisiert sich in der Hauptsache um den Begriff »Volksbuch«. Mag man es als notwendige Erkenntnisvoraussetzung akzeptieren oder als eher lästiges Hindernis ansehen – es stellt sich mit erstaunlicher Hartnäckigkeit und, je länger man sich mit ihm beschäftigt, anscheinend um so unverrückbarer vor den Gegenstand und macht ihn unkenntlich. Eines der ersten Erfordernisse bei der Erforschung dieser Romanliteratur ist darum notwendig eine kritische Überprüfung des Volksbuchbegriffs. Seine geschichtliche Entwicklung soll hier analysiert werden.

In der Geschichte der Literatur bieten sich verschiedene Anwendungsmöglichkeiten des Volksbuchbegriffes. In der vorliegenden Untersuchung geht es primär um »Volksbuch« als Bezeichnung für die deutsche erzählende Literatur des 15. und 16. Jahrhunderts, nicht etwa um volkstümliche oder »triviale« Literatur schlechthin. Die Frage, wie volkstümlich dieser Romantypus in seiner Zeit war, ob er überhaupt volkstümlich war, ist erst aufgrund detaillierter überlieferungsgeschichtlicher Analysen zu beantworten, die auch die Sozialgeschichte der Überlieferungsträger berücksichtigen. Dabei ist allerdings die Hypothese, daß die deutsche Romanliteratur im 15. und 16. Jahrhundert einen besonderen Typus aufweise, nicht unproblematisch. Stofflich hängen diese »Romane« ja fast alle in irgendeiner Form von antiken und mittelalterlichen, im letzteren Falle überwiegend von französischen Vorbildern ab, und auch gegen jüngere Formen des Romans ist eine zeitlich abschließende Grenze schwer zu ziehen. Es sind nicht zuletzt die Formen der Tradierung, die dieser Textgruppe einen gewissen Zusammenhalt verleihen, und zwar auch über verschiedene geschichtliche Epochen hinweg.

Die jüngere Wirkungsgeschichte der frühneuzeitlichen erzählend-unterhaltenden Literatur seit der Romantik unterscheidet sich von der der vorangehenden Jahrhunderte dadurch, daß sie bewußt gepflegt wurde. Philologie und Literaturgeschichte unterstützten diesen Vorgang im Laufe des 19. Jahrhunderts in zunehmendem Maße, auch durch Textpublikationen verschiedenster Art. Eines der Hauptresultate dieser von Literaten und Wissenschaftlern seit der Romantik bewußt geförderten Wirkungsgeschichte des frühen deutschen Romans ist der Volksbuchbegriff. Er behindert heute vornehmlich die historisch angemessene Einschätzung der ersten Stufe in diesem ganzen Traditionsprozeß, auf der im 15. und 16. Jahrhundert diese Gruppe von längeren Erzähltexten in Prosa überhaupt entstanden ist. Darüber hinaus erschwert der Volksbuchbegriff die Unterscheidung einzelner erzählender Gattungen. Das hängt damit zusammen, daß mit ihm immer schon Überlieferungs- und Rezeptionsfaktoren angesprochen werden. Gerade solche Funktionssymbiosen erleichtern aber die Aufgabe nicht, zwischen Roman und anderen erzählenden Formen als Textgattungen zu differenzieren.

Ich gehe in meiner Untersuchung von der Hypothese aus, daß der frühe deutsche Roman, indem man ihn zum »Volksbuch« stilisierte, der normalen wissenschaftlichen Erforschung, wie sie bei anderen Gattungen erfolgte, bis zu einem gewissen Grade enthoben wurde. Deshalb spreche ich von einem »Mythos«. Seine Entstehung und seine wichtigsten Umgestaltungen zu verfolgen, ist die Absicht dieser Studie. Ausgangspunkt bleibt dabei immer die hypothetisch vorausgesetzte Entität »deutscher Roman der frühen Neuzeit«, das muß gerade wegen der vielen zu berührenden eigengesetzlichen Sachgebiete hervorgehoben werden, die jedes für sich potentiell in der Lage wären, das Zentrum der Arbeit zu sich herüberzuziehen: Überlieferungsgeschichte, Gattungslehre, Untersuchung publikums- oder schichtenbezogener Lesestoffe, Literatursoziologie, politische Geschichte, Methodengeschichte des Faches, Geschichte des Romans im europäischen Vergleich usw. Da jedoch die Frage nach dem frühen Roman alle anderen hier zu erörternden Fragen bestimmt, ist stets von seiner Wirkungsgeschichte die Rede, nicht von seiner Rezeptionsgeschichte. Letztere würde unvermeidlich in der Hauptsache auf das Thema des Fortlebens mittelalterlicher Literatur, namentlich im 19. Jahrhundert, führen.

Mit der Festlegung auf die deutschsprachigen Prosaerzählwerke größeren Umfangs aus dem 15. und 16. Jahrhundert – um eine vorsichtigere Formulierung zu wählen, als sie sich aus der Hypothese von der Existenz eines deutschen Romans in dieser Zeit ergibt – sind unvermeidlich einige Vorentscheide über Gegenstand wie Verfahren der Untersuchung getroffen. Die Zahl solcher Vorentscheide sollte jedoch möglichst klein gehalten werden, um den erst zu bestimmenden Gattungsspielraum nicht unnötig einzuengen. Auch aus diesem Grund verbietet es sich, entschiedener zugreifende Bezeichnungen zu wählen und zum Beispiel von den »ältesten deutschen Prosaromanen« zu sprechen – wobei die Tatsache einmal beiseite gestellt sei, daß wir auch schon im 13. Jahrhundert mit der Existenz mindestens eines Repräsentanten dieses Gattungstyps in deutscher Sprache rechnen, der aber vor dem 15. Jahrhundert wahrscheinlich keine kontinuierliche Tradition besaß, dem *Lancelot* [1]. Bei der vielfach angewandten Bezeichnung »Prosaroman« will zunächst nicht recht einleuchten, warum die von der literarischen Neuzeit her gesehen anscheinend tautologische Aussage, daß Romane in Prosa verfaßt seien, überhaupt erforderlich ist. Im Gebrauch dieses Wortes kommt eine gewisse Verlegenheit hinsichtlich der Gattungszugehörigkeit dieser Texte zum Ausdruck. Zwar spricht die Mittelalterphilologie bei Erzählwerken in Versen, sogar bei strophischen, ebenfalls von »Romanen«, doch das mag darauf zurückgehen, daß man diesen Sprachgebrauch ohne explizite Rechtfertigung von der Neuzeit per analogiam auf ihre Gegenstände übertragen hat. Daß man vom »Barockroman« spricht, in der Absicht, ihn vom neuzeitlichen zu unterscheiden, hat sich auch beim Nichtfachmann eingebürgert. Doch jenseits des Barockzeitalters breitet sich allenthalben Unsicherheit aus: an dieser Grenze beginnt die Nacht der dunklen Jahrhunderte zwischen Mittelalter und Neuzeit. Bezeichnenderweise endet hier, jedenfalls für den deutschen Sprachraum, auch das literaturgeschichtliche Bewußtsein des Literaturliebhabers.

Als aushilfsweise zu verwendendes Merkzeichen bei der Orientierung in der terra incognita zwischen Mittelalter und Neuzeit pflegt sich dann als Benennung von Werken der erzählenden Literatur allenfalls noch der Terminus »Volksbücher« einzustellen. Doch wer die Entstehungsbedingungen und Überlieferungsformen dieser sogenannten Volksbücher aufmerksam betrachtet, wird an den Punkt gelangen, an dem er sich mit wachsendem Mißtrauen gegenüber diesem Begriff zu fragen beginnt, ob es Volksbücher überhaupt gebe, zumindest: ob es sie in der Inkunabel- und Frühdruckzeit gegeben habe. Er muß sich überdies eingestehen, daß die Eingrenzung dieser Gruppe von Texten augenscheinlich ganz unsicher ist und daß die Texte Veränderungen unterliegen. Strenggenommen sollte man, wenn es um einen über längere Zeit überlieferten Titel geht, gar nicht von Texten, sondern allenfalls von »Geschichten« sprechen. Die Frage nach der textlichen Konstanz dieser teilweise über mehrere Jahrhunderte hin mehr oder minder kontinuierlich in verschiedenen Formen tradierten Werke muß in jedem Einzelfall gestellt werden. Am Aufbau der Erzählungen wird zwar nur selten etwas geändert, doch ist ihre in oft kurzen Abständen vorgenommene Anpassung an gewandelte geschmacksgeschichtliche, hier und da auch lesersoziologisch faßbare Bedürfnisse an mannigfachen stilistischen Merkmalen kenntlich. Auch Mehrfachbearbeitungen und gänzliche Umsetzung in ein neues, zeitgemäßeres Gewand kommen vor.

Es bereitet zugegebenermaßen Schwierigkeiten, den Terminus »Roman« ohne weiteres auf die in ihrer Mehrheit anonym erschienenen Werke der frühen Neuzeit anzuwenden. Dabei wirkt die in der Neuzeit im engeren Sinne schwerlich wegzudenkende Vorstellung von einer mit der Gattung Roman vorauszusetzenden Verfassergestalt mit, die durch einen Bearbeiter, etwa gar in der Funktion eines Übersetzers, nicht adäquat übernommen werden kann, und damit zugleich, tiefergehend, die Anschauung, daß der Roman, wie wir ihn heute sehen, eine fiktive Welt als Schöpfung eines sie prägend bedingenden Autor-Individuums sei. Dieser Schöpfung einer fiktiven Welt scheint nach heutigen Vorstellungen eine Übersetzung oder sonstige sprachliche Transformation von Erzählwerken, die in hohem Grade typisierten Schemata unterliegen, aber nicht zu entsprechen. Solange die Lehre von den literarischen Gattungen den Roman der Neuzeit schlechthin und ausschließlich als Repräsentanten der ganzen Gattung in Anspruch nimmt, bleibt der Begriff Roman in seiner Geltung auf die Geschichte des Romans seit dem 17. Jahrhundert, strenggenommen überhaupt erst seit der Entstehung des bürgerlich-realistischen Romans im 18. Jahrhundert, begrenzt. Einer Zuweisung zur Gattung Roman verweigern sich unter diesen Bedingungen nicht nur der Roman der Antike, sondern auch der des Mittelalters, damit indirekt aber auch die Werke, auf die herkömmlich die Bezeichnung »Volksbücher« angewandt wird. Erzählwerke in Versen scheiden als Artverwandte dann grundsätzlich aus: die »natürliche Sprache« von Romanfiguren ist die Prosa.

Diese Studie möchte dafür plädieren, den engeren, neuzeitlichen Romanbegriff, der aus ganz bestimmten, konkreten historischen Beispielen entwickelt ist und deshalb keineswegs Anspruch auf allgemeine Geltung besitzt, durch die Einbeziehung eines weiteren Paradigmas zu erweitern, das aber infolge seiner besonderen geschichtlichen Stellung stets zum Mittelalter und zur Antike hin offen bleibt [2]. Mehr als Anhaltspunkte für eine historisch wie systematisch angemessene Einschätzung der Romane des 15. und 16. Jahrhunderts wird man dabei zunächst nicht erwarten dürfen. Um zu einer genaueren Beurteilung zu gelangen, müßte man außer der in vielen Indizien greifbaren Selbstauffassung des frühen deutschen Romans vor allem seine Überlieferungsgeschichte untersuchen. Beides muß gesonderter Darstellung vorbehalten bleiben. Dabei ist allerdings nicht nur die gesamte handschriftliche Überlieferung – einschließlich des besonderen Problems der Mischüberlieferung von Handschriften und Drucken in der Frühdruckzeit – zu berücksichtigen, sondern diese muß vor den Hintergrund der in dieser Zeit ja überaus reichlich fließenden Überlieferung mittelalterlicher erzählender Literatur, der höfisch-aventiurehaften wie der Heldendichtung, gestellt werden.

Die hier zunächst in abstracto angedeuteten, gegenwärtig nicht ohne weiteres aufzulösenden Schwierigkeiten der literarhistorischen und literaturwissenschaftlichen Begriffsbildung seien durch praktische Beispiele veranschaulicht. Dazu soll eine kurzgefaßte kritische Übersicht über die leitenden Gesichtspunkte dienen, unter denen der frühe deutsche Roman namentlich in modernen Handbüchern beschrieben wird. Die in Handbüchern und auch Spezialuntersuchungen anzutreffende, im allgemeinen sehr problematische Darstellung des frühen deutschen Romans ist in ihren wesentlichen Zügen als Resultat seiner Wirkungsgeschichte zu verstehen. Es ist zunächst einmal erforderlich, den vollen Umfang dieser Problematik vor Augen zu führen. Das Grundproblem besteht dabei darin, daß es unmöglich ist, Fragen wie etwa die Überlieferungsweise oder die Erzählformen einer bestimmten Gruppe von Texten zu untersuchen, da diese Textgruppe allererst zu definieren wäre.

Der Eindruck, der sich schon bei flüchtigem Zusehen ergibt, bestätigt sich bei genauerem Studium: der in Frage stehende Gegenstand erweist sich nach der Praxis unserer literaturgeschichtlichen und literaturwissenschaftlichen Darstellungen als in höchstem Maß unscharf gezeichnet, ja als nahezu konturlos. Nimmt man alle die Werke zusammen, die im Laufe der – grob gerechnet – letzten zwei Jahrhunderte irgendwann einmal mit der Prosaerzählung des 15. und 16. Jahrhunderts in Verbindung gebracht worden sind, so hat man einen sehr großen Teil der in dieser Zeit überhaupt produzierten und reproduzierten weltlichen Literatur in Prosa beieinander. Es ist deshalb gut verständlich, daß Wolfgang Stammler einmal den Versuch gemacht hat, die mittelalterliche Prosa überhaupt als eine Art literarischer Gattung zu etablieren, und dies unter großzügiger, d. h. weiträumiger Anwendung des Begriffs »Mittelalter« [3]. Allein, es geht hier nicht um das bloße Unbehagen an unbefriedigenden Klassifikationen [4]. Solange nicht nachgewiesen ist, worauf dieses Unbehagen beruht, ist jeder neue Versuch in Gefahr, alte Fehler, wenn auch unbewußt, wiederaufzunehmen.

Es erweist sich als besonders günstig für unser Vorhaben, daß unlängst wieder eine Gesamtdarstellung dieser speziellen Epoche erschienen ist, Hans Rupprichs *Vom späten Mittelalter bis zum Barock,* die Jahre von 1370 bis 1570 umfassend [5]. In diesem Stoffbuch wird der gesamte uns hier interessierende Zeitraum, mit allen überhaupt nur in Betracht zu ziehenden Texten, behandelt, Rupprich hat sich auch bemüht, differenzierte Bezeichnungen für die einzelnen Werke zu wählen, offenbar in der Absicht, sie ihrem jeweiligen Eigencharakter gemäß zu kennzeichnen. Das führt zur Einrichtung vieler kleiner Untergattungen. Bei Rupprich finden sich weit über 40 verschiedene Termini für umfangreichere Werke der Erzählliteratur. Natürlich kann das nicht heißen, daß es tatsächlich so viele Arten gibt. Diese Vielfalt ist aber gewiß nicht sachnotwendig – zumal in einigen Fällen auch mehr als ein Terminus für ein und denselben Text gebraucht wird –, sie ist offensichtlich die Konsequenz aus einer inkohärenten Spezialforschung. Eine Erörterung über die Zweckmäßigkeit einzelner Bezeichnungen ist an dieser Stelle nicht sinnvoll, deshalb mögen sie einfach aufgezählt werden, wobei ich nach den beiden Polen »Roman« und »Volksbuch« ordne:

Roman, Prosaroman, komischer Roman, humoristischer Roman, Ritterroman, französischer Ritterroman, heroischer Abenteuerroman, höfischer Abenteuerroman, höfischer Versroman, Epos, Heldenroman, griechischer Roman, spätgriechischer Roman, spanischer Schelmenroman, bürgerlicher Erziehungs- und Familienroman, Volksroman, Renaissanceroman, Renaissancenovelle, Renaissance-Novellistik, Erzählung, Prosaerzählung, historische Erzählung, romanhafte Prosaerzählung, Legendenerzählung, Lehrerzählung, ritterliche Erzählung, ritterliche Gattung, Historie, Prosa-Historie, Geschichte, Prosaepik, Prosafassung, Auflösung eines Versepos, Prosaisierung, Übersetzung, Übertragung, Neuschöpfung, die Prosa (als Bezeichnung für ein einzelnes Werk), unterhaltende Prosaliteratur, Schwankbuch, Volksbuch-Literatur, Prosavolksbuch, Volksbuch, wirkliches Volksbuch. Diese Ausdrücke bezeichnen fast alle einzelne Titel oder relativ kleine Gruppen von Titeln.

Die Zusammenstellung muß in dieser Form den Eindruck einer gewissen Hilflosigkeit erwecken, doch sind trotz der Variationsbreite Rahmenvorstellungen über einen geschichtlichen Wandel der literarischen Formen erkennbar: vom (Vers-)Epos vollzieht sich durch Übersetzung und Prosaisierung eine Entwicklung zu romanhaften Formen (mit dem Terminus »Roman« geht Rupprich vorsichtig um), die dann zu Volksbüchern werden. In diesem Sinne heißt es z. B.: »Es kommt zur Ausbildung romanhafter Prosaerzählungen hauptsächlich durch Übersetzungen aus dem Französischen, durch Auflösung mittelhochdeutscher Versepen, ja schließlich zur Entstehung der Prosa-Historie vom *Fortunatus.*« [6] Mit einer solchen Abfolgevorstellung verbindet Rupprich jedoch auch ein literarisches Schichtenmodell: »Bei der Prosaepik muß man unterscheiden zwischen den Prosaromanen von literarischem Anspruch und dem Volksbuch der niederen Unterhaltungssphäre. Das letztere ist eine literarische Erscheinung erst des 16. Jhs.« [7] Rupprich läßt jedoch die Frage unerörtert, was im 16. Jahrhundert denn eigentlich an anspruchsvoller Romanliteratur n e b e n dem »Volksbuch der niederen Unterhaltungssphäre« existierte, anders formuliert: ob sich im 16. Jahrhundert ein Absinkvorgang vollzog, der das gesamte Genus betraf, oder ob literarisch anspruchsvolle Werke und solche der »niederen Unterhaltungssphäre« nebeneinander standen.

Es scheint jedoch so, als ob Rupprich auf der anderen Seite das ganze 16. Jahrhundert als eine Warte- und Vorbereitungszeit für die Herausbildung »richtiger« Romanformen ansähe: »Das in Umbildung begriffene gesellschaftliche Leben Deutschlands war nicht angetan, aus eigenen Kräften Erzählungen zu einer geschlossenen Romantradition aufzubauen.« [8] Lassen wir die vielstrapazierte These vom Übergangscharakter des Zeitalters auf sich beruhen, ebenso auch die Geltung einer derart rudimentären Verursachungstheorie gesellschaftlicher Bedingungen für literarische Phänomene, so bleibt die Frage, wie die Geschichte der Erzählformen im Rahmen der binnenliterarischen Entwicklung zu bewerten ist. Rupprich neigt zur Skepsis, indem er das Übergängliche betont: »Die Volksbücher, die Prosaepik eines Wickram und Fischart, die verschiedenen Arten der Selbstzeugnisse, die Rezeption des *Amadis* und des spätgriechischen Romans zielen auf die Ausbildung eines deutschen Prosaromans im Barockzeitalter.« [9] Doch seine Urteile sind, aufs Ganze gesehen, uneinheitlich. Über Jörg Wickram heißt es einerseits: »Die romanhaften Prosaerzählungen zeigen bei Jörg Wickram Ansätze zur Ausbildung eines Prosaromans [...]« [10], an anderer Stelle aber legt Rupprich diese Zurückhaltung beiseite: »Wickram ist der repräsentative Romanautor des deutschen Bürgertums im 16. Jahrhundert. Sein Weg führte von der noch halb ritterlichen Erzählung zum bürgerlichen Erziehungs- und Familienroman.« [11]

Generell müßte man mit Rupprich feststellen: Bücher sind nicht Volksbücher, sie werden es allenfalls. Eine Ausnahme von dieser Regel bildet lediglich die von den Germanisten seit alters hoch eingeschätzte *Historia von D. Johann Fausten* [12], denn sie »beginnt sofort als Volksbuch« [13]. Gleichwohl entspricht sie offenbar zugleich hohen qualitativen Maßstäben: »Wohlüberlegte Komposition der Historie, die psychologische Fundierung, die Buntheit des Geschehens, das Weltbild zeigen, was aus der Legenden-, Sagen- und Volksbuchtradition an eigenen Schöpfungen zum Roman hin möglich war.« [14]

Das ausschlaggebende Kriterium dafür, daß ein Buch zu einem Volksbuch wird, ist nach landläufiger und auch bei Rupprich wiederholter

Ansicht ein hoher Verbreitungsgrad, der an der Zahl der Auflagen und der Dauer der Verbreitung abzulesen wäre. Damit ist aber weder gesagt, wie hoch die Verbreitung sein muß, um das Prädikat »Volksbuch« zu rechtfertigen, noch vor allem, wie denn ebenderselbe Text unter Gattungsgesichtspunkten einzuordnen ist, solange er eine solche Verbreitung noch nicht gewonnen hat. Diese Frage entsteht bei jedem Text in der Frühzeit seiner Verbreitung, bei Handschriften, bevor ihr Text gedruckt wurde und auch, wenn er nie in den Druck gelangte, aber auch noch beim ersten Druck selbst. Die literarischen Kategorien und die der Rezeption von Literatur werden hier offensichtlich vorschnell miteinander kombiniert.

Ähnliche Schwierigkeiten entstehen, sobald man es mit Texten geringer Wirkung zu tun hat, wenn sich deren Beschaffenheit nicht von der solcher Texte unterscheidet, die größere Verbreitung gewannen. Rupprich spricht einerseits davon, es bedürfe »einer – längeren oder kürzeren – literarischen Entwicklung, bis die für ein Volksbuch erforderliche große Beliebtheit und weite Verbreitung erreicht war« [15], und folgert im Einzelfall scheinbar konsequent: »Nicht zu Volksbüchern wurden die Prosaisierungen des *Wilhelm von Österreich* [...] und des *Barlaam und Josaphat* [...]« [16]. Im Gegensatz zu diesem Prinzip bezeichnet er dann aber auch Erhart Lurckers *Giletta* als Volksbuch, »das allerdings keine besonders weite Verbreitung fand« [17]. Diese Inkonsequenzen sind einfach durch gründliches, ja ausgiebiges Exzerpieren bei fehlenden eigenen Konzeptionen entstanden, und gleichgültig, ob man dieses Verfahren für ein Handbuch im Grundsatz akzeptiert oder nicht, sie bringen jedenfalls im einzelnen die widersprüchlichen Ergebnisse der zugrundeliegenden Forschung an den Tag.

In welchem Maße speziell die Anlage der Literaturgeschichte Rupprichs einem Bedürfnis nach möglichst breitgefächerter Darstellung des ganzen Problemumfangs, nicht nach einer bestimmten Problemlösung, entgegenkommt, zeigt indirekt ein Vergleich mit der ungefähr gleichzeitig erschienenen von Heinz Otto Burger (*Renaissance – Humanismus – Reformation*, 1969), die nach nahezu entgegengesetzten Prinzipien verfährt [18]. Für Burgers Literaturgeschichte gelten im Vergleich zu anderen insofern Sonderbedingungen, als der Verfasser ganz überwiegend auf die lateinsprachlich gebildete Schicht von produzierenden und rezipierenden Teilnehmern am literarischen Prozeß abstellt, d. h. auf die im engeren Sinn »literaturtragenden« Schichten. Dadurch fällt sehr vieles von vornherein aus der Betrachtung heraus, von den hier interessierenden Texten z. B. kommen nur ganz wenige in den Blick. Burger gibt nun nicht lediglich wieder, was die Forschung bereitstellt, sondern er versucht sich selbst an einer Romandefinition, und zwar nicht in der Weise, daß er mehrere Texte nach den ihnen gemeinsamen Merkmalen zusammenfaßt, sondern er deklariert einen von ihnen nach seinen charakteristischen Merkmalen zum Exempel einer Gattung.

Dabei knüpft Burger nur scheinbar an Wolfgang Liepe an: »Man darf mit gewissen Vorbehalten Wolfgang Liepe folgen und bei Elisabeth von Nassau die Geschichte des Prosaromans in Deutschland beginnen lassen.« [19] Das dürfte zunächst jedermann so verstehen, als genüge dies eine Beispiel noch nicht, als sei die Sachlage komplizierter. Die von Burger gemachten Vorbehalte beziehen sich aber im Gegenteil darauf, daß er einen der vier Romane Elisabeths, und diesen nicht wegen der Bearbeiterin, sondern wegen des französischen Originals, heraushebt und ihm den Rang des Typischen zuspricht: »Doch liegt es an der Verschiedenheit der Originale, daß nur allenfalls bei *Hugo* [!] *Scheppel* gesagt werden kann, mit ihm beginne die Geschichte des deutschen Romans.« [20] Wenig später wird ausgeführt, in welchem Sinne das gelten soll und unter welchem Leitstern die Geschichte des deutschen Romans damit stünde: »Lust am Kraftvoll-Abenteuerlichen verbindet sich mit Lust am Desillusionieren: der zweifache Impetus macht hier das Wesen des Romanhaften aus [...]. ›Romane‹ in solchem Sinn entsprechen der Zeitenwende, an der sich die bisherigen Lebensordnungen mehr und mehr dem Illusions- und Ideologieverdacht aussetzen, und vieles für unmöglich Gehaltene auf einmal möglich wird. *Hugo Scheppel* bestätigt die Romantheorie von Georg Lukács, daß im Epos der abgeschlossene Kosmos, Ordnung und Gesetz literarischen Ausdruck fänden, der Roman hingegen Ausdrucksmittel des offenen Kosmos, der Freiheit, der unbegrenzten Möglichkeit sei.« [21] Es ist leicht einzusehen, daß die Wahl des *Huge Scheppel* als typisches Beispiel für den Beginn des deutschen Romans unmittelbar von dem Versuch Burgers abhängig ist, die deutsche Literatur dieser Zeit als eine Renaissanceliteratur (mit mancherlei Spielarten) darzustellen. Eine Überprüfung der Hypothese vom Verlauf der Romangeschichte im 15. Jahrhundert, die Burger hier aufstellt, hätte also bei seiner Auffassung von deutscher Renaissanceliteratur einzusetzen.

Diese im Grunde eher dem Charakter einer Spezialuntersuchung entsprechende Hypothese Burgers ergänzt den bisherigen Konspekt von Teilansichten um zwei weitere und für die Diskussion um die Geschichte des Romans im ganzen charakteristische Züge. Der eine ist allgemeiner Natur: ein bestimmtes Paradigma aus der Historie wird verabsolutiert; es liegt auf der Hand, daß schon der höfische Roman des 17. Jahrhunderts Burgers Konzept (oder auch dem von Lukács) nicht entspricht – womit nicht gesagt sein soll, daß die Romane des 15. Jahrhunderts, ja selbst der *Huge Scheppel* von Burger zutreffend gedeutet seien. Zweitens: es ist nur ein Spezialfall dieses methodischen Prinzips, wenn die Gattungsdiskussion immer wieder auf einen ganz bestimmten

Romantypus zurückkehrt, nämlich auf den bürgerlich-realistischen, mehr vom individuellen Charakter als von Begebenheiten ausgehenden, der im 18. Jahrhundert entstand und zuerst in England ausgeprägte Vertreter besaß. Daß dieser Typus auch der Definition Burgers zugrunde liegt, belegt schon die Berufung auf Lukács, der unter Roman im wesentlichen einige der großen bürgerlichen Romane des 19. Jahrhunderts versteht, und zwar ausschließlich solche, die die Tradition des bürgerlich-realistischen Romans fortsetzen [22]. Auch in anderen Darstellungen bleiben die Gründe für den Vorgang, der aus einem Buch ein »Volksbuch« entstehen läßt, etwa auch einen Roman in ein »Volksbuch« umwandelt, undeutlich. Außer mit einem quantitativ nicht exakt angegebenen Verbreitungsgrad wird dabei gemeinhin auch mit einer Art sozialem Absinkprozeß der Lesestoffe gerechnet, der zwar ebenfalls nicht genauer beschrieben oder gar begründet, aber oft mit negativem Vorzeichen versehen wird. Als Beispiel für solche lediglich andeutenden Aussagen im Rahmen dieser Depravationstheorie sei, stellvertretend für viele, diejenige Siegfried Beyschlags in den *Annalen der deutschen Literatur* zitiert: »Das Charakteristische und Zukunftsweisende dieser vier Romane [der Gräfin Elisabeth von Nassau-Saarbrücken] ist die realistische Atmosphäre, in der die Ritter und hochadeligen Gestalten leben: [...] Solche, am einstigen höfischen Epos gemessen, grobschlächtige Wirklichkeit läßt diese Romane [...] *Volksbuch* werden.« [23] Symptomatisch an diesen Sätzen ist nicht zuletzt die Annahme eines Umwertungsvorgangs, der im 15. Jahrhundert Verfallsformen mittelalterlicher Dichtungen zu Grundlagen für Neuentwicklungen werden läßt [24]. – Aus einem Vergleich der einschlägigen Beiträge in den *Annalen* gewinnt man nicht den Eindruck vom Vorhandensein einer einheitlichen Konzeption, was die frühe Geschichte der Romangattung anlangt. Richard Newald zumindest deutet im anschließenden Abschnitt an mehreren Stellen an, daß der »Prosaroman« dieser Zeit (1490–1600) allenfalls eine Vorbereitungsstufe des Romans sei [25].

In dieser durch manche Unklarheit, vor allem aber auch durch Unentschiedenheit gekennzeichneten Situation fällt ein isolierter Versuch auf, die Gattungsfrage durch entschiedene Parteinahme für den Volksbuchbegriff zu lösen, der Essay über Ursprung und Entwicklung des Volksbuchs in der Studie von Francesco Delbono [26], ein Rechtfertigungs- und Rettungsversuch für den Volksbuchbegriff gerade in seiner literarhistorischen Bedeutung. Delbonos Essay steht jedoch auch wegen der Abwegigkeit seiner Argumentation ganz vereinzelt da. Delbono verteidigt im Grunde das Wort – und zwar mit durchaus falschen Argumenten –, in der Absicht, damit begriffsrealistisch auch die Sache zu retten. Er glaubt, in dem Wortbestandteil »-buch« eine in der Periode der eigentlichen Blüte dieser Literatur, also im 15. Jahrhundert, gültige Gattungsbezeichnung wiederzufinden [27], die es unbedingt zu bewahren gelte. Delbono möchte nicht einmal Heinz Kindermanns – in bezug auf Görres, Arnim und Brentano geprägter – Formel von der »romantischen Gabe intuitiver Begriffsbildung« beistimmen [28]. Nach seiner Auffassung haben wir es bei der Wortprägung vielmehr mit der bloßen Wiedergewinnung eines viel älteren Begriffs zu tun, bei der in Wahrheit »una coscienza linguistica esercitata sui vecchi testi« am Werk sei [29].

Nun existiert dieser Begriff (»buoch«) in solcher Verwendung im 15. Jahrhundert in der Tat, jedoch schwerlich häufiger als »lesen«, »geschicht« oder »legend«. Alle vier zusammen treten jedoch an Zahl und Signifikanz weit zurück hinter »historia«. Dieses Wort wäre vorab zu befragen, wenn es um eine oder gar um die maßgebliche historische Benennung des literarischen Genus geht, das heute als »Volksbuch« bezeichnet wird. Die Behauptung, daß sich im Begriff »Volksbuch«, wie er seit dem ausgehenden 18. Jahrhundert gebraucht wird, mittelhochdeutsch und frühneuhochdeutsch »buoch« als Bezeichnung für einen erzählenden Prosatext noch erhalten habe, ist sprachgeschichtlich abwegig. Aussichtslos auch der Vorschlag Delbonos, gerade die wichtigsten jüngeren Wortbedeutungen aus der praktischen Anwendung in der Wissenschaftssprache herauszuhalten: sein Vorschlag »che in un lavoro sui ›Volksbücher‹ storici non è lecito usare ›Volksbuch‹ nel senso di libro poveramente stampato e largamente diffuso«, geht am Problem vorbei, denn es hat allerdings gewichtige literatur- und wissenschaftsgeschichtliche Ursachen, daß »una ben netta distinzione tra ›Volksbuch‹ storico e ›Volksbuch‹ dell'elogio stereotipato« nicht möglich ist [30]. Vorwegnehmend sei jedenfalls soviel gesagt, daß man weder als Literaturwissenschaftler noch als Literatursoziologe gut daran täte, um jeden Preis an der Kombination zwischen Volksbuchbegriff und frühem deutschen Roman – oder auch sonstiger erzählender Literatur in Prosa – festzuhalten [31]. Zu große Entschiedenheit kann da vorerst nur schaden. Unsere Handbücher tragen zumindest insofern dem heutigen Forschungsstand Rechnung, als sie den Mut zu solch ganz einseitiger Parteinahme nicht besitzen.

Mit besonderem Interesse wird man angesichts heute geführter methodologischer Kontroversen danach fragen, in welcher Weise die von einem marxistischen Standpunkt aus erarbeiteten Darstellungen mit dem Volksbuchbegriff umgehen. Dabei lassen sich deutliche Unterschiede beobachten, je nachdem, ob der Ausgangspunkt näher beim konkreten historischen Material liegt oder ob er stärker theoriebezogen ist. Für die erste Möglichkeit steht die *Geschichte der deutschen Literatur von den Anfängen bis zur Gegenwart,* deren hier einschlägigen vierten Band ein Autorenkollektiv unter Leitung von Joachim G. Boeckh erarbeitet hat [32].

Was speziell das sogenannte Volksbuch angeht, so finden sich hier einerseits Formulierungen, die ganz präzise sind, nicht zuletzt weil sie den sozialen Kontext für viele Bücher einbeziehen: »Die ersten Drucke dieser Übersetzungen und Nachschöpfungen waren noch für ein zahlungsfähiges und anspruchsvolles Publikum angefertigt worden. Doch mehr und mehr ging man im Laufe des 16. Jahrhunderts dazu über, billigere Ausgaben herzustellen. Das Format wurde verkleinert, der wohlfeilere und einfachere Pappeinband kam auf, und man begann mit der geschäftsmäßigen Werbetätigkeit für das Buch.« [33] Dieser klaren Schilderung entspricht zu Recht eine skeptische Relativierung des Volksbuchbegriffs: »Allerdings ist dieser Begriff [...] in bezug auf die soziale Herkunft der Schriftsteller wie in bezug auf die Entstehungsweise der Werke mißverständlich; er umfaßt zudem unkritisch die nach Inhalt, Form und Umfang ungleichwertigsten Werke. Die Verfasser der ›Volksbücher‹ waren durchweg Angehörige höherer Gesellschaftsschichten; [...] es handelt sich bei den ›Volksbüchern‹ ihrem Ursprung nach bestenfalls um für das Volk geschriebene Bücher.« [34] In rein literarischer Hinsicht erfährt keines der Werke eine auffällige Wertung, ausgenommen immer den ehrwürdigen Germanistentopos von der überragenden Bedeutung des *Faust*-Buches [35]. Sie werden im wesentlichen eingeschätzt als »ein Versuch, zur Form des Romans und der Novelle vorzustoßen« [36].

Die Hypothese von einer Dependenz des literarischen Formenwandels vom Wandel gesellschaftlicher Verhältnisse ist im Zusammenhang mit dem Volksbuch durchaus nicht neu und in allgemeiner Form auch keineswegs marxistisch. Boeckh und seine Mitarbeiter folgen im Grunde nur einer altüberlieferten Praxis unserer Literaturgeschichten, wenn sie die Elemente Prosa und Bürgertum historisch und auch kausalgenetisch miteinander in Verbindung bringen; entsprechend gehören dann Adel und Versdichtung zusammen. Auch daß die Vielfalt und Buntheit der literarischen Formen auf den sogenannten Übergangscharakter des ganzen Zeitalters zurückgeführt wird, ist nicht neu. Vor dem Hintergrund dieses angenommenen Übergangscharakters kann die Verschiedenartigkeit der Formen dann im Detail keine Erklärung mehr finden, und sie enthebt ihrerseits den Geschichtsschreiber der Notwendigkeit, nach bestimmten Erklärungen für das Einzelne zu suchen: »Das Versepos war nicht geeignet, die komplizierteren gesellschaftlichen Erscheinungen dieser Umbruchszeit zu erfassen [...]. Die Prosa hatte größere realistische Möglichkeiten: außerdem setzte sie zunächst weniger Bildungselemente voraus, war umfassender, war einleuchtender für den gemeinen Mann, nannte den Gegenstand genau beim Namen und wirkte unmittelbarer.« [37] Erst indem der »Realismus« dieser Erzählliteratur ins Spiel gebracht wird, stellt sich eine Verbindung zur marxistisch-leninistischen Theorie der Literaturgeschichte her. Außer dem doch wohl eingehender und letztlich kritisch zu diskutierenden Problem eines »Realismus« in diesen Texten bleibt vorläufig die Frage ungeklärt, ob denn tatsächlich der »gemeine Mann« diese Bücher, in welchem Umfang er überhaupt Bücher las [38]. – Ein besonders dankbarer Gegenstand für den Marxisten ist stets der *Fortunatus,* in dem als einzigem dieser Texte gewisse Reflexe frühkapitalistischer Denkweise zu entdecken sind; er wird hier auch, wie nach den methodischen Voraussetzungen nicht anders zu erwarten, als »der erste eigenständige bürgerliche Prosaroman« [39] bezeichnet, ohne daß freilich der Begriff »bürgerlich« in seiner historischen Konkretion angemessen bestimmt wird.

Seit dem Erscheinen dieses Bandes sind die ideologischen Positionen und damit die in gewisser Weise verbindlichen methodischen Voraussetzungen der Literaturwissenschaft in der DDR auf diesem speziellen Feld weiterentwickelt worden. Wie sich jedoch die Auswirkungen dieser Standpunkte in der Forschungspraxis einmal darstellen werden, läßt sich vorerst nur vermuten, da außer einem theoretischen Entwurf [40] bis jetzt nur Einzelstudien, etwa zum *Lalebuch* [41] vorliegen. Immerhin kann man soviel sagen, daß, wenn die Ausführung im Rahmen der bisher abgesteckten Linien bleiben sollte, wohl deutliche Korrekturen an dem Bild zu erwarten wären, das sich in der lange Zeit offiziösen Literaturgeschichte zeigt, insbesondere eine dezidiertere Verlagerung des Forschungsinteresses auf »volkstümliche« Texte. Die programmatische Kollektivarbeit aus der Akademie der Wissenschaften der DDR, *Grundpositionen der deutschen Literatur im 16. Jahrhundert,* erlaubt es jedenfalls, eine künftige gründliche Aufwertung der »volkstümlichen« Texte zu prognostizieren. Für diese neue Position soll der Gedanke Lenins von den »zwei nationalen Kulturen in jeder nationalen Kultur« [42] als Ausgangsbasis dienen.

Die Hypothese von der Volkstümlichkeit der Prosaerzählung des 15. und 16. Jahrhunderts, die, wenn man den Begriff »Grundpositionen« beim Wort nähme, schon zur These geworden ist [43], lebt ebenso wie die Realismushypothese entscheidend von einer ganz bestimmten, bewußt einseitigen Textauswahl [44]. Eine »auf der Basis veränderter Produktivkräfte in Führung gehende Kulturträgerschicht« vermittelt nach dieser Auffassung die wesentlichen literarischen Anstöße. Das stimmt für die Prosaerzählung nur zu einem ganz geringen Teil mit dem zusammen, was wir über die Verfasser und Abnehmer dieser Bücher wissen, für das 15. Jahrhundert ist die Aussage schlechterdings falsch. Die Annahme zudem, wir hätten es mit einer »zur Wirklichkeitsgestaltung in Prosa hindrängenden Erzählliteratur« [45] zu tun, ist stilkritisch nur für einen kleinen Ausschnitt aus der Gesamtmenge der Texte und auch bei diesen nur in außerordentlich weitgespanntem historischen Vergleich verifizierbar. Wenn man dann auf folgenden Schluß stößt: »Die Vergröberung, in der der Ritter als Held in den Prosahistorien des 15. Jahrhunderts erscheint, zeigt den Adel so, wie er auf dieser Stufe selbst war« [46], dann läßt sich vermuten, daß mit der Annahme einer Dialektik von Basis und Überbau recht weitherzig und gelegentlich auch in Umkehrschlüssen umgegangen wird.

Die augenscheinlich tiefgreifende Inkohärenz der literaturwissenschaftlichen Terminologie, die weder Historie noch Typologie der in Betracht zu ziehenden Texte in zulänglicher Weise aufschließt, bildet den praktischen Ausgangspunkt unserer Untersuchung. Die heute in Gebrauch befindlichen Gattungsbezeichnungen für die erzählende Literatur der frühen Neuzeit sind so verschiedenartig und so unklar, daß mehrere davon sich gegenseitig ausschließen. Eine Wahl unter ihnen ist praktisch nicht möglich, weil die Gültigkeit einer Bezeichnung immer durch Gegenbegriffe in Zweifel gezogen werden kann. Gravierender noch ist, daß kein praktikabler Umriß der in Betracht kommenden Textgruppe zu erkennen ist, und zwar weder in literarhistorischer noch in literatursoziologischer Beziehung. Letzteres wäre im Zusammenhang mit einem Terminus wie »Volksbuch« immerhin denkbar, wenn auch wissenschaftsgeschichtlich nicht eben wahrscheinlich.

Ich fasse die wichtigsten Prinzipien, nach denen der frühe deutsche Roman bestimmt wird, noch einmal kurz in Leitsätzen zusammen:

- Prosaerzählwerke [47] entstehen durch »Auflösung« von Versepen.
- Prosaerzählwerke entstehen durch Übersetzung französischer (Vers- und Prosa-) Vorlagen.
- Die Prosaerzählwerke lassen sich nach ihrem Anspruchsniveau unterscheiden; im 16. Jahrhundert gibt es eine triviale Unterhaltungsliteratur, die »Volksbücher«.
- Romane werden wegen ihrer realistischen Darstellungsweise zu »Volksbüchern«.
- Prosaerzählwerke werden durch steigende Verbreitung von irgendeinem Punkt an »Volksbücher«.
- Die *Historia von D. Johann Fausten* ist von vornherein »Volksbuch«.
- Manche Prosaerzählwerke erreichten keine große Verbreitung und wurden deshalb nicht zu »Volksbüchern«.
- Es gibt »Volksbücher«, die nur eine geringe Verbreitung erreichten.
- »Volksbücher« sind ohne Aufwand hergestellte billige Bücher.
- Der Terminus »Volksbuch« ist die seit dem Mittelalter kontinuierlich belegte, sprachgeschichtlich gutbegründete und allein zutreffende Bezeichnung für eine Gattung; sie darf nicht im Sinne von »weitverbreitetes Buch« gebraucht werden.

- Der Terminus »Volksbuch« ist von zweifelhaftem Wert, u. a. weil die Verfasser höheren Schichten angehörten.
- Die Entstehung der Prosaerzählwerke basiert darauf, daß das Bürgertum die kulturelle Führungsrolle übernimmt.
- Die Geschichte des deutschen Romans beginnt mit dem *Hug Schapler* [48] der Elisabeth von Nassau-Saarbrücken [n. b. der zweiten ihrer vier Übersetzungen].
- Auch im 16. Jahrhundert gibt es in Deutschland noch keine Romanliteratur.
- Es gibt im 16. Jahrhundert in Deutschland Ansätze zu einer Romanliteratur.
- Es gibt in Deutschland im 16. Jahrhundert den bürgerlichen Erziehungsroman.
- Der Roman wird typisch durch bürgerlich-realistische Prosaerzählwerke repräsentiert.
- Nur in Prosaerzählwerken können komplizierte gesellschaftliche Erscheinungen angemessen erfaßt werden.
- Die Prosaerzählwerke eröffnen die Tradition der realistischen Erzählkunst in Deutschland.

Niemand wird vernünftigerweise der historischen Realität ihre Buntheit vorwerfen, doch wenn die gesamte Terminologie, wenn die wichtigsten Thesen im Zusammenhang mit einem bestimmten Gegenstand so diffus und widersprüchlich sind, wie sich aus dieser Übersicht ergibt, dann darf man davon ausgehen, daß der Gegenstand tatsächlich nicht hinreichend deutlich erfaßt ist. Im folgenden soll nun nicht allein die Frage behandelt werden, wie es zu dieser hochgradigen Inkohärenz in der Gegenstandserfassung rein historisch-genetisch gesehen kam, sondern auch, welche im Gegenstand selbst angelegten Sachverhalte in Verbindung mit den allgemeineren Bedingungen der Wissenschaftsgeschichte dahin wirkten, daß diese Inkohärenz entstand. Die Wirkungsgeschichte des frühen deutschen Romans wird dabei primär mit dem Ziel einer Präzisierung seiner wissenschaftlichen Beschreibung untersucht. Deshalb erfolgt die Auswahl der zu analysierenden Stationen seiner Rezeption nach dem Kriterium ihrer jeweiligen Bedeutung für die Entstehung der gegenwärtigen wissenschaftlichen Problematik.

II. Die Rezeption des frühen deutschen Romans um 1800: Entstehung des literarhistorischen Volksbuchbegriffs

1. Joseph Görres: »Die teutschen Volksbücher«

Die Textauswahl. Ich beginne die geschichtliche Übersicht mit einer Analyse der Schrift *Die teutschen Volksbücher* von Joseph Görres [1], weil in dieser der erkennbare Ursprung eines Volksbuchbegriffs im wissenschaftlichen Sinne liegt. Görres ist jedoch keineswegs der Erfinder des Volksbuchbegriffs schlechthin, vielmehr hat es vor und neben ihm noch andere Konzeptionen gegeben (vgl. unten II,2 und II,3). Die Umstellung entgegen der Chronologie bietet den Vorteil, daß so der prägnante Moment der Begriffsgeschichte, in dem die vorher verstreuten literarischen und geistesgeschichtlichen Bedingungen zum ersten Mal einen festen Umriß gewinnen, gleich klar hervortritt. Ohne diesen Anstoß durch Görres ist die Geschichte der im 19. und 20. Jahrhundert in wechselnder Gestalt Schriftsteller, Wissenschaftler und Verleger beschäftigenden Vorstellungen über die Existenz von »Volksbüchern« nicht denkbar. Görres hat indes zur Prägung des heute üblichen Volksbuchbegriffs nur mittelbar einen Beitrag geleistet. Die konkrete inhaltliche Ausgestaltung des Begriffs geht wesentlich auf zwei weit allgemeinere geschichtliche Bedingungen zurück: erstens auf die Romantiktradition im 19. Jahrhundert und zweitens auf die Einflüsse einer »völkischen Neuromantik« im Anfang des 20. Jahrhunderts. Im Unterschied zum jüngeren Sprachgebrauch wird der Terminus »Volksbücher« bei Görres noch nicht auf Werke der frühen Neuzeit angewandt; Görres hat ihn überdies nicht einmal bei den »Volksbüchern« seiner eigenen Gegenwart auf literarische Werke im engeren Sinne bezogen.

Die *Volksbücher*-Schrift von Görres entstand in der Zeit, in der der »Professor der Physik an der Secondärschule zu Coblenz«, als welcher Görres auf dem Titelblatt figuriert, in Heidelberg lebte, auf der Suche nach einer festen Stellung an der dortigen Universität [2]. Seit dem Herbst 1806 hielt er unter erheblichem Zulauf Vorlesungen über recht verschiedenartige Gegenstände, 1808 auch über altdeutsche Literatur, nur zwei Jahre nach der ersten Vorlesung Georg Friedrich Beneckes auf diesem Gebiet in Göttingen. Die Schrift über die Volksbücher entstand also in unmittelbarer zeitlicher Nähe zum Auftreten der germanistischen Disziplin in der akademischen Lehre. Über eine sachliche Verwandtschaft mit den im engeren Sinne wissenschaftlichen Arbeiten auf diesem Felde und mit deren weiterer Entwicklung besagt das zunächst wenig, während ein allgemeiner Zusammenhang mit der Entstehung des *Wunderhorns,* dem Erscheinen der *Zeitung für Einsiedler* (1808) und dem Beginn der Märchen-Sammlung der Brüder Grimm (1806) evident ist [3]. – Die Umstände der Entstehung der Schrift sind von Franz Schultz wünschenswert minutiös geklärt [4], der Text selbst ist bis jetzt in seinen Details und in seinem allgemeinen literaturgeschichtlichen Zusammenhang nicht eingehend analysiert worden [5].

Das Buch gliedert sich äußerlich in eine prologartige Einleitung, die Brentano gewidmet ist, dann in eine Abhandlung, in der Görres die Grundsätze seiner Auffassung entwickelt, ferner in den eigentlichen Hauptteil, in dem 49 »Volksbücher« [6] angeführt und nach verschiedenen Gesichtspunkten, vornehmlich nach ihrer Herkunft und ihrem geschichtlichen Werdegang kommentiert werden, und schließlich in einen zweigeteilten Schluß, von dem der erste, allgemeinere Teil ein großes poetisches Mittelaltertableau entwirft, der zweite einen knappen Rückblick auf den speziellen Gegenstand des Buches gibt. Grundsätzliche Bemerkungen finden sich über alle Teile verstreut; die für den Literarhistoriker und Philologen bedeutsamen konzentrieren sich auf die zweite Einleitung.

Die vorangehende Einleitung *An Clemens Brentano* bedient sich der Fiktion einer unterirdischen Heldenschau, bei der den »suchenden Wandrer« ein Mönch begleitet. Dieser »schlug die Bücher auf und deutete, ich las«. [7] In der Heidelberger Realität der Jahre 1806/07 war es Clemens Brentano, der Görres mit Hilfe seiner außergewöhnlich reichen Büchersammlung die Abfassung dieser Schrift ermöglichte. Wir finden dies von beiden Seiten klar dokumentiert. Am 17. Juli 1807 berichtet Brentano brieflich an Arnim: »Görres hat ein herrliches Buch über die Volksbücher geschrieben; ich habe ihn hineingeschossen und freue mich, ein Mittel zu so Schönem gewesen zu sein; es ist bei Zimmer gedruckt.« [8] In den *Teutschen Volksbüchern* selbst aber heißt es: »Es war keine öffentliche, große Bibliothek, die ich zu dem Zwecke benutzen konnte: blos eine Privatsammlung, die des Herausgebers vom Wunderhorn, die aber freilich gerade für meinen Zweck vollständiger gesammelt hatte, als wenige Oeffentliche wohl mögen, hat mir meist Alles das geboten, was ich in meiner Schrifft verarbeitet habe.« [9] Es ist von ganz eigenem historischen und namentlich bibliographischen Reiz und überdies für die Beurteilung der Leistung Görres' sachlich unerläßlich, die *Teutschen Volksbücher* vor den Hintergrund dieser mit Recht berühmten Sammlung zu stellen, denn erst eine Analyse des von Görres eingeschlagenen praktischen Verfahrens macht seine Volksbuchkonzeption überprüfbar.

Will man die Görressche Konzeption, auch in ihrer Eigenständigkeit, verstehen, so muß man sich vor allem die von ihm getroffene Textauswahl im einzelnen vergegenwärtigen. Die Titel könnten in manchen Fällen gegen andere, gleichartige, ausgetauscht werden, auch könnte die Anordnung – ein nur bedingt vertretbarer Ausdruck – der Auswahl geändert werden, ohne daß beides einen wesentlichen Wandel des Gesamtbildes zur Folge hätte. Der Reigen – etwas anderes ist es nicht – beginnt mit einem aus den *Secreta mulierum* und *De virtutibus herbarum* des Pseudo-Albertus Magnus hergestellten Produkt des 18. Jahrhunderts und einer weiteren volkstümlichen medizinischen Schrift, geht dann zu einem Bauernkalender über, es folgen ein Traumbuch und ein Formel- und Musterbuch für Liebesbriefe, vier sogenannte Handwerksbücher, alles dies also populäre »Sachbücher« aus einer im weitesten Sinne bürgerlichen Sphäre. Die Reisen Mandevilles, der *Fortunatus* und *Herzog Ernst* repräsentieren im Anschluß daran das geographisch-abenteuerliche Genre. Zwei chronikartige Schriften, darunter *Heinrich der Löwe,* leiten über zum *Gehörnten Siegfried.* Es folgen zwei Bücher aus dem Karls-Kreis (*Haimonskinder* und *Octavian*), denen sich die Ehe-Treue-Geschichten von Helena, Hirlanda, Griseldis, schließlich auch die *Magelone* anreihen. Den moralisch-belehrenden *Sieben weisen Meistern* folgen dann fünf recht gemischte Sammlungen von Anekdoten, Rätseln, Sprüchen, schließlich die Lügengeschichte von der *Fincken Ritter.* Dann geht es mit vier Erzählungssammlungen weiter zum *Ewigen Juden* und zum *Faust* und noch einer weiteren Teufelsbündler-Historie – alles Sammlungen von Einzelgeschichten, die um eine Zentralgestalt gruppiert sind. Hinter der weiteren Abfolge einer Episode aus Cervantes' *Scipion und Berganza,* Geschichten vom Rübezahl, einem orientalischen Märchen und der *Melusine* viel Sinn erraten zu wollen, wäre vergebliche Mühe. Etwas festeren Boden erreichen wir wieder mit den letzten acht Büchern, die alle religiösen Inhalts und teils Heiligenlegenden sind und auch wohl als solche verbreitet wurden. Den Beschluß bilden die Kindheitsgeschichten Jesu aus dem Thomas-Evangelium, dies übrigens eines der Lieblingsbücher Brentanos, während Görres' persönliche Neigung vor allem der leicht sentimentalen Empörergeschichte von den Kindern Haimons galt.

Einblick in das Görres vorfindliche Material ermöglicht uns der Umstand, daß wir über Brentanos Bücherschätze durch zwei Auktionskataloge recht genau informiert sind. Im Jahre 1819 trennte sich Brentano von dem gleichsam weltlichen Teil seiner Sammlung und ließ ihn in Berlin versteigern [10]. Die vergleichsweise heiligmäßigeren Schriften aber behielt er; sie kamen 1853 in Köln zusammen mit der Bibliothek seines Bruders Christian unter den Hammer [11]. Insgesamt waren das 90 Handschriften und ca. 1600 + 3700 Bücher. Bei der ersten Auktion ging es vorwiegend um Drucke des 15. bis 17. Jahrhunderts, eine

Sammlung von unvergleichlichem literarischen und buchgeschichtlichen Wert.

Bemerkenswert an dieser Sammlung, die die Bestände an vergleichbaren Titeln auch sehr großer heutiger Bibliotheken in einigen Punkten bei weitem übertrifft, ist nicht allein die persönliche Leistung des Sammlers, sondern ebensosehr der Umstand, daß es überhaupt möglich war, sie zusammenzutragen. Noch möglich war, genauer gesagt, denn es ist undenkbar, daß ein gleichartiger Versuch heute, entsprechende finanzielle und technische Mittel vorausgesetzt, ein ähnliches Ergebnis zeitigen könnte. An der Brentanoschen Sammlung ist zwar mit zunehmendem Alter der Exemplare eine gewisse natürliche »Ausdünnung« des Bestandes an Titeln abzulesen, aufs Ganze gesehen erreicht sie jedoch einen erstaunlichen Grad der Annäherung an Vollständigkeit. Dies läßt sich nur dadurch erklären, daß die Bücher sich noch in irgendeiner Form im Gebrauch – und dazu zählen ja auch die Formen des Handels – befanden. Nur von hier aus läßt sich auch der charakteristische Unterschied zwischen dieser Sammlung und den ganz wenigen vergleichbaren in heutigen öffentlichen Bibliotheken erklären, nämlich ihre bedeutend größere Dichte des Bestandes für das 17. und 18. Jahrhundert. Das bibliothekarische Sammelinteresse richtet sich auf dem Gebiet der Literaturgeschichte primär stets auf literarischen oder buchkundlichen Wert, es ist somit in erster Linie vom Alter der Handschriften und Drucke her bestimmt. Ganz anders sah das Interesse bei Brentano aus, der augenscheinlich kaufte, was immer er erlangen konnte. Infolgedessen kommt dieser Privatsammlung, in der ohne spezielle Auswahlgesichtspunkte das überhaupt noch Erreichbare angehäuft worden ist, auch unter den Aspekten Buchmarkt und Lesersoziologie eine einzigartige Bedeutung zu [12].

Eine generelle Feststellung über das Verhältnis zwischen den Quellen und der von Görres vorgenommenen Auswahl sei vorweg getroffen: Brentanos Sammlung war als Ganzes viel zu groß und außerdem bei den hier in Betracht kommenden Literaturgattungen – auch auf Französisch, Italienisch und Spanisch – viel zu umfassend, als daß sich etwa aufgrund des Fehlens wichtiger Werke oder Exemplare wesentliche Fehlbeurteilungen der Überlieferungsformen der frühen Erzählprosa, namentlich der deutschen, und auch ihrer gesamten weiteren Tradition bis hin zur Gegenwart des Sammlers hätten ergeben können, sofern Görres darauf ausgegangen wäre. Doch auf eine Beurteilung der Überlieferung kam es Görres gar nicht an. Sein Konzept läßt sich aus den ihm mit der Brentanoschen Sammlung gegebenen realen Voraussetzungen in ihrem ganzen Umfang nicht herleiten. Es beruht vielmehr auf einem bewußt gewählten kleinen Ausschnitt dieser Sammlung. Einzuräumen ist zwar, daß die geringe Zahl an Handschriften und die in großen Mengen vorkommenden jüngeren Drucke bei Brentano einen anderen Eindruck vermitteln als etwa eine heutige öffentliche Bibliothek, die über vergleichbare Bestände verfügt. Doch auf die Konzeption von Görres hatte das keinen Einfluß.

Die folgende Übersicht über die mit Hilfe der beiden Auktionskataloge identifizierbaren Ausgaben, die Görres in seiner Schrift anführt, möge die bibliographische Situation veranschaulichen. In einigen Punkten sind der bibliographischen Nachprüfung Grenzen gezogen, beispielsweise auch dadurch, daß manche der Angaben über Drucke, die Görres in seinen Kommentaren macht, gar nicht auf Autopsie beruhen, sondern aus Koch und Panzer geschöpft sind [13]. Es kann jedoch mit Sicherheit gesagt werden, daß die nicht nachweisbaren Ausgaben die Beurteilung nicht beeinträchtigen.

In dieser Liste sind die einzelnen Werke nach Kurztiteln und in der gleichen Reihenfolge wie bei Görres angeführt. Das *Verzeichniß* von 1819 ist mit I bezeichnet, danach folgen die Abteilung und die laufende Nummer darin. II plus laufende Nummer bezieht sich auf den *Katalog* von 1853.

Die anschließenden Angaben über Format, Erscheinungsort usw. sind aus beiden Quellen – Görres und dem jeweiligen Auktionskatalog – zusammengetragen. Nach neuem Alinea folgen Angaben über Ausgaben aus dem Besitz Brentanos, die Görres entweder nur im Begleittext oder gar nicht erwähnt. Bei sicher identifizierbaren Exemplaren sind gegebenenfalls noch Ergänzungen, etwa nach Heitz-Ritter [14] hinzugefügt. – Zwischen den ermittelten Ausgaben sind in Klammern die nicht ermittelten aufgeführt.

1. *Albertus Magnus:* II, 3056. – 8⁰, Nürnberg: Endter 18. Jh., illustriert und broschiert.
   Die Quartausgaben Frankfurt 1581 (I, C 149) und 1592 (II, 3055), beide von Jost Amman illustriert, werden von Görres nicht erwähnt.

(2. *Barmherziger Samariter*)

3. *Bauernpractica:* II, 3082. – 18. Jh., illustriert und broschiert.
   Eine »Practica, deutsch auf das 1551. Jahr« im Sammelband I, C 117h wird von Görres nicht erwähnt.

(4. *Eines alten Einsiedlers Traumbuch.* 5. *Die Wissenschaft oder die Kunst der Liebe*)

6. *Müller Ehrenkranz:* I, C 107. – 8⁰.
   Zwischen Görres' Angabe »Ohne allen Zweifel das Trefflichste unter allen ähnlichen Büchern« (S. 43) und der Notiz im *Verzeichniß* »Ein vortreffliches Buch« besteht vermutlich ein Zusammenhang.

(7. *Sprüche eines ehrsamen Zimmerhandwerks.* 8. *Des [...] Beckenhandwerks Gewohnheiten.* 9. *Des [...] Handwerks der Kürschner Ursprung*)

10. *Montevilla:* I, C 108. – 8⁰, Köln.
   Görres erwähnt im Text (S. 68) ferner die niederdeutsche Pergamenthandschrift von 1420 (I, A 11) und das *Reißbuch des heyligen Lands,* Frankfurt: Sauer 1609 (I, B 82 und II, 1991 ½) in Folio. Nicht erwähnt wird die Ausgabe Frankfurt 1580 (II, 2080).

11. *Fortunatus:* I, C 106. – 8⁰, Nürnberg und Köln, illustriert.

Die Ausgabe Augsburg: Heinrich Steiner 1530 in Quart (I, C 155) kannte Görres (vgl. S. 74).

12. *Herzog Ernst:* I, C 109. – 8⁰, Nürnberg und Augsburg, illustriert. Zusammengebunden mit *Sieben weise Meister* (s. Nr. 22).
Nicht erwähnt wird eine Kopie der Gothaer Handschrift des *Herzog Ernst* (= D) Ulrichs von Etzenbach: I, C 570.

(13. *Riesengeschichte [...] vom König Eginhard aus Böhmen*)

14. *Heinrich der Löwe* I, C 114.– 8⁰, Braunschweig und Leipzig. Angebunden an *Marcolphus* (s. Nr. 31).

(15. *Gehörnter Siegfried*)

16. *Heymonskinder:* I, C 111. – 8⁰, Köln und Nürnberg, illustriert, Pappband.
Eine in Amsterdam gedruckte niederländische Quartausgabe (I, C 42) bei Görres nicht erwähnt. Im Kommentar (S. 105) Erwähnung einer französischen Quartausgabe vom Ende des 18. Jahrhunderts aus Troyes (I, C 27a); nicht erwähnt eine ältere, gleichfalls aus Troyes (I, C 24). Görres kannte auch eine französische Ausgabe einer Fortsetzung (Troyes 1625, I, C, 22, vgl. S. 130).

17. *Octavianus:* I, C 104. – 8⁰, Nürnberg, illustriert, Pappband.
Nicht erwähnt eine sonst unbekannte Oktavausgabe von 1617 (I, C 154).

18. *Helena.*
Görres kannte die Versfassung der *Königstochter von Frankreich* in der Grüningerschen Inkunabel in Folio, Straßburg 1500 (I, B 4), vgl. S. 137. – Die von Görres S. 141 erwähnte französische Ausgabe siehe I, C 8a oder b. Nicht erwähnt eine niederländische Quartausgabe, Amsterdam 1621 (I, C 36).

(19. *Hirlanda*)

20. *Griseldis:* I, C 110. – 8⁰, illustriert. Angebunden an das *Lalebuch* (s. Nr. 29).
Nicht erwähnt eine niederländische Quartausgabe, Amsterdam 1621, die mit *Ritter Helias, Helena* und *Florentina* (s. unter Nr. 18) zusammengebunden ist.

21. *Magelone:* I, C 104. – 8⁰, Nürnberg, illustriert. Angebunden an *Octavian* (s. Nr. 17).
Görres kennt auch die Ausgabe Augsburg: Heinrich Steiner 1535 (4⁰) in dem Sammelband I, C 116a (vgl. S. 153). Nicht bei ihm erwähnt die Ausgabe Frankfurt: Hermann Gülfferich 1550 (4⁰), in einem Sammelband (I, C 117c).

22. *Sieben weise Meister:* I, C 109. – 8⁰, Nürnberg, illustriert. Angebunden an *Herzog Ernst* (s. Nr. 12).
Görres erwähnt auch die deutsche Ausgabe der *Gesta,* Augsburg: Schobser 1489 (I, B 51), vgl. S. 157, hingegen nicht die Ausgabe der *Sieben* Köln: Netessem ca. 1590–1600 (I, C 153c, vgl. Heitz-Ritter Nr. 432).

(23. *Ergötzlicher Burgerlust*)

24. *Rathbüchlein:* II, 2803. – Köln und Nürnberg o. J. Pappband.

25. *Dritthalbhundert kurzweilige Fragen:* II, 2706. – Frankfurt und Leipzig 1802.

26. *Kirmesbruder:* I, C 105. – 8⁰, Nürnberg. Zusammengebunden mit einem

Rübezahl-Buch und dem *Schloß in der afrikanischen Höhle Xaxa,* s. Nr. 38 und 39.

(27. *Stechbüchlein.* 28. *Finkenritter*)

29. *Lalebuch:* I, C 110. – Zusammengebunden mit der *Griseldis,* vgl. Nr. 20. Die dazugehörigen Titel *Schiltbürger:* I, C 156 (8^0, 1593) und *Grillenvertreiber:* I, C 157 (8^0, Frankfurt 1605).

30. *Claus Narr:* Nürnberg.
Im *Verzeichniß* nur die von Görres nicht erwähnte Ausgabe Frankfurt/M.: Melchior Hartmann 1602, I, C 165, in einem Pergamenteinband.

31. *Marcolphus:* I, C 114. – 8^0, Nürnberg: Valentin Neuber um 1569 (Heitz-Ritter Nr. 546). Zusammengebunden mit *Heinrich der Löwe* (s. Nr. 14).
Nicht erwähnt eine nur wenig frühere Ausgabe des gleichen Verlegers (I, C 1216).

(32. *Eulenspiegel*)

33. *Ahasver:* Cöln und Nürnberg.
Von Görres, S. 200 f., als »Abdruck« einer Ausgabe in Quart von 1634 bezeichnet, die I, C 161 aufgeführt wird. Die Handschrift I, A 18 wird nicht erwähnt.

(34. *Romanusbüchlein*)

35. *Faust.*
Die von Görres benutzte Ausgabe erscheint nicht in den beiden Katalogen. Görres erwähnt S. 211 die Ausgabe von Widmanns *Faust* (I, C 152), 4^0, Hamburg 1599, Pergamenteinband, und das *Wagner*-Buch in der Ausgabe von 1712 (vgl. S. 224): II, 3147. – Das Pfitzersche *Faust*-Buch, Nürnberg 1681: II, 3146.

(36. *Herzog von Luxemburg*)

37. *Der wunderbare Hund:* I, C 115.

38. *Rübezahl:* I, C 553. – 8^0, Breslau 1730 (?). Geheftet. Nicht eindeutig identifizierbar.
Görres lagen möglicherweise ein bis zwei weitere jüngere Ausgaben vor, so I, C 112; s. Nr. 26 und 39.

39. *Schloß in der Höhle Xaxa:* I, C 105. – 8^0, Köln, Pappband. Angebunden an *Kirmesbruder* und eine von Görres nicht erwähnte *Rübezahl*-Schrift, s. Nr. 26 und 38.

40. *Melusine:* II, 2771. – Nürnberg, 17. Jh., broschiert.
Identität unsicher; die von Görres benutzte Version ist im Zweifel jünger. Görres selbst besaß »die alte Heidelberger Ausgabe« [15], das ist die in Heidelberg bei Heinrich Knoblochtzer 1491 (Folio) erschienene (Heitz-Ritter Nr. 446).

41. *Zwölf Sybillen Weissagungen:* II, 3338. – Köln und Nürnberg, illustriert und broschiert.

(42. *Der bellende Hund*)

43. *Christopherus:* II, 1074. – Köln. Zusammengebunden mit *Gregorius* (s. Nr. 45).

(44. *Das bis an den jüngsten Tag währende Elend*)

45. *Gregorius:* II, 1074. – Köln. Angebunden an *Christopherus* (s. Nr. 43).

(46. *Die selige Eufemia, genannt Gertrud von Cöln*)

47. *Genoveva:* II, 2716. – Köln und Nürnberg, broschiert.
Eine zweite Ausgabe in Pergamenteinband, um 1700 (II, 1229), wird bei Görres nicht erwähnt.

48. *Unsers Herrn Jesu Kinder-Buch:* II, 883. – Köln, Altona und Nürnberg.
Der *Katalog* nennt zwei Ausgaben, neben der undatierten auch eine von 1815, die natürlich nicht in Betracht kommt.

(49. *Jüngstes Gericht im Tal Josaphats*)

Diese unter Funktionskriterien gesehen durchaus einheitliche Textgruppe stellt Görres im Hauptteil seines Buches kommentierend vor. Sie unterscheidet sich als Ganzes genommen grundlegend von der, die in unseren Literaturgeschichten infolge einer seither veränderten Anwendungsweise des Volksbuchbegriffs vorkommt. Dem modernen Volksbuchbegriff liegen kausal nur zu einem genau feststellbaren geringen Teil Anschauungen Görres' zugrunde. Der neuere Volksbuchbegriff ist vielmehr erst durch eine Ausdehnung des ursprünglichen Begriffs auf so gut wie alle aus dem 15. und 16. Jahrhundert stammenden längeren erzählenden Texte und auf Sammlungen von kürzeren Erzählungen, unter Bevorzugung der Prosa, entstanden. Dadurch wurden viele literarische Texte, die Görres bewußt nicht berücksichtigt hatte, mit einbezogen. Dieser quantitativen Ausdehnung nach einer bestimmten Seite steht aber eine entscheidende Verengung des Begriffs gegenüber. Der Konzentration auf Erzähltexte entspricht eine Ausklammerung solcher Texte, die bei Görres noch integraler Bestandteil seines Volksbuchbegriffs waren, nämlich aller erbaulichen, belehrenden, rein unterhaltenden (Sprichwörter und Rätsel), auch der Handwerksbücher und Bauernkalender.

Wie seine zweifellos lückenhaften und im einzelnen auch mit mancherlei Irrtümern behafteten Erläuterungen zeigen, war sich Görres im Prinzip über die Herkunft der von ihm ausgewählten Texte und über den Umriß ihrer literarischen Geschichte im klaren. Zunächst: die Indizien, die diese Übersicht liefert, weisen eindeutig darauf hin, daß Görres bewußt und ausschließlich auf junge und jüngste Ausgaben, wo immer es möglich war, auf solche aus dem 18. Jahrhundert, zurückgriff. Der Großteil stammt von Kölner Druckern, z. B. Everaerts, relativ wenig von der weitverzweigten Verlegerdynastie der Endter in Nürnberg [16]. Ferner zog Görres absichtlich die unscheinbaren Bändchen den aufwendiger gebundenen und illustrierten vor. Soweit das überhaupt festzustellen ist, wählte er ausschließlich Bände in Oktavformat. Auch dies bedeutet wieder eine bewußte Zurücksetzung der »schöneren«, der wertvolleren, und das heißt: der älteren Ausgaben.

Wenn ich in bezug auf die Schrift von Görres von einer Konzeption, ja vom Ursprung eines Volksbuchbegriffs im literarhistorischen Sinne spreche, so dürfte nach der bibliographischen Übersicht auch bereits klar geworden sein, in welch eingeschränkter Weise dies gilt. Dieser Begriff bezieht sich bei Görres ausschließlich auf volkstümliche Bücher von denkbar verschiedenartigem Inhalt, die mit einfachen Mitteln hergestellt wurden. Bücher erzählenden Inhalts, auch im engsten Sinne romanhafte, kommen wohl darunter vor, doch prägen sie das Gesicht dieser »Gattung« nicht. Bei Görres' »Volksbüchern« handelt es sich um eine Gattung von Büchern, nicht um eine Textgattung. Ein Zusammenhang ist in dieser Textgruppe nur in ihrer funktionalen Bestimmung gegeben.

Indes genügt das noch nicht, um die Textgruppe hinlänglich zu beschreiben, denn Görres hat zusätzlich nun eine in der Tat im engeren Sinne literarhistorische Bedingung eingeführt, die diese Bücher erfüllen mußten, damit er sie seinen Volksbüchern zurechnen konnte: sie mußten eine seit mehreren Jahrhunderten kontinuierlich bestehende Gebrauchsfunktion (und damit eo ipso einen weit zurückliegenden textlichen Ursprung) aufweisen – daß er sich dabei gelegentlich geirrt hat, steht auf einem anderen Blatt, es zählt zumindest für seine Theorie nicht. Erst durch diese zusätzliche Bedingung erhält der Volksbuchbegriff bei Görres a u c h eine literarhistorische Bedeutung. Niemals hat Görres aber, das muß mit Nachdruck gesagt werden, die frühe deutsche Erzählprosa oder gar den frühneuzeitlichen Roman gesondert als »Volksbücher« angesprochen. Das blieb seinen Nachfolgern vorbehalten, die sich in diesem Punkt durchaus zu Unrecht auf ihn berufen haben.

Eine immanente List der Literaturgeschichte will es freilich, daß die beiden Postulate der Traditionspermanenz und eines hohen Alters der Vorlagen am ehesten von den im engeren Sinne literarischen Texten bei Görres erfüllt werden, und zwar in erster Linie gerade von den erzählenden. Hierin ist ein im Gegenstand selbst angelegter sachlicher Grund dafür zu sehen, daß »Volksbuch« später in seiner Bedeutung auf literarische, ja auf erzählende Texte eingeengt werden konnte. Die darüber noch hinausgehende historische Festlegung des Begriffs »Volksbuch« als eine Bezeichnung für Erzählliteratur eines bestimmten Zeitalters, namentlich des 15. und 16. Jahrhunderts, ist jedoch schlecht oder gar nicht begründbar. Görres selbst hat aber zweifellos durch die historische Komponente seines Volksbuchbegriffs der entscheidenden Weichenstellung vorgearbeitet, die es seinen Nachfolgern erlaubte, den Volksbuchbegriff sowohl zu literarisieren wie zu historisieren und damit zugleich umgekehrt den frühen deutschen Roman mit dem Vorzeichen des Volkstümlichen zu versehen, das er bis heute bei sich führt. Ohne diese zweite, literarhistorische Bestimmung des Begriffs ergäbe sich bei Görres eine rein funktional definierte und von ihrer Gebrauchsfunktion her gesehen auch einheitlich definierte Art von Büchern, die in seiner eigenen Gegenwart anzutreffen war. Dabei darf allerdings nicht übersehen werden, daß auch Görres nicht an eine einzige, durch die Zeiten hindurch gleichbleibende Gebrauchsfunktion dachte, sondern nach sich wandelnder sozialer Zuordnung historisch differenzierte.

Ein Philologe oder Literarhistoriker wäre um 1800 vermutlich anders als Görres verfahren. Entweder hätte er sich – das wäre das wahrscheinlichste – überhaupt auf die Ursprünge der jüngeren ihm bekannten Textversionen konzentriert und damit sein vornehmliches Interesse auf die ältesten Drucke oder Handschriften, die das »Original« am reinsten wiedergeben, gerichtet, oder es wäre ihm doch zumindest eine annähernd gleichmäßige Behandlung verschiedener Erscheinungsformen eines Werkes selbstverständlich gewesen. Das Kriterium der permanenten Bewährung eines Buches im fortdauernden Gebrauch des Publikums als Wert- und Auswahlkriterium von Büchern markiert die Differenz zwischen einem rein historischen Interesse und dem literaturpolitischen Engagement eines Görres.

Anhand einiger ausgewählter Beispiele sei noch kurz gezeigt, in welcher Richtung Görres' Konzeption von einer hypothetisch anzusetzenden abweicht, die sich von der Vorgegebenheit des Materials, wie es in der Brentanoschen Sammlung zuhanden war, hätte leiten lassen, nicht aber von dem Vorbegriff, den sich Görres schon gebildet hatte. Allerdings wird dann gerade zweifelhaft, ob man auf einem anderen Wege überhaupt zu dem Terminus »Volksbuch« gelangt wäre. Ein derartiges philologisch-empirisches Verfahren lag Görres freilich überhaupt nicht. Sehr bezeichnend ist Wilhelm Grimms Urteil über ihn in einem Brief an Arnim vom 15. Januar 1828: »Merkwürdig war mir an ihm allzeit sein Widerwille vor Erfahrung und practischer Belehrung, er meinte, dergleichen störe ihn in der Sicherheit seiner Anschauung.« [17] Die Auswirkungen dieser vorgefaßten Anschauung können wir beim Zustandekommen der *Teutschen Volksbücher* mit Hilfe der Bibliothek Brentanos beobachten.

Keine klaren Hinweise auf die tatsächlichen literarhistorischen Sachverhalte hätte Görres den relativ wenigen Handschriften der Sammlung entnehmen können. Sein Bild von der Tradition mußte im wesentlichen auf den Zeitraum etwa seit der Mitte des 15. Jahrhunderts und auf gedruckte Texte beschränkt bleiben. Die Überlagerung mittelalterlicher und neu entstehender Überlieferung, die für diese Zeit kennzeichnend ist, ließ sich hier kaum studieren. Die gedruckte Überlieferung aber fand Görres in Brentanos Sammlung in jeder erdenklichen Form und auch in hinlänglicher Vollständigkeit vor. Wenn man sich dies anhand der Auktionskataloge vergegenwärtigt, dann ist die Konsequenz doch erstaunlich, mit der Görres sein Konzept verfolgte, das von den billigen kleinen Büchlein aus dem späten 18. Jahrhundert ausging und kontinuierlich belegte Überlieferung voraussetzte, denn die Brentanosche Sammlung bot wahrhaftig genug auch äußerlich eindrucksvolle Repräsentanten der frühen Drucküberlieferung. Freilich fanden sich gerade unter den alten Drucken zwar Dokumente der erzählenden Literatur, nicht aber das volle inhaltliche Spektrum des Görresschen Volksbuchbegriffes.

So hat Görres z. B. den *Pontus* nicht berücksichtigt, obwohl Brentano einen Inkunabeldruck (Augsburg: Schönsperger 1498) besaß und obwohl der Text bis ans Ende des 18. Jahrhunderts weiter tradiert wurde [18]. Er fand aber bei Brentano kein weiteres Exemplar außer diesem, infolgedessen war für ihn nur das Alter des Textes erkennbar, nicht aber eine Kontinuität der Tradition. Ähnlich steht es mit *Tristrant* (bei Brentano die Ausgabe Augsburg: Schönsperger 1498), weil dessen Tradition schon um die Mitte des 17. Jahrhunderts endet (die Erfurter Ausgabe von 1619 besaß Brentano auch), und mit *Hug Schapler* (Straßburg: Grüninger 1500), obwohl dieser, nach letzten Drucken in der Mitte des 17. Jahrhunderts, am Ende des 18. Jahrhunderts noch einmal von einem Nürnberger Verleger herausgebracht wurde. Bereits im 16. Jahrhundert hingegen bricht die Tradition von *Florio und Bianceffora* (Metz: Caspar Hochfeder 1499) ab, im 17. Jahrhundert die des *Ritter vom Thurn,* von dem Brentano die Ausgaben Straßburg: Cammerlander 1538 und Frankfurt/M.: Lechler 1593 besaß, ebenso die des *Alexander,* von dem je eine deutsche und lateinische Inkunabel in Brentanos Sammlung nachzuweisen sind. – Nicht berücksichtigt hat Görres außerdem folgende, bei Brentano nur in je einer Ausgabe vertretene Werke: *Herpin* (Straßburg: Grüninger 1514), Wilhelm Zielys *Valentin und Orso* (Basel: Petri 1521) und das *Heldenbuch,* zuverlässig die bei Prüss in Straßburg um 1480 gedruckte Inkunabel.

Eindeutig und ausschließlich dem Mittelalter zuzurechnen wäre die *Historia Troiana* Guidos von Columna. Vom *Fierrabras* besaß Brentano die Erstausgabe (Simmern: Hieronymus Rodler 1533) und außerdem die dritte und letzte überhaupt (Frankfurt/M.: Humm 1594). Wenn Görres auf Johannes Paulis *Schimpf und Ernst* (auch hier lag ihm die Erstausgabe Straßburg: Grüninger 1522 vor, außerdem aber auch noch folgende Ausgaben: Augsburg: Heinrich Steiner 1534, Frankfurt/M.: Cyriacus Jacob 1550 – diese sogar zweimal – und 1569 s. l.) nicht einging, so wohl ebenfalls deswegen, weil er eine durchgängige Tradition nicht zu erkennen vermochte. [19] Die umfängliche Sammlung von Kleinerzählungen, Kirchhoffs *Wendunmuth* (bei Brentano die zweite Ausgabe, Frankfurt/M. 1565) wurde nur bis ins 17. Jahrhundert tradiert. Das Genre des »Schwankbuches« ist jedoch bei Görres durch andere Zeugen vertreten.

Da der antike und humanistische Einschlag der frühen deutschen Erzählliteratur in Görres' Volksbuchvorstellungen eo ipso keinen Raum findet – von der Frage der Texttradition einmal ganz abgesehen –, fehlt innerhalb des von ihm berücksichtigten erzählenden Genres der frühen Neuzeit ein sehr wesentliches Element; mittelbar weist das auf die begrenzte Bedeutung dieses Teilgebiets in der Nachwirkung älterer deutscher Literatur hin. Unter Brentanos Büchern befanden sich auch die ersten Ausgaben von Steinhöwels *Apollonius* (Augsburg: Zainer 1471) und von Wyles *Translatzen* (Eßlingen: Fyner 1478). Unter den gegebenen Prämissen konnten auch der höchst seltene Zürcher *Diogenes* von 1550 und ein Druck des Heliodor von 1624 keine Anziehungskraft für Görres besitzen. – Unerwähnt blieben ferner Steinhöwels *Von den namhaften Weibern* (Frankfurt/M. 1676) und das *Decamerone* (1610).

Aus dieser vergleichenden Gegenüberstellung wird ersichtlich, welche Bedeutung die Volksbuchkonzeption, die Görres sich selbst entworfen hatte, als Voraussetzung für seine Darstellung besaß. Zugleich erweist insbesondere die letzte Übersicht, daß die Brentanosche Sammlung nur insofern eine konkrete Bedingung des Görresschen Entwurfs war, als sie dafür das passende Belegmaterial lieferte. Es wird deutlich, daß dann, wenn in Brentanos Sammlung für ein bestimmtes Werk keine Belege für seine jüngere Tradition vorhanden waren, die Klassifizierung eines älteren Textes als »Volksbuch« für Görres nicht in Betracht kam.

Das Programm. Als Arnim und Brentano mit *Des Knaben Wunderhorn* an die Öffentlichkeit traten [20], waren die Kontroversen des 18. Jahrhunderts um die volkstümliche Lyrik schon abgeklungen. Auch wenn sich eine Analogie zwischen »Volksbuch« und dem von Herder und Bürger propagierten Volkslied denken ließ, mußte die Schrift von Görres doch in viel direkterer Weise, als das beim *Wunderhorn* der Fall war, als eine Ehrenrettung für ihren Gegenstand angelegt werden, denn der Begriff »Volksbuch« war von der Aufklärung recht eindeutig und mit noch anhaltender Wirkung auf einer niederen literarischen Sphäre angesiedelt und festgehalten worden [21]. Ganz zu schweigen davon, daß die ältere deutsche Romanliteratur auch in anderen äußeren Erscheinungsformen nicht auf ungeteilte Anerkennung rechnen konnte. Von der hohen Warte eines systematischen Lehrbuchs der Literatur, z. B. desjenigen von Johann Joachim Eschenburg gesehen, beginnt noch zu Görres' Zeit die Geschichte des Romans im Ernst erst im 18. Jahrhundert: »In Deutschland haben wir erst seit den letzten drei Jahrzehenden Originalromane erhalten, die sich zum Theil von den ehemaligen geschmacklosen Werken dieser Art, woran wir ehedem schon Überfluß hatten, eben so sehr unterscheiden, als von der überschwenglichen Menge mißlungener Versuche, womit wir noch immer heimgesucht werden.« [22] Und noch nach Görres sagt Bouterwek, der im gleichen Sinne wie Eschenburg die Vorbildlichkeit der »besten [Stil- und Gattungs-]

Muster« als methodische Richtschnur ansieht, in seiner Literaturgeschichte, daß die Volksbücher in ihr keinen passenden Raum fänden, denn »unter diesen Volks- und Unterhaltungsbüchern ist noch keines bemerkt worden, das als Werk des Genies über die übrigen hervorragte, oder sie durch Cultur des Geschmacks überträfe« [23].

Die geradezu gegensätzliche Anlage von *Wunderhorn* und *Volksbücher*-Schrift veranschaulicht implizit dann aber auch die besondere Position von Görres neben den zeitgenössischen praktischen Versuchen zur Wiederbelebung älterer Literatur, die ihrerseits ihm die eigentliche Anregung gegeben haben: hier eine Textsammlung mit der Intention möglichst unmittelbarer Wirkung, und zwar als Dichtung, dort ein schwer befrachtetes Kommentarwerk. Die Romantiker, sowohl Tieck wie die Brüder Schlegel wie auch Arnim und Brentano, unternahmen oder propagierten übereinstimmend die Erneuerung einzelner, in ihrem Kern als literarisch wertvoll eingeschätzter Werke, sei es auch in Gestalt von Sammlungen. Sie hielten sich, außer in gewissem Sinne August Wilhelm Schlegel in seinen Berliner Vorlesungen [24], nicht beim Formulieren programmatischer Übersichten auf: gerade bei ihnen – ausgenommen immer Brentano – fand infolgedessen Görres auch kein rechtes Echo.

Eine Erneuerung erstrebte zwar auch Görres, freilich eine viel umfassendere, die sich lediglich unter Zuhilfenahme der Literatur vollziehen sollte. Ihm ging es um die Restitution eines Volksganzen, das seine Sinngebung aus einer Teilhabe aller an der literarischen Kultur bezog. Diesem Zweck dient der in den *Teutschen Volksbüchern* propagierte Rückgang auf ein verschüttetes literarisches Erbe. Auch im Bereich der Literatur selbst geht es dabei um die Wiedergewinnung einer durch den Lauf der Geschichte depravierten, ursprünglich besseren Gestalt, hier also um eine von der Oberschicht preisgegebene und abgewertete Literatur. Die in der *Volksbücher*-Schrift feststellbaren politischen Implikationen lassen im übrigen keine Schlüsse auf einen möglichen Zusammenhang dieses literaturgeschichtlichen Versuchs mit dem Wirken Görres' in seinen späteren Jahren zu. Nicht nur in bezug auf solche Fragen mag man sich freilich der halb resignierenden Feststellung von Franz Schultz erinnern: »Doch gestehe ich, dass es schwer und nicht immer von Nutzen ist, die verschiedenen Richtungen seines Wirkens reinlich voneinander zu trennen, [...].« [25] Vor beträchtlichen Schwierigkeiten sieht sich auch, wer die in den *Teutschen Volksbüchern* enthaltenen Anschauungen »reinlich voneinander zu trennen« und wiederzugeben versucht. Eine pseudopoetische Sprache und die assoziierende Gedankenbewegung erschweren den Zugang; bisweilen mag es unumgänglich sein, Unentwirrbares auf sich beruhen zu lassen.

Einige allgemeine Züge des Programms, das dem Versuch von Görres zugrunde liegt, finden sich in der mit mannigfachen Reminiszenzen überladenen und in ungelenke Bildersprache gekleideten Einleitung *An Clemens Brentano,* die augenscheinlich Ofterdingens Wanderung zu dem Einsiedler in der unterirdischen Höhle nachgebildet ist. Görres spricht zunächst von der Suche nach einem den konkreten literarischen Werken gemeinsam innewohnenden Sinn: »Das dunkele Wort, das Leben hat, und nimmer bleibende Gestalt, treibt meine Seele um!« [26] Der herderisch-faustische Grundzug dieses dynamischen Logos ist für Görres' Schrift kennzeichnend, ebenso auch eine rousseauistische Färbung des auf die Leitbilder großer Vergangenheit sich richtenden Erneuerungsstrebens: »Die Pforten des Aufgangs such ich immerdar, wo die starken Geschlechter wohnen!« [27]

In einer für ihn charakteristischen Fortentwicklung des zeitgenössisch vorgeprägten Grundmusters einer literarisch-ästhetischen Erneuerung der menschlichen Gesellschaft entwirft Görres den Umriß einer Bildung, die von einem nationellen Kern ausgeht. Die Wanderung des Suchers im unterirdischen Dom führt denn auch zu Friedrich Barbarossa: »Um ihn drängten sich die alten Helden Alle.« [28] Sie sind zum Teil redend eingeführt. Es sind Gestalten einerseits der Heldensage und anderseits eines bestimmten Ausschnitts der dann von Görres im Hauptteil behandelten »Volksbücher«, und zwar der von ihm nicht zu einer engeren Gruppe zusammengefaßten romanhaft-erzählenden. Der Redewechsel zwischen dem Wanderer-Autor und dem Vergangenheit und Zukunft überschauenden Kaiser belegt, daß der Erneuerungsimpetus bei Görres ganz literaturzentriert ist:

Ich suche das Leben, man muß tief die Brunnen in der Dürre graben, bis man auf die Quellen stößt.
Das Leben ist nicht mehr bei uns, wir haben es als Erbe euch zurückgelassen, ihr habt übel damit hausgehalten.
Dann laßt aus euern Thaten von neuem den Lebensgeist mich ziehen.
Von unsern Thaten sind die Schatten nur uns hinabgefolgt, willst du mit ihnen sprechen, lies in diesen Büchern. [29]

Ein Kernstück der Problematik der wissenschaftlichen Diskussion über die Volksbücher, ganz unabhängig davon, ob diese Diskussion in irgendeiner Form auf Görres basiert oder nicht, besteht in der Doppeldeutigkeit des Volksbegriffs, der nach seinem Umfang und damit nach seiner genauen Anwendung im Deutschen nicht festgelegt ist [30]. Auch bei Görres kann »Volk« sowohl die Gesamtheit aller wie speziell die unteren Schichten meinen: »Die Schriften, von welchen hier die Rede ist, begreifen weniger nicht als die ganze eigentliche Masse des Volkes in ihrem Wirkungskreis. Nach keiner Seite hin hat die Literatur einen größeren Umfang und eine allgemeinere Verbreitung gewonnen, als indem sie übertretend aus dem geschlossenen Kreise der höheren Stände, durchbrach zu den untern Classen, unter ihnen wohnte, mit dem Volke selbst zum Volke, Fleisch von seinem Fleisch, und Leben von seinem Leben wurde.« [31] Betrachtet man diesen Satz für sich, so enthält er beide Wortbedeutungen (Gesamtheit aller Stände und »die untern Classen«). Erst nach genauer Lektüre des gesamten Textes erschließt sich, daß der Sinn dieser Eingangssätze der eigentlichen Abhandlung über die Volksbücher [32] eher zur Auffassung von Volk im Sinne von »niedere Schichten« tendiert.

Görres behauptet nicht, daß die Volksbücher in den »untern Classen« entstanden seien [33], im Gegenteil, doch er verteidigt ihren Rang, den sie neben der Hochliteratur haben: »So bilden sie [die Volksbücher] gewissermaßen den stammhaftesten Theil der ganzen Literatur, den Kern ihres eigenthümlichen Lebens, das innerste Fundament ihres ganzen körperlichen Bestandes, während ihr höheres Leben bey den höheren Ständen wohnt.« [34] Diese Auffassung scheint ein soziologisches Schichtenmodell vorauszusetzen, wie übrigens auch der Satz aus Goethes *Wunderhorn*-Rezension, auf den das letzte Zitat augenscheinlich anspielt [35]. Einer solchen Deutung von Görres' Gebrauch der Termini »Stände« oder »Classen« steht jedoch sein ganzheitlicher, organischer [36] Volksbegriff entgegen. Infolgedessen kann Görres den Schichten je einzeln auch letztlich keine Sonderfunktion für den literarischen Prozeß zubilligen. Eine soziologische Deutung der Stände als Schichten im modernen Sinne schließt Görres schon dadurch aus, daß er die »untern Classen« wertend vom Pöbel trennt. Seine Mahnung: »daß wir die Pöbelhaftigkeit, als Solche rein schlecht und verwerflich unterscheiden von Volksgeist und Volkessinn« führt auf die Feststellung, daß »Pöbelhaftigkeit durch alle Stände greifend keineswegs allein auf die Unteren sich beschränkt« [37].

Die sich von selbst anbietende Konsequenz dieses Befundes ist, daß man auch bei allen Schichten einen positiven Wertmaßstab anlegen kann: »Aber es giebt ein anderes Volk in diesem Volke, alle Genien in Tugend, Kunst und Wissenschaft, und in jedem Thun sind dieses Volkes Blüthe; [...] durch alle Stände zieht es, alles Niedere adelnd, sich hindurch, und jeglichen Standes innerster Kern, und eigenster Character ist in ihm gegeben« [38], er wird »gleich einem schlackenlosen Metallkönig durch alle Verunreinigung von Zeit und Gelegenheit durchblikkend anerkannt« [39]. Dieser Vergleich deutet eines der methodischen Grundprinzipien für die Auswahl an, nämlich daß diese Bücher sich »Jahrhunderte hindurch bis auf unsere Zeit erhalten« haben müssen, wie es im Titel des Buches heißt. Diese Erhaltung bewirken nun »theils innerer Werth, theils Zufall«. Mit der in der zweiten Bestimmung gesetzten Einschränkung vermochte Görres zu erklären, warum es offensichtlich Volksbücher gab, deren Fortleben nicht in ihrem Wert begründet war, jedenfalls wenn man von ihren jüngsten Erscheinungsformen ausgehend über sie urteilte.

Im Gegensatz zu den meisten Erben, den wirklichen oder auch den vermeintlichen, seiner gedanklichen Konzeption wahrt Görres eine wertende Distanz zu den von ihm ausgewählten Texten und beurteilt einige von ihnen ausdrücklich negativ. So konstatiert er z. B. bei der ihm vorliegenden Bearbeitung des Mandeville, daß der Tätigkeit von späteren Bearbeitern ein erheblicher Anteil an der Korrumpierung des alten Werkes zuzuschreiben sei: »So ist denn das Ganze zu dem verworrenen Galimathias geworden, den das gegenwärtige Volksbuch darstellt: [...]« [40]. Oder im gleichen Sinne: »[...] dieser Roman vom gehörnten Siegfried [...]; selbst in seiner Zerrissenheit, Lückenhaftigkeit und Verkrüppelung, in der er hier als Volksbuch erscheint, noch unendlich schätzbar.« [41] Doch die Kritik ist auch ganz grundsätzlicher Art. Über eines der nicht zu den Erzählwerken rechnenden Bücher, den *Lustigen Kirmesbruder,* sagt er nur lakonisch: »Gemeine abgedroschene Spässe, pöbelhafte, zutäppische Schalkhaftigkeit, Plattheiten schlecht erzählt, ohne allen Wert.« [42] In einigen dieser Urteile kommt ein gewisser literargeschichtlicher Rousseauismus zum Ausdruck, denn die ihrem augenscheinlichen, d. h. gegenwärtigen Werte nach geringer eingestuften Werke verdanken diese Einschätzung zumeist einer von Görres als Verfallsprozeß verstandenen Wirkungsgeschichte. Eine analoge Einschätzung der jüngeren Überlieferung mittelalterlicher und auch frühneuzeitlicher Literatur findet sich bis in die Gegenwart hinein in Literaturgeschichten und Handbüchern zum deutschen Mittelalter. Man fragt sich natürlich, aus welchem Grunde denn Görres in eine solche »Nähere Würdigung« Bücher aufgenommen hat, für die er offensichtlich unter dem Gesichtspunkt ihres literarischen Wertes keine Schätzung aufbrachte – auf eine empirische Untersuchung im modernen Sinne über populäre Lesestoffe oder massenhaft verbreitete Literatur konnte es ihm ja noch nicht ankommen [43]. Das Faszinierende an dieser Literatur war für ihn die Tatsache ihrer Lebenskraft, die sie durch die verschiedenartigsten historischen Epochen hindurch bewies, und diese Kraft ihres Fortwirkens bestimmte auch die Auswahl seiner Texte. Genau dies ließ sich an dem Auswahlverfahren zeigen, das Görres gegenüber den Beständen von Brentanos Bibliothek praktiziert hat. Görres' Volksbuchbegriff schließt nur Bücher ein, die eine erstens sehr lange Zeit, d. h. über mehrere Jahrhunderte sich erstreckende, von Görres zum Teil nachgewiesene, zum Teil nur vermutete, und zweitens eine in seiner Gegenwart noch anhaltende Wirkungsgeschichte besitzen [44]. In dieser Vorstellung von der bewahrenden Wiederkehr des Besten vergangener Zeiten wirkt Herdersches Palingenesiedenken nach [45]. Das Zusammenspiel von Dauer und Ausdauern (in der zeitgenössischen Gegenwart) hebt die scheinbar rückwärts gerichtete Auffassung vom Volksbuch bei Görres in einer über das rein Literarische hinausgreifenden Gegenwartsbezogenheit auf.

In einem deutlich eingrenzbaren Sinne, nämlich in bezug auf Ursprung der Volksbücher in der mündlichen, vorliterarischen Poesie, gibt es auch bei Görres die Vorstellung vom produzierenden Volksgeist, die später Uhland in seiner Tübinger Inauguralrede vom 22. November 1832, *Über die Sage vom Herzog Ernst,* besonders klar formuliert hat: »Jenseits der Litteratur im buchstäblichen Sinne liegen, für die ältere Zeit, gerade die nationalsten Erzeugnisse des geistigen Lebens: Mythus, Sage, Volksgesang. Allerdings müssen wir auch hiebei zunächst von schriftlichen Auffassungen und Andeutungen ausgehen. Allein das Auffassen im Schriftwerke bezeichnet oft nur die Aufhör des lebendigen Wachsthums, das Werden erstarrt im Gewordenen und um das Wesen des dichterisch schaffenden und bildenden Volksgeistes kennen zu lernen, müssen wir ihn, die jeweilige Form zerbrechend, seinem freien, beweglichen Elemente zurückgeben.« [46] Dies zielt in erster Linie auf Dichtungen ab, die mit der Heldensage in Verbindung stehen. Uhland generalisierte diesen Standpunkt keineswegs; Roman und Erzählung werden von ihm ausdrücklich nicht unter dem gleichen Vorzeichen beurteilt. [47] Görres bezieht diese Ansichten nicht auf die realen von ihm behandelten Werke oder auf ihre literarisch faßbaren Ahnen, der vorliterarische Ursprung der Volksbücher ist jedoch nach seiner Auffassung »jene innere im Volke wach gewordene Poesie« [48], die sich auf zweifache Weise, im Volkslied und in den Volkssagen, geäußert habe; von den Volkssagen seien, beim Übergang zur Schriftlichkeit, dann auch »die meisten Volksbücher ausgegangen« [49].

Im Zusammenhang mit den konkreten, überlieferten »Volksbüchern« spricht Görres von der Wirkung kollektiver Faktoren dann, wenn er von ihrer Rezeption handelt: »Wenn daher auch der Zufall bei der Wahl dieser Schriften gewaltet zu haben scheint, indem man dem Volke sie geboten, bey der Aufnahme hat er keineswegs vorgeherrscht; ein großes fortdauerndes Bedürfniß muß im Volk bestehen, dem jede Einzelne für sich zusagt, und das daher fortdauernd sie erhält [...]« [50]. Wenn Görres über den Zusammenhang von Volk und Volkslied spricht, nähert er sich durchaus auch der Auffassung vom kollektiven produktiven Vermögen des Volkes. Ebenso wie in den Volksliedern »der im Volke verborgene lyrische Geist in fröhlichen Lauten zuerst erwacht« [51], bringt »der epische Naturgeist« [52] die Volkssagen hervor. Weiter geht Görres in der Übertragung dieser Anschauung über die Entstehung von Volksliedern auf Episches jedoch nicht.

Görres' Sprache läßt nicht immer klar erkennen, welche Aussage, ja, ob überhaupt in allen Fällen eine bestimmte Aussage intendiert ist. Die Metaphorik des Organischen, nach der »das Höhere [...] aus der Oberwelt in die pflanzenhafte, gefesselte Natur des Volks herabgestiegen« [53] sei, deutet immerhin an, daß die Schicht, die Ur- oder Vorbilder der »Volksbücher« produzierte, eine sowohl schmale wie kultivierte wie auch sozial hochgestellte war. Diese Verlaufsrichtung ist indessen für Görres weder bei literarischen noch bei sozialen Vorgängen von naturgesetzlicher Unumstößlichkeit. Im Blick auf seine eigene Gegenwart, konkret auf die Erscheinung Napoleons, räumt Görres auch die umgekehrte Richtung als möglich ein: »In jedem Menschen sind [...] eigentlich alle Stände; diese Zeit hat uns gelehrt, wie sie in einzelnen Individuen alle der Reihe nach erwachten, bis endlich oben gar Kronen aus dem Unscheinbaren erblühten.« [54] Die »künstliche Differenz der Stände« wird von Görres nicht als naturgegeben genommen. Die Bildlichkeit bei Görres nährt freilich immer wieder die Vermutung, seine Argumentation impliziere Homologievorstellungen, die auf der Annahme einer wesensmäßigen Verwandtschaft zwischen natürlichen Wachstumsvorgängen und der Geschichte literarischer Erzeugnisse beruhten, doch ist das lediglich poetisierende Gewandung, und zwar eine, die in seiner Zeit in dieser Form einfach bereitlag. Die Volksbücher werden von Görres nur nach einer einfachen Zweiteilung sozial klassifiziert: im Jugendalter partizipieren alle Schichten an dieser Literatur, später gliedert sich die Teilhabe an ihr: für »die Untern« machen diese Bücher »die einzige Geistesnahrung auf Lebenszeit« aus, doch für die höheren Stände bleiben sie ein allgemein gültiger Jugendeindruck [55].

Nach dem bisher Gesagten ist deutlich, daß Görres die Texte seiner Volksbücher zwar der trivialen Massenliteratur seiner Zeit entnahm, daß er ihnen jedoch eine Bedeutung zusprach, die sie einer Einordnung in ein soziales Zweischichtenschema und einer Beurteilung gemäß einer Zweireichelehre von Hoch- und Trivialliteratur entzieht. Nur im Sinne solcher literaturwissenschaftlicher Studien, die Trivialliteratur am unteren Rand einer Hochliteratur, insgesamt also in einer mittleren Höhenlage ansiedeln [56], könnte man die Görresschen Volksbücher als Trivialliteratur ansprechen. Doch in ihrer weitgespannten Vor- und Nachgeschichte vom frühen Mittelalter bis zum 20. Jahrhundert assoziieren sie sich mit ganz verschiedenartigen Bildungs- und sozialen Schichten, nicht selten mit mehreren zugleich. Sie müssen auf ihren komplizierten Wanderungswegen sowohl literarisch wie auch sozial stets von neuem geortet werden.

Aufgaben dieser Art stellten sich Görres nicht explizit, denn das Interesse an der Herkunft der von ihm – nach manchen Vorläufern – so emphatisch ins allgemeine, nicht etwa nur literarische Bewußtsein gehobenen Bücher war nicht der Beweggrund für seine »literarischen« Studien. Dieser Beweggrund war vielmehr die geistige Erneuerung der eigenen Gegenwart zum Zweck der politischen Erneuerung; die Geschichte, auch die der Literatur, lieferte dafür den Begründungszusammenhang. Die dabei wirksamen Vorstellungen von »Nation« gehen mindestens zum Teil auf vorromantische Grundlagen zurück. Bei dem Volksbegriff, den Görres anwendet, ist stets auch an Montesquieu zu denken. Die Vorstellung von einem individuellen Geist der Völker ist kein originäres Eigentum der deutschen Romantik. Von der Erinnerung an den Mißbrauch solcher Worte in unserem Jahrhundert muß man das historische Sprachgefühl heute bewußt freihalten, wenn man einen Text wie den von Görres nicht verfehlen will. Die historische Begründung dieses Interesses an der eigenen Gegenwart gilt bei Görres unmittelbar nur solchen literarischen Erscheinungen, die in dieser Gegenwart noch lebendig waren. Wenn es irgendeinen Zweifel an der aktuellen Beziehung des Programms wie der historischen Detailstudien bei Görres gäbe, so würde er durch die Vergegenwärtigung derjenigen Texte und Drucke beseitigt, die Görres hätte behandeln oder beachten müssen – da sie ihm in Brentanos Sammlung nun einmal vorlagen –, wenn er von einem rein historischen oder literarhistorischen Interesse geleitet gewesen wäre.

Einem tieferen Verständnis erschließt sich dieser Versuch auch in seiner Problematik jedoch erst dann, wenn man ihn vor dem Hintergrund der Heidelberger Romantik sieht und wenn man zugleich diesen Begriff über seine literaturgeschichtliche Begrenztheit hinaus erweitert und in seinem geistes- und wissenschaftsgeschichtlichen Zusammenhang beurteilt [57]. Erst im Vergleich mit Savignys Auffassung vom geschichtlich gewachsenen Recht, das einen Teil des Lebens der Nation ausmacht, wird die volle Bedeutung einer Bewertung von Literatur nach Maßgabe ihres genetischen, lebendigen Zusammenhangs verständlich, wie wir sie auch in den *Teutschen Volksbüchern* antreffen. Volksdichtung als ein kontinuierlich gewachsener Allgemeinbesitz (im Gegensatz zu Kunstdichtung) wäre dann analog dem Recht (im Gegensatz zu »Gesetz«), von dem Savigny in seiner Programmschrift *Vom Beruf unsrer Zeit für Gesetzgebung und Rechtswissenschaft* [58] gesprochen hat.

Der moderne Betrachter, der die literarhistorischen Erörterungen und Kommentare bei Görres als vielfach fehlerhaft und als unvollständig ansehen muß, verfehlte, wenn er bei einer solchen Feststellung haltmachte, die eigentliche Bedeutung dieser Kommentare, die nicht in dem literarhistorischen Detail liegt, das sie erörtern, sondern im Verständnis eines Gegenwärtigen als eines Gewordenen. »Geschichte« ist bei Görres auch in den Einzelheiten nicht mit dem methodisch-historiographisch Eruierten gleichzusetzen, viel weniger noch mit bloßer Vergangenheit. Hier wird eine Grenze zwischen der romantischen Epoche und der des Historismus sichtbar: für die erstere ist Görres' Kommentar zu den einzelnen Volksbüchern bereits viel zu fachlich, für die letztere aber nicht genügend fachwissenschaftlich. Wegen dieser seiner Sonderstellung kann man das Werk auch keiner wissenschaftsgeschichtlichen Entwicklungsstufe einer »Germanistik« zurechnen, die sich überdies erst in den folgenden Jahrzehnten allmählich herausbildete.

2. *Aufklärung und Romantik*

Es gehört zu den Eigentümlichkeiten geisteswissenschaftlicher Darstellungsverfahren, daß durch sie die Vorstellung erzeugt werden kann, die schriftstellerische Logik sei eine genaue Entsprechung der geschichtlichen Abläufe. Ich habe hier eine solche, etwa durch eine chronologische Anordnung entstehende Wirkung auf den Leser bewußt vermieden, denn es gibt keine einfache Chronologie von Entwicklungsstufen in der Wirkungsgeschichte des frühen deutschen Romans. In ihr leben mehr und andere Elemente fort, als die Analyse der Schrift von Görres zutage gefördert hat. Zwar haben Görres und seine Zeitgenossen Anregungen, die aus dem 18. Jahrhundert stammen, aufgegriffen und umgewandelt, doch ist die Nachwirkung solcher älteren Anregungen damit keineswegs abgeschlossen. Es sind diese teils älteren, teils gleichzeitig entstandenen und praktizierten Konzeptionen, die dazu geführt haben, daß der Versuch von Joseph Görres im wesentlichen nur als Standardtitel im Bewußtsein der Verfasser nachfolgender Untersuchungen fortlebte. Der Inhalt der Schrift hingegen hat kaum mehr geleistet, als zur Weckung der Aufmerksamkeit beizutragen und den »Volksbüchern« eine von dem Zeitpunkt des Erscheinens dieser Schrift an datierende Dignität auf Dauer zu sichern. Wie Görres seinen Gegenstand im einzelnen tatsächlich aufgefaßt und beschrieben hat, scheint schon seine eigenen Zeitgenossen wenig berührt zu haben. Die Nachwelt hat es offenbar entweder nicht zur Kenntnis genommen oder nicht mehr verstanden.

Gründe dafür gibt es genug. Es ging hier zunächst um eine Art von Schriften, die jedermann praktisch selbst zu kennen glaubte, die aber keineswegs als Bestandteil der ernstzunehmenden Literatur anerkannt waren, geschweige denn als literarische Gattung, deren Ursprung und Geschichte aber auch einem literarisch gebildeten Publikum allenfalls schemenhaft bekannt waren. Ihre Auswahl hatte Görres anderseits an überlieferungsgeschichtliche Bedingungen, wie sie am Ende des 18. Jahrhunderts bestanden, gebunden. Das war aber wiederum kein Verfahren, das den Vertretern einer sich zunächst zunehmend zu strenger Empirie, inhaltlich zur Mittelalterforschung hin entwickelnden Philologie einleuchten konnte. Sobald man sich bewußt wurde, daß die Erscheinungsformen dieser angenommenen Gattung am Ende des 18. Jahrhunderts nur einen kleinen Teil und entschieden nicht den besten ihrer gesamten

Lebenszeit dokumentierten, mußte das in den Augen der Philologen zu einer Entwertung ihrer wissenschaftlichen Bedeutung führen.

Hinderlich für eine Fortwirkung der Konzeption von Görres war ferner, daß man dabei stets an verschiedenen Arten von Texten zugleich zu denken hatte und daß sich nur wenig im engeren Sinne Literarisches unter diesen Texten fand. Daneben hatten anderseits Texte eine Auszeichnung erfahren, die ihnen nach zeitgenössischem Verständnis unter keinem denkbaren literarischen Aspekt zukommen konnte. Schließlich gab es zeitgenössische literarische Werke, z. B. Ludwig Tiecks, die einem Teil der Görresschen Volksbücher ähnlich oder stofflich verwandt, aber formal ganz neugestaltet waren. Diese profitierten zwar von einem Interesse, das u. a. auch den sogenannten Volksbüchern galt, sie waren aber in weit eindeutigerem Grad dem Bereich einer ästhetisch zu rezipierenden Literatur zugeordnet. Gerade von einer solcherart mit ästhetischem Anspruch aufgeladenen »Volkstümlichkeit« gingen entscheidende Einflüsse auf das 19. Jahrhundert aus, die zu jenen Interferenzen zwischen Erzählgattung – wobei nicht nur an den Roman zu denken ist – einerseits und Volksbuch anderseits führten, mit denen wir es heute zu tun haben. Die einzelnen Momente dieser Entwicklung lassen sich nun keineswegs schlüssig an einer zeitlichen Kette aufreihen, weder mit noch ohne Görres. Es gibt um 1800 eine ganze Anzahl nur lose miteinander in Verbindung stehender literarischer und kulturpolitischer Ideen, die auf eine Wiederbelebung älterer Literatur, die Verbesserung des literarischen Urteils und auf eine Erweiterung des literarischen Publikums abzielen. In diesen Zielen sind schon fast alle Elemente der Problematik enthalten, die sich bis heute mit dem Begriff Volksbuch und damit zum guten Teil auch mit der Erforschung des frühen deutschen Romans verbindet.

Ein wesentlicher Anteil an diesen Vorstellungen leitet sich schon von Herder her. Freilich rechtfertigte das nicht jeden Gebrauch, den die germanistische Wissenschaft von dieser Erkenntnis machte. Es war nicht zuletzt Josef Nadler, der 1924 in seiner Rede *Görres und Heidelberg* [59] ein mit der Formel »Dichtung und Volkstum« bezeichnetes Syndrom der Geistes- und politischen Geschichte des 20. Jahrhunderts beschwor, für das er sich auf die Namen Herder und Görres berief. Das Verhältnis beider Begriffe zueinander ist in der angegebenen Reihenfolge im Sinne Herders sicher richtig bezeichnet. *Dichtung und Volkstum* nannte sich ab 1934 bekanntlich auch eine der angesehensten Zeitschriften des Faches. Daß man dieses Verhältnis jedoch z. B. in Arbeiten aus der Schule Franz Kochs umzukehren versuchte, ist heute nur noch von zeitgeschichtlicher, nicht aber von wissenschaftlicher Relevanz [60].

Eine Form praktischer Verwirklichung fanden Herders Anregungen in den Erneuerungen frühneuzeitlicher und mittelalterlicher Literatur durch die Romantiker. Sie übertreffen Görres' *Volksbücher*-Schrift an Ausstrahlung, vor allem auf die Folgezeit, bei weitem. Sie haben Vorläufer im 18. Jahrhundert; eine Tradition auf diesem Gebiet hat jedoch erst Tieck begründet [61]. Diese produktiv kritische Anverwandlung der literarischen Überlieferung ist älter als ihre literarkritisch-theoretische Behandlung, die mutatis mutandis auch Görres vertritt. Für letztere gab es zumindest im Zusammenhang mit der erzählenden Literatur der frühen Neuzeit kaum Vorläufer. Zum besseren Verständnis der Bestandteile, aus denen sich die heutigen wissenschaftlichen Urteile über diese Literatur zusammensetzen, muß hier eine Darstellung der wichtigsten Voraussetzungen für die Leistungen der jüngeren Romantik nachgeholt werden [62]. Ich merke dabei insbesondere an, in welchem Verhältnis diese Voraussetzungen zu der Volksbuchkonzeption von Görres stehen.

Deutsche Literatur des 15. bis 17. Jahrhunderts als erneuerte Unterhaltungslektüre: H. A. O. Reichard. Ein literarhistorisch bedeutsamer Zeuge für das Interesse eines Lesepublikums, das sich im ausgehenden 18. Jahrhundert stark ausdehnte und damit qualitativ veränderte, ist der schriftstellernde Gothaische Theater- und spätere Kriegsdirektor Heinrich August Ottokar Reichard, der von 1778 bis 1794 in 21 Bänden seine oft zitierte *Bibliothek der Romane* [63] herausgab, ab 1782 unter Mitarbeit von Christian August Vulpius. Für ein Publikum mittleren bis gehobenen Niveaus tat er im Prinzip das gleiche, was die Verlage der »Volksbücher« im engeren Sinne – auf sie und ihre Produktion bezieht sich der berühmte Passus über die Volksbücher in *Dichtung und Wahrheit* [64] – zur gleichen Zeit für eine Schicht am unteren Rande des Lesepublikums leisteten: er lieferte Lesestoff. Allerdings ordnete und klassifizierte er die Stoffe, exzerpierte und referierte, fügte schließlich erläuternde Anmerkungen hinzu, die ein zwar nicht im eigentlichen Sinne fachmännisches, doch durchaus literarhistorisch ausgerichtetes Bildungsbedürfnis zu befriedigen vermochten. Ein Werk dieser Art würde man heute am ehesten in der Nähe der Gattung des Romanführers ansiedeln. Es erfüllte jedoch zu seiner Zeit augenscheinlich insofern noch eine zusätzliche Funktion, als es die Lektüre der beschriebenen und referierten Romane geradezu ersetzen konnte.

Näheren Aufschluß über die Leserschaft, an die sich dieses Werk richtete, vermitteln die detail- und anekdotenreichen Lebenserinnerungen Reichards. Inhaltlich sind sie das Dokument eines noch weitgehend absolutistischen Zeitalters: die Kapitelüberschriften dieser Lebenserinnerungen folgen in der Hauptsache politischen Gegebenheiten, nämlich der Französischen Revolution und den Regierungszeiten der Herzöge von Gotha, und über letztere erfährt man von dem Verfasser auch erheblich mehr als über ihn selbst [65]. Diesen Memoiren kann man entnehmen, daß die ganze, in einem weiten Sinne journalistische Produktion Reichards auf ein Publikum abzielte, das eindeutig literarisch geschult, informiert und interessiert war. Soziologisch gesehen muß es im unteren Mittelstand seine Begrenzung gehabt haben. Der Freimaurer Reichard war, anders als später Görres, von vornherein antirevolutionär eingestellt und publizierte auch antirevolutionäre Schriften. Seine bunte Schriftstellerei, die er im übrigen als Nebengeschäft betrieb, ist nichts weiter als eine funktional auf sein Publikum bezogene Gebrauchsprosa. Der literarische und soziale Stellenwert seiner *Bibliothek der Romane* läßt sich von daher als angemessener Ausdruck von Lesegewohnheiten bestimmen, die im gehobenen, aber nicht speziell an Dichtung interessierten Publikum tatsächlich praktiziert wurden. Die Bedeutung, die man möglicherweise Reichards *Bibliothek* beimessen könnte, reduziert sich einerseits, die Hinweise auf die Publikumsbezogenheit werden jedoch zugleich präzisiert, wenn man sich vergegenwärtigt, daß Reichard zur gleichen Zeit – von zahlreichen einzelnen Arbeiten abgesehen – drei Zeitschriften herausgab, die in ganz analoger Weise der Verbreitung von Lesestoff dienten; zwei von ihnen waren sogar ebenso umfangreich wie die *Bibliothek der Romane* [66].

Einige detailliertere Angaben über die *Bibliothek der Romane* mögen ihre Einschätzung erleichtern. Auf eine knappe, kommentierende Einführung zum einzelnen Titel, die auch einige historische, literarische und bibliographische Angaben enthält, folgt eine Zusammenfassung des Textes von äußerster Kürze, untermischt mit mehr oder minder direkt nach den jeweiligen Vorlagen wiedergegebenen Textpartien; letztere bieten ein krauses sprachliches Gemisch aus älteren und neueren Wortformen. Innerhalb der Bände werden die Texte anfangs in fünf, vom fünften Band an in sechs Gruppen eingeteilt [67]:

I. *Ritter-Romane.* [Wie in der französischen *Bibliothèque universelle des romans* erschienen hier als Hauptmaterien die Tafelrunde, die »Pairs« von Frankreich und »Amadisse«.]

II. *Volks-Romane.* [Dieses Genus umreißt Reichard folgendermaßen: »Die deutsche Bibliothèque bleue. Diejenigen, die gegen den *feinen kleinen Almanach* [68] so viel einzuwenden hatten, werden freilich diese Idee nicht schön finden, aber wir hoffen, daß sie wenigstens unterhaltend genug ausfallen soll.«]

III. *Deutsche Romane.* [Hier verspricht Reichard, bisher unbekannte vorzustellen.]

IV. *Ausländische Romane.* [Dabei sollen nicht die bereits übersetzten zur Geltung kommen.]

V. *Episoden.* [Sie sollen aus größeren Romanen entnommen werden, außerdem ist an kleinere Geschichten gedacht.]

VI. *Religions-Romane.* [Später hinzugekommene Rubrik.]

Wie Reichard selbst gleich im ersten Satz der Einleitung sagt, stand ihm grundsätzlich das Vorbild der *Bibliothèque universelle des romans* [69] vor Augen, das er auf deutsche Verhältnisse zu übertragen und an sie anzupassen versucht hat. Das verlangte sowohl Erfindungsgabe wie Kenntnisse, denn zwar ließen sich die Abteilungen »Romans étrangers« und »Romans de chevalerie«, auch »Nouvelles, Contes, Facéties« – letztere freilich schon in Vergröberung – daraus übernehmen, aber die Abteilung »Morale et Politique« ist durch »Religions-Romane« keineswegs ersetzt, während die ältere deutsche Literatur »Romans Historiques« und »Romans d'Amour« wohl in zu geringer Zahl bot, als daß sich eigene Rubriken dafür rechtfertigen ließen; auch die Abteilungen, die das Vorbild für das Satirische und das Wunderbare bereithielt, wurden von Reichard fortgelassen. Anderseits mußte Reichard die Rubriken »Volks-Romane« und »Deutsche Romane« von sich aus etablieren. Mit welchen Gründen er das tat und, vor allem, nach welchen Kriterien er beide voneinander unterschied, läßt sich indes nicht ermitteln. Die Materialgrundlage der französischen Romanbibliothek ist unvergleichlich viel breiter, die Behandlung der literarischen Grundlagen weit ausgedehnter, vor allem auch bei weitem fachmännischer. Nicht zuletzt sicherte ein ausgedehnter Realienkommentar zu Personen, Örtlichkeiten und Sachen der *Bibliothèque des romans* einen großen Vorsprung. Gemessen an dieser umfassenden und gründlichen Verarbeitung der Romanlektüre eines mit Sicherheit auch weitaus breiteren Publikums könnten sich Betrachtungen über die Differenz zwischen einer kultivierten Nation und einem sich sowohl um nationale Einheit wie um ästhetische Kultur erst bemühenden Volkes aufdrängen. Andeutungsweise mag der vollständige Titel des ersten Bandes das Programm der *Bibliothèque des romans* vertreten: *Bibliothèque universelle des romans, ouvrage périodique, Dans lequel on donne l'analyse raisonnée des Romans anciens et modernes, François, ou traduits dans notre langue; avec des Anecdotes et des Notices historiques et critiques concernant les Auteurs ou leurs Ouvrages; ainsi que les mœurs, les Usages du temps, les circonstances particulières et relatives, et les Personnages connus, déguisés ou emblêmatiques.*

Reichard übernimmt, indem er die Elemente der Kurzfassung, des Textausschnitts und der kommentierenden Bemerkungen auseinanderhält, auch im Formalen das Vorbild der *Bibliothèque universelle des romans*. Seine *Bibliothek der Romane* richtet sich in dieser Form unmittelbar an die Konsumenten dieser Lesestoffe selbst. Görres faßt demgegenüber alle Einzelelemente in einen einzigen Kommentartext zusammen, was zu dem Ergebnis führt, daß sich der Propagandist des Volksbuchgedankens unmittelbar nur noch an eine sehr kleine Leserschaft wendet, eigentlich nur noch an Literaten und Philologen. Die bei Görres vollzogene Spezialisierung und Verwissenschaftlichung der Idee vom Volksbuch deutet schon die Richtung an, in der diese Erfindung der Romantik im 19. Jahrhundert weiterlebt. Die »volkstümliche« Romantik entwickelt sich elitär weiter – verglichen mit der »gebildeten« Aufklärung. Der Inhalt des Programms der *Bibliothek der Romane* unterscheidet sich in zwei Punkten von Görres' »Volksbuch«-Konzept. Einmal beschränkte sich Reichard auf erzählend-unterhaltende Werke, im wesentlichen eben auf Romane, zum andern machte er keinen Versuch, die durch die literaturtragenden Schichten der Gesellschaft gezogenen Grenzen zu überschreiten.

Den interessantesten Vergleichspunkt zwischen den beiden Werken von Reichard und Görres bildet jedoch eine von Reichard im 20. Band als *Anhang* zusammengestellte und mit knappem bibliographischen Apparat versehene Literaturliste unter dem Titel *Versuch eines Verzeichnisses einer »Bibliotheque bleue«, oder Volks-Bibliothek deutscher Nation* [70]. Reichard hat in dieser Übersicht nicht den Versuch gemacht, Textgruppen mit Hilfe literarischer Kriterien zusammenzustellen, sondern er hat seine Texte rein nach inhaltlichen Gesichtspunkten geordnet: (A) Meerfahrten, (B) Ritter Bücher, (C) Schwänke und Schalkspossen, (D) Glücks-Bücher, (E) Räthsel, (F) Fabeln, (G) Moralische Romane, (H) Wetterbüchlein, (I) Liederbücher [71], (K) Größere und nicht so allgemeine triviale Volks-Schriften, (L) Deutsche Bonaze [72]. In einer Reihe von Fällen war für die Aufnahme von Titeln in diese Liste wohl der Gedanke maßgebend, eine Wiederbelebung anregen zu wollen. Doch im wesentlichen ging Reichard bei dieser Liste (anders als in der *Bibliothek der Romane* selbst) ungefähr bis auf die Überlieferungsschicht zurück, aus der auch Görres seine Texte ausgewählt hat, mit dem Unterschied, daß er – anders als Görres – auch jüngere Werke, also solche aus dem 16. und 17. Jahrhundert, berücksichtigte und auch solche, die Verfassernamen trugen. Für Reichard besaß indes das von Görres angewandte Kriterium keine Bedeutung, daß die auszuwählenden Bücher noch im Umlauf sein mußten, praktisch also im Handel auf den »Büchertischen«, d. h. unterhalb der Ebene des Buchhandels.

Da sich anhand einer deutlichen Übereinstimmung zweier Textstellen erweisen läßt, daß Görres diese Übersicht gekannt hat [73], lohnt es um so mehr, den Vergleich näher durchzuführen. Der Bestand an Titeln ist in beiden Fällen hinsichtlich der Werke erzählenden Charakters recht ähnlich. Von den 49 Büchern, die Görres behandelt, sind 26 auch in Reichards Liste erwähnt, ein weiteres ist nur in der *Bibliothek der Romane* verarbeitet [74]. Die Reichardschen Abteilungen »Fabeln«, »Moralische Romane«, »Liederbücher«, »Größere [...] Volks-Schriften« und die Boccaccio-Übersetzungen entfallen bei Görres gänzlich. Das hat zur Folge, daß auch einiges eindeutig Volkstümliche bei ihm nicht wiederkehrt, auch solche Werke, die über lange Zeit hin kontinuierlich tradiert oder auch weiter bearbeitet worden waren. Der Grund dafür dürfte sein, daß hier in vielen Fällen Verfasserpersönlichkeiten bekannt sind [75]. Damit entfällt bei Görres aber zugleich auch manches Erzählende [76]. Werke, die unter einem Verfassernamen laufen, widerstehen im Prinzip einer Subsumierung unter Görres' Volksbuchbegriff, zumindest dann, wenn sie von bekannteren Autoren stammen, die auch sonst literarisch produktiv waren. Die Gruppe erzählender Werke ist durch andere Texte des gleichen Typus bei Görres hinlänglich vertreten. Schon in der Gegenüberstellung von Görres' *Teutschen Volksbüchern* und diesem Projekt einer *Volks-Bibliothek deutscher Nation* deutet sich an, daß der Weg der Beschäftigung mit »volkstümlichen« Romanen, und das bedeutet in praxi auch: mit den Romanen der frühen Neuzeit, von vornherein an dem weitgefaßten Görresschen Volksbuchbegriff in gewissem Sinne vorbeiläuft. Tatsächlich wird der Begriff bis in unsere Gegenwart hinein ja stets enger gefaßt als bei Görres. Die Entstehung dieses enger gefaßten Begriffs von »Volksbuch« ist zwar auch nicht unbedingt hochliterarisch, keineswegs ist sie aber im engeren Sinne volkstümlich. Auch die Spannweite und Totalität der Begriffe »Volk« und »Volksbuch« bei Görres bleiben singulär. Im ganzen tragen diese rezeptionsgeschichtlichen Bedingungen zu einer eindeutigen Bevorzugung »romanartiger« Texte bei; die Gebrauchsprosa im weiteren Sinne tritt demgegenüber auch als Forschungsobjekt der Fachwissenschaft zurück.

Die angedeutete Weiterentwicklung von Reichards *Bibliothek der Romane* zu der von ihm projektierten deutschen *Bibliothèque bleue* implizierte nicht einfach eine stoffliche Ausdehnung. Sie hätte vielmehr einen qualitativen Sprung vollzogen, denn das Projekt ist dem Bereich der »populären« Lektüre gegenüber in ganz anderer Weise offen. Vollzogen hat diesen Übergang erst Görres, freilich auf seine Weise, die – wie auch die allgemeine Romantiktradition in Deutschland – uns nötigt, von »volkstümlich« zu sprechen, um so der deutschen Nuance des Populären historisch gerecht zu werden. Das Projekt Reichards ist, obschon nicht ausgeführt, literarhistorisch fast bedeutsamer als seine *Bibliothek der Romane*.

Bis zu welchem Grade in dieser Zeit, in der sich eine bewußte Wiederentdeckung der frühneuhochdeutschen Literatur allererst abzuzeichnen beginnt, das antiquarisch-historische Interesse, das Literatur primär als Zeugnis der Vergangenheit wertet, bereits popularisiert war, zeigt ein Passus im Vorwort zu Reichards *Buch der Liebe*. Dieser bringt nicht nur ein geschichtliches Bewußtsein zum Ausdruck, sondern in nuce auch bereits eines von der Geschichtlichkeit des eigenen Standpunktes:

Wenn es wahr ist, daß die Romane nie aus dem Genie der Autoren allein entstehen, sondern immer Kinder der Sitten ihrer Zeit sind, so ist es wohl gar verdienstliches Werk, solche Abdrücke der Gewohnheiten und des Geistes der Vorwelt, das ihr Alter zu Seltenheiten und zu den Schränken weniger Büchersäle verdammte, aus ihrem Staube hervorzusuchen, und vor den Augen Aller aufzustellen. Unsre Sprachkunde bereichert sich so mit manchem Urworte das verlohren gegangen war; hie und da findet sich ein Stück, das eine Lücke in der Vaterlandsgeschichte ausfüllt; und wenn alle die Abentheuer gleich nicht mehr in dem [!] Ton der waltenden Mode passen, so belustigt doch ihr fremder Anblick gewiß eben so sehr, als der Anblick einer altdeutschen Tracht auf einer Redutte: er ist getreu. Nach tausend Jahren – wenn kein Kometenschweif die Rechnung stört – wird man vielleicht unsre *Leiden Werthers* und *Siegwarts* eben so emsig zum Studium des achtzehnten Jahrhunderts zusammen suchen, und zerklittern, als jetzt unsre Bibliothekere [!] die Handschriften des dreizehnten und vierzehnten Jahrhunderts. [77]

Volksaufklärung und volkstümliche Unterhaltung. Das Gegenbild zu einer Gestalt wie der Reichards, der sich einerseits rezeptiv gegenüber einer von ihm vorgefundenen literarischen Tradition verhält, sich anderseits in die Produktion des aktuellen Bedarfs an Lektürestoffen einfügt, ist in dieser Zeit der aktive aufklärerische Literator, der den gleichen Ausschnitt aus der Literatur zu einem bestimmten Zweck aufgreift, einem Zweck, den er jedenfalls nicht aus der Literatur selbst heraus bestimmt. Das Prinzipielle an diesem Gegensatz mag im Zusammenhang unserer Untersuchung die anonyme Abhandlung *Über die Mittel, bessere Bücher in die Hände der niedrigern lesenden Menschenklasse zu bringen* zeigen, die 1785 in der *Berlinischen Monatsschrift* erschien [78]. Auch ein solcher Versuch gehört noch in den besonderen Zusammenhang der Erneuerung älterer deutscher Literatur; er sagt nicht nur etwas über die Wirkungsgeschichte dieser Literatur aus, sondern er deutet mit seiner sozialpädagogischen Akzentsetzung vor allem den erheblichen Umfang des gesamtliterarischen Spektrums an, innerhalb dessen sich die Rezeption der älteren Literatur im ausgehenden 18. Jahrhundert vollzieht [79].

Diese Abhandlung besteht inhaltlich aus einer kritischen Musterung der im Kolportagebuchhandel im Umlauf befindlichen Literatur, vornehmlich unterhaltend-erzählender Art, jedoch werden am Rande auch »Sachbücher« einbezogen. Obwohl auf ganz anderem Wege, ergibt sich hier ein stoffliches Spektrum, das der Textgrundlage auf weiten Strekken analog ist, die Görres sich für sein Konzept auswählend zurechtlegte. Im Gegensatz zu Görres geht dem Verfasser aber jeglicher Enthusiasmus für seinen Gegenstand ab, manche Bücher werden – über die Grenze der auch bei Görres geübten literarischen Kritik hinaus – auch noch zusätzlich vom sozialpädagogischen Standpunkt aus verurteilt; vom *Faust*-Buch heißt es z. B.: »ein verderbliches Buch für den gemeinen Mann« [80]. Sozialpädagogisch ist aber die ganze Abhandlung gemeint. Der Verfasser regt an, die vorhandene Unterhaltungslektüre qualitativ zu heben, weniger geeignete Werke nach und nach gegen bessere auszutauschen und auf diese Weise erzieherisch, aber durchaus nicht etwa im Sinne literarischer oder ästhetischer Bildung, sondern vielmehr praktisch belehrend auf die soziale Unterschicht einzuwirken. Dieses Geschäft soll einer mit entsprechenden Druckprivilegien ausgestatteten »patriotischen Gesellschaft« übertragen werden [81].

Der Berlinische Anonymus war sichtlich kein Literarhistoriker. Er kannte offenbar nicht einmal allgemeine Hilfsmittel, die es ihm erlaubt hätten, sich über seinen Gegenstand die wichtigsten Informationen zu verschaffen. Doch die Defekte in seinen literarhistorischen Voraussetzungen sind für unsere Fragen insoweit unerheblich, als eine fachliche Bearbeitung des Ausschnitts der Literaturgeschichte, mit dem die von ihm erwähnten Bücher zusammenhingen, ja außerhalb seiner Absichten lag. Lesersoziologisch ist die von dem Anonymus gemachte Voraussetzung von Bedeutung, daß das Lesen bei der Unterschicht im eigentlichen Sinne überhaupt nicht anzutreffen sei. Die soziale Zielgruppe für die pädagogischen Vorschläge des Anonymus kann aber anderseits nur unterhalb derjenigen gelegen haben, die bereits eine »literarische« Unterhaltungslektüre besaß. Es muß sich ferner um eine Zielgruppe gehandelt haben, die das soziale und Bildungsniveau des Bürgertums noch nicht erreicht hatte, konkret also vermutlich »Landleute« und – wahrscheinlich – auch schon »Arbeitsmänner«. Darauf weist der Umstand hin, daß diese Literatur vom Verfasser der Abhandlung allein deshalb einer Beachtung wert befunden wird, weil man dadurch, daß man sie allmählich verbessernd umgestaltete, moralisch erzieherisch und praktisch belehrend auf den Leser, ihn gewissermaßen überlistend, einzuwirken hoffte. Der Autor akzeptierte also aus gleichsam strategischen Überlegungen heraus die vorhandenen Lesegewohnheiten, so leidig sie ihm auch erscheinen mochten, und suchte sie volkserzieherischen Absichten nutzbar zu machen. Von einer derart negativen Bewertung der »Volksbücher« des späten 18. Jahrhunderts her gesehen ist es geradezu als Wagnis zu betrachten, wenn Görres und einige seiner Zeitgenossen diese Literatur auch nur in die Nähe einer Hochliteratur, sie gar gleichberechtigt neben diese brachten, namentlich wenn man in Rechnung stellt, daß Görres in bezug auf sein Publikum ja bedeutend höher griff. Aber für dieses Publikum gewann »volkstümliche« Literatur auch wieder einen ganz eigenen Reiz.

Das pädagogisch-erziehliche Element konnte einer in ihrer bisherigen Geschichte im wesentlichen auf Kunstdichtung bezogenen Literaturwissenschaft naturgemäß nicht interessant erscheinen, doch darf seine Ausstrahlung auch auf die erzählende Literatur von einigem Anspruch im

19. Jahrhundert keinesfalls unterschätzt werden. Die damit in lockerer Verbindung stehende Haus- und Sachbücherliteratur, die namentlich in Verlagsprogrammen des 19. Jahrhunderts häufig in der Nachbarschaft volkstümlicher Unterhaltungsliteratur anzutreffen ist, müssen wir aus unserer Untersuchung ausklammern. Doch ist es an dieser Stelle vielleicht angebracht, daran zu erinnern, daß das pädagogische Element sich aus praktischen Gründen stets mit dem Prosaschrifttum in bevorzugter Weise verbindet. Die verschiedenen Arten von volkstümlicher Literatur hat man auch historisch unter diesem Aspekt auseinanderzuhalten, um nicht Kennzeichen, die jeweils nur für eine Seite Geltung haben, auf die andere zu übertragen. Man kann auch nicht alle Formen, in denen eine vermeintlich einheitliche »Volkspoesie« seit dem 18. Jahrhundert in Erscheinung tritt [82], in der gleichen Weise auf Herder zurückführen. Von den zu unterscheidenden Rezeptionsfaktoren der Entdekkung, Erfindung [83] und Neubewertung (unter Einschluß der Neubearbeitung) sind Lyrik und Prosa in ganz verschiedener Weise betroffen [84]. Eine Sonderbedingung der Wirkung von Prosaliteratur ist jedenfalls die aktive Einwirkung auf Lesegewohnheiten, dadurch aber direkt oder indirekt eine besondere Eignung für Volksbildung und Volksaufklärung.

Der Begriff »Volksaufklärung« darf nicht so verstanden werden, als suche ganz allgemein eine Oberschicht – mit welchem Interesse auch immer – eine Unterschicht zu erziehen, zu bilden, kurz: aufzuklären, vielmehr bezieht sich dieser Begriff in der Literatur, die der Erörterung der mit »Volksaufklärung« zusammenhängenden Fragen gewidmet ist, vornehmlich auf einen bestimmten sozialen Bereich: die »Landleute«, das heißt auf die Landbevölkerung allgemein. Im wesentlichen an »Landleute« dachte z. B. Johann Ludwig Ewald in seinem Buch *Über Volksaufklärung* [85]. Ein besonderer Grund für die Konzentration des Begriffs der Volksaufklärung auf die Landbevölkerung ist darin zu sehen, daß diese, die die Hauptmasse der Bevölkerung ausmachte, in vergleichsweise viel geringerem Maße als alle anderen Bevölkerungsteile an der Schriftkultur teilhatte. Dieser markante Unterschied ist, wie Wieland Schmidt hervorgehoben hat, im Prinzip auch mit der Einführung des Buchdrucks nicht beseitigt worden [86]. Die damit verbundene Retardation gegenüber der städtischen Bevölkerung wurde erst in der ersten Hälfte des 19. Jahrhunderts ausgeglichen. Der fehlenden oder schwächer entwickelten Schriftkultur entsprach noch zu dieser Zeit positiv das Vorhandensein mündlicher Überlieferung. »Noch am Beginn des 19. Jahrhunderts vermochten die Romantiker, die Reste der Sprechkultur aus dem ländlichen Bereich, Märchen und Volkslied, zu sammeln und durch eine schriftliche Fixierung zu erhalten; ohne eine solche Fixierung wären diese Zeugnisse der Sprechkultur bei dem nunmehr auch in den

Dörfern sich vollziehenden Übergang zur Schriftkultur untergegangen.« [87] Umgekehrt haben jedoch Begriffe wie Aufklärung oder Bildung im heutigen Verstande die Durchsetzung der Schriftkultur, die in Deutschland in der ersten Hälfte des 19. Jahrhunderts vollzogen wurde, zur Voraussetzung.

Auf diesem Begriff einer auf die Landbevölkerung bezogenen Volksaufklärung beruht die speziellere Bedeutung des Terminus »Volksbuch« im 18. Jahrhundert; im Zusammenhang mit Pestalozzi, der sich in den Intentionen mißverstanden sah, die seine – die Erzählung nur als Einkleidung verwendenden – Bücher verfolgten, habe ich darauf schon hingewiesen [88]. Ein besonders prägnanter Beleg für »Volksbuch« im Sinne einer so verstandenen Volksaufklärung findet sich 1786 bei Heinrich Gottlieb Zerrenner, der seine Schrift *Volksaufklärung* im Vorwort folgendermaßen avisiert: »Ein Volksbuch soll es werden, oder ein gemeinfaßlicher Unterricht in allerlei nüzlichen Erkenntnissen und Sachen, mittelst einer zusammenhängenden Erzehlung, für Landleute, um diese verständiger, besser, wohlgesitteter, auch wohlhabender, für die Gesellschaft brauchbarer und glücklicher zu machen.« [89] Das literarische Engagement der Romantiker für das »Volk« ist in gewisser Weise eine Metamorphose der Volksaufklärung des späten 18. Jahrhunderts. Diese hat in Rudolf Zacharias Becker ihren vielleicht eindrucksvollsten Repräsentanten [90]. Sein *Versuch über die Aufklärung des Landmannes* (1785) enthält im Untertitel schon die *Ankündigung eines für ihn bestimmten Handbuchs* – das ist das Gotha 1788 und 1798 in zwei Teilen erschienene *Noth- und Hülfsbüchlein,* das hier im Anhang schon mit einer Textprobe vorgestellt wird. Becker nennt es ausdrücklich ein »Volksbuch«. [91] Er billigt dem Landmann – im Vergleich zu den höheren Ständen, die Aufklärung mit Gelehrsamkeit einerseits und Verfeinerung anderseits verwechselten – die größeren Chancen in der Verwirklichung wahrer Aufklärung zu, die »bey dem einzelnen Menschen in der richtigen Kenntniß seines persönlichen Wirkungskreises in seiner wahren Verbindung mit dem Ganzen, dessen Theil er ist«, bestehe [92]. Der beste Weg zur Verwirklichung solcherart im sozialen und politischen Sinne funktional gedachten Aufklärung ist nach Becker ein »Volksbuch« [93].

Natürlich ist der Begriff »Volksbuch« nicht ausschließlich in so spezieller Bedeutung festgelegt. Doch wird mit ihm im späten 18. Jahrhundert ganz allgemein solche Literatur bezeichnet, die in bezug auf das Publikum erzieherische Absichten verfolgt und geradezu für solche Zwecke abgefaßt ist. Die bis dahin in wechselnder Gestalt tradierte erzählende Literatur des 15. und 16. Jahrhunderts hingegen trägt im 18. Jahrhundert für gewöhnlich die Bezeichnung »Volksroman«. Das ist offenkundig ein terminologischer Kompromiß, da diese Texte dem Augenschein nach nicht gut anders denn als Roman bezeichnet werden konnten, anderseits aber doch außerhalb dessen standen, was eine gebildete Publikumsschicht nach ihrem literarischen Erfahrungshorizont als solchen bezeichnet hätte.

Man kann sich über diesen Unterschied im Sprachgebrauch einen gleichermaßen raschen wie genauen Überblick verschaffen anhand des umfangreichen Versandkatalogs der großen Breslauer Buchhandlung von Wilhelm Gottlieb Korn, der Literatur aus den Jahren 1750 bis 1797 enthält [94]. Ohne erwähnenswerte Abweichungen werden hierin als »Volksbücher« nur aufklärerische Erzählwerke mit pädagogischer Absicht geführt. Die vielgelesene Unterhaltungslektüre frühneuzeitlicher Provenienz hingegen wird mit der Bezeichnung »Volksroman« versehen; es darf angenommen werden, daß sich die Form der Buchtitel in den – verkürzten – Angaben hinlänglich getreu widerspiegelt. Im ersten Fall (»Volksbuch«) ist der direkte Anteil von Pädagogen teils unmittelbar sichtbar, teils kann er dem Titel entnommen werden, im zweiten (»Volksroman«) werden die Erzählungssammlungen von geschlossenen Erzählformen nicht unterschieden, der genaue Gattungscharakter interessiert offenbar nicht [95]. Einige Stoffe, wie z. B. *Euryalus und Lucretia* oder *Fortunatus,* die allerdings auch in der Zeit ihrer Entstehung nicht unbedingt typische Gattungsvertreter sind, tragen die Bezeichnung »Geschichte«.

Die Termini »Volksbuch« und »Volksroman« stehen historisch nur insofern in einem Verhältnis der Abfolge zueinander, als der zweite im 19. Jahrhundert in dem ersten aufgeht. Mit diesem Vorgang schwindet aber auch zunächst einmal das Bewußtsein davon, daß man es möglicherweise mit Romanen zu tun hat. Görres hat von den beiden Begriffen, die sich im 18. Jahrhundert noch auf unterschiedliche Gegenstände bezogen, nur noch einen verwendet, und es ist für seine Zielsetzung symptomatisch, daß ihm der pädagogisch akzentuierte näher lag. Soziologisch gesehen ging er bei der Zusammenstellung seiner Auswahl noch unter den Bereich des im Buchhandel Befindlichen. Es ist offensichtlich, daß das Kornsche Verzeichnis nur einen kleinen Teil der Literatur bietet, die sich aus dem Umkreis der frühneuzeitlichen Erzählliteratur am Ende des 18. Jahrhunderts noch lebendig erhalten hatte. Der größere Teil, nach Ausstattung und Vertriebsformen dem heutigen Groschenroman auf der Ebene der Kioskliteratur vergleichbar, findet sich darin gar nicht.

Die charakteristischen Züge an den Vorschlägen des Berliner Anonymus, zugleich aber auch die geschichtliche Begrenztheit der volksaufklärerischen Position überhaupt, lassen sich durch den Vergleich mit einem weitaus interessanteren zeitgenössischen Gegenstück verdeutlichen.

Zehn Jahre nach dem Erscheinen des Aufsatzes in der *Berlinischen Monatsschrift* begann der gelehrte Kopenhagener Bibliothekar Rasmus Nyerup mit der Veröffentlichung eines kommentierten Verzeichnisses beliebter dänischer Unterhaltungsliteratur, das unter dem Titel *Fortegnelse over den danske Almues Morskabsbøger* in den Jahren 1795 und 1796 in der dänischen Monatsschrift *Iris* in Fortsetzungen erschien [96]. Dieses Verzeichnis besteht im wesentlichen aus einer bibliographischen und literarhistorischen Aufarbeitung der dänischen »Volksbücher« des 18. Jahrhunderts. Diese sind mutatis mutandis mit den konkreten »Volksbüchern«, von denen Görres ausging, vergleichbar. Freilich ist die Bezeichnung »Volksbücher« auf die von Nyerup behandelten Werke in einem wörtlichen Sinne nicht übertragbar, denn »almue« heißt zunächst »Allgemeinheit«, namentlich werden aber so die Kleinen Leute, die Landbevölkerung bezeichnet. Da Nyerup nicht von Volksbüchern spricht, fehlt bei ihm der im Dänischen wie im Deutschen gleicherweise gegebene Doppelsinn von »Volk«. Gleichwohl näherte sich Nyerup der romantischen Auffassung vom Volksbuch im Laufe der Zeit ebenfalls an.

Nyerups mit Anmerkungen versehene Aufstellung über dänische Unterhaltungsliteratur liefert zunächst einen kontrastiven Kommentar zu der Beurteilung volkstümlicher Lesestoffe als Instrumente der Volksbildung. In seiner grundsätzlich kritischen Einstellung gegenüber dieser Lektüre stimmt Nyerup mit seinem deutschen Vorgänger überein. In diese Richtung zielten vor ihm auch ähnliche Äußerungen anderer Gelehrter in Dänemark im 18. Jahrhundert, z. B. ein Gutachten von Arni Magnusson [97]. Ein konkreter Vergleichspunkt zwischen der Schrift des Berliner Anonymus und der Nyerups besteht darin, daß seit 1786 in Dänemark ein »Selskab for Efterslægten« [98] bestand. In ihrem Rahmen gab es eine »Kommission til Udgivelse af Skrifter til Almuens Oplysning« [99], die sich namentlich um die Verbreitung volkstümlicher Schriften, auch um die von Schulbüchern, bemühte und der Nyerup auch selbst angehörte.

Die »patriotische Gesellschaft«, auf deren Gründung die Vorschläge des Berliner Anonymus hinausliefen, sollte ganz analoge Ziele verfolgen. Der Gegensatz zwischen dem deutschen und dem dänischen Autor wird nun besonders daran kenntlich, daß Nyerup nicht von »Volksbüchern« [100] und auch nicht von irgendwelchen Absichten, die damit zu verfolgen wären, spricht, sondern von Unterhaltungsbüchern, die erst in zweiter Linie als volkstümlich angesehen werden. »Unterhaltungslektüre« (»morskabslæsning«) ist in jedem Betracht Nyerups Leitbegriff. Von Erziehung, Aufklärung, auch von instrumentaler Funktion »guter« Unterhaltung im Rahmen weitergespannter volksaufklärerischer Ziele ist außer in der kurzen Einleitung bei ihm nicht die Rede.

Wenn man bedenkt, daß für Nyerups Arbeit die aufklärerische Zielsetzung zweifellos offiziell vorgegeben war, so besteht zwischen dieser und seinen ausgedehnten philologischen, bibliographischen und literarhistorischen Kommentaren eine erhebliche Spannweite. Diese Kommentare sind nur aus einem auf diese Literatur selbst und ihre Geschichte gerichteten Sachinteresse heraus erklärbar. Nyerup leistete also bereits 1795/96 eine praktische Forschungsarbeit ähnlich der, die später Görres, wenngleich in geringerer Qualität, zur Fundierung seiner Volksbuchkonzeption benötigte und durchführte. Der Widerspruch zwischen – schwachem – aufklärerischen und – sehr starkem – literarhistorischen Impetus klärte sich dadurch, daß der letztere bei Nyerup den ersten in der Praxis seiner Kommentierungsarbeit ganz verdrängte. Es hat Nyerup dann vor dem Hintergrund der geistesgeschichtlichen Entwicklung nach 1800 offenbar auch keine Mühe bereitet, die romantische Wende zur Neubewertung dieser durch die Jahrhunderte tradierten Unterhaltungsstoffe ganz bewußt nachzuvollziehen; die politisch-pädagogischen Absichten von Görres übernahm er damit freilich nicht. Diesen Wandel dokumentiert seine 1816 erschienene kompendiöse, wohlgeordnete und ausführlich kommentierende Monographie über das gleiche Thema, die er Friedrich Heinrich von der Hagen, Wilhelm Grimm und Gustav Büsching widmete [101]. Während die Qualitäten dieses Buches auf rein gelehrter literarhistorischer Arbeit beruhen, bewahrt der zwei Jahrzehnte ältere Zeitschriftenaufsatz eine ganze Reihe von empirisch ermittelten Rezeptionsbedingungen dieser Literatur.

Für seine Studie von 1795/96 hatte Nyerup eine ganz konkrete Ausgangsbasis: einen Foliobogen, eine Art Verlagskatalog oder ein Verleger-Plakat, das 53 mit Preisangaben versehene Buchtitel, überwiegend aus dem Bereich der Unterhaltungsliteratur, enthielt. Diese Liste druckte Nyerup buchstabengetreu ab. Sie stammte aus »Frue Wielands Bogtrykkerie«, einer besonders in der ersten Hälfte des 18. Jahrhunderts sehr angesehenen Kopenhagener Firma [102]. Daß diese Titelliste außerdem auch noch Schulbücher und lateinische Schriften enthält, sei erwähnt, es spielt hier jedoch keine Rolle, denn Nyerup bezieht sich in seinen Erläuterungen nur auf die 53 »belletristischen« Titel, bis auf einen deutschen alle in dänischer Sprache. Nyerup übernimmt die mit der Liste vorgegebenen Titel – einige von ihm ausgelassene und einige aus dem Zusammenhang sich ergebende Zusätze nicht gerechnet –, ohne sie programmatischen literarischen oder pädagogischen Selektionsprinzipien zu unterwerfen. Seine eigentliche Arbeit bestand darin, daß er für die Titel der Verlagsliste gleichsam Belegexemplare zusammensuchte und so eine Art Gegenprobe auf ihr nachweisbares Vorkommen hin machte. In praxi führte das u. a. zur Anführung der frühesten ihm zugänglichen Ausgaben des 18. Jahrhunderts. Diese Bibliothek reiner Unterhaltungsliteratur weist merkliche Unterschiede etwa zu Görres' Zusammenstellung exemplarischer »Volksbücher« auf. Etwa ein Dutzend Titel hat Nyerup nicht behandelt; es läßt sich immerhin vermuten, daß es sich dabei nicht um erzählende Werke, keinesfalls um solche älterer Provenienz handelte [103]. Unter den von ihm kommentierten entfällt das größte Kontingent mit 16 Titeln auf Romane und sonstige Erzählwerke aus dem 15. und 16. Jahrhundert [104]. Das zweitgrößte Kontingent aber bilden zehn erst im 18. Jahrhundert entstandene Werke [105]. Der Einfluß junger literarischer Moden erstreckt sich außerdem auch auf die alten Werke. In diesem Sinne wurde z. B. aus dem guten alten Herzog Ernst *Den Båyerske Robinson* (der sich in dieser Gestalt unter eine ganze Anzahl von Robinsonaden des 18. Jahrhunderts einreihte). Die Bearbeitung erhob Herzog Ernsts Reiseabenteuer zum Zentrum, eine Sicht, die nicht grundsätzlich neu ist, wenn man sich vor Augen hält, daß der *Herzog Ernst* schon in der Überlieferung des 15. Jahrhunderts in Symbiose mit Reiseberichten auftritt [106]. Die Verschiedenartigkeit der historischen Herkunft dieser Unterhaltungsliteratur wird ferner durch zwei Titel des 17. Jahrhunderts dokumentiert, einer Sammlung kleiner Erzählungen und Zesens *Assenath*. Immerhin acht Titel entfallen auf »Volksbücher« im weiteren Sinne, nämlich Rätselbücher, Praktiken, Stillehren und dergleichen. Schon am Rande stehen drei Schauspiele und *Kong Laurins Krønike* in Versen, letzteres ein Rarissimum, da die Heldendichtung, wenn man von der sehr »modernen« Siegfried-Prosa des 18. Jahrhunderts einmal absieht, zumindest in Deutschland vom 17. Jahrhundert an bis zu ihrer Wiederentdeckung durch die Romantik als Unterhaltungslektüre sehr zurücktritt.

Die gelehrt-registrierende Einstellung Nyerups verleiht seinen nüchternen philologisch-literarhistorischen Kommentaren eine Sachlichkeit und zielgerichtete Straffheit, die man z. B. bei Görres vermißt. Er zieht dabei weitgespannte Verbindungslinien in Gestalt bibliographischer Angaben zur lateinischen, französischen, deutschen, niederländischen und dänischen Tradition der von ihm kommentierten Titel und gibt sogar gelegentlich Hinweise auf sprachliche und stilistische Phänomene. Der dokumentarische Charakter dieses unzeitgemäßen Versuchs gewinnt dadurch eine zusätzliche Dimension, daß der Autor das empirische Verfahren auch auf seine Leser übertrug, indem er sie bei seiner Suche nach noch existierenden und tatsächlich gelesenen Exemplaren mitwirken ließ. Eine Umfrage zu den Titeln der in der Bevölkerung allgemein verbreiteten Lektüre richtete er an die Landpfarrer in Dänemark. Mit dieser Ergänzung verließ Nyerup seine Ausgangsbasis, die Verifizierung der Titel aus der Wielandschen Liste, und gelangte praktisch zu einer empirischen Ermittlung von Lesestoffen. Die vorletzte Fortsetzung [107] enthält Nachträge zu Nyerups eigenen Ermittlungen in Gestalt von Antworten auf seine Umfrage und sonstigen Leserzuschriften. Nyerup hat private Briefe und die Äußerungen zu seiner Rundfrage redaktionell miteinander verknüpft, den Zitatcharakter jedoch gewahrt. Dabei wechselt er zwischen stichwortartigen Zitatenlisten und Briefausschnitten mit Absenderangabe.

Stofflich ergeben sich erhebliche Ergänzungen über die Ausgangsbasis des Verlagskatalogs hinaus. Methodisch gesehen liefern diese Ergänzungen aber zusätzlich die Möglichkeit, daß Phänomene wie das Gelesenwerden oder das Ausmaß der Bekanntheit nicht allein mit Hilfe des Instrumentariums, das dem Gelehrten verfügbar ist, sondern gleichsam in situ studiert werden können. So erfährt man z. B., daß einem Leser der *Doktor Faust* nur dem Hörensagen nach bekannt sei [108]. Wenn auch die statistische Relevanz solcher und aller anderen Aussagen nicht überprüft werden kann, so werfen sie doch im ganzen die Frage auf, in welchen Fällen und in welchem Maße die Aussagen über populäre Lektüre durch die Vorstellungen von Gelehrten und Literaten beeinflußt werden. Ich beschließe diesen vergleichenden Exkurs mit dem Hinweis, daß das Leserecho auch zwei umfängliche in der Wielandschen Verlagsanzeige nicht enthaltene stoffliche Sachbereiche zutage förderte: den ökonomischer und den aszetisch-moralischer Schriften. Im protestantischen Dänemark gab es zwar keine Heiligenlegenden, die Brentano und Görres so sehr liebten, dafür aber neben unterhaltendem auch in erheblichem Umfang erbauliches Schrifttum.

Die volksaufklärerische Zielsetzung einerseits und die praktische Erneuerung jahrhundertealter Romanstoffe für den aktuellen Bedarf an Lektüre anderseits, schließlich die literarhistorische Erforschung der Ursprünge und der Geschichte dieser Stoffe bleiben im 18. Jahrhundert im großen und ganzen getrennt. Erst die Romantiker haben diese Elemente in eine produktive Verbindung gebracht. Dies macht vielleicht den wesentlichen Teil ihrer Leistung auf diesem Gebiet aus. Erst in ihrer – z. B. von Görres vollzogenen – Vereinigung gewannen diese grundverschiedenen Zielsetzungen eine bedeutende Wirksamkeit. Damit waren bestimmte Prämissen gesetzt, die das Fortleben der frühneuzeitlichen erzählenden Literatur unter den von der Wissenschaft mitbeeinflußten Bedingungen vom 19. Jahrhundert an bis heute in entscheidender Weise geprägt haben. Eine ebenso elementare wie schwerwiegende Voraussetzung für dieses Fortleben aber war, daß der in der Folge vorherrschende Terminus »Volksbuch« stets die Konnotation »Unterschicht« behalten hat. Auch wenn sich darin keine soziale Abwertung ausdrückte – ganz vermeidbar ist sie übrigens nur dann, wenn man dem Bestandteil »Volk« bewußt einen positiven Sinn gibt, denn neutral ist dieser nie –, wird damit doch stets vorausgesetzt, daß ein Angehöriger der literaturtragenden Schichten, sei es als Autor, Verleger oder Gelehrter, sich an jemand wendet, um nicht zu sagen: sich zu ihm herabbeugt, der selber keine Literatur dieser Art oder vielleicht überhaupt keine Literatur hat. Es handelt sich immer um einen Akt des Gebens oder des Propagierens. Vom Standpunkt der heutigen Wissenschaft aus gesehen besteht das Hauptproblem aber darin, daß seit und wegen der Bündelung älterer Zielsetzungen durch die Romantiker die ursprünglich selbständigen Elemente nicht mehr erkennbar sind. Solange die älteren Elemente des romantischen Volksbuchbegriffs nicht voneinander geschieden werden und solange seine jüngeren Entwicklungsstufen nicht analysiert sind, bleibt die wissenschaftliche Problemstellung immer an romantische Vorstellungen und an ihre späteren Fortbildungen gebunden.

Exkurs: Problematik des Volksbegriffs im Spiegel der Wörterbücher

Der Grundgestus des Gebens und Nehmens, den der Begriff Volksbuch an sich trägt, ist unvermeidlich gegeben mit den Wortbedeutungen von »Volk«. Deshalb sei an dieser Stelle ein kurzer Überblick, allein anhand einiger Wörterbücher und ohne Anspruch auf Vollständigkeit, dazwischengeschaltet. Die methodischen Voraussetzungen dieser Wörterbücher sind sehr verschiedengestaltig, je nachdem, ob der Verfasser praktischen Wortgebrauch verzeichnen will, ob er mit einer Erklärung der Bedeutung und Bedeutungsgeschichte eine Etymologie verbindet oder ob er ihm repräsentativ erscheinende Einflüsse auf die Wortgeschichte verzeichnet oder selbst zur Durchsetzung bestimmter Auffassungen beitragen will. Die erhebliche Streuungsbreite der Bedeutungen, die der Begriff schon bei Herder hat [109], ist eine nicht zu unterschätzende Ursache für die problematischen Folgen einer Einbeziehung des Begriffs »Volk« in poetologische Überlegungen. Der Begriff tritt bei Herder in so verschiedenartigen Spielarten auf wie: die Regierten im Gegensatz zu den Regierenden, der unkultivierte und unzivilisierte, schließlich der primitive T e i l des Volkes, er kann aber auch die Nation als Ganzes bezeichnen. Nur in letzterer Hinsicht nimmt »Volk« als Sammelbegriff die Züge eines individuellen Charakters an. Im ganzen Bereich der Nachwirkung Herders bleiben alle genannten Bestandteile, mit unterschiedlichem Gewicht, erhalten, und es ist nicht immer einfach, festzustellen, in welcher Bedeutung im Einzelfall von »Volk« die Rede ist.

Schon im Wörterbuch von Adelung werden die divergierenden Bedeutungselemente erkennbar. Hier finden sich auch Andeutungen über die geschichtlichen Bedingungen für Ambivalenz und Wandel der Bedeutungen. Am Ende des Artikels »Volk«, nachdem als fünfte und letzte Bedeutung »die untern Classen der Glieder einer Nation oder eines Volkes« angegeben worden war, liest man den Hinweis: »Einige neuere Schriftsteller haben dieses Wort in der Bedeutung des größten, aber untersten Theiles einer Nation oder bürgerlichen Gesellschaft wieder zu adeln gesucht, und es ist zu wünschen, daß solches allgemeinen Beyfall finde, indem es an einem Worte fehlet, den größten, aber unverdienter Weise verächtlichsten Theil des Staates mit einem edlen und unverfänglichen Worte zu bezeichnen. Romane für das Volk, Volksromanen, Volkslieder.« [110]

Unmittelbar nach den Freiheitskriegen werden die Versuche, eine Veredlung des Wortes »Volk« in Richtung auf »Kulturnation« zu betreiben, bewußter. Gleichzeitig lädt sich bezeichnenderweise die auch schon bei Joachim Heinrich Campe aus nationalem Antrieb heraus praktizierte Bekämpfung der Fremdwörter [111] politisch auf. Als Beispiel für das veränderte Klima sei Theodor Heinsius' *Deutscher Hausschatz* von 1814 zitiert: »Kälte und Gleichgültigkeit in der Muttersprache ist Hochverrath an dem Vaterlande, und Schändung der Volksehre. Wir dürfen aber hoffen, [...] der deutschgesinnte Deutsche werde wieder seine gesunde Sprache erringen, wie er seine Freiheit errungen hat!« [112] In seinem einige Jahre später erschienenen *Volksthümlichen Wörterbuch* findet sich dann neben Hinweisen sowohl auf die umfassende wie auf die herabsetzende Bedeutung des Begriffs »Volk« (»der große Haufe«) die Angabe »im edlern Sinne, eine Vereinigung Vieler zur Einheit durch Sprache und Sitte«, dies gleichbedeutend mit »Nation« [113].

Im 19. Jahrhundert ist der Anteil bewußter Ideenpolitik an der Lexikographie nicht unerheblich. Das gilt auch für die zum Teil spaßigen Etymologien des Johann Evangelist Kaindl [114], aus denen sein Nachfolger Thaddä Anselm Rixner ein Wörterbuch ableitete, in dem er in bezug auf die Bedeutungen von »Volk« geradezu das Postulat aufstellte, nach dem »jede entehrende Anwendung auf den bloßen Pöbel« ausgeschlossen sein sollte, »wofür mißbräuchlich das Wort Volk hin und wieder dienen muß« [115]. Im Vormärz besaß eine heute gar nicht mehr auffällige Definition wie die folgende einen spezifischen politischen Stellenwert: »[...] hauptsächlich Menschen, welche politisch oder der Abstammung nach zusammengehören, speciell zuweilen die geringere Menschenklasse, der große Haufen« [116], denn »Volk« im Sinne einer politisch verstandenen Formation war durchaus nicht selbstverständlich. Die neueren Wörterbücher, Trübner und das *Deutsche Wörterbuch,* belegen im einzelnen, daß namentlich die Verbindung »Deutsches Volk« einen »demokratischen« oder »demagogischen« Beiklang hatte und daß in den Reden der Paulskirchenversammlung »Nation« und »Volk« von Konstitutionalisten und Republikanern als Parteiwörter in staatsrechtlicher Bedeutung angewendet oder aber vermieden worden seien; im Vormärz sei aus den gleichen Gründen »Volk« von der Zensur häufig gestrichen worden [117]. – Es besteht jedoch kein Zweifel, daß auch die pejorativen Bedeutungen, selbst die ausgesprochen herabsetzenden, bis heute erhalten geblieben sind, mögen ihre Verwendung auch seltener, ihr Gewicht auch geringer geworden sein.

Diese vertikale Spannweite des Begriffs »Volk« mit seinen zum Teil sozial klassifizierenden Bedeutungsnuancen gehört zu den gewachsenen Lebensbedingungen des Begriffs »Volksbuch«, der im 19. Jahrhundert zunehmend auch in der wissenschaftlichen Literatur mehr oder minder explizit als Gattungsbezeichnung für bestimmte historische Erscheinungsformen der Erzählliteratur verwendet wurde. Er enthielt somit ganz bestimmte Schranken seiner Anwendungsmöglichkeiten, nicht zuletzt eine mißverständliche soziale Fixierung, schon in sich selber. Über diese können letzten Endes auch alle positiven Umwertungsversuche, sei es im Zusammenhang mit »Volk« oder mit »Volksbuch«, nicht hinweghelfen. Die von Herder inaugurierte Nobilitierung des Begriffs »Volk«, die die Romantiker kultivierten, hat u. a. auch dazu geführt, die aktive Rolle der Oberschicht in literarischen Prozessen zu übersehen. Dabei ist ein positiv nuancierter Begriff von »Volk« Kennzeichen einer literarisch-wissenschaftlichen Partei geworden, der jüngeren Romantik, er ist aber keineswegs zu einem Ausgleich mit abweichenden Konzepten gelangt. Auf diese Zweipoligkeit der Begriffsgeschichte hat Wilhelm Scherer in seinem Essay über Jacob Grimm hingewiesen: »Mit einer Art von trunkener Andacht sprachen J a c o b G r i m m und sein Bruder, sprach ihr Freund A c h i m v o n A r n i m das Wort ›Volk‹ aus; und sie verstanden darunter gleichsam einen unsichtbaren guten Geist, welcher die Übereinstimmung der Besten leite und in den unteren Schichten unverfälscht wohne: während G o e t h e mit der nüchternen Unbefangenheit des Weltmannes sich über die Existenz eines wirklichen Pöbels keinen Illusionen hingab und den führenden Einzelnen, der zuweilen die widerwilligen Massen fortreißen muß, niemals übersah.« [118]

Die Ambivalenz des Begriffs »Volk« prägte die Geschichte des Volksbuchbegriffs, sie hat namentlich die sozialgeschichtliche Fixierung der damit bezeichneten Texte behindert. Für den wissenschaftlichen Sprachgebrauch wäre ein Begriff vonnöten gewesen, der von jedweden ideenpolitischen Nebenabsichten unbelastet war, nicht aber einer, der seinerseits zum Transport ideologischer oder politischer Vorstellungen geradezu herausforderte. Seiner Herkunft nach ist der Begriff Volksbuch vorwissenschaftlich, und er trägt diese Merkmale seiner Entstehung auch in seiner weiteren Geschichte an sich. Er ließ sich im Deutschen nie in einem neutralen Sinn verwenden. Die ersten Ergebnisse einer kritischen Überprüfung seiner Entstehung lassen sich an dieser Stelle vorläufig dahingehend zusammenfassen, daß der Volksbuchbegriff, u. a.

wegen der ambivalenten Bedeutung von »Volk«, die literarischen Phänomene eher verzeichnete als beschrieb.

Man gewönne nicht viel an zusätzlichen Hinweisen, wollte man die Wörterbücher, auch nur in Auswahl, hinsichtlich der Entwicklung der literaturwissenschaftlichen Termini im Umkreis von »Roman« bemühen. Um diesen Abschnitt zu beschließen, sei deshalb nur ganz kurz auf Anfangs- und Endpunkt der Entwicklungslinie in der Anwendung des Begriffs »Volksbuch« im 19. Jahrhundert verwiesen. Adelung führt das Stichwort noch nicht an. Campe verwendet es im Sinne der spätaufklärerischen Volksbildung: »[...] ein Buch fürs Volk, für die Menge geschrieben, für das Volk passend, sowohl seinem Inhalte, als dem Vortrage nach, also allgemein nützlich und anziehend, und allgemein verständlich; die Volksschrift, eine solche Schrift« [119]. Das *Deutsche Wörterbuch* von Moriz Heyne aber sagt im Jahre 1895: »[...] im engeren Sinne [...] die im 15. und 16. Jh. aus älteren deutschen und französischen Dichtwerken in Prosa bearbeiteten Erzählungen, Sagen und Schwänke« [120]. Von da an hat sich bis zu dem 1924 erschienenen Katalog von Heitz und Ritter, der praktisch auch den Vorstellungen der heutigen Literaturwissenschaft noch entspricht, nicht mehr viel geändert. Zwischen diesen beiden Punkten ist der Kardinalfehler einer Anwendung dieses Begriffs auf den frühen deutschen Roman entstanden. Rückwärts gesehen stimmt Heynes Definition keineswegs mit der Auffassung von Görres überein, der den Volksbuchbegriff nicht auf narrative Texte beschränkt, ihn überdies auf das 15. und 16. Jahrhundert auch nicht angewandt hat. In seiner literarisierenden Einengung und in der Übertragung auf die frühe Neuzeit liegt die entscheidende Wandlung, die die Auffassungen der Romantiker und dann in ihrem Gefolge die der Philologen und Literaten im Laufe des 19. Jahrhunderts erfahren haben. Die Hauptlinien dieser Entwicklung seien zunächst für die eigentlichen Zeitgenossen von Görres nachgezeichnet.

R o m a n t i k e r. Sowohl für Herder und Goethe wie für die Romantiker war das 16. Jahrhundert die ihnen am besten vertraute Epoche der »altdeutschen« Literatur und Kunst, nicht etwa das Mittelalter im engeren Sinne, das erst nach und nach dem Bewußtsein auch der literarischen Kenner und Fachleute erschlossen wurde, ein Prozeß, der von der sich allmählich entwickelnden Wissenschaft vom deutschen Altertum unterstützt wurde. Über der großen Anziehungskraft, die von den Dichtungen des Mittelalters im engeren Sinne ausging, darf man nicht vergessen, wie vorläufig und lückenhaft anderseits die Kenntnisse über sie waren. Es hieße die literarhistorischen Tatbestände verkennen, wollte man die Probleme des nationalliterarischen Traditionsbezuges der Literatur der deutschen Romantik vornehmlich oder gar ausschließlich im

Blick auf das Mittelalter erörtern. Sowohl die in der Dichtung rezipierten Gestalten und Motive wie auch die kritischen und literarhistorischen Arbeiten aus der Zeit vom Sturm und Drang bis zur Romantik gehen vielmehr überwiegend auf das 16. Jahrhundert zurück [121] – eine andere Frage dabei ist natürlich, ob und wo Goethe oder die Schlegel oder Arnim und Brentano eine Grenze des Mittelalters gegen die Neuzeit sahen. Die viel genauere Kenntnis vom 16. Jahrhundert kam nicht zuletzt auch einer Wiederbelebung des frühen deutschen Romans zugute.

Diese Wiederbelebung vollzog sich zunächst innerhalb der literarischen Produktion selbst und in der literarischen Kritik. Eine dafür geeignete fachwissenschaftliche Disziplin existierte im Anfang des 19. Jahrhunderts erst in Ansätzen. Vielleicht kann man die nicht mit Institutionen verbundenen Vorlesungszyklen [122] als vorläufige Ersatzformen dafür betrachten; es sei nur an das Auftreten der Brüder Schlegel in Berlin und Wien oder an das Adam Müllers in Dresden erinnert. Auch wenn man diese zumeist rasch in Buchgestalt erschienenen Vorlesungen nicht als Dokumente einer wissenschaftsgeschichtlichen Inkubationsphase ansehen will, ist jedenfalls das darin zum Ausdruck kommende Bewußtsein, man leiste Pionierarbeit, nicht zu verkennen.

Diesen Eindruck vermittelt – nach einer tastenden Anfangsphase – auch das Schaffen Ludwig Tiecks, der als erster mit Bearbeitungen älterer Erzählliteratur stärkere Resonanz fand. Anregungen, die Tieck erhalten hat, weisen über Wackenroder auf Erduin Julius Koch zurück. Tiecks Bearbeitungen setzen ein mit den *Volksmährchen herausgegeben von Peter Leberecht,* die 1797 in drei Bänden erschienen. Jeder Band enthielt einen Text dieser neuen Art: Band I *Die Geschichte von den Heymons Kindern, in zwanzig altfränkischen Bildern* (neben *Blaubart* und *Blondem Eckbert*), Band II die *Wundersame Liebesgeschichte der schönen Magelone und des Grafen Peter aus der Provence* (neben dem *Gestiefelten Kater*) und Band III die *Denkwürdige Geschichtschronik der Schildbürger in zwanzig lesenswürdigen Kapiteln* (neben dem Schicksalsdrama *Karl von Berneck*) [123]. Dem schließen sich 1800 im zweiten Band der *Romantischen Dichtungen* die *Genoveva* und *Melusina* an. 1803 folgt der *Octavian,* im gleichen Jahr erscheinen die *Minnelieder aus dem Schwäbischen Zeitalter.* Die Fragmente weiterer Bearbeitungen und die Pläne nicht gerechnet, bleiben noch die Ausgabe des Ulrich von Lichtenstein (1812) und der *Fortunatus* (1816) zu nennen. Namentlich die Werke in den ersten beiden Sammlungen besitzen einen eigentümlich schwebenden Charakter, der zwischen ernster Hinwendung und spielerischer Variation, Ironie und Selbstironie nicht sicher einzuordnen ist und natürlich auch nicht genauer bestimmt werden soll. Eine Wirkung dieser Art auf den Leser wird bereits durch die Textmischung innerhalb der Bände vorbereitet.

Der Autor scheint in den *Volksmährchen* eine bewußte Verschleierung dadurch zu betreiben, daß er bei der Herstellung eines Erwartungshorizontes des Lesers die passenden Hilfen scheinbar vertauscht. Die *Vorrede* ist zweigeteilt in eine »ernsthafte« und eine »scherzhafte«. Doch liest man gerade in der ersten: »[...] vorzüglich aber wünschte ich, daß Sie es [das Buch] mit keinem zu ernsthaften Gesichte aufschlügen, denn ich habe es fast ohne alle Ernsthaftigkeit geschrieben«, hingegen in der zweiten: »Ich will es übernehmen, Dein Führer zu seyn durch ein Land, wo Poesie und romantische liebenswürdige Albernheit zusammen wohnen« [124]. Endlich entsteht diese charakteristische Unbestimmtheit der Intention des Autors auch aus der Symbiose des altertümlichen Stoffes mit einer Sprache, die weder eigene Originalität vortäuscht noch ein altertümliches Vorbild getreu nachahmt und somit ihren artifiziellen Charakter selbst bewußt macht. In bezug auf das gleichfalls zwischen Original und Modernisierung in der Schwebe bleibende sprachliche Erscheinungsbild der *Minnelieder* äußerte Tieck am 30. Mai 1803 in einem Brief an August Wilhelm Schlegel: »[...] das Ganze ist überhaupt nicht für Gelehrte, sondern für ächte Liebhaber angestellt, die es zu geniessen wissen, das Gelehrte kann in Zukunft noch immer geschehn, wenn dieses Effekt macht; es ist bisher von dieser Art genug versucht, und hat nichts gefruchtet.« [125]

Solcherart bearbeitete Werke fanden die jüngeren Romantiker als Voraussetzungen für ihre Arbeiten vor. Ein besonderes Charakteristikum der sogenannten Heidelberger Romantik ist die Absicht, den Kreis des literarischen Publikums um diejenigen Leserschichten zu erweitern, die bisher lediglich zur bloßen Unterhaltungslektüre Zugang hatten. »Göthe soll ihnen so lieb wie der Kaiser Octavianus werden«, schreibt Arnim 1802 an Brentano [126]. Eine solche Vermittlung hatte auf zwei verschiedenen Ebenen anzusetzen. Man mußte einerseits bei dem Lesepublikum, das im wesentlichen nur Bücher wie den *Octavianus,* d. h. wie die bei Görres aufgeführten »Volksbücher« kannte, mit verbesserten, doch gleichwohl ohne Schwierigkeiten verständlichen Bearbeitungen der ihm geläufigen Lesestoffe für Texte werben, die ästhetische Ansprüche stellten. Auf der andern Seite mußte man bei den Gebildeten das Verständnis für einen vorausgesetzten immanenten Wert von volksläufiger Literatur wecken. Der Abstieg, den die anfänglich als Oberschichtliteratur konzipierte Romanliteratur der frühen Neuzeit am Ende des 18. Jahrhunderts in ihrer sozialen Funktion durch gewandelte sprachliche und äußere Gestaltung erkennen läßt, wird in der literarischen Praxis um 1800 zum ersten Mal bewußt aufgehalten und umgelenkt. Letztlich fand man nur bei den Gebildeten auf Dauer Anklang, indem man bestimmte Stoffe für die Dichtung gleichsam zurückgewann. Vornehmlich in diese letztere Richtung weisen die Bemühungen August

Wilhelm Schlegels, namentlich in seinen 1802/04 in Berlin gehaltenen Vorlesungen.

Schlegels Berliner Vorlesungen und zwei jüngere Arbeiten von ihm aus den Jahren 1810 und 1822 lassen sich als ein gedanklich mehr oder minder zusammenhängendes Ganzes auffassen [127]. In wesentlich prononcierterer Weise als nach ihm Görres geht Schlegel von der These aus, daß es eine der Unterschicht eigene Literatur gebe: »[...] die höheren gebildeten Stände unsrer Nation haben keine Literatur, das Volk aber, der gemeine Mann hat eine. Diese besteht aus den unscheinbaren Büchelchen, die schon in der Aufschrift: ›gedruckt in diesem Jahr,‹ das naive Zutrauen kund geben, daß sie nie veralten werden, und sie veralten auch wirklich nicht.« Sowohl ihre Entstehung wie die Praxis ihres Fortlebens sind auch nach Schlegels Auffassung von der Gestaltung durch Einzelne abhängig, die selbst schwerlich als Angehörige der Unterschicht zu denken seien; diese Bücher »haben alle unläugbar eine unvergängliche poetische Grundlage; bey einigen ist sogar die Ausführung vortrefflich, und wenn sie bey andern formlos erscheint, so ist dieß vielleicht bloß die Schuld einer zufälligen Verwitterung vor Alter. Sie dürfen nur von einem wahren Dichter berührt und aufgefrischt werden, um sogleich in ihrer ganzen Herrlichkeit hervorzutreten.« [128]

Auf welche Weise das mit den Mitteln seiner eigenen Gegenwart geschehen könnte, hat Schlegel 1822 näher ausgeführt. Ihm mochten die Versuche aus dem ersten Jahrzehnt des Jahrhunderts vor Augen gestanden haben [129], wenn er schrieb,

> den alten Ritterromanen sei nicht etwa damit zu helfen, wenn man durch Wegnahme des Unverständlichen, Überflüssigen und Mißfälligen stellenweise nachbeßerte, im Ganzen aber Form und Manier beibehielte. Hierdurch würde nichts anderes bewirkt werden, als ein zwitterhaftes Wesen; eine unerlaubte Verfälschung des Alten, ohne daß doch ein wahrhaft Neues aufgestellt und in sich begründet wäre. Nein: man muß sich ganz an das Wesen halten, die Hülle aber fahren laßen; der Geist der alten Dichtung, aus einem künstlerischen Sinne wiedergeboren, muß sich aufs Neue in einer sprechenden und einnehmenden Gestalt verkörpern. Eben dieses Recht haben die alten Dichter an ihren Vorgängern geübt, von welchen sie Überlieferung oder Erfindung überkamen: sie schmückten das Ererbte nach den Forderungen ihrer Zeitgenoßen; wir müßen das Gleiche für die unsrigen thun, denn Niemand kann für seine Altvordern schreiben. [130]

Mit diesem vorwegnehmenden Verdikt über die seither vergangenen anderthalb Jahrhunderte schriftstellerischer und verlegerischer Praxis formuliert Schlegel aus einem Zeitpunkt am Beginn der pseudohistorisierenden Bearbeitungsmode die wichtigsten Einwände gegen sie. Zwischen einer produktiven dichterischen Aneignung einerseits und einer wissenschaftlichen Behandlung des Überlieferten anderseits gibt es in der Tat keinen ernstzunehmenden dritten Weg – es sei denn, man ließe die künstlich hergestellte Volkstümlichkeit als solchen gelten.

Es finden sich bei August Wilhelm Schlegel aber auch für die Fachwissenschaft Hinweise, von denen zu wünschen gewesen wäre, daß man von ihnen Notiz genommen hätte. Die bis in unsere heutigen Literaturgeschichten hinein tradierten falschen Anschauungen über die Provenienz dieser Bücher, die ja so gut wie ausnahmslos weder in der Unterschicht entstanden noch auch nur ursprünglich für sie verfaßt worden waren, finden wir schon hier mit der sehr einfachen Einsicht widerlegt: »[...] ein Folioband mit vielen Holzschnitten war wohl in den ersten Zeiten der Buchdruckerey nicht so wohlfeil, daß dabei auf die geringere Classe gerechnet worden wäre« [131]. Doch auch unsere gegenwärtige Editionspraxis für diese Texte, bei der Minimaleditionen in Gestalt einfacher Abdrucke oder Facsimiles im Vordergrund stehen, ist im Vorgriff schon bei Schlegel kritisiert worden, der meinte, »daß die alten Drucke von dergleichen Büchern nicht selten genug sind, um zu einem diplomatisch-genauen Abdrucke zu berechtigen« [132].

Vergleicht man unter dem Gesichtspunkt des neugestaltenden produktiven Zugriffs Arnims und Brentanos *Wunderhorn* mit den ungefähr zur gleichen Zeit entstandenen Bearbeitungen frühneuzeitlicher Erzählstoffe, so ist offensichtlich, in wie eindeutiger Weise die Wirkung auf das literarische Bewußtsein tatsächlich qualitätsabhängig ist, wie wenig Bleibendes dagegen die bloße Nachahmung einer Mittelaltermode hinterließ. *Des Knaben Wunderhorn* hat sich im geistigen Haushalt der Nation für lange Zeit einen festen und bedeutenden Platz erworben, die Imitationen und Variationen der alten Romane dagegen waren von Anfang an Randerscheinungen der Literarhistorie und blieben es bis heute. Und dies, obwohl sie formal gesehen nach keinem anderen Prinzip angefertigt wurden als dem, das Arnim und Brentano im *Wunderhorn* anwandten. Der Chronologie nach an erster Stelle zu nennen sind Friedrich Schlegels *Sammlung romantischer Dichtungen des Mittelalters* (mit *Merlin* und *Euryanthe*) und Dorothea Schlegels (unter Friedrichs Namen erschienener) *Lother und Maller* [133], anschließend Fouqués *Ritter Galmy*. Der Qualität, d. h. in erster Linie der stilistischen Geschlossenheit nach steht Brentanos *Goldfaden* voran [134]. Unveröffentlicht blieb Chamissos *Fortunatus*-Drama [135]. Darüber hinaus wissen wir noch von einer ganzen Reihe nicht zur Ausführung gelangter Pläne, auch bei Görres [136] und Arnim [137]. Doch ist dies quantitativ nur die Spitze eines Eisberges. Zusätzlich hat man mit erheblichen Mengen von Texten weit weniger bekannter Autoren zu rechnen, Texten, die aufs engste mit der vorromantischen Mode der Ritterdramen und Ritterromane verflochten sind. Dieses Thema bedürfte einer eigenen Untersuchung, die auch ganz andere literarische Formen einzubeziehen und namentlich auch der Verwendung solcher Stoffe im Drama [138], daneben im Opernlibretto und im Singspiel nachzugehen hätte. Die hierbei zu berücksichtigenden Titel tauchen nur zu einem geringen Teil in Literaturgeschichten auf, sie sind auch in den Bibliotheken nicht mehr alle zu ermitteln [139].

Bei diesen Bearbeitungen kam nur in engen Grenzen eine produktive Aneignung und Neugestaltung zustande. Aus Gründen des Umfangs handelte es sich stets um einzelne Texte, während das so viel erfolgreichere *Wunderhorn* als ein umfassendes und zusammenhängendes Textcorpus von älterer volkstümlicher Lyrik erschien. Man kann vermuten, daß für die in die gehobene literarische Sphäre zurücktransponierten alten Erzählwerke eine nachhaltigere Wirkung, als sie tatsächlich eintrat, nur auf zwei Wegen zu erreichen gewesen wäre: entweder durch die Bearbeitung eines in ganz zweifelsfreier Weise als repräsentativ zu kennzeichnenden Werkes – wofür sich wohl einer der höfischen Romane, vornehmlich aber das Nibelungenlied prinzipiell eher geeignet hätte [140] – oder aber durch Bearbeitungen in enzyklopädischer Vollständigkeit in bezug auf alle Texte der gleichen Art [141]. Beide Lösungen hätten die wissenschaftliche Erschließung der alten Texte vermutlich weniger behindert, als es durch das Verharren der Bearbeitungen in einem halb literarischen und halb philologischen Zwitterzustand im 19. Jahrhundert tatsächlich geschehen ist.

Die Wiederentdeckung der deutschen Literatur der frühen Neuzeit vollzog sich in der Romantik auf einer anderen, wenn man so will, »höheren« Ebene als der der Gebrauchs- und Unterhaltungsliteratur. Für die letztere brauchte diese ältere Literatur nicht erst wiederentdeckt zu werden, denn in ihr war sie nie untergegangen. Wenn hier ganz überwiegend von der literarischen Kritik, nicht vom faktischen Fortleben der Unterhaltungsliteratur selbst die Rede war, so deshalb, weil es die Literaten, Dichter und, seit dem Beginn des 19. Jahrhunderts, zunehmend auch die Philologen waren, die die Leitideen für die Bildung und Weiterentwicklung wissenschaftlicher Kategorien formulierten. Die Literaturwissenschaft hat den Bereich unterhalb der literarischen Bildung zweifellos lange vernachlässigt. Hier sollen nicht literarische und subliterarische Sphäre gegeneinander ausgespielt werden, doch es ist für unser Thema von ausschlaggebender Bedeutung, daß die romantischen Literaturkonzepte von »volkstümlichen« Formen, wie auch und gerade das »Volksbuch«, nicht mit populärer Literatur im weitesten Sinne verwechselt werden. Eine solche Verwechslung kann um so leichter zustande kommen, als zwischen einer praktischen Tradition altüberlieferten Lesestoffs im 18. Jahrhundert und ganz bestimmten Themen und Motiven der romantischen Dichtung offensichtlich Verbindungen bestehen. Richard Alewyn hat schon 1932 die Hypothese aufgestellt, »daß möglicherweise die Rittermotivik des Trivialromans des 18. Jahrhunderts, die ihrerseits wieder die Romantik befruchtete, in viel stärkerem Maße, als wir ahnen, aus einer durchgehenden Unterströmung schöpft, deren Quellgebiet unmittelbar im Mittelalter liegt« [142]. Als Symptom für diese motivliche Traditionskontinuität mag die Beobachtung gelten, daß die Bezeichnung »romantisch« im 18. Jahrhundert zuerst im Zusammenhang mit älterer Unterhaltungsliteratur auftaucht [143]. Allerdings sollte die Bedeutung der mittelalterlichen Traditionselemente im Gesamtspektrum romantischer Motivik nicht überschätzt werden. Vor allem aber muß beachtet werden, daß die Romantik die vorgefundenen trivialen Motive in Literatur von höherem Anspruchsniveau weiterverwandte. Dies gilt auch gerade da, wo die Romantiker sich scheinbar populär gerierten. Ganz zu Recht hat man, mit einer Formulierung Friedrich Schlegels, die »populäre« Unterhaltungsliteratur als »Naturpoesie der höheren Stände« bezeichnet [144]. Wenn Görres auf im wörtlichen Sinne populäre Bücher zurückgriff, so hat doch gerade die Art seines Eintretens für sie dazu beigetragen, daß sie fortan als eine – wenngleich zweitrangige – Form von Kunstdichtung weiterlebten.

3. Goethes Volksbuchplan

Die von den Romantikern bewirkte Ansiedlung der Vorstellungen vom Volksbuch in der Nähe der »hohen« Literatur wird durch einen Vergleich mit einem Gegenentwurf, der einer praktischen Realisierung verhältnismäßig nahe gekommen ist, veranschaulicht: Goethes Volksbuchplan vom Sommer 1808. Dieses von Goethe konzipierte Volksbuch ist auf eine genauer definierte »Menge« berechnet als die Arbeiten der Romantiker, eine Divergenz, die in zwei verschiedenen Begriffen von »Volk« ihren Grund hat. Vor allem ist Goethes projektiertes Volksbuch – jedenfalls in einer späteren Phase der Planung – inhaltlich nicht eindeutig national ausgerichtet.

Diese letztere Feststellung gilt nicht für einen anderen, bei Goethe erst ein Jahrzehnt danach und eher beiläufig auftauchenden Gedanken von einem Volksbuch, den einer Renaissance einer einzelnen Dichtung, der im literarischen wie im nationalen Sinne eine zentrale Stellung zukam. In den 1819 veröffentlichen *Noten und Abhandlungen zum besseren Verständnis des West-östlichen Divans* beschreibt Goethe unter dem Stichwort »Übersetzungen« die Leistung speziell der prosaischen Übersetzung für das Übertragen des Fremden ins eigene Nationelle. Als Beispiel führt er Luthers Bibelübersetzung an und fährt dann fort: »Hätte man die Nibelungen gleich in tüchtige Prosa gesetzt und sie zu einem Volksbuche gestempelt, so wäre viel gewonnen worden, [...]« [145]. Es ist nicht ersichtlich, an welche Epoche Goethe hier dachte. In der Vergangenheit war deutsche Heldenepik nicht in Prosa umgesetzt worden, ein Faktum, das nie auf seine Bedeutung für die soziale Schichtung der Gattungen hin befragt worden ist – es widerspricht immerhin der kommunen Zuordnung von Bürgertum und Prosa für die frühe Neuzeit. Seit der Mitte des 18. Jahrhunderts, seit den Bemühungen Bodmers, Breitingers und Myllers, wurde das Nibelungenlied mehr und mehr ins Zentrum literarischer Mittelalterstudien gerückt. Für Goethes Gegenwart lag der Gedanke einer solchen Umsetzung sehr nahe. Angesichts der ausgeprägten Vorliebe auch der Romantiker für frühneuzeitliche Literatur ist schwer zu beurteilen, wie sich ein Konkurrenzverhältnis zwischen einer gelungenen Prosabearbeitung des Nibelungenliedes und den damals veröffentlichten Bearbeitungen sogenannter »Volksbücher« gestaltet hätte. Eine besonders starke Position hätten letztere im Grunde dabei nicht besessen, denn die deutsche Literatur des 15. und 16. Jahrhunderts ist in ihrer Wirkunsgeschichte in und seit der Romantik dadurch nicht nur bestimmt, sondern auch zugleich behindert worden, daß sie stofflich überwiegend auf eine übernationale, west- und südeuropäische Welt bezogen ist. Ein »deutsches« Mittelalter spielt darin im Grunde keine zentrale Rolle, und die wenigen tatsächlich aus seinem Umkreis stammenden Texte bewahren praktisch wiederum nichts aus der Zeit der Hochblüte der höfischen Dichtung um 1200. Das Nibelungenlied hingegen erfüllte diese Bedingungen in einzigartiger Weise. Es teilte jedoch mit anderen »klassischen« Dichtungen des Mittelalters, auch solchen außerhalb der Heldendichtung, über Jahrhunderte hin das gleiche wirkungsgeschichtliche Geschick: Bearbeiter scheuten davor zurück, die klassischen Werke waren sakrosant, in ihrer zeitlosen Gültigkeit unantastbar. Erst nachdem Richard Wagner den Mut – oder hinreichende Gewaltsamkeit – für einen Zugriff aufbrachte, begann für diese Stoffe noch einmal eine späte Nachblüte [146].

Bis zu recht detaillierten Entwürfen gedieh Goethes Volksbuchplan von 1808, eine Sammlung enzyklopädischen Zuschnitts. Diese sollte – so jedenfalls entwickelte sich der Plan Goethe unter den Händen – keineswegs nur deutsche Literatur enthalten, sondern Dichtungen der Weltliteratur. Nach Inhalt und Gesamttendenz hätte damit eine grundsätzliche Alternative zur Einstellung der Romantiker gegenüber dem Phänomen Volksbuch, insbesondere zu ihrer Berufung auf das nationale literarische Erbe, entstehen können. Den Anstoß zu Goethes Volksbuchplan gab ein Brief des vormaligen Jenenser, späteren Würzburger Philosophen (und Theologen) Friedrich Immanuel Niethammer vom 28. Juni 1808, der nach Ausweis von Goethes Tagebüchern am 7. August in Karlsbad eintraf [147]. Niethammer, Goethe seit längerem bekannt, nicht zuletzt durch ein philosophisches Privatissimum vom Jahre 1800, war seit 1807 »Central Schul- und Studienrath« in Bayern. Seine Tätigkeit in der Schulreform Bayerns näherte sich damals ihrem Höhepunkt [148]. Niethammers Versuch, zwischen dem älteren Philanthropinismus, dem auch Goethe kritisch gegenüberstand, und einem ausschließlich auf die alten Sprachen bezogenen Humanismus zu vermitteln, lief auf ein Plädoyer für eine Gleichberechtigung des deutschen Unterrichts mit dem in den alten Sprachen hinaus. [149] In diesem Zusammenhang unterbreitete Niethammer am 22. Juni 1808 der bairischen Regierung einen Vorschlag zu einem auch für die Schule geeigneten deutschen »Nationalbuch«, mit dessen Herausgabe entweder Goethe oder Voß beauftragt werden sollten. Die Regierung entschied, daß Niethammer eine private Voranfrage zunächst an Goethe richten möge. Dies geschah unter dem 28. Juni 1808; Niethammer legte sein Memorandum für die bairische Regierung in Abschrift bei.

Goethe antwortete schon am Tag nach Eintreffen der Voranfrage entschieden zustimmend [150] und entwarf in den folgenden Tagen ein ausführliches Konzept [151]. Ein daraus abgeleitetes kurzes Exposé in Form eines Aufsatzes sandte er am 19. August an Niethammer, zugleich erbat er sich Frist für eine bindende Zusage und genauere Darlegung seiner Vorschläge bis zum Jahresende. In diesem Brief vom 19. August schnitt er jedoch bereits Vertriebsprobleme an und warf die Frage nach möglichem Schutz vor Nachdruck auf [152]. Goethes schematischer Entwurf, aber auch noch das Exposé, das die ursprüngliche Konzeption reduzierte [153], entfernten sich erheblich von den Vorschlägen Niethammers, der an eine nach Möglichkeit sogar zum Auswendiglernen in der Schule geeignete Textsammlung deutscher Klassiker gedacht hatte [154]. Gleichwohl akzeptierte die bairische Regierung das Exposé. Niethammer hielt am 3. Februar 1809 noch einmal Rückfrage [155], worauf Goethe am 7. April dilatorisch, doch Zweifel an der Durchführbarkeit seines Planes andeutend, antwortete [156]. Dieser Brief Goethes ist das letzte Wort in der ganzen Sache; eine offizielle Anfrage der bairischen Regierung ist infolgedessen auch nie ausgesprochen worden. Die Lektüre von »Volksbüchern« – im gerade eben eingebürgerten engeren, literarhistorischen Sinne – ist in Goethes Tagebüchern jedoch bis weit in das Jahr 1809 hinein belegt.

Die im Nachlaß erhaltene Mappe mit den Entwürfen trägt die autographe Aufschrift »A c t a die Verfassung eines lyrischen Volksbuches betr. 1808«. Ihr Inhalt besteht aus der Skizze zu einem Aufsatz – das als Mundum von Riemers Hand an Niethammer gesandte Exposé –, den man wohl als Entwurf zu einer Einleitung zu denken hat, und dem zeitlich voraufliegenden Schema für den vorgesehenen Inhalt des Volksbuches [157]. Anders als die Romantiker sah Goethe das Problem klar, das mit dem Bedeutungsumfang des Volksbegriffs gegeben war, der »die

Untersuchung schwankend und schwierig« mache. Er entschied sich für eine volksbildnerische, letztlich aufklärerische Wirkungsabsicht. »Unter Volk verstehen wir gewöhnlich eine ungebildete bildungsfähige Menge, ganze Nationen, insofern sie auf den ersten Stufen der Cultur stehen, oder Theile cultivirter Nationen, die untern Volks-Classen, Kinder. Für eine solche Menge müßte also das Buch geeignet seyn.« Sieht man diesen Satz im Zusammenhang mit einer gedachten Verwendungsmöglichkeit als Schulbuch, so erstreckt sich der Begriff »Volk« in Goethes Erwägungen bis auf die Schichten, die eine Schulbildung, im Grunde sogar wenigstens zeitweilig Gymnasialbildung, genossen. Die Unterschicht im engeren Sinne ist dadurch ausdrücklich ausgeschlossen. Der Plan war also auf eine relativ deutlich umrissene, zahlenmäßig nicht sehr große Zielgruppe berechnet. Das läßt sich von den Bestrebungen der Romantiker nicht sagen, denn für sie war »Volk« eine sprachlich kulturelle Totalität. Sofern sie an die Bildung unterer Schichten dachten, gingen sie freilich gleichfalls erstens von der Schicht der Gebildeten aus und verließen zweitens die Sphäre literarischer Bildung nicht. Von der reinen Kunstdichtung rückt nun aber Goethe in bezeichnender Weise ab mit den anschließenden Fragen: »[...] und was bedarf diese [ungebildete, bildungsfähige Menge] wohl? Ein Höheres, aber ihrem Zustande Analoges. Was wirkt auf sie? Der tüchtige Gehalt mehr als die Form. Was ist an ihr zu bilden wünschenswerth? Der Character, nicht der Geschmack: Der letzte muß sich aus dem ersten entwickeln.«

Die Bedürfnisse dieses vorausgesetzten Lesepublikums legen es nahe, nach einem schon geformten vorliegenden Stoff zu suchen. Die in dem – älteren – Inhaltsschema formulierten Gedanken halten sich auch in diesem Punkt in einer größeren Entfernung von der Ausgangsbasis der Vorschläge Niethammers. »Alle ungebildete Menschen werden durch den Stoff nicht durch die Behandl interessirt. Daher muß der Stoff eines solchen Werckes bedeutend seyn. Man müßte ihn durchaus schon Gehalt nennen können. Er müßte einen selbstständigen Werth eine Anlage zur Form haben, ja schon geformt seyn; seine Form schon mit sich bringen, und eine höchst naive Behandlung müßte ihm genügen. Alle diese Forderungen werden durch einen begebenheitlichen (historischen, factischen) Stoff geleistet.« [158]

An diese Stelle – eine transitorische Erwägung – knüpft sich die Annahme, daß Goethe an ein »historisches« Volksbuch gedacht habe [159]. Konkret geht dieser Irrtum darauf zurück, daß das erste Blatt des Schemas die Aufschrift (von der Hand Kräuters, des Sekretärs Goethes) trägt: »Schema zu einem Volksbuch, historischen Inhalts.« Dem Irrtum ist freilich schon Goethe selbst erlegen, der 1830 in den *Tag- und Jahresheften* von zwei Volksbuchplänen spricht: »[...] ein historisch-religiöses Volksbuch und eine allgemeine Liedersammlung zu

Erbauung und Ergötzung der Deutschen« [160]. Die Reihenfolge der Gedanken Goethes in seiner Konzeptionsverschiebung vom August 1808 ist damit aber richtig wiedergegeben [161]. In der Präzisierung, die der an Niethammer gesandte Aufsatz dann bietet, verbindet Goethe dessen Vorschläge mit eigenen, nationalerzieherische mit neuhumanistischen Zielen.

Ein Stoff für ein solches Volksbuch ist schon vorhanden: »Für den Deutschen liegt er bereit, mehr als für andre Nationen.« Goethe umschreibt ihn mit dem Satz: »Das Rechte, das tüchtige aller Zeiten und Völker.« Diese Aussage steht in der Nachfolge des aufklärerischen Gedankens vom Weltbürgertum, sie ist konzipiert in Analogie zu Goethes Begriff der Weltliteratur und ist verbunden mit der schon in der Frühromantik ubiquitären Idee eines geschichtlichen Vermittlungsauftrages der Deutschen. Umfang und Anspruch dieses Planes weisen völlig andere Dimensionen auf als alles, was im Umkreis des Begriffs Volksbuch sonst bekannt ist, denn nichts Geringeres als eine Konkurrenz mit der Bibel – in ihrer Funktion als wahres Volksbuch – wird erstrebt. »Zwar möchte man vor einem solchen Vornehmen erschrecken. Aber eben das ist recht. Wenn eine That folgenreich seyn soll, so muß der Unternehmende selbst davor erstaunen.« [162]

Der in Goethes Schema angedeutete (es werden nur wenige konkrete Texte genannt) Inhalt dieses Buches trägt diesen Zielen noch in der Weise Rechnung, daß er in einem großen welthistorischen Bogen einer Linie folgt, die, ausgehend von der Geschichte des jüdischen Volkes, über die Antike und das Christentum, über die gesamte geschichtliche deutsche Kultur seit dem Mittelalter, namentlich der Zeit Karls des Großen, bis an die Gegenwart heranführt. Es sollte sich bewußt um einen einzigen Band handeln, der sich von den stets in der Mehrzahl auftretenden »Volksbüchern« grundlegend unterschieden hätte. Es ist nicht erkennbar, bis zu welchem Grade Goethe selbst von der Realisierbarkeit seines Vorhabens, auch noch in der Reduktion auf lyrische Texte, überzeugt war. Für sein Verstummen sind mehrere Gründe in Erwägung zu ziehen. Einmal die politischen Erschütterungen – im Herbst 1808 fand die Fürstenversammlung in Erfurt statt. Zum andern mag sich jedoch Goethe auch über die literarische Situation in Deutschland, in die ein »Volksbuch« nicht hineingepaßt hätte, das seine Eignung für die Nation gerade aus seinem weltliterarischen Inhalt – wenngleich unter Einschluß der deutschen Literatur – beziehen sollte, im August 1808 zunächst noch getäuscht haben. Seit dem Frühjahr 1808 hatte seine Distanzierung von den Romantikern begonnen. Am 29. September sandte ihm Arnim die *Teutschen Volksbücher* von Görres [163]. Ein Vergleich beider Konzeptionen mußte auch für Goethe die Frage aufwerfen, ob nicht die von den Romantikern mutatis mutandis gemeinsam vertretene mit ihrer zentralen nationalen Komponente das Feld bereits erobert hatte und ob sie nicht unter den zeitgeschichtlichen Bedingungen der allgemeinen politischen Entwicklung auf absehbare Zeit die besseren Durchsetzungschancen besaß. Goethes Resignation betrifft hier sicher mehr als das Aufgeben einer Buchpublikation.

Sowohl im Blick auf die Geschichte der Literatur wie vom speziellen Standpunkt methodengeschichtlicher Interessen aus muß man die Nichtverwirklichung dieser Konzeption als versäumte Möglichkeit bedauern, denn ein solches Werk hätte durch Umprägung und Generalisierung des noch unfesten Volksbuchbegriffs der im 19. Jahrhundert vollzogenen ästhetisierenden Ausdünnung und Zuspitzung zumindest entgegengewirkt. Welche Position ein solches Buch im Gesamtbestand der deutschen Literatur erlangt hätte, ist natürlich nicht abzuschätzen. Der seit der Romantik entstandene enggefaßte Volksbuchbegriff besaß kaum noch eine Bezogenheit auf ein greifbares Publikum, und sein ästhetischer Gehalt blieb auf der anderen Seite dürftig genug. Ein allgemeiner, nicht mit so speziellem Bedeutungsgehalt aufgeladener Volksbuchbegriff hätte vermutlich die Identifikation von »Volksbuch« und frühem deutschen Roman unmöglich gemacht.

4. Deutsche Sonderbedingungen im europäischen Vergleich

Der Vergleich zwischen den Ideen der Romantiker und dieser nicht zur Verwirklichung gelangten Alternative, dem Volksbuchplan Goethes, wirft die weitergehende Frage auf, ob und gegebenenfalls in welchem Maße die Problematik der deutschen literaturgeschichtlichen und wissenschaftsgeschichtlichen Entwicklung auf diesem Felde überhaupt Anspruch darauf hat, als ein spezifisch deutsches Phänomen betrachtet zu werden, ob es sich hier nicht vielleicht um Rezeptionsvorgänge handelt, die, wenn auch in abgewandelter Form, in anderen europäischen Literaturen, vielleicht nicht überall zum gleichen Zeitpunkt, wiederbegegnen. Die Voraussetzungen für eine zureichende Beantwortung dieser Frage sind gegenwärtig noch kaum gegeben, zudem lassen es die ausgedehnten historischen Dimensionen dieses Problems nicht ratsam erscheinen, den Versuch einer Antwort von vornherein zeitlich auf eine ganz bestimmte Rezeptionsstufe, z. B. die Romantik, zu begrenzen. Gleichwohl sollen einige knappe Hinweise auf Gegebenheiten in anderen europäischen Literaturen – in bewußter Beschränkung auf wenige exemplarische Vergleiche, doch auch auf das 19. Jahrhundert ausgreifend – einer näheren Bestimmung der deutschen Sonderbedingungen dienen, sie sollen ferner eine Eingrenzung des Problems der Erneuerung älterer Literatur durch die Romantik innerhalb des Gesamtrahmens der damit berührten Fragen vorbereiten.

Die Wissenschaft von den Formen und der Geschichte der deutschen Literatur – und im Prinzip gilt dies für andere europäische Literaturen auch – hat zwei Dinge der Sache nach und methodisch nicht klar genug auseinandergehalten, nämlich einmal die Erscheinung einer aus mittelalterlichen Vorbildern abgeleiteten Unterhaltungsliteratur und zum anderen diese historischen Vorbilder selbst. Erstere sei zur Verdeutlichung als »subliterarisch« bezeichnet. Damit kann nur ausgedrückt werden, daß diese Unterhaltungsliteratur selbst keinen literarischen Anspruch stellt; sie als »populär« zu bezeichnen, ist jedenfalls für den deutschen Sprachraum nicht unbedingt tunlich, weil wir über ihre tatsächliche sozialgeschichtliche Lokalisierung noch längst nicht genügend wissen [164]. Nun gab es auch im 15. Jahrhundert in der deutschen Literatur Romane und andere erzählende Formen in der Funktion einer Unterhaltungsliteratur, doch unterscheiden sich die damalige Gestalt, auch die Funktion, vor allem aber die Verbreitung dieser Literatur so sehr von dem, was in der Epoche einer extensiven und sozial breiter gestreuten Lektüre Unterhaltung heißen kann, daß trotz des gleichen Terminus schwerlich angenommen werden kann, es handele sich um ein und dasselbe Phänomen. Die Frage ist nun, wie und vor allem wann sich der Übergang von den historischen Vorbildern der frühen Neuzeit zur anspruchslosen Unterhaltungsliteratur vollzogen hat.

Eine charakteristische Besonderheit der sogenannten Volksbücher, von denen unsere Literaturgeschichten sprechen, im 18. Jahrhundert auch in Deutschland eindeutig Unterhaltungslektüre im neueren Sinne, ist es, daß sie nicht in beliebiger Weise aus älteren Werken abgeleitet worden sind, sondern daß diese Abhängigkeit selbst schon eine Tradition darstellt und daß auf der bestimmten Art, nicht zuletzt auch dem Alter dieser Abhängigkeit spätestens seit der Romantik auch ein Bewußtsein von ihrem Wert beruht. Ein gewisser Grundbestand der vergleichbaren neueren Unterhaltungs- und Romanliteratur ist auch in den anderen europäischen Literaturen stofflich mit der Erzählliteratur der frühen Neuzeit identisch. Die geistesgeschichtlich begründeten Eigentümlichkeiten des deutschen Volksbuchbegriffs verleiteten aber in besonderer Weise dazu, ganz Verschiedenartiges miteinander zu verbinden: man dehnte den Begriff einer volksläufigen Literatur nicht nur auf Texte aus, von denen man annahm, daß sie, analog ihrer Verbreitung im späten 18. Jahrhundert, schon im 15. und 16. Jahrhundert eine erhebliche soziale Streuung aufwiesen, sondern man beschränkte die wissenschaftliche Erforschung nach und nach sogar auf die letzteren. Dies hatte zur Folge, daß man noch heute in bezug auf die deutsche Literatur des 15. und 16. Jahrhunderts von einer populären Romanliteratur spricht, obwohl keineswegs erwiesen ist, daß diese Literatur über die oberen sozialen und Bildungsschichten wesentlich hinausgelangt ist, daß man aber für die beiden Jahrhunderte, in denen die Existenz einer populären Literatur dieser Art zumindest wahrscheinlicher ist, das 17. und 18., solche Fragen an die Überlieferung gar nicht gerichtet hat.

Diese paradoxe Kombination zweier Irrtümer ist nun eine Eigentümlichkeit der deutschen Literaturwissenschaft. Vergleicht man damit die französische wissenschaftliche Literatur, so findet man dort schon seit der Mitte des 19. Jahrhunderts respektable Publikationen über populäre Lesestoffe, für die es im Französischen freilich auch schon lange einen festen Begriff gab: die *Bibliothèque bleue* [165]. Die durchaus zweitrangige Unterhaltungsliteratur, die unter diesem Begriff existierte, fand schon früh auch in der gebildeten Leserschicht ausgesprochene Liebhaber. So konnte 1787 die *Bibliothèque universelle des romans* die Behandlung der *Histoire de la belle Hélène* mit einem Preis auf die *Bibliothèque bleue* einleiten: »Honneur soit à la mémoire du brave Oudot, de l'honnète Garnier [...]« [166].

Doch die Erforschung der Geschichte der französischen Literatur weist ihre eigenen Ironien auf. Zu Recht hat ein Kenner der französischen Kolportageliteratur gesagt, diese sei niemals systematisch untersucht worden – ausgenommen von den Zensoren, »c'est-à-dire la commission Nisard« [167]. Und in der Tat ist das durchaus nicht als bibliographisches und literarhistorisches Nachschlagewerk gemeinte, doch unter der Hand des Verfassers dazu gewordene Buch von Charles Nisard, *Histoire des livres populaires,* 1854 zuerst erschienen, bis heute das gründlichste und methodisch akkurateste zum Thema geblieben [168]. Diese aus ganz speziellen Erfordernissen der Lektüre, nämlich der Arbeit einer staatlichen Zensurkommission, erwachsene Übersicht vermittelt einen vorzüglichen Vergleich, auch Kontrast, zu dem, was Görres mit Hilfe der von ihm eingeführten selektiven Vorbedingungen ermittelt oder, genauer gesagt, geprägt hat, weil zumindest die Titelzusammenstellung bei Nisard einfach den Grundsätzen der Empirie und der Vollständigkeit folgt. Auf Nisards Werk trifft in einem genaueren Sinne als auf Görres selbst der Satz aus Bernhard Joseph Docens Görres-Rezension zu: »Der verjährte [sc. althergebrachte, noch andauernde] [169] Besitz jener Schriften, die noch jetzt unter dem Volke cursiren, gründete die Reihe der hier verzeichneten Rubriken« [170]. In seiner besonderen Position war Nisard allerdings imstande, mit sehr weitgehender Präzision festzustellen, welche Schriften tatsächlich und ganz aktuell im Volke kursierten: er war 1852 vom Polizeiminister Charles de Maupas zum »secrétaire adjoint« der Zensurkommission für den Kolportagebuchhandel ernannt worden und hatte in dieser Position die denkbar umfassendste und genaueste Sammelmöglichkeit. Die andersartigen, bei weitem allgemeineren äußeren Voraussetzungen, unter denen Nisard arbeiten konnte, führten bei ihm zu einem enzyklopädischen Gesamtbild, das weit umfassender ausfiel als alle von Literarhistorikern erarbeiteten Übersichten. Seine Sammlung folgt im Aufbau den Romanbibliotheken oder -führern des 18. Jahrhunderts. Er verweist auf literargeschichtliche Werke, die etwas zum einzelnen Titel aussagen, referiert den Inhalt und zitiert in Auszügen nach dem Original, ferner nennt er die noch zu seiner Zeit oder ersatzweise die zuletzt im Handel befindlichen Ausgaben.

Die Anhänger eines weitgefaßten Volksbuchbegriffs finden in Nisard methodisch einen willkommenen Zeugen. Da er sich auf eine faktisch gegebene Überlieferung stützt, die er selbst nicht selektiv verengt, zeigt sich, daß die erzählende Literatur im Gesamtrahmen der populären Literatur einen ganz anderen, und zwar viel geringeren Stellenwert als etwa bei Görres besitzt: erst als letzte von vierzehn Rubriken finden wir Romane. Ich zähle die Rubriken zur Veranschaulichung auf:

1. Des almanachs. 2. Suite des almanachs. 3. Sciences et Arts (a. Sciences occultes; magie blanche; cabale. b. Divination). 4. Facéties, bons mots, calembours. 5. Dialogues et catéchismes. 6. Discours, éloges funèbres, contrats de mariage, brevets et sermons burlesques. 7. Types et caractères. 8. Vies de personnages illustres ou fameux, vrais ou imaginaires. 9. Religion et Morale, prose et vers. 10. Cantiques spirituels, Histoires et Vies de patriarches et de saints mises en cantiques. 11. Epistolaires; lettres d'affaires, de compliments et d'amour. 12. Linguistique. 13. Education. 14. Romans anciens et modernes. Nouvelles et contes.

Natürlich treten einige erzählende Texte hier außer in der letzten auch auf andere Sparten verteilt auf.

Eine registrierende Erfassung von vergleichbarer empirischer Strenge hat es in Deutschland in der Vergangenheit gegenüber solcher Literatur nie gegeben, auch nicht für den Ausschnitt daraus, für den man sich in Deutschland vornehmlich interessierte, die erzählenden Texte. Dabei liegt dies weniger an ihrer Unterschätzung durch die Wissenschaft oder durch bestimmte Bildungsschichten, sondern eher daran, daß etwas, was in der Hauptsache einem sehr praktischen, ja fast banalen Zweck diente, nämlich der bloßen Unterhaltung, nicht zuletzt durch Wissenschaftler von ihrem Standpunkt aus, und das bedeutet: von außen, mit einem Bedeutungsgehalt aufgeladen wurde, der ihm in der Lebenswirklichkeit sicher nicht zukam. Eine Wirkung dieser engagierten Parteinahme war unter anderem, daß die überhöhende Aura, die aus dem Bereich des Poetischen erborgt wurde, selbst wieder zum Element der Lebenswirklichkeit dieser Literatur wurde.

Auch in Frankreich ist die Erforschung älterer populärer Literatur geprägt worden durch eine – sicher weit harmlosere – Form der Parteinahme. Die Publikationen über die Kolportageliteratur stammen nämlich zu einem großen Teil von Männern mit bibliophilen Interessen – und insofern auch wieder von dezidierten Freunden dieser Literatur. Die Aufgabe war für sie sachlich insofern einfacher, als sich diese Unterhaltungsliteratur in Frankreich lokal auf wenige marktbeherrschende Druckorte, im 17. und 18. Jahrhundert auf Troyes, konzentrierte, während vergleichbare Zentren in Deutschland rasch und oft wechselten. So kam es hier auch nie zu einem festen Begriff analog dem der *Bibliothèque bleue* mit ihren Nachahmungen [171], wohl aber wurde eben diese Bezeichnung schon seit dem 18. Jahrhundert auch im Deutschen zur Metapher für Sammlungen von Unterhaltungsromanen. Gründe wie diese haben mit Sicherheit dazu beigetragen, daß sich die niedere Unterhaltungsliteratur als solche in Frankreich klarer im Bewußtsein auch der Gebildeten erhielt, während man sich in Deutschland schon seit dem späten 18. Jahrhundert mehr um ihre literarische Aufwertung bemühte.

Eine Folge dieser allgemein anerkannten Existenz der Kolportageliteratur als Literatur sui generis ist auch, daß es seit mehr als einem Jahrhundert in Frankreich eine wissenschaftliche Literatur, freilich von unterschiedlicher Qualität, über sie gibt. Wer sich hingegen über die französische Literatur des 15. Jahrhunderts einen Überblick verschaffen wollte, war in Frankreich damals nicht versucht, auf Nisard zurückzugreifen. Er fand das Gesuchte in Nachschlagewerken wie denen der beiden Brunet, denen in Deutschland die Werke von Panzer und Weller entsprachen [172]. Es wäre unter den skizzierten Verhältnissen in Frankreich undenkbar gewesen, daß man in wissenschaftlichem Zusammenhang Romane aus der Inkunabelzeit als »livres populaires« bezeichnet hätte; allerdings ist nicht zu übersehen, daß bibliographische Literaturgeschichte einerseits und die Publikationen der Liebhaber populärer Literatur anderseits weithin deutlich geschiedene Dinge sind. Eine wertende Akzentuierung der eigenen nationalliterarischen Tradition, wie sie den deutschen Romantizismus kennzeichnet, treffen wir in Frankreich bei der Behandlung der populären Erzählstoffe der Kolportageliteratur in dieser Form nicht an, denn die Kolportageliteratur bleibt für das Bewußtsein der Wissenschaftler viel eindeutiger als in Deutschland Bestandteil einer »culture populaire«. Es ist natürlich die Frage, wieweit die zwar in der Hauptmasse stofflich aus der französischen Dichtung stammenden, in ihrem Fortleben aber gemeineuropäischen und in der *Bibliothèque bleue* bereits im Anfang des 17. Jahrhunderts auf einen schmalen Kernbereich reduzierten Romanstoffe überhaupt jemals als eine nationalliterarische Erscheinung angesehen werden konnten, ob nicht vielmehr ihre Stoffkonstanten a priori für eine gewisse Internationalität sorgten. Zudem läßt die Tatsache, daß Romane in Prosa in Frankreich schon im 13. Jahrhundert entstanden sind, diese Texte für die Forschungspraxis generell eher als ein Phänomen des Mittelalters erscheinen, mit der Folge, daß die jüngere Kolportageliteratur damit nicht in unmittelbare Verbindung gebracht wird [173]. Die Übertragung eines modernen Begriffs wie etwa »Bibliothèque bleue« auf die Romane des Mittelalters wäre deshalb nicht denkbar [174]. Unter solchen Vorzeichen fällt der in der deutschen Romantik konzipierte »Volksbuch«-Begriff erst recht aus dem Rahmen, um so mehr, als sich dieser Begriff in keinem einzigen Fall auf einen nationalliterarischen Gegenstand von einiger Bedeutung bezieht.

Die Rezeption der älteren Unterhaltungsliteratur machte um 1800 eine entscheidende Wandlung durch. Es war der konkreten literarischen und politischen Situation Dänemarks sicher noch angemessen, wenn Rasmus Nyerup 1795 mit Bezug auf ein so gut wie ganz agrarisches Land von der Unterhaltungsliteratur der »Allgemeinheit« sprach und dabei die illiterate Landbevölkerung im Auge hatte. Ebenso entsprach es der gewandelten politischen und literarischen Situation in Deutschland, wenn Görres gut ein Jahrzehnt später im Kontext der jüngeren Romantik eine besondere Aura um das »Volksbuch« schuf. Doch liefern punktuelle politische Wandlungen noch keine ausreichende Erklärung für die neue Einschätzung der Überlieferung in der Romantik, denn hinsichtlich der Art des Rückbezugs auf ihre Vorlagen sind dänische und deutsche Unterhaltungsliteratur des ausgehenden 18. Jahrhunderts nicht vergleichbar. Diese dänische Literatur ist im wesentlichen im 16. Jahrhundert aus der entsprechenden deutschen, seltener aus der niederdeutschen Literatur, ganz vereinzelt aus dem Lateinischen, Altnordischen, Schwedischen, Holländischen übersetzt worden. Ein nationalliterarisch interpretierbares Erbe ist hier nicht vorhanden. Die Dependenzverhältnisse innerhalb der jeweiligen nationalliterarischen Tradition stellen sich – wie auch die wechselseitigen Querverbindungen – für jede Literatur anders dar. Eher lassen sich die rezeptionsgeschichtlichen Reaktionen auf die Tradition seit dem Anfang des 19. Jahrhunderts miteinander vergleichen. Die von Nisard gesammelte »Kolportageliteratur« und Nyerups »Morskabslæsning« stehen eindeutig in einem zweiten Rang neben und hinter der französischen und dänischen Hochliteratur des 18. und 19. Jahrhunderts. Die deutschen Romantiker haben im Gegensatz dazu versucht, der gleichen zweitrangigen Literatur auf dem Niveau der Kunstdichtung eine ganz neue, auf jene in prägender Weise ausstrahlende Dignität zu verleihen, in der Absicht, die bestehende Trennung der Literatur nach sozialen Rezeptionsschichten, die von Bildungsfaktoren bestimmt waren, aufzuheben, zugunsten einer intendierten idealen Totalität des »Volkes« als literarisches Publikum.

Ungefähr in der Mitte zwischen diesen beiden Positionen steht die englische Sammlung von William J. Thoms, die 1828 in drei Bänden erschien [175]. Die elf darin vereinigten Werke sind gesondert paginiert und tragen jeweils eigene Titelblätter, sie imitieren offensichtlich die einfachen Heftchen des Kolportagehändlers. Die technische Gestaltung dieser Drucke, eine gewisse Gewähltheit der Lettern und die Qualität des Papiers, aber auch die vorangestellten bibliographisch-literarhistorischen Einleitungen heben diese Imitationen gleich um mehr als eine Stufe über die Realität der schäbigen Heftchen, die zur gleichen Zeit in Deutschland als »Volksbücher« umgingen [176]. Dieses Druckverfahren stellt natürlich ebenfalls eine gewisse Ästhetisierung dar, wenngleich weniger eine literarische als eine antiquarische, und zwar eine der Überlieferungsträger selbst.

Thoms faßt diese Literatur einerseits als Unterhaltung auf, allerdings im wesentlichen als Jugendlektüre und insofern auch nicht allein als Literatur einer Unterschicht, anderseits sieht er in ihr antiquarische Reminiszenzen und Kuriositäten. Diese Texte sind für ihn »most interesting illustrations of the manners and mode of thinking of our Ancestors« [177]. Fragen der jüngeren Texttradition, die Traditionspermanenz, besitzen für ihn ebensowenig wie für die Bearbeiter der späteren Auflagen eine besondere Bedeutung; im Gegenteil, er druckt die Texte in den Versionen der Frühdruckzeit und begründet das gelegentlich einfach mit ihrer Seltenheit. Ein bißchen gewagt, aber vermutlich ungewollt treffend ist, daß Thoms diesen Romanen für ihre Entstehungszeit eine Funktion zuspricht, wie sie der historische Roman vom Typus desjenigen Walter Scotts in seiner eigenen Gegenwart besaß, der innerhalb der Unterhaltungsliteratur als marktbeherrschend angesehen werden konnte [178]; er nennt sie »these *Waverly Novels* of the olden time« [179] – von der »Mittelalterromantik«, die das 15. Jahrhundert selbst betrieb, wußte Thoms vermutlich nichts. Mit den Erneuerungsversuchen deutscher Romantiker verbindet Thoms, daß er durch leichte Modernisierung der Texte einen bewußten Kompromiß zwischen reiner Unterhaltungslektüre und Literatur für die Bildungsschicht anstrebt. Von seiner Textgestaltung sagt er, er wähle bewußt »a form accessible to the men of letters, and the general reader [...]«, in der Absicht, »to fill up the hiatus which has so long existed in the History of English Literature« [180]. – Es ist vielleicht kein Zufall, daß ein Standardwerk wie *The history of fiction* von John Dunlop in England erarbeitet werden konnte [181].

Der um 1800 in England – hauptsächlich bei der ländlichen Bevölkerung – noch im Gebrauch befindlichen Unterhaltungsliteratur des uns hier beschäftigenden Genres mangelt eine ausgeprägte nationalliterarische Dependenz von – im weitesten Sinne – mittelalterlichen Stoffen. Diese Literatur ist für uns nicht leicht greifbar, denn es besteht hier gleichsam eine Lücke zwischen Literaturgeschichte und Literatursoziologie. Die Buchware der Kolportagehändler wird aber indirekt sichtbar in dem Augenblick, in dem die Lesefähigkeit, die von der seit 1780 organisierten Sonntagsschulbewegung stimuliert worden war, im letzten Jahrzehnt des 18. Jahrhunderts auch jakobinischer Literatur zugutezukommen drohte. In den Jahren 1795–1798 setzte eine religiös motivierte Gegenbewegung ein, in der man solche Einflüsse, die sich natürlich nicht nur antireligiös auswirkten, abzufangen und zu unterlaufen versuchte durch eine wirksam subventionierte Produktion von Imitationen der Chapbooks, Flugblätter und Lieder (»ballads«). Die Imitation ging bis in die Holzschnittgestaltung hinein. Dazu bediente man sich des vorhandenen Marktes, freilich mit solchem Erfolg, daß sogleich auch gebundene Ausgaben auf gutem Papier nötig wurden, die der Buchhandel vertrieb [182] – vielleicht eine Erklärung für den Imitationscharakter der Texte in der Sammlung von Thoms.

Ansonsten liegt indes die volkstümliche Literatur der Unterschicht jenseits des Interessenhorizonts auch sehr gründlicher Studien zur Sozialgeschichte der englischen Literatur [183], so daß man sich auf die Arbeiten volkskundlich orientierter Forscher verwiesen sieht, in denen die volkstümliche Literatur unter einem von literarischen Interessen weniger geprägten Gesichtspunkt behandelt wird. So liegt dem Werk von John Ashton über die Chapbooks (1882) ein antiquarisches Interesse zugrunde, das sich auch und gerade im Victorianischen England problemlos der Vergangenheit zuwandte: »They are the relics of a happily past age«, sagt Ashton von diesen Büchern [184]. Der Stellenwert der wenigen – im übrigen eindeutig von französischen Quellen abhängigen – romanhaften Erzählstoffe im Rahmen der von Ashton vorgestellten Chapbooks ist gering. Die wenigen prose romances, die er nennt, sind rasch aufgezählt: *Reynard the Fox, Valentine and Orson, Fortunatus, Guy, Earl of Warwick, Sir Bevis of Southampton, St. George* und *Patient Grissel* [185]. Für diese Literatur gibt einen bibliographischen Überblick das Werk von Victor E. Neuburg, der seinen Gegenstand folgendermaßen definiert: »Chapbooks may be defined as the paper-covered books offered for sale by pedlars, hawkers and other itinerant merchants known as ›chapmen‹.« [186] Ob Neuburgs Annahme zutrifft, daß das Chapbook des 18. Jahrhunderts auch in anderer Hinsicht als in der der Vetriebsformen der legitime Nachfolger der »jest-books« und »ballads« des Elisabethanischen Zeitalters und mit ihnen zusammen Exponent einer durchgängig existierenden literarischen Volkskultur ist, kann hier nicht erörtert werden.

Von der in England im 15. und 16. Jahrhundert aufkommenden Prosaliteratur [187] hat sich vergleichsweise wenig in unmittelbarer Tradierung bis in die populäre Literatur des 19. Jahrhunderts hinein erhalten. Dies ist leicht nachzuprüfen, indem man die bei Thoms und Ashton auftretenden Titel mit der Bibliographie von Arundell Esdaile [188] oder dem Short-Title-Katalog von Sterg O'Dell [189] konfrontiert. Während Esdaile eine Eingrenzung seines Gegenstandes auf Romane anstrebt [190], will O'Dell mit seinem sekundär geschöpften, d. h. nur auf bibliographischen Quellen beruhenden Verzeichnis einer weitgefaßten Textgruppe »Imaginative narrative not in verse« [191] genaueren Gattungsabgrenzungen nicht vorgreifen; er hat deshalb den Kreis der einbezogenen Texte bewußt weit gehalten. Beide Bibliographien weisen für die englische Literatur eine deutlich andere chronologische und stoffliche Verteilung nach, als wir sie aus anderen europäischen Literaturen kennen. Die englische Überlieferung erreicht quantitativ erst in der zweiten Hälfte des 16. Jahrhunderts eine größere Dichte, die der deutschen oder französischen vergleichbar wäre; eine inhaltliche Sonderbedingung ist die kräftige Nachwirkung des antiken Romans. Zwar ist diese Nachwirkung auch in Deutschland nicht so geringfügig, wie man bei Konsultierung unserer Literaturgeschichten denken könnte, doch ist sie bis ins 18. Jahrhundert hinein vorerst nur unvollständig zu überblikken, abgesehen immer von der bekannten Einwirkung Heliodors auf den Barockroman. Gerade in der deutschen Literaturwissenschaft hat die Übertragung des Volksbuchbegriffs auf das 15., 16. und 17. Jahrhundert dazu beigetragen, daß man rezeptionsgeschichtliche Fragen im Umkreis des Romans vorzugsweise im nationalliterarischen Zusammenhang erörterte und daß dadurch die Aufmerksamkeit auf das Fortleben der Antike in den Formen der Prosaerzählung beeinträchtigt wurde. Ein Glücksfall wie die profunde Studie von Samuel Lee Wolff über das Nachleben griechischer Romane in Elisabethanischer »prose fiction« fehlt für die deutsche Literatur noch [192]. Die Vorstellungen von deutschen Volksbüchern, gleichgültig, auf welche Epoche und auf welches literarische Niveau sie bezogen sein mögen, hat der griechische Roman so gut wie gar nicht beeinflußt, obwohl er eine solche Respektierung nicht nur unter dem Gesichtspunkt der Romanproduktion des 17. und 18. Jahrhunderts, sondern auch angesichts der Überlieferung aus dem 16. Jahrhundert eher verdient hätte als manches andere »Volksbuch«, das unter diese Kategorie subsumiert wurde. Es ist aber leicht einzusehen, daß die schöne Charikleia es da schwerer hatte als der hörnerne Siegfried.

Die stoffliche Verteilung und das quantitative Vorkommen der Romane von mittelalterlicher Abkunft seit dem 15. und 16. Jahrhundert in den einzelnen europäischen Ländern zeigen, daß die europäische Literaturlandschaft in dieser Zeit in viele und deutlich getrennte Provinzen zerfällt, die in ganz anderen Beziehungen zueinander stehen als später. Zum Beispiel entspricht der sprachlichen Verwandtschaft zwischen Deutschland und den Niederlanden durchaus keine vergleichbare literarische. Die literarischen Beziehungen und Traditionszusammenhänge verlaufen vielmehr bis weit über das Mittelalter hinaus eindeutig so, daß beide Literaturen sich selbständig auf die französische Literatur, wenn auch nicht allein auf sie, zurückbeziehen und diese Anregungen stets auf getrennten Wegen fortentwickeln. Gleiches gilt sinngemäß auch für die besonders reichhaltige und vielseitige Unterhaltungsliteratur Flanderns zwischen Mittelalter und Neuzeit, die durch das Handbuch von Emile H. van Heurck vorbildlich erschlossen ist [193]. Auch als man im 19. Jahrhundert in den Niederlanden an die Tradition aus der frühen Neuzeit wieder anknüpfte, entwickelte sich erst ganz allmählich eine Beziehung zu der gleichzeitig in Deutschland entstehenden »Volksbücher«-Forschung [194].

Der Verfasser der 1837 erschienenen ersten einschlägigen holländischen Studie über ältere populäre Romanliteratur, van den Bergh, beruft sich zwar auf Görres, aber es geht ihm sehr praktisch um eine Versorgung der Leserschaft mit unschädlicher Unterhaltungsliteratur von gediegener Qualität. Die »Volksromans« sind für ihn derjenige Teil der vaterländischen Literatur, »welk tot de mindere volksstanden behoort en hun bejzonder eigendom geworden is« [195]. Die Titel, die er anführt, konnte er, wie übrigens ein Jahrhundert später auch van Heurck für Flandern, zum Teil nur nach kirchlichen Zensuredikten aus dem Anfang des 17. Jahrhunderts ermitteln [196]. Der Fonds an Titeln unterscheidet sich bei den niederländischen Romanen vom deutschen Bestand durch einige aus dem französischen Mittelalter stammende, die nicht in Prosaversionen der deutschen Frühdruckzeit gelangten (z. B. *De Borchgravinne van Vergi, Buevijn van Austoen, Helias Ridder metter Swane, Merlijn, Parijs ende Vienna, Strijt van Roncevale*) und durch eine vergleichsweise stärkere Repräsentanz antiker Stoffe. Bei van den Bergh ist von der in der deutschen Romantiktradition damals schon eingeleiteten Stilisierung dieser Werke zu Produkten der Kunstliteratur noch nichts zu spüren. Ausführlicher und im Detail genauer unterrichtet das Werk über »Volksboeken« (ein terminologisch bemerkenswerter Wandel gegenüber van den Berghs »Volksromans«) von Schotel [197], der als seinen direkten Anreger Nisard bezeichnet – ein bißchen zu Unrecht, da ihm eine vergleichbare empirische Ausgangsbasis fehlte. Das stoffliche Gesamtbild bei Schotel entspricht im großen und ganzen dem bei van den Bergh, es ist also u. a. von relativ vielen Werken die Rede, die nicht ins Deutsche gelangt sind.

Angesichts der beträchtlichen Differenzierungen der Romanliteratur in den einzelnen Teilen der europäischen Literaturlandschaft allein nach stofflichen Gesichtspunkten bietet sich für die Erforschung frühneuzeitlicher Erzählliteratur beim gegenwärtigen Stand unserer Kenntnisse der nationalliterarische Zusammenhang an, denn es kommt dabei zunächst auf die Gewinnung der wichtigsten Profile der Überlieferungsformen, der stofflichen Verteilung und der partizipierenden Publikumsschichten an. Eine vergleichende Bibliographie wenigstens für die wichtigsten europäischen Literaturen wäre auch vom Standpunkt der einzelnen Nationalliteraturen ein Desiderat. Für die jüngere Erscheinung einer populären Unterhaltungsliteratur hingegen ist gegenwärtig ein Vergleich im europäischen Kontext eher möglich, da es sich dabei um ein vermutlich in seinem Kern einheitliches Phänomen handelt, dessen Beschreibung durch die Hinzunahme nationaler Eigentümlichkeiten, die alle die Norm offenbar nicht in Frage stellen, nur präzisiert werden kann. Indessen läßt sich das Zustandekommen der gegenwärtigen Forschungsproblematik nicht allein nach dem Kriterium beurteilen, ob und aus welchen Antrieben heraus man sich auf nationalliterarische Fragen beschränkt habe oder ob der europäische Vergleich angestrebt worden sei. Daneben spielen Probleme der Forschungsorganisation und -technik eine nicht unerhebliche Rolle.

Die Erforschung der älteren populären Literatur ist in den meisten europäischen Ländern im 19. Jahrhundert gespalten in einen schulmäßigen philologisch-bibliographischen Forschungszweig und einen, der, sei es aus literar-, sei es aus kulturhistorischem Interesse, mit Gegenständen volkstümlicher – was auch immer darunter verstanden werden mag – Überlieferung befaßt ist [198]. In einem hohen Grade ist diese Forschung im 19. Jahrhundert Sache von Bücherliebhabern und Büchersammlern gewesen. Die vorhandenen Bibliographien sind bezeichnenderweise überwiegend in limitierter Auflage erschienen. Bibliophile aber interessieren sich in erster Linie für Seltenheiten, in diesem Fall für antiquarische. Das hat zur Folge, daß ihre Aufmerksamkeit vornehmlich Büchern gilt, nicht Texten. Eine solche Feststellung ist durchaus ambivalent, denn einerseits haben Bibliophile und Antiquare bis heute einen gewichtigen Anteil an der literarhistorischen Forschung, zum andern sind ihrer Arbeit auch wissenschaftliche Grenzen gesetzt. Die alte Klage der Freunde populärer Überlieferung, daß die Fachwissenschaft an dieser Literatur vorbeigehe, ist in der Sache durchaus berechtigt: die Literarhistoriker erwähnen sie nicht, die Bibliographen verzeichnen sie nicht, die Bibliothekare sammeln sie nicht. Die populäre Literatur hat jedoch im 19. Jahrhundert ihre eigenen Liebhaber, außerhalb der philologischen Fachwissenschaft. Für ausgesprochene Bibliophile ist diese Literatur im Grunde aber nicht mehr »volkstümlich«, sondern sie fällt unter die Kategorie des wertvollen Buches. Symptomatisch dafür ist Alexis Socards Hinweis auf die großen Sammlungen berühmter Bibliophiler, in denen die Drucke aus Troyes zahlreich vorhanden gewesen seien – und zwar in Prachteinbänden [199]. Mit einer solchen Behandlung wurde die *Bibliothèque bleue* allerdings gründlich umgewertet. Die literarische Kultivierung des Volksbuchs in der deutschen Literaturgeschichte ist nicht die einzige denkbare Form des sozialen Aufstiegs für diese Literatur im 19. und 20. Jahrhundert.

Einer der Nachteile der Pflege populärer Literatur durch Bücherliebhaber ist deren begrenzte literarhistorische Kenntnis. So ist die Anschauung fast zu einer europäischen Konstante geworden, daß die Literatur, die den Inhalt der populären Drucke des 17. und 18. Jahrhunderts ausmacht, mit dem Buchdruck und für ihn entstanden sei [200]. Auf diese Weise betrachtet, muß diese Literatur zwangsläufig als ein rein neuzeitliches Phänomen erscheinen. Die Tatsache, daß sie gutenteils schon im Mittelalter existierte, gerät dann in Vergessenheit und, unterstützt von der Ansicht, daß mit dem Buchdruck das Mittelalter ende, entsteht somit das Bild von einer mehr oder minder einheitlichen Epoche des populären Unterhaltungsromans von 1500 bis 1800. Doch innerhalb dieses Zeitraums sind nicht einmal die Bücher gleichartig, von den Texten zu schweigen. Während nun für manche europäische Länder diese Literatur relativ gut erschlossen ist, am besten vielleicht für Frankreich, die Niederlande und Flandern, blieb sie gerade für Deutschland in auffälliger Weise unerforscht. Zu der reichen Literatur etwa über die *Bibliothèque bleue* gibt es für analoge deutsche Literatur so gut wie keine Entsprechung. Erst 1924 wird in Deutschland – mit der Bibliographie von Heitz und Ritter – das Stadium der antiquarisch-bibliophilen Rezeption erreicht, zu einem Zeitpunkt also, in dem die durchgängige Klassifikation von Romanen als »Volksbuch« vom Inkunabeldruck bis zum textlich stark gekürzten Heftchen des späten 18. Jahrhunderts zumindest dem philologisch orientierten Literarhistoriker auch schon wieder fragwürdig erscheinen konnte.

Ein nahezu totales Forschungsdefizit besteht aber in Deutschland für die Traditionsbedingungen und -formen dieser Romane im 17. Jahrhundert. Das Interesse der deutschen Literarhistoriker ist so stark von den Problemen der Barockliteratur im engeren Sinne absorbiert worden, daß weder die Frage einer Gebrauchsliteratur der unteren Schichten noch das Fortleben spätmittelalterlicher und frühneuzeitlicher Literatur je für sich genommen bislang viel Aufmerksamkeit auf sich ziehen konnten, von einer Verbindung beider Themen zu schweigen. Das Verhältnis der auch im 17. Jahrhundert lebhaft tradierten älteren Romane etwa zum sogenannten »niederen« Roman der Barockzeit ist auch sozialhistorisch unerforscht. Auf dieses Problem hat Richard Alewyn schon vor mehr als vierzig Jahren hingewiesen, ohne daß man einer Lösung seither nähergekommen wäre: »Die Volksbuch-Forschung hat bisher fast stets an der Schwelle des 17. Jahrhunderts Halt gemacht, d. h. genau an der Stelle, wo eine dem Ursprung und dem Wesen nach durchaus verschiedenartige Literatur, die erzählende Prosa des 15. und 16. Jahrhunderts, am Ende eines langsamen Absinkeprozesses in der sozialen Unterschicht angelangt ist und zum ›Volksbuch‹ wird.« [201] Die deutsche Volksbuch-Forschung war, jedenfalls in der Gestalt, die sie damals besaß und die sich im Grunde bis heute nicht wesentlich verändert hat, gar nicht geeignet, dieses Problem zu lösen. Was nach Alewyn allenfalls als Volksbuch zu bezeichnen wäre, meinte sie eben schon im 15. und 16. Jahrhundert zu erkennen, und so konnte die hier angedeutete historische Schwelle ihr gar nicht mehr auffallen [202].

Die Herausbildung einer Prosaliteratur, die sich in Frankreich seit dem 13. Jahrhundert, in Deutschland um zwei Jahrhunderte verspätet vollzieht, ist ein eigenes Thema der Literarhistorie, das auch in Deutschland weder chronologisch noch sonst mit dem Buchdruck identifiziert werden kann, wenngleich gerade die Volksbuch-Forschung dies insinuiert. Der Zeitpunkt, zu dem diese Literatur einen populären Charakter gewinnt, liegt in den einzelnen europäischen Ländern ganz verschieden. Stofflich findet etwa seit dem 17. Jahrhundert eine erhebliche Reduzierung des Bestandes gegenüber dem in der frühen Neuzeit noch vorhandenen, gleichzeitig auch eine gewisse Angleichung der nationalliterarischen Traditionen untereinander statt. Ein ganz anderes Problem ist das des bewußten Wiederaufgreifens und der literarischen Pflege dieser Literatur seit der Romantik. Nicht nur in Deutschland sind die Anfänge des Romans in der frühen Neuzeit Teil einer Mittelalterromantik. Kennzeichnend für die deutsche Literaturhistorie ist, daß man in der Neuzeit, in der Romantik, von vornherein auf die Ursprünge dieser volkstümlichen Literatur zurückzugehen versuchte und dabei das 17. und 18. Jahrhundert überging und daß außerdem ein solcher Rückgriff um 1900, im Zusammenhang einer »Neuromantik«, zum zweiten Mal erfolgte.

III. Typen der Rezeption des frühen deutschen Romans im 19. Jahrhundert: Konsolidierung und Verfestigung des Volksbuchbegriffs

1. Die Romantik als wirkungsgeschichtliche Schwelle

In der Wirkungsgeschichte der frühneuzeitlichen Erzählstoffe in Deutschland stellt die Romantik eine entscheidende Schwelle dar. Weder das Interesse der Drucker, Verleger und Bearbeiter noch das der Leser an diesen Stoffen bleibt vom 15. Jahrhundert bis heute das gleiche. Es gibt infolgedessen weder für ein literarisches Phänomen noch für einen Funktionstypus »Volksbuch« über mehrere literarhistorische Epochen hinweg die gleiche Klassifikations- und Bezeichnungsmöglichkeit. Gattung und Begriff des »Volksbuchs« sind keine übergeschichtlichen Wesenheiten, allenfalls in strenger historischer Konkretisierung darf von ihnen gesprochen werden. Die Verwendung dieses Terminus ist am ehesten für die Zeit seit der Bildung des Begriffs und der anschließenden Verfestigung einer Gattung »Volksbuch« durch die Romantik gerechtfertigt, also für die Zeit, in der man bewußt von »Volksbüchern« spricht und in der diese bewußt als solche reproduziert und konserviert werden. Dabei kommt der Nachwirkung der Romantik im 19. Jahrhundert besondere Bedeutung zu [1].

Bei dem Versuch, die geschichtlichen Ursprünge des Volksbuchbegriffs aufzuhellen, zeigte sich, daß der gegenwärtigen begrifflichen Inkohärenz (vgl. Kapitel I) in der Zeit des ausgehenden 18. Jahrhunderts und am Anfang des 19. Jahrhunderts eine andersartige gegenübersteht (vgl. Kapitel II), daß aber die eine nicht direkt auf die andere zurückführbar ist. Entscheidende Stufen, die dazwischenliegen, müssen erst noch ermittelt werden [2]. Görres, zwar viel zitiert, aber nur scheinbar der Urheber des Volksbuchbegriffs in der Bedeutung, in der dieser später verwendet wurde, besaß weitgehend andere Vorstellungen von seinem Gegenstand, als sie in der Folge wirksam wurden, er hat die von seinen Zeitgenossen, vor allem von Tieck, bei ihren Bearbeitungen angestrebte Aufwertung einzelner Texte in Richtung auf das literarische Kunstwerk (jedoch nie bis auf dessen Niveau) gar nicht ins Auge gefaßt. Der wirkungsgeschichtliche Hauptwiderspruch im seitherigen Fortleben der »Volksbücher« besteht aber gerade darin, daß die Spuren der Herkunft solcher erneuerten Texte aus dem Bereich des »Volkstümlichen« gerade bei der Literarisierung dieser Texte konserviert wurden und diese zu einem guten Teil kennzeichnen.

Der Versuch, die verschlungenen Wege des praktisch-literarischen

Fortlebens und der Erforschung der frühneuzeitlichen Erzählliteratur im 19. Jahrhundert nachzuzeichnen, macht es erforderlich, dabei von denjenigen Texten auszugehen, die seit der Romantik unter dem Begriff »Volksbücher« zusammengefaßt worden sind. Die Grundfrage, die uns im folgenden leitet, ist die, wie die Entwicklung von den divergierenden Konzeptionen um 1800 zu dem unklaren Volksbuchbegriff, den wir in unseren heutigen Handbüchern und Literaturgeschichten vorfinden, verlaufen ist.

Das äußere Erscheinungsbild dieser Literatur unmittelbar vor der Romantik, der entscheidenden Wende in ihrer Geschichte, macht den Irrtum verständlich, wenn nicht entschuldbar, daß die sogenannten Volksbücher gleichsam naturaliter volkstümlich seien. Doch eben durch die Romantik werden sie mit einem neuen literarischen Anspruch versehen, der sie gerade für Gebildete anziehend macht. Die Volkstümlichkeit, die diesen Texten seither eignet, ist eine artifizielle, die absichtlich hergestellt wird und in dieser Weise auch im Bewußtsein zumindest ihrer Produzenten lebt. Die Tradition dieser Stoffe ist deshalb im 19. Jahrhundert nicht weniger lebendig als zuvor. Symptomatisch dafür sind zwei Dinge. Zum einen: der anspruchsvolle Roman geht keine Verbindung mit den Volksbuch-Stoffen ein. Zum andern: es ist ein wichtiges Indiz für die Einschätzung der Texte aus dem 15. und 16. Jahrhundert, die den Bearbeitungen zugrundeliegen, daß sie vom Aufgabenbereich philologischer Textpflege auf wissenschaftlichem Niveau zunächst ausgeschlossen blieben. Sie sind, wie das schon Jahrhunderte der Fall war, auch im 19. Jahrhundert offen für umgestaltenden Zugriff von Bearbeitern – relativ offen, denn einen gewissen, freilich nicht absoluten, ästhetischen Anspruch müssen die Bearbeiter nunmehr als Minimum erfüllen. Infolge dieses Anspruchs bleiben die Bearbeitungen auf einem mittleren literarischen Niveau, das dem üblichen Zweischichtenschema von Dichtung und Trivialliteratur widerspricht. Wenn man die verschiedenen um 1800 bestehenden und formulierten Auffassungen im Umkreis älterer und zeitgenössischer »Volksbücher« auf ihre typischen Merkmale reduziert, so ergeben sich die folgenden vier Arten, den Volksbuchbegriff mit Inhalt zu füllen.

(1) Das Material, von dem Görres ausging, das – mit unterschiedlichen Intentionen – auch Reichard, den Berliner Anonymus und Nyerup interessierte: eine relativ weit gefaßte Art von Unterhaltungsliteratur, in dem eine gesellige Komponente eine deutliche Rolle spielt. Das erzählende Element in ihr ist nicht dominant. Die Unterhaltung, die z. B. die vielen um 1800 noch umlaufenden scherzhaften Schriften bieten, hat mit der Spannung wenig zu tun, die eine »Geschichte« vermittelt. Nach ihrem tatsächlichen Gebrauch sind diese Schriften zwar sozial auf

untere Schichten zentriert, jedoch nicht auf sie beschränkt, von ihrer allgemeinen Funktion als Jugendlektüre einmal abgesehen. Mit »unteren Schichten« dürfte nach allem, was wir über Lesefähigkeit und -gewohnheiten wissen, schwerlich die soziale Unterschicht im modernen Verständnis gemeint sein, sondern der untere Randbereich der – noch – schmalen Schicht, die an Literatur überhaupt partizipierte. Lektüre dieser Art gelangt in die soziale Unterschicht nur in beträchtlicher statistischer Verdünnung [3]. Diese lesersoziologischen Sachverhalte werden mit der auch von Görres propagierten Idealisierung des Volksbegriffs übergangen und »romantisiert«; mit seiner Generalisierung hat Görres die jüngeren Fehldeutungen zweifellos mit angebahnt. In seiner Zuordnung der Begriffe »Volk« und »Volksbuch« kann ihm auch eine Wissenschaft, die sich einer Erforschung der zum sogenannten weitgefaßten Volksbuchbegriff zu rechnenden Literatur widmet, nicht folgen, denn schon bei Görres liegt eine Mythisierung des Volksbuchs vor.

(2) Schriften, die im Sinne der volkserzieherischen Tendenzen der Spätaufklärung auf den praktischen Bedarf der unteren Schichten zielen, auch auf eine bewußte Hebung des literarischen Geschmacks. Literarische Unterhaltung wird dabei teils gefördert, teils in Kauf genommen, als Anreiz, mittels dessen sich dann auch in unmittelbarer Weise nützliche Schriften verbreiten ließen.

Volkstümliche Bücher praktischen Inhalts, religiöse, medizinische, naturkundliche, bis hin zum medizinischen Nachschlagewerk, finden sich bis in die Gegenwart, sie haben sich jedoch von den literarischen Beispielen der im 18. Jahrhundert noch wesentlich umfassenderen Gruppe der »Volksbücher« gänzlich abgelöst. Darin liegt eine Nebenwirkung der im Zeitalter der Romantik in Theorie und Praxis betriebenen Literarisierung – bei gleichzeitiger Aufwertung – des erzählenden Volksbuchs.

(3) Eine sehr wesentliche Unterstützung für das praktische Weiterleben frühneuzeitlicher Literatur bildet ein in vielen literarischen und wissenschaftlichen Bereichen sich durchsetzender Zug zur Mittelalter-Erneuerung; er wirkt sich in praxi auch zugunsten der jüngeren, aus Spätmittelalter und früher Neuzeit überlieferten Erzählungen, größeren wie kleineren Umfangs, aus. Man muß dabei stets mit einer beträchtlichen Weite des diesen Fragen geltenden historischen Interesses rechnen, eine deutliche Grenze zum 16., ja auch zum 17. Jahrhundert wird dabei nicht gezogen. Der »Volksschriftsteller« Grimmelshausen ist eine auch von der zünftigen Wissenschaft lange akzeptierte Vorstellung, die sich in enger Nachbarschaft zu der von den Volksbüchern, ihren vermuteten Verfassern, ihrem Publikum befindet. In Ansätzen wird in der Hinwendung der Romantik zum 15. und 16. Jahrhundert eine literarhistorisch

interessante Wiederholung der bewußten Hinwendung zum Mittelalter sichtbar, die in der frühen Neuzeit auf so vielen Gebieten zu spüren ist und die ihrerseits in manchen grundsätzlichen Zügen typologisch mit der Romantik verglichen werden kann.

Ein antiquarisch-historischer Zug, der sich im Aufsuchen von Merkwürdigkeiten der Vergangenheit dokumentiert, ein Hang zu Kuriositäten, der beispielsweise auch Reichards Romanbibliothek ihr Gepräge gibt, darf hier nicht unberücksichtigt bleiben. Er ist nicht direkt oder gar ausschließlich als romantisch qualifizierbar, sondern er reicht weit ins 18., ja ins 17. Jahrhundert zurück.

(4) Die literargeschichtlich am nachhaltigsten wirkende Leistung der Romantik, die auf wechselndem Niveau und mit wechselnder Zielsetzung in der Folge immer von neuem nachgeahmt wird, ist die produktive Anverwandlung einzelner Texte im Sinne ihrer Erneuerung. Stilistisch wird der literarische Anspruch dabei im 19. Jahrhundert bewußt auf einer mittleren Ebene weitergepflegt. Die Popularisierung der Romantik, die in solchen Bearbeitungen angestrebt worden ist, reicht in manchen Fällen der Textbearbeitung bis zu einer Vulgarisierung.

Die mit dem Volksbuchbegriff verbundenen literaturwissenschaftlichen Probleme sind schon in der Entstehungsphase des Begriffs in ihm angelegt. Seither ist zwar eine stetig zunehmende Verengung des Begriffs eingetreten, deren Stadien im folgenden an einzelnen Beispielen untersucht werden sollen, gleichwohl bleibt grundsätzlich seine volle Spannweite vom Roman literarischen Anspruchs auf der einen Seite bis zum Volksbuch der niederen Unterhaltungssphäre, ja bis zum praktischen Haus- und Unterweisungsbuch auf der andern potentiell erhalten, und alle diese vielen Elemente können je nach Standpunkt miteinander kombiniert und aktualisiert und, nicht zu vergessen, auch noch auf ganz verschiedene Epochen der Literaturgeschichte bezogen werden. Es kennzeichnet die Rezeption des frühen deutschen Romans im 19. Jahrhundert in besonderer Weise, daß sich die verschiedenen Prägungen des Volksbuchbegriffs übereinander- und ineinanderschieben, ohne daß offenbar jemals eine von ihnen eindeutig aufgegeben würde. Die Geschichte der hier zu berücksichtigenden Textgruppe ist auch noch im 19. Jahrhundert im wesentlichen eine Geschichte ihres praktischen Gebrauchs. In dieser Hinsicht unterscheidet sie sich bemerkenswert wenig von ihrer Geschichte in älteren Epochen.

2. *Enggefaßter Volksbuchbegriff und Leserschaft*

Die Konsolidierung des Begriffs »Volksbuch« im literarhistorischen Sinne zeichnet sich im 19. Jahrhundert in Umrissen in den Konversationslexika ab, um zunächst mit Aussagen aus dem Bereich relativ allgemeinverbreiteter Anschauungen zu beginnen. Diese Konsolidierung ist wesentlich das Ergebnis einer signifikanten Verengung des Textspektrums, das die »Volksbücher« am Ende des 18. Jahrhunderts bieten, und zwar in Richtung auf eine Bevorzugung erzählender Texte. Die 5. Auflage der Brockhausschen *Allgemeinen deutschen Real-Encyclopädie für die gebildeten Stände* von 1819 enthält noch keinen Artikel *Volksbuch,* so daß man sich in sachlich verwandten Artikeln zu orientieren hat. Dem Artikel *Roman* dient zur Definition seines Gegenstandes die bekannte Stelle aus *Wilhelm Meisters Lehrjahren,* in der das Verhältnis bestimmt wird, in dem Roman und Drama zueinander stehen [4]. Der Ritterroman jedoch, der hier – wenigstens zum Teil – noch die Werke vertritt, die in späteren Auflagen dann unter dem Stichwort »Volksbücher« erscheinen, entzieht sich einem solchen Bestimmungsrahmen. Im Artikel *Ritter-Wesen* findet sich dazu die Bemerkung: »[...] das Merkwürdigste dabei bleibt immer, daß noch kein Ästhetiker, von Blankkenburgs Versuch über den Roman an bis auf unsere Zeiten, im Stande gewesen ist, dem Ritterroman seine rechte Stelle anzuweisen« [5]. Dies gelingt auch dem Verfasser des umfangreichen und anspruchsvollen Artikels *Roman* nicht, und er entzieht sich der poetologischen Verlegenheit: »Das Wunderbare ist ganz aus seinem Gebiete verbannt, und darum haben wir gewiß nicht mit Unrecht die Ritterromane [...] in die Region des Heldengedichts, wenigstens auf, wenn nicht über die Grenze verwiesen.« [6]

Die Festlegung auf den *Wilhelm Meister* als ein quasi regelpoetisches Muster schließt aber auch weitere Arten des Romans aus. Der griechische Roman zum Beispiel fällt wegen seines erotischen Elements unter das Verdikt der Unmoral. Der Verfasser urteilt, es könne »kaum etwas Geschmackloseres und Erbärmlicheres geben, als diese Dichtungen voll fader, bis zum Ekel gemeiner sinnlicher Liebe«. Die älteren Romanformen, also auch die des Mittelalters, stimmen offenbar deswegen nicht zu dem Romantypus, den der *Wilhelm Meister* repräsentiert, weil ihnen die für jedwede Spielart des Entwicklungsromans strukturell zentrale Biographie des »Helden«, genauer: deren psychologisch-realistische Darstellung fehlt und weil sie aus moderner Sicht eher »Thaten« als »Gesinnungen« schildern. Wieviel Gewicht der Verfasser gerade dieser Unterscheidung für die Romandefinition beilegt, kommt an der Stelle zum Ausdruck, an der er die Entstehung des neuzeitlichen Romans geschichtlich zu erklären versucht: »[...] erst im 18. Jahrhundert hat die Menschheit jene Ruhe und jenen Frieden erhalten, wo der Mensch als Mensch, und nicht blos seine That und äußeres Schicksal Hauptsache ist, und die Phantasie des Dichters zu derjenigen Idealität, die das Eigenthum des Romans ist, veranlassen kann.« [7]

Erst gegen die Mitte des Jahrhunderts, in der stark erweiterten 9. Auflage (1843–1848), erscheint im *Brockhaus* ein eigener Artikel zum Volksbuch; die entsprechenden Hinweise werden dafür im Artikel *Roman* ausgespart. Der Begriff Volksbuch wird geteilt nach seiner allgemeinen Bedeutung und einer bestimmten, bei der sich zeigt, daß die kritischen und literarischen Anstöße der Romantik inzwischen wirksam geworden waren. Im ersten Fall heißt es: »Volksbücher nennt man im weitern Sinne alle die Bücher, welche bei dem Volke verbreitet sind und ihm zur Erbauung, Belehrung und Unterhaltung dienen«, hierher rechnen auch z. B. die Bibel und Gesangbücher; es wird jedoch darauf hingewiesen, »daß es darunter Bücher gibt, die nicht blos auf die niedern Volksclassen beschränkt sind«.

Die Definition von »Volksbuch« im engeren Sinne hingegen wird nunmehr eindeutig verbunden mit der Vorstellung von Unterhaltung als literarischer Unterhaltung, also mit einem innerhalb der Gebrauchsfunktionen der Literatur zugleich eingeschränkten und herausgehobenen Bereich. »Und selbst die Volksbücher, welche man in der Literaturgeschichte in einem engern Sinne vorzugsweise so benennt, die Unterhaltungsbücher nämlich, die, nachdem durch die Buchdruckerkunst einmal ein Mittel zur leichtern Mittheilung geistiger Nahrung und Ergötzung geboten war, noch im 15. und dann im 16. Jahrh. bei den Deutschen wie bei andern europ. Nationen entstanden und sich schnell und weit bei dem Volke verbreiteten, gewährten zum größern Theil nicht blos den niedern, sondern auch den höhern Ständen, wenn man etwa von den Gelehrten absieht, eine beliebte Unterhaltung.« [8] Bis in die neuesten Literaturgeschichten hinein haben sich diese Ansichten gehalten: die von einer weiten Verbreitung erstens von Lesefähigkeit, zweitens von Büchergebrauch und -besitz und die vom Vorhandensein und einer breiten sozialen Verankerung einer literarischen Bildung. Man muß sich klar machen, daß all dies zusammengenommen gleichbedeutend ist mit der Vorstellung von einer allgemeinen und im wesentlichen gleichen Verteilung der Kulturgüter schon in der frühen Neuzeit, ein naiver wie harmonistischer geschichtlicher Irrtum.

Die Utopie eines harmonischen, konfliktfreien Volksganzen, die Görres in Anlehnung an Herder in der Teilhabe an einer allen gemeinsamen Literatur begründen wollte, ist hier bereits vom Programm zur Tatsachenfeststellung umgewandelt [9]. Dieser einzelne Zug aus einem romantischen Mittelalterbild ist nunmehr Allgemeingut geworden und im Detail ausgestaltet. Für einen literaturwissenschaftlichen Volksbuchbegriff wird in der Folge die Tatsache konstitutiv, daß sich im engeren Sinne literarische Texte aus einem noch bei Görres viel allgemeineren Literaturbegriff zunehmend herauslösen und stärker zu isolieren beginnen. Grundlagen und Anfänge dieses Prozesses sind schon in der ästhetischen Kultur der deutschen Klassik zu suchen. Die Rückprojektion dieser verengten Auffassung von den »Volksbüchern« in die geschichtliche Wirklichkeit der frühen Neuzeit jedoch ist eine in der Romantik selbst noch nicht anzutreffende Weiterentwicklung ihres Gedankenguts, die sich erst im 19. Jahrhundert vollzieht [10].

Diese Tendenzen der literarischen und soziologischen Einordnung des Volksbuchs, die sich im 19. Jahrhundert entwickeln, machen das Volksbuch mit anderen, scheinbar entfernt verwandten Gattungen einigermaßen unvergleichbar. Das Volksstück z. B. ist durch die Art seiner Publikumsbezogenheit und durch seine Stillage anders und eindeutiger festgelegt. Es setzt nicht einmal Lesefähigkeit oder -gewohnheiten voraus, kaum finanzielle Mittel und kann in ungleich stärkerem Maße als bevorzugte Unterhaltung der Unterschicht angesprochen werden. Volkslied und Volksmärchen lassen sich zwar nicht ihrer Entstehung nach, aber zumindest durch die Art und den Zeitpunkt der Gewinnung ihrer Texte in der sozialen Realität dingfest machen. Das Volksbuch jedoch ist in jedem denkbaren Verstande mit Lektüre verbunden, und zwar immer mit einer bestimmten Art, die Rolf Engelsing mit einem treffenden Ausdruck als »Wiederholungslektüre« bezeichnet hat [11]. Das mögliche Wechselverhältnis zwischen Literatur und Lektüre, d. h. in praxi die Steigerung des Lesens durch ein gezieltes literarisches Angebot, etwa auch in Gestalt von einfacher Unterhaltungsliteratur, ist bisher wenig untersucht worden. Die Zeugnisse über die Lesegewohnheiten und -fähigkeit werden vorwiegend als Funktionen von sozialgeschichtlichen Gegebenheiten interpretiert, weniger als Bestandteile und Folgen der literarischen Entwicklung.

Die auch in den Konversationslexika greifbare populäre Auffassung, der Buchdruck habe sehr rasch ein allgemeines Lesepublikum entstehen lassen, ist für die Überzeugungskraft, die die Idee vom Volksbuch im 19. Jahrhundert zunehmend gewann, von nahezu ausschlaggebender Bedeutung. Doch wir stehen heute erst im Begriff, genauere Kenntnisse über das Lesen und über die Verbreitung von Literatur, namentlich für die Frühzeit des Buchdrucks, zu sammeln. Auch über die Entstehung einer extensiven Lektüre und ihren tatsächlichen quantitativen Umfang wissen wir vorerst nicht genügend. Engelsing meint – ohne freilich Belege dafür anzuführen –, daß die Volksbücher beim Übergang zur extensiven Lektüre der Verachtung der Gebildeten anheimgefallen [12] und damit, so hätte man das doch wohl zu verstehen, spezifischer Alleinbesitz der Unterschicht geworden seien. Wir kennen aber schon aus dem 16., besonders dann aus dem 17. Jahrhundert zahlreiche kritische Stimmen über diese Art von Lektüre, und wenn tatsächlich ein Zusammenhang zwischen der Entstehung einer extensiven Lektüre und einer Abwertung der »Volksbücher« bestehen sollte, so gewönne die Forderung nach präziser Datierung der ersteren nur an Dringlichkeit. Freilich spricht vorerst gar nichts dafür, daß ein solcher Zusammenhang wahrscheinlich gemacht werden kann, auch ist die ausschließliche Zuordnung zweier sozialer zu zwei literarischen Schichten methodisch von verdächtiger Simplizität. Solange die Geschichte dieser Texte im 17. Jahrhundert nicht gründlicher erforscht ist, wird man auch mit Aussagen über ihr Publikum im 18. Jahrhundert vorsichtig sein müssen. Die Literaturwissenschaft spricht für das 17. Jahrhundert von »hohem« und »niederem« Roman. Es wäre aber der Überlegung wert, ob sich die Auffassung vom »niederen« Roman und damit auch das bisher angenommene Gesamtgefüge der Schichten der Erzählliteratur im 17. Jahrhundert nicht veränderte, wenn man die Überlieferungsgeschichte der frühneuzeitlichen Stoffe, die ja durch das Zeitalter des Barock hindurch weiterläuft – wie schon ein flüchtiger Blick in die Bibliographie von Heitz und Ritter oder auch in die Bibliographien kritischer Editionen lehrt –, einmal im Zusammenhang untersuchte.

Ich deute diese Problematik an dieser Stelle aus zwei Gründen an. Zum einen scheint mir die zeitliche Fixierung des Beginns einer »Wiederholungslektüre«, der Engelsing ausdrücklich auch die Volksbücher zuordnet, auf das 18. Jahrhundert nicht genügend gesichert zu sein, solange die Erforschung von Lesegewohnheiten und Publikumsschichtungen nicht über dieses Jahrhundert hinausgeht. Vor allem machen es aber, und das ist der bei weitem wichtigere Aspekt, die geringen Zahlenwerte, mit denen man in diesem Zusammenhang auch für das 18. Jahrhundert bisher rechnen muß, nicht wahrscheinlich, daß man für noch erheblich weiter zurückliegende Zeiten, also das 16. Jahrhundert oder gar für die Inkunabelzeit, auch nur auf gleiche Werte kommen dürfte. Doch die rein quantitative Betrachtung reicht zur Erfassung solcher Probleme nicht aus, denn eine Zu- oder Abnahme von Leserzahlen besagt zunächst noch nichts über die Art einer möglichen qualitativen Veränderung von Lesegewohnheiten oder von Leserschichten. Solche Veränderungen treten mit der Einführung des Buchdrucks eben nicht sogleich ein. Darauf hat Wieland Schmidt nachdrücklich verwiesen: »So wie durch die Erfindung des Buchdrucks keine neuen Gebiete vervielfältigungsfähig geworden sind, so sind durch Gutenbergs Kunst über die Kreise der Gelehrten, der der Fürsten, der Bürger hinaus auch keine weiteren Schichten des Volksganzen für das Buch gewonnen worden.« [13]

Nach den Forschungen Rudolf Schendas, auf die sich auch Engelsing beruft, kann man für das 18. Jahrhundert davon ausgehen, daß etwa zehn Prozent der Bevölkerung tatsächlich gelesen haben [14], in dem Sinne, den unser Zusammenhang nahelegt. Dazu stimmen gut die Zahlen, die man der klassischen Monographie von Ian Watt über den englischen Roman des 18. Jahrhunderts entnehmen kann [15]. Rechnet man für die beiden voraufgehenden Jahrhunderte mit jedenfalls geringeren Zahlen, so wird man schon aus statistischen Erwägungen auf eine Leserschicht geführt, die mit an Sicherheit grenzender Wahrscheinlichkeit ihren Schwerpunkt im Adel (landbesitzendem wie verbürgertem) und beim gehobenen Bürgertum, namentlich in wirtschaftlich prosperierenden Städten, hatte. Eine Teilhabe des »Volkes«, wie immer dieses nun sozialgeschichtlich genauer definiert sein mag, an einer romanähnlichen Unterhaltungsliteratur ist in Einzelfällen nie auszuschließen, sie ist aber ganz sicher kein signifikantes Merkmal dieser Epoche der Lesergeschichte. Freilich wird man gut daran tun, eine solche Annahme als Hypothese zu behandeln, denn eine genaue Erforschung der Geschichte des Lesens mit Hilfe sozialgeschichtlicher Methoden stößt – nicht nur für den Literarhistoriker – auf erhebliche Schwierigkeiten. Wenn man also vermuten kann, daß das an Literatur partizipierende Publikum quantitativ noch mehr abnimmt, je weiter man in der Literaturgeschichte vom 18. Jahrhundert aus zurückgeht, so würde damit den immer noch geltenden Vorstellungen vom Volksbuch und seinem breit gestreuten Publikum schon im Zeitalter seines ersten Auftretens im Buchdruck der Boden weitgehend entzogen [16].

3. Volksbuchsammlungen

Die Traditionsformen der aus der frühen Neuzeit stammenden erzählenden Literatur haben spätestens im 18. Jahrhundert einen Grad der Uniformität erreicht, der die Frage einer Differenzierung von Textarten gegenüber dem äußeren Eindruck einer weitgehenden Einheit des Erscheinungsbildes zurücktreten läßt. Unter dem Einfluß literarischer Entdeckerfreude vergrößert sich der tradierte Fonds an Stoffen im 19. Jahrhunder zwar merklich, doch der quasigattungsmäßige Zusammenhang der Werke erlangt dadurch einen neuen Grad an Geschlossenheit, daß man die Texte in Sammelbänden und in Serien zusammenfaßt. Etwas überspitzt formuliert: das Erscheinungsbild dieser Texte im 19. Jahrhundert beschwört die Versuchung herauf, das Wort »Volksbücher« für ein plurale tantum zu halten; nicht von ungefähr verwenden Lexika das Stichwort tatsächlich im Plural. Man muß indes im Rahmen dieser neuen wirkungsgeschichtlichen Formanten der Textgruppe einen wichtigen, wenn auch äußerlich unscheinbaren Unterschied beachten. Zwar hebt die Ansammlung einer größeren Zahl von Texten in Sammelbänden und Serien sie aus den Gebrauchsformen der Heft- oder Kolportageliteratur heraus und zeigt an, daß sie literarisch wie lesersoziologisch eine höhere Stufe erreicht haben als die, auf der sie sich noch im 18.

Jahrhundert befanden, doch üben manche Verleger bezeichnenderweise den Brauch, den Einzeltitel auch als Einzelheft zu produzieren und diese Hefte dann sowohl einzeln zu vertreiben wie auch zu mehreren in einem Band zusammenzufassen. Besonders im Einzelvertrieb spiegelt sich der anwachsende Bedarf an Lektüre der unteren sozialen Schichten, sicher aber auch der an Jugendlektüre. Das Nebeneinander beider Herstellungstechniken läßt auf ein nunmehr erheblich verbreitertes Publikum für diese Stoffe schließen, die im 19. Jahrhundert, durchaus im Sinne romantischer Intentionen, in einem viel allgemeineren Sinne als jemals zuvor »volkstümlich« geworden sind [17].

Die gleichsam »echten« mittelalterlichen Stoffe der Volksbücher erscheinen kaum je zusammen mit den Erzeugnissen der im 18. Jahrhundert größte Verbreitung gewinnenden literarischen Rittermode [18], doch haben sich beide in ihrer Wirkung ohne Zweifel wechselseitig befördert; das Schaffen Tiecks auf diesem Gebiet ist ohne die Vorbereitung sowohl durch die »Ritterromantik« wie durch die »Volksbücher« schwer vorstellbar [19]. Schon im 18. Jahrhundert machte man offenbar einen Unterschied zwischen Ritterromanen und den Texten, die zwar gutenteils von einer Ritterzeit handeln, aber doch erst aus dem 15. und 16., in einigen Fällen auch erst aus dem 17. und 18. Jahrhundert stammen. Seit der Romantik wurden jedoch die »echten«, d. h. die im 15. und 16. Jahrhundert entstandenen »Volksbücher« von analogen Neuproduktionen – soweit sie als solche erkannt wurden – bewußt getrennt; die letzteren fanden kein Interesse mehr. Die Volksbücher leisten auch durch diese stoffliche Bereinigung und literarhistorische Schwerpunktbildung einen gewichtigen Beitrag zur Romantiktradition im 19. Jahrhundert. In ihrer nachromantischen Gestalt sind sie durchaus nicht mehr so subliterarisch, daß sie – wie noch am Ende des 18. Jahrhunderts – aus einer Geschichte der Dichtung herausfielen, ihre Tradierung besitzt im 19. Jahrhundert hier und da sogar einen gelehrten Anstrich [20].

Seit dem Aufkommen der Volksbuchsammlungen finden die romantischen Versuche, Einzelwerke durch eigenständige Bearbeitung zu neuen literarischen Kunstwerken umzugestalten, keine nennenswerte Fortsetzung mehr. Die weitere Pflege der Tradierung frühneuzeitlicher Literatur gewinnt vielmehr nach und nach einen enzyklopädischen Zuschnitt. Typologisch Vergleichbares ist in der früheren Geschichte dieser Literatur nicht anzutreffen. Feyerabends monumentales *Buch der Liebe* von 1587, an das sich denken ließe, ist eine recht spezielle Auswahl aus dem Gesamtspektrum an Romanen im engeren Sinne. Als typologischer Vorläufer der im 19. Jahrhundert inaugurierten Textsammlungen kommt es – auch nach seiner Ausstattung und dem dadurch zu erschließenden intendierten Publikum – nicht in Betracht.

Die hier zu nennenden Sammlungen von Schwab, Marbach, Simrock und anderen sorgen vornehmlich dafür, daß der Eindruck einer stofflichen Breite und einer immer noch beträchtlichen Gattungsvielfalt erhalten bleibt. Wenn wir seit der Wende zum 20. Jahrhundert eine polemische Zuspitzung des Volksbuchbegriffs antreffen, so bemerken wir dabei zugleich eine Trennung, teilweise sogar ein ausgesprochenes Gegeneinanderwirken von Volksbuchpropagierung und philologischer Fachwissenschaft. Von solchen Gegensätzen läßt das 19. Jahrhundert noch nichts spüren, im Gegenteil werden die Bearbeitungen, namentlich die Simrocks, in der Fachwissenschaft bisweilen wie Editionen behandelt. Die Texttransformation, die auch Simrock durchweg vornahm, war dem Benutzer im allgemeinen gar nicht bewußt. Sie konnte außerdem als Spezifikum dieser Art von Literatur angesehen werden, eine Auffassung, die ihre Überlieferungsgeschichte nahezulegen schien – aber doch eben nur dann, wenn man darin etwas wie ein Gattungscharakteristikum sah und wenn man die Überlieferungsstufen nicht für sich würdigte. In einer solchen Einstellung gegenüber der Überlieferung lag zweifellos eine philologisch nicht zu rechtfertigende Unterschätzung der historischen Abstände ihrer einzelnen Stufen. Als dann am Beginn dieses Jahrhunderts ein Antagonismus von kulturpolitisch begründeter Volksbuchpropaganda und philologischer Fachwissenschaft aufbrach, wußte sich die Fachwissenschaft der auf sie eindringenden Vulgäranschauungen nicht zu erwehren, und zwar nicht zuletzt deswegen, weil sie selbst zu tief in unreflektierte Vor-Begriffe verstrickt war.

Die Sammlungen von Volksbüchern wurden ausnahmslos von Gebildeten, ja Gelehrten bearbeitet und herausgegeben, und zwar weithin auch nur für Angehörige der Bildungsschicht. Letzteres ist Kennzeichen einer wirkungsgeschichtlichen Wellenbewegung, die diese Bücher schon seit dem Ende des 18. Jahrhunderts in der sozialen Schichtung der Textarten wieder entschieden emporgetragen hatte. Ihr damit erreichter Status ist natürlich keineswegs grundsätzlich neu, denn derjenige, den diese Bücher am Anfang ihrer Geschichte besaßen, lag ja noch erheblich höher. Die Angehörigen des Hochadels und des Patriziats großer Städte, die diese Literatur zuerst produzierten oder anfertigen ließen, verfügten durchaus über Bildung, auch literarische, nur eben nicht über eine im Sinne lateinsprachiger Schriftkultur. Diese Scheidung existiert im 19. Jahrhundert nicht mehr. Der Aufstieg dieser Literatur im 19. Jahrhundert ist nicht primär nach dem sozialen Status ihrer Bearbeiter und Leser bestimmbar, sondern eher nach der Art der literarischen Bildung, den diese besaßen. Die Volksbücher sehen sich damit in viel stärkerem Maße als vorher der Konkurrenz der gesamten sonstigen literarischen Produktion ihrer Zeit ausgesetzt. In der Tatsache, daß im 15. Jahrhundert Männer von ausgesprochen gelehrter Bildung wie Johannes

Hartlieb, Niklas von Wyle, Albrecht von Eyb, Heinrich Steinhöwel für den Bedarf der sozialen Oberschicht, teilweise auch für den Hochadel arbeiteten, darf man keine zu deutliche Parallele zu der Tätigkeit der Simrocks des 19. Jahrhunderts sehen, denn diese arbeiteten für eine Oberschicht von Gebildeten, die nach dem Maß ihrer literarischen Bildung definiert werden kann.

Die Sammlungen von Schwab und Aurbacher, die am Beginn unseres gerafften Überblicks stehen, orientieren über die Hauptlinien der Wirkungsgeschichte des frühen deutschen Romans im Rahmen dieser Sammlungen. Sie lassen die beiden Vorzeichen, unter denen die Textbearbeitungen künftig stehen, noch einzeln erkennen: einmal die literaturgeschichtlich-philologische Fundierung, zum andern die »volkstümliche« Stilisierung. Hoffmann von Fallersleben stellte die beiden Sammlungen übrigens nebeneinander, und zwar in einer von Heinrich August Ottokar Reichard ausgehenden Traditionslinie [21]. – Literarisch anspruchsvoller ist die Sammlung Schwabs (zuerst erschienen 1836), eine der zahlreichen Arbeiten aus seinen weitgespannten literarischen Vermittlungstätigkeiten [22]. Die Absicht dieser Auswahl geht sowohl auf literarische wie auf allgemeine Erziehung der Jugend, sie bevorzugt sichtlich romanartige Texte [23] und nähert schon damit das Genre stärker den anerkannten Gattungen an. Diese Eingrenzung erzielte Schwab durch große Selbständigkeit in der Auswahl aus dem überlieferten Bestand. Seine Versicherung, die Stoffe seien: »Entsprungen großentheils aus dem alten Born germanischer Volks-Dichtung« [24], täuscht ein Alter der Überlieferung vor, von der die tatsächlich verwendeten Textvorlagen merklich abstechen: der *Arme Heinrich* ist nach Hartmann von Aue bearbeitet und von Schwab zum Volksbuch stilisiert worden, *Hirlanda* und *Genoveva* sind relativ jungen Datums, das Zaubermärchen vom *Schloß in der Höhle Xa Xa* schließlich ist französischen Ursprungs wie auch *Robert der Teufel*, dessen schmale Überlieferung in mittelalterlichen deutschen Handschriften Schwab sicher nicht kannte. Mit den überlieferungsgeschichtlichen Tatsachen ist die Legende vom germanischen Ursprung, die zu Unrecht auch eine Beziehung zur Sage herstellt, kaum in Übereinstimmung zu bringen, doch lag es Schwab mit Sicherheit fern, sich lediglich von philologischen Kriterien leiten zu lassen und allein darin schon eine erschöpfende oder auch nur angemessene Behandlung der Vorlagen zu erblicken. Infolgedessen brachte er, ganz wie Görres, die billigen Heftchen, in denen sich auch für ihn eine zugleich ersehnte wie intendierte Volkstümlichkeit dokumentierte, in eine Verbindung sogar mit vorliterarischer Überlieferung.

Die Position des Volksschriftstellers wird in ebenso bewußter wie prononcierter Weise durch den katholischen Pädagogen Ludwig Aurbacher vertreten [25], der als Stilist eher mit Hebel – und dies mit Absicht – Verwandtschaft zeigt als mit dem ängstlich purifizierenden Schwab. In den – stofflich gutenteils aus Schwanksammlungen des 16. Jahrhunderts geschöpften – »erbaulichen und ergötzlichen Historien« von Aurbachers *Volksbüchlein*, das in erster Auflage 1827–1829 in zwei Bänden erschien, lebt das alte »prodesse et delectare« in erbaulich-pädagogischer Version weiter. Es lag nicht unmittelbar in Aurbachers Absicht, die alten Stoffe um ihrer selbst willen zu konservieren, sondern er transformierte sie auch inhaltlich, indem er sie in einen christlichen Rahmen stellte. Er schaltete mit seinen Vorlagen sehr frei und verbarg von ihm erfundene Zutaten stilgerecht hinter der Fiktion zufällig aufgefundener (und natürlich defekter) Handschriften des Mittelalters.

Der besondere Charakter des volkstümlichen Elements bei Aurbacher gibt wertvolle Hinweise auf die Leser solcher Bücher im 19. Jahrhundert. Seine Sammlung läßt erkennen, in welche – aufsteigenden – Bahnen die Tradition dieser Stoffe, nach außen spätaufklärerische Impulse der Volksbildung aufnehmend, gelenkt wird. Weder die Unterhaltung noch die Belehrung oder die Erbauung richten sich nämlich an das »Volk« im Sinne von Unterschicht. Der Zusatz auf dem Titelblatt des ersten Bandes, *Probeblätter für Volksfreunde,* ist durchaus wörtlich zu nehmen: nicht für das Volk, sondern für den »Volksfreund« ist dieses Buch. Was aber ein Volksfreund ist, wird idealtypisch an der Gestalt Hebels veranschaulicht: »[...] der zum gemeinen Manne sich freundlich herablassende, mit dessen ganzer Denkweise vertraute, bey Scherz und Ernst sich gleich bleibende, achtungswerthe Hausfreund.« [26]

Was aus der gepflegten Stilisierung Schwabs nur indirekt zu erschließen ist, nämlich daß es sich hier um Literatur für Gebildete handelt, daß der »gemeine Mann« alles andere als Volksbücher liest, spricht Aurbacher – ohne Illusionen über die Tragfähigkeit des Herderschen Volksbegriffs in seiner Gegenwart – klar aus: »Das Volk selbst hat aufgehört, ein unzertrennliches, continuirliches Ganzes zu bilden; und es hat sich beynahe in eben so viele Classen und Zahlen zersplittert, als es Stände gibt. Sogar der gemeine Mann, seitdem er schriftgelehrt geworden, will sich zu etwas Ungemeinem erheben, auch in äußerlicher Gesittung; und er lieset, wenn er doch lieset, lieber moderne Romane und Schaustücke, als ältere Volksbücher, deren er sich sogar schämt.« [27] Damit ist zugleich zum Ausdruck gebracht, daß »ältere Volksbücher«, wie sie Aurbachers Sammlung ja bietet, zum literarischen Bildungsgut werden und daß sie in den Bereich der Lektüre überwechseln, die einen geschulten Leser voraussetzt.

Doch mit der gleichen Klarheit spricht Aurbacher aus, daß volkstümliche Lektüre, die eine Unterhaltung mittels des Volkstümlichen, aber für Gebildete sei, nicht zu Lasten des Volkes gehen dürfe. So bezeichnet er es als den Zweck einer Schrift wie der seinen, »durch ein solches Büchlein, als ein vermittelndes Organ, die voneinander getrennten verschiedenen Classen des Einen, grossen Volkes in einen geistigen Zusammenhang, in gegenseitige, freundliche Berührung und Werthschätzung zu bringen, und zunächst den Gebildeten und Vornehmen, welchen die Kunst der Erziehung aus der Masse erhoben und weit davon entfernt und entfremdet hat, dahin zu bestimmen und zu vermögen, daß er in dem gemeinen Mann die ursprüngliche Natur, den angeborenen Adel und die frisch hervortretende Kräftigkeit, überhaupt die Originalität in dessen Denk- und Sprachweise, in dessen Sitten und Gebräuchen, kenne und achte, und so ihm mindestens das Rechte zu seyn und zu scheinen, wie es ihm zukommt und beliebt, unverkümmert lasse.« [28] Der durch strenge und teilweise armselige Klosterschulen gegangene Aurbacher hatte selbst nur zu genau erfahren, was es bedeutete, durch »die Kunst der Erziehung aus der Masse erhoben« zu werden.

Das Ergebnis dieser ersten Popularisierungsphase der romantischen Vorstellungen von Volksbüchern, die ihren Ausgang vom oberdeutschen Bürgertum nahm und in der diese Bücher sicher nicht an diesem oder an vergleichbarem Lesepublikum vorbeiproduziert wurden, ist ein Paradox. Das gebildete Bürgertum nimmt den zuvor für ein weit tieferstehendes Publikum gedachten Lesestoff in entsprechend verwandelter Gestalt in Besitz; das Volkstümliche wird nunmehr ausdrücklich zu einem Element der Bildung der Oberschicht. 1836 fragt Karl Rosenkranz: »Sollte nämlich nicht eine Bibliothek unserer Volksbücher möglich sein, welche, alle Gelehrsamkeit als Mittel gebrauchend, aber sie selbst aus dem Spiel lassend, in reinlichem, nicht kostbaren Druck einen guten Text darböte?« [29]

Diese wirkungsgeschichtliche Phase fand ihren markanten Höhepunkt und Abschluß in der seit 1838 von Gotthard Oswald Marbach, einem Schwager Richard Wagners, herausgegebenen Großserie von Volksbüchern. Sie leitet zugleich in eine neue Phase der Wirkungsgeschichte hinüber. Nur die ersten 34 Bände sind von Marbach selbst besorgt worden. Fortgestzt wurde diese Serie im gleichen Verlag und in gleicher äußerer Gestalt mit 19 weiteren Bänden, dann jedoch zum Teil anonym, was bei der äußeren Gestaltung dieser Büchlein kaum weiter auffällt [30]. Der Literarhistoriker wird diese Bearbeitungen qualitativ schwerlich hoch einschätzen. Die einigermaßen simpel popularisierende, pseudoromantische Stillage, die gegenüber Schwab und Aurbacher qualitativ deutlich abfällt, kann einen merkwürdigen Unernst in der Sache nicht verleugnen. Ein solcher stilistischer Zug findet sich übrigens auch in vielen Volksbüchern des 18. Jahrhunderts. Er ist vielleich ein Indiz dafür, daß an der Herstellung dieser Textversionen stets Autoren beteiligt waren, die die Sphäre dieser Art von Unterhaltung nicht als die eigene betrachteten, sondern buchstäblich »von oben« sahen. Mit Marbach treffen wir einen in diesem Bereich ungewöhnlichen und neuen Autortypus des literarischen Betriebs an: ein vielseitig gebildeter Erfolgsschriftsteller, sowohl mit literarischen Ambitionen wie auch mit solchen, die rein auf den Buchmarkt zielten. Von Haus aus Mathematiklehrer, später Philosophieprofessor in Leipzig, Begründer einer Lebensversicherungsgesellschaft, veröffentlichte er Gedichtbände, Trauerspiele, Übersetzungen (aus dem Griechischen und dem Lateinischen, auch eine des Nibelungenliedes), verfaßte ein philosophiegeschichtliches Lehrbuch, ein populärwissenschaftliches physikalisches Lexikon – und eben seine Volksbuch-Bearbeitungen.

Einige unscheinbare Indizien deuten darauf hin, daß diese Großserie – vielleicht von einem bestimmten Punkt ihres Erscheines an – zumindest nicht mehr ausschließlich für ein Publikum von der Art des gebildeten Bürgertums gedacht war, für das Schwab und Aurbacher geschrieben hatten. Alle Nummern waren sowohl in Bänden zusammengefaßt wie auch als Einzelhefte verbreitet. Der Textkanon, soweit man von einem solchen noch sprechen kann, ist von Marbach erheblich ausgedehnt worden, da er auch Lieder, kleinere Schwänke, Sprichwörter und Erzählungen aus dem Mittelhochdeutschen, die in früheren Jahrhunderten gar nicht in Prosaversionen existierten, miteinbezog, zweifellos eine naheliegende Analogiebildung, solange man nicht auf eine philologische Behandlung der früheren Überlieferungsformen ausging. Daß der Vertrieb in Einzelheften auf eine breitere Käuferschicht hindeutet, läßt sich durch einen weiteren Hinweis wahrscheinlich machen, d. h. durch einen Text, der in die Reihe der übrigen förmlich eingeschmuggelt worden ist. Es handelt sich um die 1849 erschienenen Hefte 51 und 52, die *Dorfgespräche*.

Es ist anzunehmen, daß der Titel *Dorfgespräche* eine Anspielung auf die Erzählgattung »Dorfgeschichte« enthält und daß sich diese Dialoge dahinter verharmlosend verbergen [31]. Der tatsächliche Inhalt der beiden anonym publizierten Hefte wurde übrigens zusätzlich dadurch kaschiert, daß man noch ein Heft 53 folgen ließ, in dem sich der gänzlich unverdächtige *Apollonius von Tyrus, Die Zwergenburg* und eine Rätselsammlung finden. Der Titel *Dorfgespräche* steht indes inhaltlich zugleich in der Tradition jenes »Volksbuchs«, das im ausgehenden 18. Jahrhundert für die dörfliche Bevölkerung als Mittel praktischer Aufklärung gedacht war, und das fingierte Gespräch diente dabei als Ersatzform für die durchgehende Erzählung. Die Tradition volksaufklärerischer Schriften, an die diese Heftchen in Thematik und Stil, offensichtlich ganz bewußt und überdies ungemein gekonnt, anknüpfen, stellt ihre Wandlungs- und Entwicklungsfähigkeit damit erneut unter Beweis [32]. Der einfache und klare Stil, der ein wenig gewollt pädagogisch wirkt, läßt den historischen Abstand zu den Vorbildern fast vergessen. Jedenfalls hindern diese Stilzüge den Verfasser nicht, sein Anliegen bis auf sozialistisches Gedankengut hin auszudehnen, fast möchte man sagen: im Gegenteil. Die ersten der kleinen Dialoge sind noch mit der bieder wirkenden Absicht schlichter, wohlmeinender Nützlichkeit geschrieben. Am Schluß erscheinen jedoch, wenn auch in einer bewundernswert gelungenen Reduzierung aufs Einfachste, sozioökonomische Thesen, die in einem eindeutig von Marx beeinflußten Sinne dargestellt werden. Die fünfzehn Gespräche behandeln folgende Themen [33].

Nr. 51:

1. *Über die Nothwendigkeit des Jugendunterrichts.* [D. h. über allgemeine Schulpflicht und eine entsprechende Abgabenpflicht in der Gemeinde.]
2. *Die Einrichtung der Dorfschule. Was sollen die Dorfkinder lernen? und was nützt die häusliche Kinderzucht?* [Unter Berufung auf § 25 der von der Paulskirchenversammlung verabschiedeten »Grundrechte« werden die allgemeine Schulpflicht und gemäß § 27 die Schulgeldfreiheit für die Volksschulen politisch begründet. Auflösung der Armenschulen, Beteiligung der Gemeinde an der Schulverwaltung, Aufhebung der geistlichen Schulaufsicht.]
3. *Der Dorfschullehrer.* [U. a.: Wahl der Lehrer durch die Gemeinden gemäß der Preußischen Verfassung.]
4. und 5. *Kinderbewahranstalten in großen und in kleinen Ortschaften.*
6. *Arbeitsschulen auf dem Lande.* [Unterricht in hauswirtschaftlichen Dingen für Mädchen und Frauen.]
7. *Die Fabrikschulen.* [Abendschulen für Kinder, die tagsüber arbeiten.]
8. *Sollen Eltern den Kindern ihre Güter abtreten?*

Nr. 52:

9. *Über die Nothwendigkeit und den Nutzen der Schulen für Erwachsene.* [Schulen für Erwachsene, die nicht lesen, schreiben und rechnen können. Diese sollen »geschickt werden zur Besorgung der Gemeindeangelegenheiten und zur Theilnahme an den Staatssachen« (S. 17).]
10. *Der Dorfgeistliche.* [Ein Portrait Oberlins.]
11. *Volksbibliotheken.* [Zu den Dingen, »über die man sich aus Büchern unterrichten muß [...] gehören die Geschwornengerichte, Arbeiter-Association, Proletariat, Socialismus, Communismus, constitutionelle Monarchie, Republik, Preßfreiheit, Vereinsrecht, die Landtagsverhandlungen, die Landesgesetze, und auch die mancherlei Regierungssachen, Freihandel, Schutzzoll [...]. Allerdings muß sich auch der einfache Landmann, sei er nun Gutsbesitzer, Handwerksmann oder Tagelöhner, heute um alle diese Dinge kümmern; es geht nicht anders.«] [34]
12. *Die Zustände der Arbeiter.* [Über Arbeit und Kapital. Der »Arbeiterstand« ist der wichtigste: »[...] aus der Arbeit muß das Kapital hervorgehen, aber nicht umgekehrt [...]« (S. 36). Der jetzige Zustand wird sich ändern, »weil die Arbeiter ihre heutige Stellung erkennen und es wissen, daß das

Kapital die Arbeiter nicht entbehren kann« (S. 37). »Wenn das Kapital herrscht, so kann man das nur für einen großen Mißbrauch halten, wenn nicht gar für ein Zeichen der ärgsten Zerrüttung der bürgerlichen Lebensverhältnisse« (S. 39). Die Volkssouveränität wird hier im Sinne einer unmittelbaren Demokratie, gekennzeichnet durch die Herrschaft der Arbeiterklasse, verstanden. »Denn wenn auch die Regierungen den besten Willen haben, so können sie doch die gesellschaftlichen Zustände weder durch Verordnungen noch durch Gesetze durch und durch umändern. Solche Veränderungen müssen von den Arbeitern selber ausgehen. So werden durchgreifende Veränderungen aus dem Volk durch das Volk bewirkt. Das Volk muß seine Verhältnisse selbst bestimmen, und die Regierungen müssen die gesetzlich gewordenen Veränderungen durch ihr Ansehen schützen« (S. 42). Wenn der Verfasser sich eindeutig gegen Kommunismus und Republik ausspricht, so ist das sicher nicht mehr als eine Schutzbehauptung, jedenfalls ist der Satz, »daß im März 1848 die Sonne geschienen hat« (S. 43) ganz offensichtlich auf Revolution bezogen.]

Die letzten drei Gespräche sind, vielleicht ebenfalls aus Gründen der Tarnung, wieder unverfänglicherer Natur:

13. Die Wohlthätigkeit und Wohlthätigkeitsanstalten.
14. Ist es nothwendig, die Kinder zur Wohlthätigkeit zu erziehen?
15. Über die Bettelei.

Eine systematische historische Analyse dieser *Dorfgespräche* ist hier nicht erforderlich. Für unseren Gegenstandsbereich kommt es in erster Linie darauf an, daß durch sie offenbar Angehörige einer sozialen Unterschicht, vornehmlich einer ländlichen, direkt als konkrete Leser angesprochen werden, abgesehen immer von solchen Lesern, von denen man annimmt, daß sie ihrerseits auf diese Schicht einwirkten [35]. Ein solcher Text kann sich nur an Leser wenden, die von den darin erörterten sozialen und politischen Problemen unmittelbar oder mittelbar betroffen sind. An dieser Stelle können wir eindeutig sagen, daß zum potentiellen Leserkreis von »Volksbüchern« – das Wort im weiten Sinne genommen – auch die unteren sozialen Schichten gehören; die beiden Hefte der *Dorfgespräche* sind aber auch in die gesamte Serie unter lesersoziologischer Perspektive eingebunden. In bezug auf das Gesamtspektrum der Volksbuchstoffe ist dies vielleicht der erste derartige Beweis in der Geschichte dieser Stoffe, seitdem sie im 15. Jahrhundert in Erscheinung traten. Eine weitere Einsicht ist stilgeschichtlicher Art. Die klare und einfache, im besten Sinne populäre Darstellung zum Teil schwieriger politischer und sozioökonomischer Sachverhalte stellt eine vorzügliche stilistische Leistung dar, die ohne eine entsprechende gründliche Ausbildung nicht zu denken ist. Diese wiederum besaß mit völliger Sicherheit nur jemand, der selber den Bildungsschichten angehörte, die etwa an Schwabs Volksbüchern in ihrer Jugend stilistische Maßstäbe erworben hatten. Auch und gerade ein Verfasser sozialistischer »Volksbücher« gehört im 19. Jahrhundert nicht der Unterschicht an.

Die im Verlag Otto Wigand in Leipzig, unter dessen Autoren es viele Oppositionelle aller Observanzen gab, erschienenen Hefte markieren den sozialen Status, den die Volksbücher um die Mitte des 19. Jahrhunderts besaßen, schwerlich in dem Sinne, daß sie nun wieder zur Unterschichtlektüre geworden wären, daß eine gründlicher gebildete Leserschicht sie deswegen aufgegeben hätte. Den im 19. Jahrhundert tatsächlich erreichten sozialen Status dieser Lesestoffe gilt es schon darum festzuhalten, weil fast die ganze Geschichte dieser Stoffe in unserer Literatur von Vorstellungen über Absinkvorgänge begleitet ist. Die umstrittene Formel Hans Naumanns von den »gesunkenen Kulturgütern« [36] faßt ja im Grunde nur Anschauungen zusammen, die die Geschichte dieser »volkstümlichen« Literatur seit jeher begleitet haben. Sie haben ihre Wurzeln möglicherweise schon in der geistlichen und allgemein moralisierenden Polemik, die seit dem 16. Jahrhundert gegen solche Lesestoffe geführt wurde – eine Polemik, die bezeichnenderweise mit der Romantik endet. Von den Marbachschen Heften läßt sich nicht sagen, daß sie dem literarischen und sozialen Niveau nach eine begrenzte, klar zu definierende Stellung einnähmen. Dabei ist der Zug, daß die von Marbach angelegte Sammlung anonym oder von anderen weitergeführt werden kann, ohne daß der Leser dies zu bemerken braucht, gleichsam »gattungs«-spezifisch. Die stoffliche wie die stilistische Konvention tragen eine solche Fortsetzung ohne weiteres.

Wenn es eines Beweises dafür bedürfte, daß die nunmehr unter dem Namen »Volksbücher« fest im allgemeinen Bewußtsein etablierten Erzählwerke aus der frühen Neuzeit im 19. Jahrhundert nicht erneut »abgesunken« sind, so besteht dieser in der bekannten Sammlung Karl Simrocks, die 1845–1867, in Einzelheften bereits ab 1839, erschien [37]. Im Vergleich zu seinen Vorgängern muß Simrock, Inhaber des Bonner germanistischen Lehrstuhls, als ein philologischer Fachmann angesehen werden; seine zahlreichen Übersetzungen mittelhochdeutscher Literatur sind unmittelbar aus seiner wissenschaftlichen Arbeit hervorgegangen [38]. In ihrem Zusammenhang sind auch seine dreizehn Bände *Die deutschen Volksbücher* zu sehen. Bevor sie zu erscheinen begannen, hatte Simrock bereits das Nibelungenlied, Walther von der Vogelweide und den *Armen Heinrich* übersetzt, bis zu ihrem Abschluß erschienen noch u. a. Übersetzungen von *Parzival* und *Titurel, Reineke Fuchs,* dem *Guten Gerhard,* der Edda, von Gottfrieds *Tristan* und des *Heliand* [39].

Der Inhalt der Volksbücher-Sammlung Simrocks unterscheidet sich nicht in charakteristischer Weise von dem der Marbachschen Sammlung. Simrock legt jedoch großes Gewicht auf eine durch Altertümlichkeit und Echtheit der Vorlagen gewährleistete Dignität seiner Texte; man wird annehmen dürfen, daß er bei seinen Volksbücher-Bearbeitungen zumindest hinsichtlich des sprachlich-stilistischen Niveaus ähnliche qualitative Ansprüche gelten lassen wollte wie für seine Übersetzungen. Die anhaltende Fortwirkung eines Werkes ist auch für Simrock der entscheidende Qualitätserweis und – wie für Görres – das Definitionskriterium:

Volksbücher heißen nicht darum so, weil sie jenen niedern Ständen allein gehören, die man mit dem Namen des Volks vorzugsweise beehrt, sondern weil sie ohne Ausschließung eines Standes, der Gesammtheit oder doch dem Kern des Volks gefallen sollen und wirklich gefallen. Die meisten derselben, deren Entstehen sehr hoch hinauf, zum Theil über unser Volk hinausreicht, wurden zuerst mit großer Begierde nur bei den höhern und höchsten Ständen gelesen, weil nur diese sich Bücher verschaffen, selbst lesen oder sich vorlesen laßen konnten. Als die Bildung weiter griff und die Buchdruckerkunst die Begierde nach geistigen Genüßen in alle Schichten der Gesellschaft trug, waren es unter vielen tausend Büchern, die der Leselust eines großen Volks geboten wurden, diese wenigen allein, die durch ihre Gediegenheit eine lange Reihe von Geschlechtern zu feßeln wusten, und unzählig viele Auflagen erlebten. [40]

Einige Anklänge an Görres – der »Kern des Volkes«, der Optimismus hinsichtlich der Totalität des Volksbegriffs und damit des Publikums der Volksbücher – sind deutlich vernehmbar, auch ist der Grundriß der Auswahl an Stoffen Görres wieder stärker angenähert. Vor allen anderen zeichnet sich die Sammlung Simrocks durch eine an den Texten selbst nicht ohne weiteres erkennbare Eigenheit aus. Unbeschadet der persönlichen Stilgebung und der bisweilen eigenmächtigen Gestaltung [41], kannte Simrock zumindest bei den literarhistorisch markanteren unter seinen Texten »gute« Vorlagen, d. h. alte Originale, Drucke und Handschriften – wenn er ihnen auch nicht immer folgte, jedenfalls nicht nach den Spielregeln der Textkritik. Diese gelehrten Grundlagen bewirkten, daß die Sammlung in der Fachwissenschaft erhebliches Ansehen genoß, obwohl diese Voraussetzungen in Simrocks Textpraxis recht willkürlich aktualisiert wurden. Man kann noch über lange Zeit hin beobachten, daß einzelne Texte Simrocks in der wissenschaftlichen Literatur als oder doch anstelle von fachgerechten Editionen genommen wurden. Daran haben gewiß auch Nachlässigkeit und Anspruchslosigkeit der Benutzer ihren Anteil. Das Vertrauen, das in die Arbeit des angesehenen Fachmanns gesetzt wurde, ist jedoch zumindest teilweise erklärbar.

In gewisser Weise ist die Frage, mit welcher philologischen Strenge Simrock gearbeitet habe, sogar historisch unangemessen. Die Eigenart des Gegenstandes, der Gattungscharakter der »Volksbücher«, besteht zu einem Teil gerade in dem Bearbeitungsspielraum, den diese Texte in ihrer Tradition gleichsam von Natur an sich zu tragen scheinen und der in dem für Simrock überschaubaren Ausschnitt ihrer Geschichte auch offen zutage lag. Dieser Bearbeitungsspielraum ist eine Funktion ihrer Rezeption, gerade auch ihrer permanenten Rezeption. Das Gelesenwerden ist über längere Zeit hin nur durch immer erneute umgestaltende Anpassung zu erreichen. Liegen aber erst einmal mehrere solcher Anpassungsschritte vor, so laden sie zu immer neuen ein. Eine in der Wissenschaft noch keineswegs schlüssig beantwortete Frage ist dabei, wann und aus welchen Gründen sich eine Textgruppe erstmals zusammengefunden hat, die dann diese permanente Anpassungsfähigkeit bewies, und wann und wie oft diese Textgruppe ihr Gesicht merklich geändert hat. Diese Frage ist von jedem der Stoffe einzeln ausgehend zu stellen, weil nur dann auch sichtbar wird, daß von Zeit zu Zeit neue Texte von diesem Traditionsschema angezogen und absorbiert werden und daß außerdem bestimmte Stoffe in dafür geeigneten historischen Situationen Analogiebildungen provozieren.

Simrocks Entscheidung, die ihm zugänglichen Vorlagen nicht wie mittelalterliche Dichtungen nach philologischen Gesichtspunkten kritisch aufzuarbeiten, sondern sie nach literarischen Wirkungsintentionen seiner Gegenwart zu gestalten, kann nur so verstanden werden, daß diese Texte für ihn eine andere Qualität besaßen als die Kunstdichtung des Mittelalters. Es ist auch daran zu erinnern, daß es noch bald ein Jahrhundert dauerte, bis die Literatur des Spätmittelalters als Forschungsgegenstand volle Anerkennung fand, so daß eine philologisch-kritische Behandlung von Texten des 15. und 16. Jahrhunderts schon von daher gesehen für das 19. Jahrhundert nicht unbedingt vorauszusetzen ist. Man konnte damals eine Entscheidung zur zeitgemäßen Anpassung eines unter »Volksbüchern« einzuordnenden Textes also noch treffen, ohne dabei den Vorwurf gewärtigen zu müssen, daß man auf diese Weise den Charakter der Texte – wohlgemerkt immer in der Gestalt, die der Verlauf ihrer Tradierung seit dem 16. Jahrhundert ihnen verliehen hatte – grundsätzlich verfehle. Zeitgemäße Anpassung – das bedeutet immer auch Wiedergewinnung, und zwar eine sowohl literarische wie soziale. Man bewirkt sie stets von neuem durch eine anspruchsvollere äußere Form des Buches wie durch stilistische Umgestaltung. Apologetische Vorstellungen solcher Art bilden seit der Romantik ein feststehendes Argumentationsmuster, dessen sich im 19. Jahrhundert nahezu jeder Volksbuchbearbeiter bedient. Anderseits endet nun aber mit Simrock die Epoche einer unmittelbaren praktischen Bezugnahme auf die jüngste Überlieferung, und es eröffnet sich nunmehr eine neue, die der wissenschaftlichen Fundierung [42].

Einen solchen Wandel dokumentieren auch die Arbeiten von Johannes Scheible, von denen hier nur die dreizehnbändige Sammlung *Das Kloster* (1845–1848) erwähnt sei [43]. Sie berührt nur zu einem Teil den

Bereich unseres Themas, da sie primär kulturgeschichtliche Absichten verfolgt, doch enthält sie mit einigen Versionen des *Faust*-Stoffes auch Dinge, die man sonst in Volksbuchsammlungen finden kann, daneben eine Reihe anderer Texte des 16. Jahrhunderts, die historisch gesehen in die Nachbarschaft dessen gehören, was die Literaturhistorie des 19. Jahrhunderts als Volksbücher ansprach, den *Theuerdank,* Schriften Murners und Fischarts, um nur einiges zu nennen. Es erübrigt sich, auf die vielen von Scheible publizierten rein kulturgeschichtlich interessanten Dokumente einzugehen. Für Scheibles Einschätzung des literarischen oder – im Falle der erzählenden Werke – des Gattungscharakters seiner Texte ist kennzeichnend, daß er eine modernisierende stilistische Umformung vermeidet. Er konstatiert, »daß bei solcher Modernisirung der Leser nur verlieren würde, denn was im Altdeutschen naiv, witzig, derb klingt und s o anspricht, wird durch eine, von Anderen vielfach versuchte sogenannte Bearbeitung, nichtssagend, fade, grob« [44]. Sowohl unter historischem Blickwinkel wie auch gegenüber heutigen derartigen Versuchen wird man sagen müssen, daß Scheible recht hatte [45]. Die unvermeidliche Folge der Bearbeitung ist, daß man durch sie einen Text sowohl von der unmittelbar rezipierbaren zeitgenössischen Literatur wie auch von der, die in einem strengen Sinn als historische rezipiert werden muß, isoliert; die Bearbeitung verfremdet das Original auf eine Weise, die ihr leicht den Anschein der Zweitrangigkeit verleiht.

In der repräsentativen und weithin wirksamen Textreihe »Deutsche National-Litteratur« hat Felix Bobertag 1888 einen Band *Volksbücher des 16. Jahrhunderts* herausgegeben. Er enthält nur *Eulenspiegel, Faust* und *Schildbürger* [46]. Damit wird eine gewisse Abwendung vom Roman vollzogen, denn die Bevorzugung von Erzählungssammlungen besagt, daß die Textgruppe der »Volksbücher« über literarische Gattungsgrenzen im üblichen Sinne hinweggeht. Hier, wo nur eine kleine Auswahl herausgestellt werden konnte, konzentriert sich der Volksbuchbegriff auf solche Werke, die eine besonders breite Nachwirkung hatten. Bobertags Sammlung weist bereits in die Richtung der später von Makkensen [47] vorgeschlagenen Unterscheidung von Volksbuch und Volksroman; die Anregungen dazu reichen jedoch erheblich weiter zurück [48]. Diese Fragestellung kann ihrer Natur nach im Grunde nicht zu einer Erörterung romangeschichtlicher Problematik führen, denn die in unserem Jahrhundert mit einigem Aufwand betriebenen Verfeinerungen einer Unterscheidung von Volksroman und Volksbuch hängen alle eng zusammen mit dem Problem einer wie auch immer aufgefaßten »Originalität« bei der Entstehung dieser Werke. Diese Frage hatte Görres nicht erörtert. Sie mußte auch aus sachlichen Gründen offenbleiben, denn diese Art von Originalität ist mit dem Postulat der Traditionspermanenz nur wenig vereinbar. Es scheint so, als habe man das im 19. Jahrhundert deutlicher gesehen als später. Bobertag formuliert nur romantisches Allgemeingut und weicht dabei auf einen unverfänglicheren Originalitätsbegriff aus: »[...] sie [die Volksbücher] wenden sich nicht nur [...] an das Volk, d. h. an die weitesten Kreise aller, die überhaupt etwas lesen, vorlesen oder erzählen hören wollen, [...] sondern sie sind auch durchaus aus dem Geiste des Volkes geschöpft.« Und weiter: »Wir können dies kurz dadurch ausdrücken, daß wir ihnen sowohl Volkstümlichkeit als nationale Originalität in hervorragendem Sinne zuschreiben.« [49]

Mit einem abschließenden Hinweis auf die Textbearbeitungen von Richard Benz verlassen wir die Tradition der Volksbücher-Bearbeitungen des 19. Jahrhunderts – nicht nur in zeitlicher Beziehung [50]. Diese Tradition setzte Benz äußerlich fort mit seinen zwischen 1911 und 1938 erschienenen insgesamt acht »Erneuerungen«, wie er seine Bearbeitungen nannte. Die sechs ersten sind auch unter dem Titel *Die deutschen Volksbücher* als geschlossene Serie bekannt geworden. Es handelt sich um: *Historie von den sieben weisen Meistern, Historia von D. Johann Fausten, Tristan und Isalde, Till Eulenspiegel, Fortunatus* und *Geschichte des großen Alexanders* [51]. Bei diesen »Erneuerungen« hat Benz aus Drucken und Handschriften und nach eigenen stilistischen Vorstellungen ein archaisierendes sprachliches Mixtum hergestellt [52], in der Absicht, auf diese Weise intuitiv die »ursprüngliche Form wieder ans Licht zu bringen«. Ein Neudruck (und damit meint Benz auch: eine wissenschaftliche Ausgabe) würde nach seinen Worten nur »einem Kuriositätenzweck« dienen. Seine Tätigkeit bezeichnete er selbst als »eine Übersetzung aus einer lebendigen Sprache in eine lebendige Sprache« [53]. Benz hat ausschließlich besonders eindrucksvolle Exempel ausgesucht, die aus dem von ihm eingenommenen überzeitlichen Bewertungsstandpunkt gewichtig erschienen. Sein Verfahren ist insofern ahistorisch, als er sich weder auf irgendein Traditionsmerkmal noch auf eine literarhistorische Prüfung der in der frühen Neuzeit geschaffenen oder verbreiteten Textgruppe stützte, sondern nach ganz persönlicher, divinatorischer Wertung auswählte und dabei die Texte in das Gewand einer imaginären Sprache, die der des späten 15. Jahrhunderts ähnelt, kleidete. Mit dieser rückwärtsgerichteten Neuschöpfung einer vermeintlich ursprünglichen, aber eben nicht genau rekonstruierten Gestalt brach Benz aus der lebendigen Texttradition vollständig aus, die stets nur allmähliche Änderung kannte, vor allem aber nur vorwärts gerichtete Anpassungen an gewandelte sprachliche Voraussetzungen. Was weder die nachromantische Tradition noch die Arbeit von Gelehrten vollständig erreicht hatten, das geschah hier: die Texttradition der »Volksbücher« in der

Neuzeit brach ab. Es setzt ein von priesterhaften Zügen nicht freies Ästhetisieren ein [54].

Die Volksbücher-Sammlungen des 19. Jahrhunderts haben den Kanon, der am Ende des 18. Jahrhunderts im praktischen Gebrauch war und der sich bei Görres widerspiegelt, nur insofern geändert, als sie durch Analogiebildung neue Texte der schon vorhandenen Typen mit einbeziehen, ferner akzentuieren sie – in wechselndem Maße – den Anteil der erzählenden Unterhaltungsliteratur stärker, als die Überlieferung um 1800 dies tat. Diese Sammlungen prätendieren nichts, sie verkünden auch, wenn man vielleicht von Aurbacher absieht, keine Programme. Durch die Umwertung, die diese Literatur – und zwar als Literatur des Mittelalters – nun bei Richard Benz erfährt, wird sie, die sich bisher im Bereich eines mittleren stilistischen Anspruchs hielt, mit einer ästhetischen Aura umgeben, die sie in ihrer Geschichte niemals getragen hat, auch bei den Romantikern nicht. An spätmittelalterlicher Gebrauchsliteratur gehen solche Bewertungen völlig vorbei.

Doch auch bei Benz bleibt die sonderbare Neigung der »Volksbücher« zur Symbiose in größeren Gruppen, die sich in ihrer Überlieferungsgeschichte immer wieder beobachten läßt, lebendig. Sie wirft in systematischer Beziehung ganz eigene Probleme auf. Als Gruppe widersetzen die Volksbücher sich ihrer Heterogenität wegen den Möglichkeiten einer von der Textgestalt ausgehenden wissenschaftlichen Gattungsbestimmung. Der einzelne Text, der solchen Bestimmungen zugänglich wäre, wird in seiner Geschichte immer wieder durch die textgruppenspezifischen Funktionsmerkmale überfremdet. Auf einen anderen gattungsähnlichen Komplex dieser Art, den der Heldensage, hat Hugo Kuhn einmal aufmerksam gemacht [55]. Freilich ist die Heldensage in ihren Gebrauchsformen den »Volksbüchern« in keiner Phase ihrer Geschichte vergleichbar. Auch verlaufen beider Geschicke in der Neuzeit nur bedingt ähnlich. Im Hinblick auf die Heldensage hat Kuhn gesagt, daß »die positive Aufmerksamkeit der Romantiker und der folgenden Wissenschaftsgenerationen bis heute: Philologie, literarische und nationale Historie, Geistesgeschichte, ästhetischer Heroenkult« [56] ihr Leben ausgelöscht habe. Die Auswirkung der gleichen Faktoren auf Phänomene wie die frühneuzeitlichen Ritterromane oder die Liebesromane vom Typus der *Magelone* oder *Melusine* ist nun durchaus ähnlich, wenngleich die romantischen Traditionen noch über ein Jahrhundert hin einen künstlichen Lebensraum für diese Literatur geschaffen haben.

Auch dieser geht aber verloren mit der von Richard Benz propagierten ästhetischen Überhöhung vermeintlich ursprünglicher Texte, die im Grunde nur eine pseudohistorische Patina erhielten.

4. *Literaturgeschichten*

Die analysierten Volksbuchsammlungen zeigen uns bestimmte Rezeptionsformen der frühen deutschen Romane im 19. Jahrhundert. In wissenschaftsgeschichtlicher Hinsicht wird die Volksbücher-Tradierung in dieser Zeit erst verständlich, wenn man die literarhistorischen Theorien berücksichtigt, die diesen Rezeptionsformen zugrunde liegen. Deshalb soll eine Übersicht über die Behandlung der nunmehr im nachromantischen Sinne definierten »Volksbücher« in einigen ausgewählten Literaturgeschichten folgen. So groß der allgemeine Konsensus dabei auch ist, erlauben doch die Nuancierungen der verschiedenen Positionen einen guten Einblick in die fundamentale Problematik. Es ist für unsere Frage ferner von Bedeutung, daß diese literaturgeschichtlichen Darstellungen häufig die Prinzipien sehr allgemeiner, nicht selten auch die Impulse vorwissenschaftlicher Entscheidungen erkennen lassen. Das 19. Jahrhundert ist eine Zeit der Hochblüte literaturgeschichtlicher Synthesen, und fast alle Literaturgeschichten enthalten mindestens einen Abschnitt, bisweilen mehrere Kapitel über unseren Gegenstand – über den wir gleichwohl bis heute keine Monographie besitzen [57].

Die Aussagen der Literaturgeschichten zu den hier in Rede stehenden Problemen lassen sich in wechselnder Weise einem Feld einordnen, das von zwei Gravitationspunkten bestimmt wird: sie beruhen entweder stärker auf ästhetischen oder stärker auf buch- und publikumsgeschichtlichen, im modernen Sinne also auf sozialgeschichtlichen Kriterien. Diese beiden Arten von Kriterien sind in systematischer Beziehung die wichtigsten Konstituenten des Volksbuchbegriffs; im Spannungsfeld zwischen ästhetisch-literarischer und historisch-soziologischer Einordnung hat sich die Erforschung dieser Texte immer vollzogen. Legte man ästhetische Maßstäbe zugrunde, so war meist nicht gerade eine besondere Wertschätzung der Texte die Folge oder man sah sich zumindest genötigt, bestimmte einzelne Texte zu bevorzugen. Ging man hingegen den Fragen der Verbreitung der Bücher nach, so stellten sich mit den verschiedenen Graden des Erfolgs, der Beliebtheit, wieder andere Wertungen ein, wenngleich keine ästhetischen. Unter beiden Gesichtspunkten ergaben sich markante Differenzen zur »hohen« Literatur, denn wenn man diese Texte als »Volksbücher« klassifizierte, so waren sie auch immer mitbetroffen von dem schwankenden Sinn des Wortes »Volk«. Sobald man freilich die Geschichte dieser Texte vor ihrer Wiederentdekkung im späten 18. Jahrhundert untersucht, wird man gut daran tun, sich einer Anwendung dieser beiden Hauptmaßstäbe jedenfalls in dem wertenden Sinne, den sie in der Neuzeit haben, bewußt zu enthalten, zumal auch literarischer Erfolg nur zu leicht wieder in ein Wertkriterium umgemünzt werden kann.

Wenn auch die Beurteilung des Reformationszeitalters und die spezielle der literarischen Leistungen dieser Epoche im 19. Jahrhundert, je nach dem Standort des Urteilenden, erheblichen Schwankungen unterliegt, so übte doch dieses Zeitalter generell eine große Anziehungskraft aus. Die Reformation als deutsche Ersatzform der Revolution ist geradezu ein historiographischer Topos, und schon die romantische Kulturkritik suchte »mit Vorliebe die Wendepunkte der Geschichte auf: den Beginn der Neuzeit, die Reformation« [58]. Von besonderem Interesse mußte gerade dieser Wendepunkt freilich für geschichtsphilosophisch geschulte Denker sein. So ist es nur natürlich, daß dieser Impetus sich auch bei dem Hegelianer Karl Rosenkranz zeigt. Seine emphatische Begeisterung für die frühe Neuzeit führte systemnotwendig zu einer ungewöhnlich positiven Bewertung des Begriffs »Volk« – wohlgemerkt historisch auf das Zeitalter der Reformation bezogen. So heißt es in seiner *Geschichte der Deutschen Poesie im Mittelalter* (1830): »Das Volk, durchdrungen von der Kraft des Weltgeistes, ist selbst die Macht der E n t s c h e i d u n g, und die Stimme über den Werth und Unwerth der Poesie gehört nicht mehr einem besonderen Stande an. Mit der Universalität, welche dem Bewußtsein des Volkes zu Theil geworden war, trifft die Begünstigung des B u c h d r u c k e s wunderbar zusammen, [...]«. [59] Rosenkranz meint als Folge dieses Zusammentreffens einer geschichtlichen Wende mit der Ausbreitung des Buchdrucks in der frühen Neuzeit auch den Beginn einer europäischen Literatur zu erkennen, obwohl die – ihm durch ausgedehnte Studien gut bekannte – Literatur des Mittelalters sicher europäischer war als die der Neuzeit. In diesem Punkte steht er im Gegensatz zu anderen Literarhistorikern, die der Lutherzeit gerade besonderen Einfluß auf die Herausbildung deutscher Eigentümlichkeit zuschreiben.

Doch Rosenkranz' geschichtsphilosophisches System wirkt sich nur bedingt auf sein literarisches Urteil aus. Über oder neben diesem System steht noch ein ganz anderes. Die prononcierte Um- und Aufwertung des Volkes in seiner welthistorischen Rolle hindert Rosenkranz nämlich durchaus nicht an der Praktizierung der überlieferten klassisch-ästhetischen Wertmaßstäbe, die ja auch mit ganz bestimmten Regeln der Gattungslehre einhergehen, und diese sind es, von denen sein literarhistorisches Urteil bestimmt wird. Bei Rosenkranz' geschichtsphilosophischer Einschätzung der Rolle des Volkes könnte man – ganz in abstracto – erwarten, daß »volkstümliche« Formen der Literatur endlich a u c h , ja, vielleicht sogar in bevorzugter Weise, zur Geltung kämen, nachdem sie die klassische Poetik bis dahin aus der Gattungslehre ausgeschlossen hatte. Doch das Gegenteil tritt ein. Die Eigengesetzlichkeit der klassisch-ästhetisch geprägten Sprach- und Literaturauffassung, also der Ästhetik, Poetik und Rhetorik, behauptet ihr Recht und setzt sich gegen das System der Geschichtsphilosophie durch. Rosenkranz rückt diejenigen Erzählwerke in den Mittelpunkt seiner Darstellung, die man aus der Gesamtmasse der »Volksbücher« als die im engeren Sinne poetischen herausstellen würde, nämlich die rein erzählenden, die vom Grundmuster eines Romans im neuzeitlichen Sinne am wenigsten abweichen.

Infolgedessen gehen Rosenkranz' Kriterien unter den Bedingungen eines engeren Literaturbegriffs über die historischen Tatsachen und die historischen Gattungskategorien hinweg. Wenn er urteilt: »Das weltliche Bewußtsein weiß von nun an sehr wohl, daß die Sage und Poesie nicht Wirklichkeit im gewöhnlichen Sinn des Wortes enthalten« und weiter: »[...] die Poesie wird damit freier, weil das Eigenthümliche der Phantasie unvermischt mit anderen Beziehungen erkannt wird« [60], so sind dies eindeutig Projektionen, die aus einem modernen Dichtungsbegriff stammen. Gerade der Bedeutungsumfang des Begriffs »Historia«, der, wenn überhaupt einer, als originäre Gattungsbezeichnung für die erzählende Literatur im 15. und 16. Jahrhundert gelten kann, zeigt eine erhebliche Spannweite zwischen Erfindung und Wahrheit oder, in Rosenkranz' Worten, zwischen »Poesie« und »Wirklichkeit«, letztere im Sinne von geschichtlicher oder tatsächlicher Realität verstanden. Der Roman leitet seine Legitimität in dieser Zeit aber aus einem ganz anderen Wahrheitsbegriff ab, dem des Moralisch-Exemplarischen, nicht zuletzt auch dem der Geschichte [61]. Auch macht es die Stoff- und Traditionsgebundenheit der Literatur dieses Zeitalters nicht wahrscheinlich, daß die Poesie nunmehr »freier« geworden sei. Bei Rosenkranz spielen sichtlich auch poetische Fiktionsbegriffe der neuzeitlichen Genie- und Schöpferästhetik in das historische Urteil hinein und stören die historische Angemessenheit der Darstellung. Vor allem aber zeigt dieses Beispiel, daß die Beurteilung und die Hochschätzung der frühneuzeitlichen Literatur im allgemeinen und des Volksbegriffs im besonderen nicht unmittelbar von romantischen Anschauungen abhängig zu sein brauchten.

Die mit Textbeispielen versehene Literaturgeschichte von Heinrich Kurz, die seit 1840 in zahlreichen Auflagen erschien, steht solchen Hegelianischen Gedankengängen nicht ganz fern [62]. Großes Gewicht besitzt bei Kurz das bis heute ständig wiederkehrende literarhistorische Klischee von einer Priorität und somit Schlüsselfunktion der Prosaumsetzung von Versromanen in der Entwicklung des frühen Romans. Diese Auffassung ist an sich unzutreffend – die Umsetzungen von Vers in Prosa stehen nicht am Anfang der Entwicklung, sie sind auch nicht sehr häufig, aufs Ganze gesehen sicher nicht geeignet, Entstehung und Typus des frühen Romans zu charakterisieren. Die methodologische und methodengeschichtliche Bedeutung dieser These besteht nun darin, daß die gattungsgeschichtliche Aussage mit einer viel allgemeineren kombiniert wurde. Die Theorie lautet dann vollständig, daß mit der Prosaisierung Verbürgerlichungstendenzen notwendig einhergehen, daß Prosa und Bürgertum in einem epochenspezifischen Zusammenhang stehen. Man braucht nur die Frage aufzuwerfen: »In welchen sozialgeschichtlichen Kontext gehört das Werk des Hans Sachs?«, um diese Auffassung zu relativieren, die sichtbar das Kind einer Zeit ist, in der man das Ende der »Kunstperiode« sehr stark empfand. Wenn man, was wortgeschichtlich sicher berechtigt ist, bei »Prosa« in der Sprache eines Literarhistorikers der Biedermeierzeit auch an »Prosa des Lebens« denkt, dann steht hinter dieser Aussage eine Abfolge- (oder auch Absink-)theorie: »von der Poesie zur Prosa«. Dazu gehört aber als eine Konkretisierung die Theorie einer geschichtlich notwendigen Linie »vom Epos zum Roman«, und mit dieser befindet man sich zumeist im Umkreis Hegels, auch dort, wo dies nicht ausgesprochen wird.

Bei Kurz finden wir noch eine weitere wesentliche Grundfigur des methodischen Konglomerats, aus dem sich der Volksbuchbegriff unserer gegenwärtigen Literaturwissenschaft gebildet hat. Nach Kurz »gewinnen die meisten dieser Romane für die deutsche Literaturgeschichte dadurch hohe Bedeutung, daß sich aus ihnen im folgenden Jahrhundert [dem 16.] diejenigen Erzählungen entwickelt haben, welche wir unter dem Namen Volksbücher begreifen« [63]. Wenn man die jüngere Tradition der gleichen Werke zu einer Literatur sui generis deklariert, dann wird die Anwendung des Volksbuchbegriffs auf ihre ältesten Entwicklungsstufen im Grunde ausgeschlossen, denn wenn ein Roman erst zu einem Volksbuch wird, dann muß er zuvor einer anderen Gattung angehört haben. Daß diese genetische Theorie des Volksbuchs und eine Übertragung des Volksbuchbegriffs auf die ältesten Textstufen nicht nebeneinander gelten können, ist in der Wissenschaft leider nie geklärt worden. Mit der genetischen Theorie des Volksbuchs ist außerdem die Annahme von einer Verwandlung hoher in volkstümliche Literatur vorbereitet. Eine solche Aufteilung ist in gewissen Grenzen durchaus brauchbar, Vorsicht ist jedoch geboten bei der Bestimmung der zeitlichen Grenze, von der an sie gelten soll [64]. Die genetische Theorie der Volksbücher wird vorzugsweise auf Romane angewandt; bei den Sammlungen von Kleinerzählungen stellt sich das Problem deshalb nicht, weil diese seit jeher als volkstümlich galten. Die Gesamtgruppe der Volksbücher teilt sich damit in der Weise auf, daß sich eine Gruppe von »poetischen« Texten, nämlich die romanhaften, von den anderen ablöst. In diesem Punkt findet sich Wolfgang Menzels ganz anders konzipierte Literaturgeschichte mit denen von Rosenkranz und Kurz zusammen [65], während der – ähnlich wie Rosenkranz – von der epochalen Bedeutung des reformatorischen Prinzips ausgehende Theodor Mundt (»Der Protestantismus ist der zweite Engel des Herrn«) [66] die »Volksbücher« auf eine sehr geschickte Weise zugleich ästhetisch würdigt und dann doch in ihrer Bedeutung für das geschichtliche Leben der Nation zu relativieren weiß: »Die deutschen Volksbücher, obwohl sie zum Theil eine naive Abrundung und kindliche Harmonie auch in der Form aufweisen, trugen doch gerade nicht dazu bei, den Sinn für eine künstlerisch heraustretende Gestaltung in Deutschland zu erwecken, sondern sie spinnen vielmehr das deutsche Volksbewußtsein recht in diese dämmernde Innerlichkeit einer an sich selbst zehrenden Phantasie ein.« [67] Das ist ziemlich genau das Urteil Hegels und seiner Schüler über die Romantik, und so ist Mundt unvermerkt in eine Aussage über seine Gegenwart geraten. Das heißt aber umgekehrt: er vollzieht eine Rückübertragung des Volksbuchbegriffs seiner Gegenwart in die historische Perspektive der Reformationszeit.

Die Festlegung des Niveaus, auf dem Literatur rezipiert, auch wissenschaftlich behandelt wurde, und auf dem sich dann auch die Bevorzugung bestimmter Gattungen regelte, erfolgte im 19. Jahrhundert nicht zuletzt durch die Anwendung des heute mißverständlichen Begriffs »Nationalliteratur«. Noch in der fünften, von Karl Bartsch besorgten Auflage von Kobersteins *Grundriß zur Geschichte der deutschen National-Litteratur* findet man im Jahre 1872 dieselbe Definition, die Koberstein 1827 in der ersten Auflage gegeben hatte. Natürlich ist der Ausdruck »Nationalliteratur« nicht einfach so gemeint, als bezeichne er die deutsche im Unterschied zu den Literaturen in anderen Sprachen. Koberstein (und mit ihm Bartsch) definiert die »Literatur« der Deutschen als »die Gesamtheit schriftlicher Äußerungen« in deutscher Sprache. Diesem umfassenden Literaturbegriff würden die Mittelalterphilologen auch heute praktisch zustimmen können, während die Neuere Literarhistorie damit Schwierigkeiten hat. Die deutsche »Nationalliteratur« ist nach Koberstein/Bartsch aber nur ein Teil der deutschen »Literatur«. Sie umfaßt diejenigen Werke, die erstens künstlerischen Gestaltungsprinzipien unterliegen und zweitens »sowohl ihrer Form, wie ihrem innern Wesen nach ein eigenthümlich deutsches Gepräge an sich tragen, wodurch sie sich von den literarischen Erzeugnissen anderer Nationen schon an sich und ohne Rücksicht auf die Sprache unterscheiden.« [68] Von diesen beiden Vorbedingungen aus ergeben sich zwei Kriterien für eine poetologische Bestimmung der sogenannten Volksbücher: einmal fallen sie – wenn auch bisweilen vermeintlich – unter die Kategorie des »Deutschen«, zum andern führt die Bevorzugung künstlerisch gestalteter Texte mit einer gewissen Notwendigkeit dazu, daß innerhalb der »volkstümlichen« Literatur überhaupt mehr und mehr die Romane in den Vordergrund des wissenschaftlichen Interesses treten.

Die ästhetische Normbestimmung ihrerseits ergibt dann ganz natürlich eine Auswahl der »besten oder merkwürdigsten« Romane; Koberstein erzielt vom methodischen Ausgangspunkt »Nationalliteratur« her das gleiche Ergebnis wie seine Zeitgenossen [69].

Gleichwohl sollte man die Literaturgeschichten nicht alle an demselben Maßstab messen. Die Literarturgeschichte ist im 19. Jahrhundert nur äußerlich ein einheitliches literarisches Genus, das Philologen ebenso gern pflegten wie literarhistorische Dilettanten (im positiven Wortsinne), also Philosophen, Theologen, Schriftsteller, Schulmänner. Nicht nur die Fundamente sind verschieden, die Dilettanten waren auch mit dem nationalliterarischen Engagement schneller bei der Hand. Zwar sollte man die Breitenwirkung ihrer Werke nicht unterschätzen, aber es geht hier um ihre wissenschaftsgeschichtliche Ortsbestimmung. Genau besehen ist August Vilmar [70] eben nur ein populärer Autor, bei dem man viel Räsonnement, auch Ressentiment findet, aber sehr wenig Information. Für ihn ist die frühe Neuzeit eine poetische Wüste, allenthalben kritisiert er ein Übergewicht der Kunstpoesie, als »eigentliche« Volksbücher sieht er nur die Sammlungen »volkstümlicher« Erzählungen an, den Roman beachtet er nicht. Viel geschlossener ist demgegenüber die Konzeption Wolfgang Menzels, der darauf aus ist, mündlich überlieferte Volksdichtung mit Kunstdichtung in der Darstellung zu verbinden. Er ordnet seinen Stoff in der Reihenfolge Heldenlieder – Volksmärchen – kirchliche Dichtung – ritterliche Dichtung. In dem letztgenannten Kapitel finden sich unter der Nr. 7 auch »Volksbücher« [71]. So nennt er nur diejenigen, welche »Helden- und Liebesgeschichten« enthalten, andere führt er als Legenden oder Erzählungen an. Menzel ist aber der romantischen Auffassung vom Primat der Volksdichtung so stark verpflichtet, daß er im Grunde nur von Stoffen handelt, während ihm die Konturen ihrer konkreten Gestaltungen, also der Bücher oder Texte, mehr oder weniger verschwimmen. Als fachwissenschaftliche Äußerung sollte man auch sein Werk, trotz seiner eindrucksvollen sprachlichen Kraft, nicht behandeln. Inhaltlich sind solche Auffassungen zudem nicht etwa eine Prärogative konservativer Autoren. Auch bei Heinrich Laube erscheinen »Volksbücher« ganz unproblematisch als Teil einer Sagenwelt, er vermischt sie sogar mit Liedern [72].

Bestimmt und zugleich begrenzt durch ihre im wesentlichen gleichen Zielsetzungen, vermögen Literaturgeschichten Eines übereinstimmend nicht: die soziale Funktion von Literatur in ihrem vollen Umfang darzustellen. Die Volksbuchliteratur kommt in den Literaturgeschichten gewissermaßen nur zur oberen Hälfte vor. Ihre tatsächliche soziale Reichweite habe ich an den sozialkritischen Heften 51/52 der *Volksbücher* aus dem Verlag Wigand, den *Dorfgesprächen*, exemplarisch sichtbar zu machen versucht. Die Literaturgeschichten behandeln die Literatur, auf die ihre Prämissen und Wertungen zutreffen, also dasjenige, was mutatis mutandis als die Lektüre einer literarisch gebildeten Schicht anzusehen ist. Dem Anteil an dieser Unterhaltungslektüre, den im 19. Jahrhundert die – genauer kaum beschreibbare und auch in ihrer Erstreckung schwer abgrenzbare – Unterschicht besaß, kommen wir nur vereinzelt einmal näher, andeutungsweise zum Beispiel durch den Essay *Die deutschen Volksbücher*, den der junge Friedrich Engels im November 1839 im *Telegraph für Deutschland* unter seinem Pseudonym Friedrich Oswald veröffentlichte [73].

Auch Engels teilt die allgemein verbreitete Auffassung von den zwei grundsätzlich geschiedenen Arten von Literatur. Er interpretiert die Lektüre der Unterschicht rein von ihrer Funktion her. Die Existenz einer Hochliteratur wird dabei vorausgesetzt, von ihr spricht Engels gar nicht. Das Problem, das sich ihm stellt, ist deshalb nicht, was aus dem Bereich der gesamten Literatur überhaupt als Lektüre für die Unterschicht eventuell in Betracht zu ziehen sei, sondern welche Bücher aus der bei der Unterschicht ohnehin bereits vorhandenen und gelesenen reinen Unterhaltungsliteratur nach kritischer Prüfung für die Funktion, die sie de facto bereits besitzen, geeignet seien. Zeitlich und vielleicht auch kausal fällt der Versuch von Engels mit der von Marbach herausgegebenen Textsammlung zusammen, jedenfalls ist bei Engels ein bereits vollständig literarisierter Volksbuchbegriff vorausgesetzt, wie überhaupt eine Art spätromantischer Verklärung für ihn den Gegenstand überzieht. Eine innere Affinität zu romantischen Grundpositionen bleibt marxistischen Äußerungen zur Volksbuchfrage bis heute vielfach eigen, gleichgültig, welche methodischen Spielarten dabei auftreten mögen [74].

Es wäre unangemessen, die Arbeit des Neunzehnjährigen wie eine wissenschaftliche Untersuchung zu bewerten und zu kritisieren; ich fasse sie hier als ein Zeitdokument auf, in dem sich allgemeinere Grundanschauungen widerspiegeln, die nicht vom Verfasser geprägt zu sein brauchen. Das Volksbuch hat bei Engels eine Zweckbestimmung, die das Element des »Poetischen« (in einem ganz trivialen Sinne) funktional einbezieht: »Das Volksbuch hat den Beruf, den Landmann, wenn er abends müde von seinem harten Tagewerk zurückkehrt, zu erheitern, zu beleben, zu ergötzen, ihn seiner Mühen vergessen zu machen, sein steiniges Feld in einen duftigen Rosengarten umzuwandeln; es hat den Beruf, dem Handwerker seine Werkstatt, dem geplagten Lehrjungen seine elende Dachkammer in eine Welt der Poesie, in einen goldenen Palast umzuzaubern und ihm sein handfestes Liebchen in Gestalt einer wunderschönen Prinzessin vorzuführen; aber es hat auch den Beruf, neben der Bibel ihm sein sittliches Gefühl klarer zu machen, ihm seine Kraft, sein Recht, seine Freiheit zum Bewußtsein zu bringen, seinen Mut, seine Vaterlandsliebe zu wecken.« [75] Sieht man von der bei Engels erstmals klar formulierten Surrogatfunktion der Unterhaltungsliteratur ab, so ist dies ein einigermaßen simples Derivat von Thesen, die an ihrem romantischen Ursprung einmal erheblich vielschichtiger und differenzierter waren. Das gilt auch für die Postulate an ein zeitgenössisches Volksbuch, das nach Engels sowohl den Ansprüchen der ablenkenden Erholung wie denen der Ertüchtigung im sittlichen und nationalen Sinne Genüge tun müsse: »[...] reicher poetischer Inhalt, derber Witz, sittliche Reinheit, und für das deutsche Volksbuch [im Gegensatz zu dem ausländischer Herkunft] kräftiger, biederer deutscher Geist, Eigenschaften, die zu jeder Zeit sich gleichbleiben, [...].« [76]

Doch auch pädagogische Ziele soll das Volksbuch nach Engels' Auffassung verfolgen, denn die bessere Welt, in die das Volksbuch seinen Leser zu entrücken hat, soll auch in politischer Beziehung eine bessere sein. Unter die vorzugsweise darzustellenden Gedanken rechnet Engels daher »das Ringen nach Freiheit [...], den sich entwickelnden Konstitutionalismus, das Sträuben gegen den Druck der Aristokratie, den Kampf des Gedankens mit dem Pietismus, der Heiterkeit mit den Resten düsterer Askese« [77]. Engels sucht sich damit nicht zuletzt von Görres abzusetzen, den er indes offensichtlich nach seinen späteren politischen Stellungnahmen einschätzt; nach ihnen beurteilt er auch seine *Volksbücher*-Monographie. Er bezieht ferner auch darin eine andere Position als Görres und die Romantiker, daß er einen »poetischen« vom »volkstümlichen« Wert eines Volksbuchs trennt und dabei sogar die Möglichkeit einräumt, »das, was sich als unhaltbar fürs Volk erweist, der Poesie durch Bearbeitung zu retten« [78]. Der Unterschied der Standpunkte liegt darin, daß Görres und die Romantiker eine schichtenspezifische Literatur entweder nicht statuiert oder nicht akzeptiert hätten. Für Engels besitzen die literarische Überlieferungsformen für sich genommen kein Interesse. Er steht dem Volk – im Sinne von Unterschicht – ganz einfach als Erzieher gegenüber; insofern ist seine Position von der eines »Volksschriftstellers« wie etwa Aurbachers nicht prinzipiell verschieden. Seine Vorstellungen von einer Purifizierung der Texte, die er in vielen Fällen aus moralischen Erwägungen für erforderlich hält, sind ganz frei von Rücksichten, die durch die Autorität der Texte oder ihrer Tradition gesetzt wären. So meint er z. B., im *Tristan*-Roman Spuren einer beginnenden Emanzipation der Frau zu entdecken, die ein geschickter Bearbeiter nicht mehr übergehen könne. »Aber im Volksbuch [...] kommt die ganze Erzählung auf eine Entschuldigung des Ehebruchs heraus – und das in den Händen des Volks zu lassen, ist doch sehr bedenklich.« [79] Für sich selbst und die Angehörigen seiner eigenen Bildungsschicht faßt Engels den gleichen Stoff also von der Seite des poetischen

Reizes auf. Nach der engeren Funktionsbestimmung des Volksbuchs, die Engels hier voraussetzt, genügen jedoch viele der Texte nicht den sich daraus ergebenden Forderungen. Als Gesamtheit betrachtet, erfüllen nach Engels' Auffassung die Volksbücher lediglich die Ansprüche der Poesie, »nach der andern Seite hin aber genügt die Gesamtheit gar nicht, einzelne sprechen gerade das Gegenteil aus, andere genügen nur teilweise« [80]. Ein Rest der für diese »Gattung« spezifischen Tradition erhält sich auch noch bei Engels, wenn er an die prinzipielle Wandelbarkeit der Texte glaubt, die sich wechselnden historischen Gegebenheiten anpassen. Seine Zensorhaltung ist jedoch so drastisch, daß er damit entschieden den Spielraum dieser Verwandlungsfähigkeit überschätzt.

Eine Besonderheit der Volksbücher, die bei Engels nicht zur Sprache kommt, wird in seinen Überlegungen stillschweigend vorausgesetzt: mit ganz wenigen Ausnahmen verlaufen die »Geschichten« in diesen Büchern am Ende positiv, diese Literatur ist weithin untragisch, und ihre Themen und Gegenstände sind der Realität der Lebens- und Arbeitswelt vollständig fremd. Gerade das ist auch erforderlich, damit diese Lektüre ihre Surrogatfunktion erfüllen kann.

Die tatsächlich vorhandenen Lesebedürfnisse der Unterschicht schätzt Eichendorff in seinem 1848 erschienenen Aufsatz *Die deutschen Volksschriftsteller* skeptischer, vielleicht auch realistischer ein. Auch er setzt, ähnlich wie Engels, eine Art literaturpolitischer »Zweireichelehre« voraus, nach der die Poesie den Gebildeten vorbehalten ist, dem »eigentlichen Volk« aber die bloße Unterhaltung im engeren Sinne zufällt. In deren Sphäre gehören nun aber diejenigen Volksschriftsteller durchaus nicht, von denen Eichendorff in diesem Aufsatz handelt, nämlich die Hebel, Zschokke, Auerbach und Gotthelf – man erinnert sich der von Aurbacher im Untertitel seines *Volksbüchleins* formulierten Zwecksetzung: »für Volksfreunde«. Die Produktion dieser Volksschriftsteller aber bleibt nach Eichendorffs Einschätzung in ihrer Wirksamkeit gerade deshalb begrenzt, weil sie sowohl höheren Anforderungen nicht genügt als auch das Volk im eigentlichen Sinn nicht erreicht.

Für die Poesie an sich ist von dieser künstlichen Herabstimmung derselben zu der Fassungskraft oder der äußeren Beschränktheit des Volkes kein sonderlicher Gewinn zu erwarten [...]. Ebenso illusorisch aber dürfte auch die beabsichtigte unmittelbare Einwirkung dieser Literatur auf das eigentliche Volk sich erweisen. Einmal liest das Volk, weil es keine überflüssige Zeit hat, überhaupt fast nichts, als seine Hauskalender und Gebetbücher, und konzentriert seine Poesie nur noch im Volksliede. Sodann aber läßt das Volk auch, aus einem natürlichen Mißtrauen gegen gelehrte Büchermacher, nicht gern über sich reden oder scherzen; es hat, wie die Kinder, nicht das mindeste Begehren darnach, sich und sein einförmiges Treiben wie in einem Spiegel, wenn auch noch so getreu oder verschönernd, abgebildet zu sehen. Dessen haben sie täglich zu

Hause genug; sie wollen vielmehr das, was sie von dem Alltäglichen befreit; anstatt der Idyllen, das Wunderbare: Sagen, Märchen, Legenden; und greifen, wenn dieser poetische Hauch ausgegangen, lieber zu den abenteuerlichsten Morde- und Räubergeschichten, wo wenigstens die Phantasie noch freiere Hand hat. [81]

Die Beschaffenheit der bewußt produzierten Literatur der Volksschriftsteller führt Eichendorff auf die »Blasiertheit der Gebildeten« zurück, so daß sie »eigentlich doch wieder nur für das bisherige, gewöhnliche Lesepublikum arbeitet« [82]. Auf diese Weise wird der Trennstrich zwischen den beiden Literaturen, die die Heidelberger Romantik zu vereinen gestrebt hatte, nur um so schärfer gezogen; der Literarhistoriker Eichendorff steht in dieser Hinsicht eher der Position Friedrich Schlegels nahe [83].

Die unterhaltenden Volksbücher, die aus mittelalterlichen und frühneuzeitlichen Vorbildern hervorgegangen sind, nehmen im 19. Jahrhundert eine Mittelstellung ein: sie erreichen zwar in so gut wie keinem Falle den Rang der Dichtung, auch in die Kategorie »Unterhaltungsliteratur«, die Robert Prutz um diese Zeit in seinem *Literarhistorischen Taschenbuch* definiert hat, gehören sie schwerlich – diese umfaßt Autoren wie Immermann, Alexis, Gotthelf und Auerbach [84]. Sie sind aber ebensowenig ausschließlich Unterschichtliteratur.

Unter den deutschen Literarhistorikern des 19. Jahrhunderts sind Gervinus und Scherer die selbständigsten, vielleicht auch eigenwilligsten, unstreitig aber die bedeutendsten. Von der gegenwärtig noch überwiegend in ideologiekritischer Absicht betriebenen Wissenschaftsgeschichte, die in den populären Randzonen des Faches fast zur herrschenden Lehre geworden ist [85], werden beide des öfteren in einen Gegensatz zueinander gebracht. Das widerspräche durchaus Scherers eigener Auffassung über Gervinus, die er anläßlich einer Kritik an Hermann Hettners *Litteraturgeschichte des 18. Jahrhunderts* zum Ausdruck gebracht hat [86]. Doch auch wenn man von Scherers Selbsteinschätzung einmal absieht, weist tatsächlich die methodische Praxis bei Gervinus und ihm nicht wenige Gemeinsamkeiten auf. Für die Beurteilung der Einstellung eines Literarhistorikers gegenüber geschichtlichen Bedingungen und Voraussetzungen seiner Gegenstände gibt die Literatur, mit der wir es in unserem Untersuchungsgang überwiegend zu tun haben, einen ausgezeichneten Probierstein ab; diese Literatur ist ganz unübersehbar an konkrete historische Voraussetzungen und an konkrete historisch-literarische Normen gebunden. An der Behandlung der Volksbuchliteratur in den Literaturgeschichten von Gervinus und Scherer lassen sich die Gemeinsamkeiten zwischen ihren Autoren gut nachweisen. Diese Übereinstimmungen haben zur Grundlage die bei beiden unangefochtene Geltung der als überzeitlich verstandenen und somit nicht selbst geschichtlicher Einordnung unterworfenen ästhetischen Normen des Klassischen.

Obwohl es heute sorgfältige wissenschaftsgeschichtliche Analysen von Methode und Leistung Gervinus' gibt [87], unterliegt gerade seine Literaturgeschichte immer noch sehr divergenten Beurteilungen. Während z. B. Friedrich Sengle vor allem die literarisch-systematischen Kategorien des Literarhistorikers Gervinus skeptisch beurteilt [88], sehen namentlich die nach dem Prinzip der Parteilichkeit verfahrenden – und darin ihrem Gegenstand verwandten – Beurteiler Gervinus als den eigentlichen Begründer der Literaturgeschichte als wissenschaftlicher Disziplin an. Nach ihrer Meinung hat »Gervinus die moderne und nationale Literaturgeschichtsschreibung überhaupt erst geschaffen« [89]. Diese Meinung ist freilich nicht neu. Hans Rosenberg schrieb schon 1929: »Es ist die erste umfassende Gesamtdarstellung der deutschen Dichtung von ihren Anfängen bis zur Gegenwart, bahnbrechend darin, daß hier die poetische Nationalliteratur weniger nach ästhetischen Kategorien abgehandelt, als vielmehr im Zusammenhang mit Kultur und Politik, in den Ursachen ihres Werdens, in ihrer Wirkung auf das Leben und in ihrem Verhältnis zur historischen Umgebung, überhaupt als organisches Ganzes, als eine Geschichte der deutschen Bildung und des deutschen Geisteslebens betrachtet wird.« [90] Doch Rosenberg geht von der Annahme aus, daß Gervinus' Literaturgeschichte nach Absicht und Ergebnis tatsächlich eine Literaturgeschichte und nichts als eine solche sei. Das stellt das Verhältnis zur politischen Historie, innerhalb dessen sie gedacht ist und verstanden werden muß, nahezu auf den Kopf. Die Literarhistorie ist ja für Gervinus nicht einfach ein Teil der Historie, sondern in einer ganz besonderen Weise die Nationalgeschichte, oder, mit den Worten Rankes in seiner 1871 vor der Historischen Kommission der Bayerischen Akademie gehaltenen Gedenkrede über Gervinus: »Während wir in der Literatur einen Zweig des nationalen Lebens sehen, der wesentlich zu dem Ganzen gehört, es aber nicht ausmacht, meint Gervinus, das wahre innere Leben der Nation in der Literatur selbst zu erblicken. Er glaubte beinahe die deutsche Geschichte zu schreiben, indem er der Bewegung folgte, welche die literarische Production bei uns genommen hat.« [91]

Die Geschichte der deutschen Dichtung hat ihre Bedeutung im Rahmen von Gervinus' letztlich aufklärerisch-teleologischem Geschichtsbild bekanntlich darin, daß sie in der klassischen Kunstperiode ihren Abschluß erreicht und damit eine Epoche in der Entwicklungsgeschichte der Nation markiert. Insofern konnte Gervinus sie mit Recht *Geschichte der poetischen National-Literatur der Deutschen* [92] nennen. Daß sie seit der 4. Auflage (1853) zur *Geschichte der deutschen Dichtung* wurde, war nur eine folgerichtige Konsequenz daraus, daß Gervinus das geschichtliche Entwicklungsschema, das seiner Literaturgeschichte zugrunde lag, in seiner »demokratischen« Spätphase geändert, ja, 1848 nahezu widerrufen hat [93]. Seine ursprüngliche Auffassung, daß die Entwicklung der deutschen Dichtung in ihrer Vollendung durch die Klassik ende, bedeutet aber auch, daß die klassische Dichtung in einem allgemeinen Verstand, in einem überzeitlichen Sinne, die ästhetischen Maßstäbe für die gesamte Geschichte der Dichtung bereitstellt. Der klassisch-ästhetische Rigorismus Gervinus' besitzt insofern einen genauen Ort in seinem politisch-historischen System [94]. Sobald man den Boden dieses Systems jedoch verläßt – wie Gervinus es im Laufe seiner Entwicklung selbst getan hat –, muß das anfangs in sich durchaus schlüssig begründete Verhältnis einerseits von literarischen Kategorien und Wertmaßstäben und anderseits von Argumenten, die auf einen Begründungszusammenhang zwischen literarischer und politischer Historie zielen, als Widerspruch erscheinen. Wie stets in solchen und ähnlich gelagerten Fällen im 19. Jahrhundert erweist sich das literarisch-ästhetische Normensystem als stärker und behält die Oberhand [95].

Der heutige Leser wird erwarten, daß eine Methode, der so vielfach nachgesagt worden ist, sie beruhe auf einer Berücksichtigung der Zusammenhänge zwischen allgemeiner und literarischer Geschichte, daß also eine »politische« Literaturgeschichtschreibung in besonderer Weise geeignet sei, gerade solche Gegenstände zu erfassen und zu beschreiben, die offenkundig durch den Zusammenhang von Literatur und Gesellschaft bestimmt werden. Ein solcher Gegenstand ist das »Volksbuch«, das als geschichtliches Phänomen in nahezu jeder Phase seiner Tradition, schon bei der Entstehung seiner ältesten textlichen Grundlagen, in einem Spannungsfeld von sozialen und literarischen Bedingungen steht. Wenn man aber mit solchen Erwartungen an Gervinus' Literaturgeschichte herantritt, wird man überrascht, denn man findet nur in ganz bestimmten Teilen eine vom Üblichen abweichende, im ganzen aber keine befriedigende Erklärung für diese Literatur; darüber hinaus läßt sich der Eindruck nicht abweisen, daß die Grundlagen von Gervinus' Betrachtungsweise in sich widersprüchlich sind.

Das methodische Programm erscheint zunächst schlüssig und einleuchtend, wenn Gervinus einleitend erklärt, daß sein Werk nichts sei »als Geschichte. Ich habe mit der ästhetischen Beurtheilung der Sachen nichts zu tun, ich bin kein Poet und kein belletristischer Kritiker« [96]. Zuvor hatte man zwar gelesen, daß der Verfasser »statt einem forschenden Werke der Gelehrsamkeit ein darstellendes Kunstwerk zu entwerfen unternahm« [97]. Die einander scheinbar widerstreitenden Sätze lassen sich jedoch so verstehen, daß die Darstellungsprinzipien des Kunstwerks als Entsprechungen der teleologisch verstandenen Geschichte, somit auch der Entwicklung der Literatur, in ihrer gesetzhaften Strenge anzusehen sind. Doch am Schluß des Absatzes, aus dem das erste Zitat stammt, stößt man auf folgende prognostische Aussage, die eine ganz andere Perspektive eröffnet: »Ich bemerke übrigens noch, daß das Endurtheil des ästhetischen und das des historischen Beurtheilers, wenn beide in gleicher Strenge zu Werke gingen, immer übereinstimmen wird; es rechne nur jeder auf seine eigene Weise richtig, die Probe wird die gleiche Summe ausweisen.« Eine derart gewaltsame Konstruktion ist nur vor dem Hintergrund der geschichtsteleologischen Erwartung verständlich, die als Konzept dem ganzen Werk zugrundeliegt. Es ist nun die Frage, auf welche Weise sich in Gervinus' Anschauung der gedachte ästhetische Beurteiler von seinem historischen Konkurrenten unterscheidet, zumal ohne Zweifel beide es mit der Literatur zu tun haben; es sollen nicht etwa Fächer unterschieden werden, sondern Verfahrensweisen. Der ästhetische Beurteiler ist, wie man etwas vereinfachend sagen müßte, derjenige, der den einzelnen literarischen Gegenstand gleichsam aus sich selbst heraus erklärt, vor allem aber wertet, während der historische zu seinen Urteilen durch Vergleich und die Feststellung von – kausalen oder finalen – Beziehungen und Zusammenhängen gelangt [98]. Er bleibt deswegen doch Historiker von Literatur, und es ist schlicht ein Mißverständnis, wenn man annimmt, Gervinus meine noch andere als literarische Gegebenheiten, wenn er eine Dichtung aus ihrer »Zeit« erklären will.

Die Prämisse, nicht ästhetisch zu werten, wird nun aber nicht durchgehalten. Nach der berühmten, unablässig zitierten Stelle über die Ablehnung einer »ästhetischen Beurtheilung« muß man nur die Seite umwenden, um auf ein nahezu entgegengesetztes Programm zu stoßen, eines, in dem die ästhetische Beurteilung im Mittelpunkt steht: »In den Künsten muß man überhaupt am wenigsten toleriren [...]«. Und dies tut Gervinus auch nicht im mindesten, vielmehr urteilt er unablässig, und dies häufig in drastischer Weise. »Besonders wünschte ich es nicht vergessen zu haben, daß ich blos eine Geschichte der Dichtung schreibe, nur den poetischen Werth der Dinge im Auge habe und jede andere Eigenschaft nur gelegentlich berühre. Das Kunstwerk eines Dichters kann deren allerhand haben, man könnte namentlich in den Epopöen des Mittelalters die Alterthümer, die Sagen, die mythische, sprachliche, moralische, historische [!] Bedeutung besprechen, ich berücksichtige aber vorzugsweise nur die dichterische, ohne darum ganz zu verschweigen, welcher accessorische Werth dem oder jenem Werke zukommt.« [99]

Es bleibt die Frage, warum ein Autor auf engstem Raum einander widersprechende methodische Prinzipien aufstellt, ein Gegensatz, auf den kein Geringerer als Rosenkranz sofort aufmerksam gemacht hat, ein Zeuge, der gewiß nicht im Verdacht steht, Gervinus nicht hinlänglich zu würdigen. In seiner Rezension des ersten Bandes von Gervinus' Literaturgeschichte in den Berliner *Jahrbüchern für wissenschaftliche Kritik* [100] merkt er unmittelbar zu Gervinus' Satz, er habe mit der »ästhetischen Beurtheilung der Sachen« nichts zu tun, an: »Hinterher aber geräth er durch die That mit diesem Vorsatz in Widerspruch.« Selbstverständlich müsse eine Geschichte der Poesie werten, und das eben tue Gervinus auch: »[...] er vergißt, wie es Recht ist, in seiner geschichtlichen Entwicklung niemals die ästhetische Bestimmung [...]« [101], und zwar eine, die neuhumanistischen Prinzipien und klassischen Mustern folge [102]. Wenn etwas die Literaturgeschichte Gervinus' von anderen unterscheidet, so ist es das fast übergroße Gewicht, das die Maßstäbe einer klassischen Gattungspoetik bei ihm besitzen. Diese Geschichte der Dichtung will aber gerade als Dichtungsgeschichte politische Geschichte sein, und nur unter dieser Voraussetzung ist die Aussage ihres Verfassers hinzunehmen, daß die ästhetischen Urteile mit der historiographischen Gesamtkonzeption letzten Endes übereinstimmen.

Einige Beispiele mögen die Härte dieses Urteils veranschaulichen. Man kann nach aller Erfahrung um die Mitte des 19. Jahrhunderts auch von dem vorurteilsfreiesten Literarhistoriker kein historisch gerechtes Urteil über ein Werk des geblümten Stils erwarten. Gleichwohl überbietet Gervinus z. B. in seinen Bemerkungen zur *Minneburg* das übliche Maß an Schärfe doch ganz erheblich: »[...] eine Grundsuppe voll von dem seltsamsten Schwulste, den übertriebensten Wolframschen Übertreibungen und von Exclamationen, die an unsinniger und falscherhabener Manier, an Mischung des Sonderbarsten mit dem Plattesten kaum ihres Gleichen hat« [103]. Aber Johannes Hartlieb oder Jörg Wickram, um zwei Autoren aus dem Bereich der romanhaften Unterhaltungsliteratur des 15. und 16. Jahrhunderts anzuführen, geht es nicht besser [104]. Über Gegenstände, bei denen Gervinus seinen notorischen Hang zum Urteilen und Verurteilen einmal unterdrücken kann, gelingen ihm treffendere Aussagen. Im Abschnitt »Prosaromane« im zweiten Band tritt in seiner Darstellung deutlich hervor, daß die Entstehung dieser Literatur im 15. Jahrhundert Bestandteil einer umfassenden rückwärtsgewandten Bewegung war. Ganz zu Recht zählt er die Romane in dieser Zeit zu den alten, fest gegründeten Gattungen, »die auch für die Höfe und den Adel allein interessant bleiben konnten« – also nicht oder doch erst sekundär für das Bürgertum. Gervinus sieht ferner, daß mit diesen Romanen Versuche vorliegen, poetische Konventionen des Mittelalters zurückzurufen und mit ihrer Hilfe auch die Stellung des Dichters in seiner gesellschaftlichen Umgebung erneut nach dem Muster mittelalterlicher Vorbilder zu gestalten. Auch den eigentümlich »romantischen« Grundzug in dieser Rückwendung des 15. Jahrhunderts hat Gervinus gesehen: »Die Freude an der Gegenwart, die ein so eigenthümliches Element der ritterlichen Dichtung war, hatte sich lange verloren: man kehrte zu dem natürlicheren Hange der Herabsetzung des Gegenwärtigen gegen das Alte zurück; [...].« »Der Geschmack fiel auf die alten Ritterbücher zurück, denn sie lagen der Nation immerhin am nächsten; [...].« [105] In der Tat vollzog sich im 15. Jahrhundert eine bewußte Erneuerung weit zurückliegender literarischer Formen, wenn auch nicht in Gestalt bloßer Imitation.

Gervinus hat bemerkt, daß die Bedeutung der Ritterromane in Frankreich und Spanien weit größer war als in der deutschen Literatur. »In diesen Ländern gab es in diesen Jahrhunderten einen neuen Glanz des Ritterthums, der durchaus von dem poetischen Ritterromane her seine Farbe trug; [...].« [106] In Deutschland aber habe es Vergleichbares nur unter Maximilian gegeben. Im Detail ist dieses Bild keineswegs vollständig, es ist auch nicht genau, doch im Umriß besitzt es die richtige Kontur – Gervinus ist praktisch der einzige Literarhistoriker des 19. Jahrhunderts, von dessen Darstellung der Anfänge des Romans sich das sagen läßt. Die deutsche Literaturgeschichtschreibung – die allerdings auch immer schon im 16. Jahrhundert sattelfester war als im 15. – neigte während des 19. Jahrhunderts wie heute eher dazu, den Beginn des Romans in Prosa mit wie auch immer gearteten »bürgerlichen« Tendenzen in Verbindung zu bringen. Das läßt sich überlieferungsgeschichtlich nicht verifizieren. Bei Gervinus aber begegnet man überlieferungsgeschichtlichen Hinweisen [107], die zumindest im Prinzip die Anfänge dieser Literatur dort lokalisieren, wo sie tatsächlich zu suchen sind, nämlich beim Adel, ja Hochadel, und bei solchen Bürgern, die sich den Lebensformen des Adels – auch in dem Versuch der Teilhabe an seinen kulturellen Traditionen – anzugleichen versuchten oder vermochten.

Weit weniger befriedigend fallen bei Gervinus die Partien aus, in denen er die anschließende jüngere Geschichte der Romane seit dem 16. Jahrhundert behandelt. Man geht sicher nicht fehl, wenn man als einen Hauptgrund dafür anführt, daß die Gattungskategorien klassischer Provenienz auf die Literatur des Reformationszeitalters schlechterdings nicht anwendbar sind. Tiefe Abneigung gegen diese formlose Literatur kennzeichnet denn auch die entsprechenden Kapitel bei Gervinus. Im Vergleich dazu erweist sich die im wesentlichen – für das Detail fehlten Gervinus die nötigen Kenntnisse – gelungene Darstellung beim Roman des 15. Jahrhunderts deshalb als so treffend, weil Gervinus diesen in Grundzügen noch sub specie der klassischen epischen Werke des Hochmittelalters behandeln konnte. Seine Darstellung geht hier nicht allein aus direkter Analyse hervor, sondern sie beruht wesentlich auf der Voraussetzung, daß er diese Epoche als einen Abglanz einer anderen, die sich selbst sehr wohl positiver ästhetischer Wertung erschloß, charakterisieren konnte, er sah sie in seinem Sinne »historisch« – nämlich im literarischen Zusammenhang. Man darf sich nicht täuschen lassen: es ist Gervinus' Wertschätzung für die großen Werke des Hochmittelalters, die bewirkt, daß er auch ihren späten Reflexen noch gerecht werden kann.

Diese Wertschätzung erstreckt sich aber nicht mehr auf die jüngere Tradition, mithin auch nicht auf die »Volksbücher«. Die Renaissance der Literatur der frühen Neuzeit bei den Romantikern hat er mit betonter Schärfe kritisiert: »Dieß [die Achtung der Schlegel vor der altdeutschen Literatur] ging allerdings zu weit, wenn Tieck, Brentano, Fr. Schlegel, Görres, Fouqué und Andere altdeutsche Romane und Volksbücher der schlechtesten und geringsten Art wieder druckten oder bearbeiteten und auszogen, und uns anmutheten auch dieß als eine seltene Poesie zu verehren, [...].« [108]

Kriterien einer Unterscheidung von Volksbuch und Roman werden bei Gervinus nicht genannt. Als »Volksbücher« behandelt er im wesentlichen die Drucke des 16. Jahrhunderts. Gervinus hält von ihnen generell nichts. Den *Finkenritter,* der zugegebenermaßen kein bedeutender Text ist, nimmt er zum Anlaß für die Feststellung: »Aber Verdienst ist gar nicht in dem Buche, wie überhaupt in keinem Volksbuche« [109]. Ein ähnliches Verdikt fällt er auch über das *Faust*-Buch, das ja für viele Literaturhistoriker sakrosankt ist. Der Degout Gervinus' über das ganze Zeitalter ist überdeutlich: »Das öffentliche Leben in Deutschland zur Reformationszeit ist das wahre Studentenalter der Nation; [...]« [110], eine Aussage, die wieder von der Geschichtsteleologie Gervinus' bestimmt ist. Dabei wäre Studentenalter mit »Flegeljahre« sicher noch zu gutmütig übersetzt.

Wer nun im Vergleich dazu die Behandlung des frühen deutschen Romans in den Arbeiten Wilhelm Scherers verfolgt, findet in ihnen manche der schon von Gervinus entwickelten Gesichtspunkte wieder. Diese Feststellung widerspricht der gängigen Auffassung über Scherer, der für gewöhnlich eher in einen Gegensatz zu Gervinus als dem wahren Vater der Literaturgeschichtschreibung gebracht wird; eine gründliche Analyse der Arbeiten Scherers – und zwar auf allen Zweiggebieten der Philologie – wäre an der Zeit [111]. Ihre wissenschaftsgeschichtlich adäquate Beurteilung wird erschwert durch die unzulänglichen wissenschaftstheoretischen Vorstellungen vom sogenannten »Positivismus«, die sich in der Germanistik entwickelt haben. Der germanistische Begriff von Positivismus ist zu einem Äquivalent von Tatsachenforschung abgesunken. Als Grundbestand philologischer Fragestellung sind die Erforschung von literarischen und historischen Fakten, ihr In-Beziehung-Setzen zeitlos, weder ist der methodische Wirkungsbereich Wilhelm Scherers dad u r c h in hinreichender Weise gekennzeichnet, noch ist es möglich, allein mittels dieses Kriteriums diese wissenschaftsgeschichtliche Epoche gegen eine andere abzugrenzen. Wenn man das Charakteristische an Scherers Arbeiten wenigstens andeuten will, muß man zuerst seine Überzeugung von der Dependenz dichterischer Erscheinungen sowohl untereinander wie von realen Bedingungen ihrer Entstehung nennen, ferner sein methodologisches Fernziel, zu einer generellen Anwendung des Kausalitätsprinzips auch in der Literaturwissenschaft zu gelangen. Er hat die geradezu aussichtslose Konkurrenzsituation zu den vorbildgebenden Naturwissenschaften, in die er die Philologie mit der von ihm erstrebten durchgehenden Anwendung deterministischer Kategorien brachte, selbst als bedrückend empfunden.

Die Übereinstimmungen in der Behandlung des frühen deutschen Romans bei Gervinus und bei Scherer bestehen in den ästhetischen Grundanschauungen; sowohl sie selbst wie auch vor allem ihre historische Grundlegung sind allerdings bei Scherer präziser und gründlicher formuliert. Speziell das hier in Rede stehende Gebiet der Literaturgeschichte behandelt eine umfangreiche, vielleicht sogar ausgeuferte Rezension Scherers, die 1877 als Buch erschien [112]; sie galt dem ersten Band von Felix Bobertags *Geschichte des Romans* [113]. Scherers Schrift ist ein wissenschaftsgeschichtliches Dokument ersten Ranges, weil sie vom Niveau, vor allem aber vom Arbeitsethos dieser Wissenschaftsepoche Zeugnis ablegt. Die Anwendung umfassender und akribischer Gelehrsamkeit auf einen von Scherer durchaus nicht geschätzten Gegenstand (den frühen deutschen Roman und im weiteren Sinne seine ganze Epoche) bringt ihn in die Lage, seine wissenschaftlichen Grundkategorien anhand von Gegenständen zu formulieren, die es auch ausschließen könnten, daß man Gelehrsamkeit und methodischen Aufwand auf nur pflichtmäßig behandelte Autoren und Texte wendet. Die literaturwissenschaftlichen Prinzipien Scherers beruhen auf der Grundannahme, daß Dichtung typisch durch die neuzeitliche Kunstdichtung der Goethezeit, also durch Schöpferästhetik, insbesondere durch die organologische Auffassung vom Kunstwerk vertreten sei. Die überlieferten Kunstregeln seines wissenschaftlichen Handwerks nötigten Scherer jedoch, ohne dabei einen methodischen Unterschied zu machen, auch solche Gegenstände zu behandeln, die Vorbedingungen der genannten Art gar nicht erfüllen. In diesem Zwiespalt hätte er sich in seiner historischen Situation entweder zur wertfreien Philologie oder aber zur bewußten Gegenstandsauswahl entscheiden können. Aber er tat in seiner eigenen Forscherpraxis beides nicht [114]. Die Bobertag-Rezension dokumentiert vielmehr ein fest in der Kunstlehre einer philologisch abgesicherten Literarhistorie gegründetes Selbstbewußtsein, das durch keine Zweifel angekränkelt erscheint.

Die Stärke dieses Selbstbewußtseins war nicht unabhängig von der kulturpolitischen Funktion des Faches, in dem es auftrat. Trotz vieler Übereinstimmungen in der Forschungspraxis scheint die Skepsis in den älteren philologischen Nachbarwissenschaften, von denen die Deutsche Philologie in mehr als einer Beziehung ihre Rolle ererbt hatte, größer gewesen zu sein. Dies dokumentieren eindrucksvoll die Reden, die Theodor Mommsen in den Jahren 1874, 1883, 1887 und 1895 am sogenannten Leibniztag der Berliner Akademie hielt. In ihnen kommt eine sich steigernde Verdüsterung zum Ausdruck, konkret ein Unbehagen an der Diskrepanz von Universalität des Wissenschaftsbetriebs und Spezialistennot des einzelnen Wissenschaftlers [115]. Das Phänomen der wissenschaftlichen Arbeitsteilung ist die äußere Form dieser Problematik [116]. Bei Scherer ist von diesem Zwiespalt noch nichts zu bemerken, obwohl der Konflikt bei ihm der Sache nach bereits angelegt ist. Der unerhörte Aufwand an wissenschaftlicher Mühe wird nicht dadurch getragen, daß der Forscher selbst ihn vom Gegenstand her für gerechtfertigt hielte. Er selbst ist einer ganz bestimmten Musterpoetik verpflichtet, die ihn zugleich auch auf einen gewissen Kanon von Gegenständen verpflichtet. Diese Wertmaßstäbe sind aber nicht generell auf alle Gegenstände der Literaturgeschichte anwendbar, und entsprechend schwierig wäre die Wahl von aus dem Kanon herausfallenden Gegenständen zu begründen. Eine gleiche Behandlungsweise für alle Objekte der Literaturgeschichte ergibt sich bei Scherer nur durch systemimmanente Regeln der wissenschaftlichen Kunstlehre.

Die auf diese Weise zustandegekommenen Rezeptionsbedingungen hat Scherer in bezug auf Wickram und indirekt damit zugleich auf die Literatur der frühen Neuzeit insgesamt mit aller Deutlichkeit in seiner Bobertag-Rezension formuliert:

> Verlange nur niemand, dass ich mich in den »Geist der Zeiten versetzen« und im XVI. Jahrhundert schön finden solle, was ich im XIX. Jahrhundert für hässlich erkläre. Künstlerische Logik muss man immer fordern, vernünftige Oekonomie, Einheit und Mannigfaltigkeit, Sparsamkeit im grossen, Reichthum im kleinen. Und gewisse Fragen muss man an alle erzählenden und nicht bloss erzählenden Gedichte stellen: welche Absichten hat der Künstler und wie verwirklicht er sie? was bevorzugt er? was vernachlässigt er? wie behandelt er Charaktere, Handlungen, Situationen? wie verhalten sich Gespräch und Erzählung? wie stellt er Natur, wie Menschen und menschliches Empfinden dar? u.s.w. Ich würde nicht von diesen selbstverständlichen Dingen reden, wenn es nicht so nöthig wäre, wenn nicht die Neigung am Stoff zu kleben in so grauenhafter Weise grassirte, ja, und wenn nicht dieser schlechteste Instinct die Frechheit hätte, sich für die allein exacte Methode auszugeben und mitleidig auf unser »Aesthetisiren« herabzublicken: Apotheose der Impotenz! [117]

An dieser Stelle legt Scherer einen wesentlichen Teil seines poetologischen Credos offen dar, ansonsten stellt er in minutiösem Detail die historisch-philologisch-bibliographischen Materialien für die Werke Wickrams bereit. Es ist nicht zu übersehen, daß wohl die Wertung Scherers, nicht hingegen sein praktisches Verfahren jenen Grundsatz des historischen Verstehens mißachtet, nach dem jeder Autor Anspruch darauf hat, zunächst aus den Bedingungen seiner Zeit heraus beurteilt zu werden. In dieser Hinsicht zeigt sich ein gewisser Unterschied zwischen Scherer und Gervinus, denn letzterer praktizierte seine Wertbegriffe durchaus. Im übrigen aber ist die Absolutsetzung der klassischen Epoche der deutschen Dichtung und ihrer ästhetischen Maßstäbe bei beiden weitgehend identisch, damit auch die Allgemeinverbindlichkeit der klassischen Poetik und Gattungslehre, im speziellen die Musterbildlichkeit eines bestimmten Romantypus. Natürlich war auch Scherer klar, daß dieser Typus in der Geschichte des deutschen Romans vor Wieland schwerlich anzutreffen ist. Doch poetologisches System geht auch hier vor literarischer Historie, und dort, wo beide aufeinanderstoßen, zeigen sich Widersprüche. Das von Scherer vorausgesetzte gattungstypologische Grundmuster, das, wenn es absolut gesetzt wird, eine allgemeine Theorie des Romans, in der sich antike, mittelalterliche, barocke und moderne Texte zugleich darstellen ließen, a limine unmöglich macht, ist eben der bürgerlich-realistische Roman. Eine innerfachliche Konsequenz dieser methodischen Grundposition bestand darin, daß das »Volksbuch«, das nun in der Tat nicht nach den gleichen Regeln gebaut ist wie ein Roman der Goethezeit, nicht unbedingt als ein vollgültiger Gegenstand für die wissenschaftliche Diskussion angesehen wurde. Von dieser Einschätzung durch unsere wissenschaftlichen Vorfahren hat sich der frühe deutsche Roman bis heute nicht erholt.

Scherers Literaturgeschichte (1883) [118], sein bekanntestes Werk, läßt in ihrer abgewogenen Darstellungsweise von den ihr zugrundeliegenden methodischen Voraussetzungen nur wenig erkennen. Diese liegen viel offener am Tage in der seltsamerweise wenig beachteten *Poetik*, die 1888 aus dem Nachlaß Scherers herausgegeben wurde [119]. Die Tradition der ästhetischen und Gattungsnormen, gerade auch das Schulmäßige an ihr, werden hier viel deutlicher als in der konkreten Anwendung in der Literaturgeschichte. Auf der anderen Seite lassen diese Vorlesungen aber auch Züge großer Eigenständigkeit erkennen. An einem Musterfall, Scherers antiaristotelischer Behandlung des Lehrgedichts, sei zunächst seine Gebundenheit an klassische formale Muster (der sich von Scaliger herleitenden rhetorischen Tradition) veranschaulicht: »Vollends nun etwa das ganze didaktische Gedicht aus der ›eigentlichen‹ Poesie ausscheiden zu wollen ist der Gipfel der Willkür und verdient von unserm Standpunct aus gar keine Widerlegung; denn wenn man nicht daran festhält, daß alle gebundene Poesie in die Poetik gehört, dann sind die Grenzen gleich unsicher und subjectiv.« [120] Daraus folgt nun nicht, daß die formal »poetischen« Formen die einzigen seien, die als kunstgemäß anzusehen sind, auch wenn Literatur für Scherer primär mit Dichtung identisch ist: »Die Wissenschaft und was uns mehr praktisches Bedürfniß scheint ohne Anspruch auf künstlerische Wirkung, auf Anregung der Phantasie – das ist ausgeschlossen.« [121] »Aber immer muß man das gesammte Gebiet der Rede im Auge haben, um der Poetik ihre rechte Stellung zu wahren und nie vergessen zu lassen, daß sie ein verhältnismäßig willkürlich ausgewähltes Fragment aus dem Gesammtgebiet der kunstmäßigen Rede ist – [...] Die Poetik ist vorzugsweise die Lehre von der gebundenen Rede; außerdem aber von einigen Anwendungen der ungebundenen, welche mit den Anwendungen der gebundenen in naher Verwandtschaft stehen.« [122]

Fragt man nach ästhetischer Wirkung, so gehörte diese sicher nur am Rande zu den Wirkungsabsichten des frühen Romans. Die Romane Wickrams erschienen Scherer deshalb als Repräsentanten eines ästhetisch inferioren Romantypus. Im übrigen hat er durchaus an der richtigen Stelle nach analogen Formen gesucht: Epos und Roman hielt er für weitgehend analoge Erscheinungen. In einer Kurzanzeige des Bobertagschen Buches, die er parallel zu seiner in Buchform veröffentlichten umfangreichen Rezension 1877 im *Anzeiger* erscheinen ließ, stellt er dieses Verwandtschaftsverhältnis noch besonders heraus: »Der Verfasser [Bobertag] hat ganz mechanisch den Begriff des Romanes als Prosaroman festgehalten. Er hat daher für manche litterarische Erscheinungen die allernächsten Verwandten ausgeschlossen, wenn sie zufällig nicht prosaische Form angenommen hatten: es ist aber unmöglich, die Macht und den Einfluß der Prosa abzuschätzen, wenn man nicht die Macht der Poesie auf denselben Gebieten zu berechnen weiß. Er hat ferner mit geringen Ausnahmen den Prosaroman noch wieder auf den gedruckten Prosaroman eingeschränkt. Es sind dadurch gerade die Anfänge des Prosaromans sehr schlecht weggekommen.« [123]

Die von Scherer gerügten Fehler Bobertags gehen darauf zurück, daß Bobertag den Romanbegriff der Neuzeit im engeren Sinne absolut setzte, bei dem kaum mehr an den Versroman, sicher aber nicht an handschriftliche Verbreitung zu denken ist. Infolgedessen waren »Romane« in den Überlieferungsformen des Mittelalters für Bobertag gar nicht weiter interessant. Scherer aber sah diese Literatur mit den Augen des Mittelalterphilologen, für ihn entwickelten sich die jüngeren Überlieferungsformen erst allmählich aus den älteren. Es ist sogar fraglich, ob er den Prosawerken, die ja noch vor der Mitte des 15. Jahrhunderts einsetzen, überhaupt ohne Vorbehalte die Gattungsbezeichnung »Roman« zuerkannt hätte. Die einfache Übertragung des modernen Romanbegriffs in die Vergangenheit hinein ist, wie Bobertags Beispiel zeigt, kein gangbarer Weg. Doch auch die funktionelle Bedeutung der Überlieferungsformen zeigt verwirrende Überschneidungen. Handschrift und Druck können im Einzelfall ganz verschiedene, aber auch wieder aufs engste verwandte Funktionen haben. Der Überlieferungstypus der in Werkstätten hergestellten Gebrauchshandschrift steht hinsichtlich seiner Gebrauchsfunktion unter Umständen weit unter der des aufwendigen Drucks für einen kleinen Käuferkreis. Dieses Phänomen ist bei den auf die Sukzession »mittelalterlicher Erzählstoff im Roman – große Breitenwirkung nach Aufkommen des Buchdrucks« festgelegten Volksbuchforschern stets auf Verwunderung gestoßen, weil manche Texte nicht zu »Volksbüchern« wurden. Beispiele der letzteren Art sind die zwei von Hieronymus Rodler in Simmern in der Pfalz gedruckten Romane [124], die in ihrer Zweckbestimmung eher dem Überlieferungstypus der Handschrift zuzuordnen sind als dem gedruckten Buch.

In Scherers *Poetik* finden sich Überlegungen zum Problem der wirtschaftlichen und sozialen Bedeutung des Übergangs von der Handschriften- zur Buchproduktion. In dem Kapitel *Der Tauschwerth der Poesie und der litterarische Verkehr* [125] hat Scherer eine sozioökonomische Formulierung für Prozesse versucht, die bisher ausschließlich literarisch verstanden worden waren. »Die Poesie ist also schon in alter Zeit eine Art von Waare. Ihr Werth regelt sich nach Angebot und Nachfrage, nach dem Verhältniß von Production und Consumtion.« [126] Die endgültige Durchsetzung der »Anerkennung der Poesie als Waare« sei durch den Buchhandel erfolgt. Scherer postuliert eine Gleichsetzung von ökonomischen und naturwissenschaftlichen Gesetzen, und zwar mit der gleichen Strenge wie bei dem sonst von ihm angestrebten Beweis der kausalen Abhängigkeit der Literatur von literarischen wie außerliterarischen Determinanten. Im Sinne einer Unterscheidung von Kapital und Arbeit setzt er mit »Kapital« die Elemente der literarischen Tradition gleich, mit »Arbeit« das »Erlebte und Erlernte«, also das, was stärker den Eigenanteil der Autoren an der Literatur ausmacht. Eine Nachfolge haben diese Ansätze auch in seiner Schule nicht gefunden.

Wenn man den jeweiligen methodischen Hintergrund bei Gervinus und bei Scherer ohne die ihnen gemeinsamen Prinzipien der klassischen Ästhetik betrachtet, so trennt beider wissenschaftstheoretische Grundlagen mehr als ein ganzes Zeitalter. Die Resultate hinsichtlich des frühen deutschen Romans stimmen allerdings zu einem guten Teil überein, und zwar hauptsächlich eben wegen der bei beiden nachweisbaren Fortwirkung der klassizistischen Tradition der Gattungslehre. Es ist eine Folge der in dieser Tradition stehenden Werturteile, daß das Gebiet des frühen Romans in Scherers Literaturgeschichte sehr knapp dargestellt wird; zu den hervorzuhebenden Kapiteln der deutschen Literaturgeschichte kann es nach solchen Kriterien nicht gehören. Die Beschreibung [127] fällt so einfach aus, daß man ihr kaum etwas entnehmen kann. Zwei markante Äußerungen über sehr gegensätzliche Texte lassen den Tenor der Aussagen Scherers erkennen. Nach der positiven Seite hin wird der *Euryalus* des Enea Silvio Piccolomini mit der bezeichnenden Charakteristik herausgehoben: »[...] die psychologische Feinheit darin hat kein deutscher Schriftsteller jener Zeit erreicht.« Nun beruhte aber die außerordentliche Wirkung des *Euryalus* auf dem lateinischen Original, keinesfalls auf der deutschen Übersetzung, und Scherer konstruiert eine falsche Opposition, wenn er ihn mit dem *Eulenspiegel* vergleicht: »Aber nicht ohne Scham kann man neben diesen werthvollen Entlehnungen aus der Fremde den eigenen Beitrag Deutschlands zu den Prosaerzählungen der Epoche vor der Reformation betrachten.« [128] Es wäre falsch, hier persönliche Werturteile Scherers herauszulesen, vielmehr gehen diese Aussagen auf eine literarhistorische Tradition zurück, für die der delectus classicorum wesentliches Antriebsmoment auch im wissenschaftlichen Umgang mit Literatur war; ihre wichtigsten Vertreter in Deutschland waren die Brüder Schlegel [129]. Mit ihr konvergiert dann auch Scherers Blütezeiten- oder Wellentheorie, nach der der *Eulenspiegel* genau in den Tiefpunkt eines Wellentales fiele.

IV. Das Volksbuch als Gattungsbegriff

1. Völkische Neuromantik

Kurz vor dem Ersten Weltkrieg erfuhr das Interesse am frühen deutschen Roman eine entscheidende Neubelebung. Diese ist unmittelbar weder auf die wissenschaftliche Beurteilung der Texte des 15. und 16. Jahrhunderts durch die Literarhistorie noch auf die praktischen Verbreitungs- und Erneuerungsversuche des 19. Jahrhunderts zurückzuführen. Dieses neue Interesse geht vielmehr wesentlich auf geistesgeschichtliche und kulturpolitische Anregungen sehr viel allgemeinerer, nicht fachwissenschaftlicher Art zurück. Am Ende des 19. Jahrhunderts hatte in der Literarhistorie die streng philologische Richtung noch eindeutig die Oberhand. Die genau und abgewogen urteilende Literaturgeschichte von Friedrich Vogt z. B. zeigt 1897 eine klare Einsicht in die wirkungsgeschichtliche Situation des frühen Romans im 19. Jahrhundert: »Später hat vor allem Simrock für die Verbreitung der in Görres' Sinn gefaßten Gattung durch seine große Sammlung der deutschen Volksbücher in erneuerter Sprache Sorge getragen.« [1] Auch wenn die Fachwissenschaft die Authentizität der Simrockschen Texte durchweg unbekümmerter beurteilte, als es hier geschah, so behandelte sie doch keineswegs das Volksbuch als eine vollberechtigte literarische Gattung. Infolge der im 19. Jahrhundert eingetretenen Vermischung der rein historischen Untersuchung frühneuzeitlicher Erzählliteratur mit Auffassungen, die sich erst in ihrer Wirkungsgeschichte seit dem späten 18. Jahrhundert gebildet hatten, ist der frühe Roman in der Literaturgeschichtschreibung auf ein semiliterarisches Niveau herabgedrückt worden, das dem seiner im 19. Jahrhundert ins Volkstümliche stilisierten wirkungsgeschichtlichen Variante entsprach. Die damit erworbene sekundäre qualitative Position sowohl im Verhältnis zum mittelalterlichen wie zum neueren Roman mußte aber in der Schwebe bleiben, denn für die Definition dieses Romantypus waren in gattungstheoretischer Hinsicht keine Spezifika angebbar. Die fortwirkende Macht des Volksbuchgedankens zeigt sich darin, daß seit den zwanziger Jahren im Zuge einer Renaissance der Barockliteratur wohl die Hauptformen des Barockromans als eigene Provinz innerhalb der Romangattung definiert wurden, daß sich aber ein Typus des deutschen Romans zwischen Mittelalter und Barock in der Forschung erst seit wenigen Jahren abzuzeichnen beginnt. Diese Verspätung ist in erster Linie auf die verschiedenartigen Überlagerungen zurückzuführen, die die Romantik und ihre Traditionsformen im 19. und 20. Jahrhundert geschaffen haben.

Die letzte und wirkungsvollste dieser Überlagerungen geht auf eine Bewegung zurück, die man, mit Vorbehalten, als »völkische Neuromantik« bezeichnen kann. Der Begriff »Neuromantik«, an sich unscharf genug, wird für gewöhnliche auf Autoren wie Dehmel, Eulenberg, Maeterlinck, namentlich Hofmannsthal und George [2] bezogen, die aber in keiner Hinsicht eine Gruppe bilden. In unserem Zusammenhang soll dieser Begriff darauf hinweisen, daß man sich damals – zunächst in Randzonen der germanistischen Wissenschaft – in einer Form, die die Hinwendung der Romantik zum Mittelalter bewußt imitierte, ganz prononciert der Romantik und zugleich ihrer Mittelalterauffassung zuwandte. Als »völkisch« bezeichne ich hier die von Paul de Lagarde und Julius Langbehn bis zu Moeller van den Bruck führende Traditionslinie, die ich – soweit das möglich ist – von der »völkischen« Ideologie des Nationalsozialismus unterscheide [3]. Wissenschaftlicher Natur war diese Neuromantik weder nach den Maßstäben ihrer eigenen Zeit noch nach ihrer Selbsteinschätzung. Allerdings gewann sie später dadurch wissenschaftliche Bedeutung, daß diese ihrer Natur nach vorwissenschaftlichen Überzeugungen in die Fachwissenschaft eindrangen und sie schließlich zeitweilig weithin beherrschten.

Für unseren Zusammenhang ist der Heidelberger Privatgelehrte Richard Benz der Exponent dieser völkisch-neuromantischen Bewegung. Für die außerordentliche Wirkung seiner Publikationen, die auf dem Gebiet des »Volksbuches« einen wesentlichen Schwerpunkt besitzen, gibt es keine befriedigende innerwissenschaftliche Erklärung. Sie ist von der gleichen unterschwelligen Grundstimmung getragen, die auch den Schriften der völkischen Bewegung seit Lagarde ihre Wirkung verlieh. Trotz mancher fachwissenschaftlichen Kritik – die indes nach einiger Zeit verstummte – ist der Einfluß der Gedanken, die Benz damals formuliert hat, auf unserem Sachgebiet noch heute spürbar. Sie setzt ein mit der 1913 zuerst erschienenen Schrift *Die deutschen Volksbücher*. Es ist für die Wirkung dieses Büchleins symptomatisch, daß sein Titel in der zweiten Auflage 1924 anspruchsvoll zu *Geschichte und Ästhetik des deutschen Volksbuchs* hochstilisiert werden konnte [4]. Erst in der Nachfolge von Benz entstand der Irrtum vom Volksbuch als literarischer Gattung; seither setzte sich der Singular des Terminus durch.

Nach romantischem Vorbild nahm Benz eine zunächst überraschende Neuwertung eines in der Gegenwart nicht geachteten Gegenstandes vor, indem er das »Volksbuch« ganz betont in das Zentrum »echter« Kunst rückte, in deren Vorhof man es bis dahin verwiesen hatte. Der Grundriß dieses Aufwertungsversuchs ist auch in den von Benz kurz zuvor begonnenen Erneuerungen einiger ausgewählter »Volksbücher« zu erkennen [5]. Der Neuwertungsvorgang hat zur Voraussetzung, daß Benz eine Suprematie der Volksdichtung statuierte, die mit seiner bewußten Abwertung der Kunstdichtung in einem engen Wechselverhältnis steht. Benz lehnt die methodischen Grundlagen der herkömmlichen Literaturgeschichten mit dem Argument ab, daß sie ästhetischer Natur seien; gemeint sind z. B. Koberstein, Scherer, Vogt. Die Annahme, daß diese Literaturgeschichten wesentlich von ästhetischen Grundsätzen bestimmt seien, ist in der Sache gar nicht unberechtigt [6]. Daraus zieht Benz nun aber den Schluß, daß man diese methodischen Grundlagen einfach durch ihnen entgegengesetzte neue ersetzen könne und müsse, die nur die gewohnten Vorzeichen umkehren und schon dadurch eine eigene, neue Ästhetik begründen. Autoren, die bisher zumindest in die Nähe des Humanismus gerückt worden waren, wie Johannes Hartlieb, Antonius von Pforr und Heinrich Steinhöwel, wurden von Benz zum Beispiel einfach zu »Volkserzählern« gemacht [7]. Eine so verstandene volkstümliche Dichtung stellt nach Benz nicht etwa eine mindere Art von Dichtung dar. »Die Volks b ü c h e r sind [...] der Anteil des Volks an der s c h r i f t l i c h f i x i e r t e n Dichtung«, sie sind infolgedessen sogar ein besonders herausgehobenes Teilgebiet von Dichtung überhaupt, denn: »Nur das Volksbuch [im Gegensatz zu Märchen und Volkslied] existiert in eigentlich litterarischer Form, und hat [...] eine Geschichte gehabt: wir können sagen, wann es Gestalt angenommen hat, und können von Jahrzehnt zu Jahrzehnt verfolgen, wie diese Gestalt sich wandelt.« Die »naive epische Prosa« des Volksbuchs begründet »keine besondere Gattung, aber es [das Volksbuch] umfaßt ein besonderes Stoffgebiet: es ist nicht nationales Erzeugnis, sondern Zusammenfassung der internationalen Cultur des Mittelalters, soweit sie vom Volke aufgenommen und dem Nationalen assimiliert wurde« [8]. Mit diesen Ortsbestimmungen wurde der Gegenstand einerseits einer eigentlichen Gattungsbestimmung entzogen, zugleich konnte der offenkundig vorliegende nationale Assimilierungsprozeß, der der Vorstellung von einer nationellen Originalität solcher Werke entgegenzustehen schien, sogar als ein produktiver Vorgang gedeutet werden.

Die angeführten Bestimmungen laufen indes nicht nur darauf hinaus, daß den Volksbüchern der volle Rang und die Würde der Dichtung zugesprochen wird. Zur Dichtung wird die Prosa des 14. und 15. Jahrhunderts nach Benz dadurch, daß sie »auf einen andern Ton hinaufgestimmt ist, als den der täglichen Rede: auf den dauernd gehobenen Ton, in dem jedes Wort mit anderem Klang und andrer Betontheit andere Inhalte offenbart, als die gewöhnliche begriffliche Mitteilung von Mensch zu Mensch sie zu geben vermag« [9]. Die Prosatexte der frühen Neuzeit erfahren bei Benz sogar eine eindeutige Bevorzugung gegenüber den hochmittelalterlichen Romanen. Eine eigentlich apologetische Argumentation vermeidet er dadurch, daß er die Wertungen vollständig austauscht und Zerstörung und Produktivität miteinander identifiziert: »[. . .] Zeiten großer produktiver Fähigkeit pflegen mit nichten auch die sozial angenehmsten und bequemsten zu sein [. . .].« [10] Das, was den Wert einer Dichtung ausmacht und was im Grunde nur durch solche formzerstörende Neuschöpfung zutage tritt, ist der stoffliche Kern, die Fabel: »Es ist der Mut, den nur schöpferische Zeiten haben, eine fremdgewordene Form pietätlos zu zerschlagen, um das Wichtigere, den Inhalt, zu retten.« [11] An der literarhistorischen Beschreibung der Texte dieser Epoche, wie sie zu jener Zeit allgemein anerkannt war, wird damit inhaltlich nichts geändert. Sie erhält nur eine neue, der vorhergehenden entgegengesetzte Bewertung. Die Elemente, die Benz in seiner Beschreibung verwendet, stammen aus der gleichen wissenschaftlichen Tradition, deren Wertkategorien er so heftig bekämpfte.

Die Schwächen seiner Argumentation werden allerdings klarer sichtbar in der polemischen Abwertung des Versromans, der traditionell von der Fachwissenschaft innerhalb der mittelalterlichen erzählenden Literatur voll anerkannt worden war und der als Gattung die eigentliche Konkurrenz für eine »Gattung« Volksbuch bildete. Eine Gattung Volksbuch hat Benz entgegen seiner eigenen Versicherung eben doch definieren wollen, zumindest ist er immer so verstanden worden. »Der Begriff des Romans ist mit der höfischen Kunstdichtung in die deutsche Litteratur eingeführt; er ist nicht geknüpft, wie man gemeinhin glaubt, an die Aufnahme bestimmter Stoffe, als etwa der Artussagen, die damals mit Vorliebe behandelt werden; er ist erst recht nicht geknüpft an die Prosaform: sondern er ist überall da, wo individuelle Willkür die innere Form verneint und aufhebt, und an Stelle angemessener sachlicher Erzählung das Reden über die Dinge setzt.« [12] Nicht ohne Konsequenz widmet Benz seine kritische Aufmerksamkeit insbesondere Hartmann von Aue, während Wolfram, der »trotz dieser Modepoesie« Dichter gewesen sei [13], bei ihm Anerkennung findet. Zusammenfassend äußert Benz seine Verwunderung darüber, daß die Wissenschaft sich eines »Intermezzos« wie desjenigen der höfischen Poesie überhaupt annehmen konnte; das sei nur als Irrtum zu erklären. Falls im übrigen tatsächlich Leitideen wie Humanität und Toleranz zu den kennzeichnenden Inhalten der ritterlichen Dichtung gehört hätten, so besage das eben, daß die Zeit der ritterlichen Dichtung keine schöpferische Epoche gewesen sei [14].

Derart kühne Urteile lassen sich schwerlich allein aus den Texten herleiten, sie müssen außerdem oder sogar vornehmlich von Voraussetzungen allgemeinerer Art getragen werden. In diesem Sinne entwirft Benz in seiner Schrift über das Volksbuch ein gleichsam geschichtsphilosophisches Panorama ganzer Zeitalter, speziell im Hinblick auf eine hypostasierte geistige Essenz ihrer Lebenswirklichkeit. Am Anfang einer solchen Weltgeschichte des Geistes steht der Mythos [15]. Ihm kommt die Bedeutung eines schöpferischen Ursprungs schlechthin zu: der Mythos ist spezifisches Eigentum der germanischen Völker in ihrer Jugend, er verkörpert ihr produktives Vermögen. Das Christentum vermag dieses Vermögen zunächst auf sich zu lenken. Von der ursprünglichen germanischen Überlieferung bleiben jedoch durch das Mittelalter hindurch nur Trümmer greifbar: Sage und Märchen, zu denen das späte Mittelalter dann Analogieschöpfungen produziert. »Den vorhistorischen Helden, die in den Nationalepen mythologisiert erscheinen, gesellen sich später mythologisierte Menschen des 14. und 16. Jahrhunderts, wie Eulenspiegel, Faust, die Schildbürger.« [16] An dieser Stelle werden die tatsächlichen Grundlagen der anschließend im Zusammenhang darzustellenden Theorie Lutz Mackensens über den »Volksroman« (das sind nach Mackensen – mit der einzigen Ausnahme des *Fortunatus* – die Erzählstoffe, die sich um solche Gestalten, »mythologisierte Menschen«, gesammelt haben) ganz deutlich sichtbar; damit ist zugleich der Einfluß von Benz auf die in Grundzügen auch gegenwärtig noch fortlebende Auffassung von den Volksbüchern, die eben Mackensen zuletzt formuliert hat, konkret belegt.

Es ließe sich heute leicht sagen, daß die in der Schrift von Benz enthaltenen Anschauungen ihrer Natur nach unwissenschaftlich seien. Doch ein solches Urteil wäre historisch inadäquat. Diese Anschauungen haben ihrerseits durchaus greifbare geschichtliche Grundlagen, und sie haben vor allem eine – wenn auch im einzelnen schwer zu belegende – Wirkung bis in die Fachwissenschaft hinein gehabt [17]. Ihr Verständnis erschließt sich freilich nur dann, wenn man sie im Zusammenhang der vielen weiteren Publikationen von Richard Benz sieht, dessen ideales Ziel es wohl war, eine vergleichende Geistesgeschichte der deutschen Kunst, hauptsächlich aber der Musik und der Dichtung, nach ihren Höhepunkten zu schreiben. Die Hauptmerkmale dieser Anschauungen sind seit Benz' Dissertation [18] mit großer Konstanz die gleichen: erstens eine tiefgreifende Verunsicherung durch die herrschenden Kunstformen und den Kunstbetrieb der Gegenwart, insbesondere aber die Sorge um die Kontinuität des von ihm als eigentlich deutsch angesehenen kulturellen Erbes, zweitens eine damit in Verbindung stehende, nahezu radikale Aufwertung solcher Kunstformen und Stile, die im Kulturbetrieb der Gegenwart nur Randpositionen einzunehmen schienen, und schließlich ein bisweilen aggressiver Antirationalismus, positiv ausgedrückt: die ausschließliche Anerkennung der Formen intuitiver Erkenntnis. Von der Ausstrahlung der vielseitigen Tätigkeit von Richard Benz vermittelt eine 1954 erschienene Festschrift ein gutes Bild [19].

Das Unbehagen in der Gegenwart, auf das Benz mit neoromantischen Gegenentwürfen reagierte, entstand vor dem Hintergrund der »Reichsverdrossenheit«, von der Fritz Stern im Hinblick schon auf die neunziger Jahre des 19. Jahrhunderts gesprochen hat [20], doch kommt ein politisches Bewußtsein im engeren Sinne bei Benz nur unterschwellig als Anstoß in Betracht. Das wilhelminische Reich war ihm primär eine Frage des künstlerischen Stils [21]. Im Gegensatz zu den völkischen Ideen etwa Langbehns [22] bleibt deshalb bei Benz die alte Herdersche Vorstellung vom Primat der Kultur über die Idee des Volkes erhalten; das reale Dritte Reich hat er infolgedessen auch abgelehnt. Im Sinne Herders ist der Versuch von Benz zu verstehen, eine eigene Tradition einer aus dem »Volke« kommenden Literatur zu ermitteln und diese als ästhetisch maßgebende an die Stelle der durch klassische Muster geprägten Literatur zu setzen. Von daher erklärt sich seine Berufung auf das Mittelalter und auf die Romantik, im speziellen die Bevorzugung von literarischen Formen wie Legende, Märchen, Sage, Volksbuch. Das negative Gegenbild, von dem Benz ausging, war der Renaissancestil der wilhelminischen Epoche. In einer folgerichtigen Übertragung seiner Kunstanschauungen auf geistes- und kulturgeschichtliche Fragen hat Benz dann 1915 in einer eigenen Schrift die Renaissance als »das Verhängnis der deutschen Cultur« bezeichnet [23]. Seit diesem Datum kann man auch eine angemessene, d. h. eine seiner Gefährlichkeit angemessene Einschätzung dieses Ideengutes auf seiten der Fachwissenschaft registrieren, denn schon 1916 antwortete Konrad Burdach mit einer Verteidigung der Renaissancekultur und zugleich der klassischen Dichtung: »Dieses ›Kulturprogramm des kommenden Volksbewußtseins‹ – so nennt es sein hochstrebender Verleger [Eugen Diederichs] – verdient gerade wegen seiner radikalen Entschlossenheit Beachtung. Innerhalb einer nicht machtlosen Bewegung hat es typische Bedeutung.« [24] Aber »der junge Heidelberger Bildungsstürmer« [25] war von einem fachwissenschaftlichen Standpunkt aus nicht mehr zu beeinflussen, einmal deshalb, weil seine Spekulationen sich nicht in den Bahnen wissenschaftlicher Argumentation bewegten, zum andern aber, weil es schon genügend Wissenschaftler gab, die ganz ähnlich dachten wie er.

In 1918 an der Technischen Hochschule Karlsruhe gehaltenen Volkshochschulvorträgen brachte Benz die Entfremdung von einer nicht mehr verstandenen und nicht mehr zu bewältigenden politischen und kulturellen Entwicklung auf die Formel: »die deutsche Menschheit« sehne sich heraus aus der Herrschaft des Verstandes »nach einer neuen Gotik«. Er ging dabei von der Feststellung aus: »Wir haben bisher keine deutsche Bildung, sondern nur eine Bildung des Deutschen nach fremden Mustern.« [26] Die so aufgefaßte Situation der Gegenwart leitete er geschichtlich her von einer welthistorischen Entwicklung, innerhalb derer auf den orientalischen Menschen der klassische und der gotische folge und nach deren Gesetz der moderne Mensch dann künftig von dem deutschen abgelöst werde, »in dem sich Leben, Geist und Kunst durchdringt« [27]. – Benz hat in dem von ihm formulierten Programm des Kunst- und Kulturrats für Baden vom 20. Dezember 1918 manche seiner Vorschläge zur Pflege der Künste fast ins Religiöse überhöht [28]. Ähnlich wie die Romantiker hat Benz in seinen Schriften zu Kunst, Literatur und Kulturpolitik die Erschütterungen seiner Zeit durch eine Rückwendung zu Werten der Vergangenheit, auch zu von ihm selbst dazu stilisierten wie den »Volksbüchern«, zu bewältigen versucht. Der Unterschied zu der nationalromantischen Hinwendung zum deutschen Mittelalter lag darin, daß diese Hoffnungen sich nun allein auf die Kunst bezogen und keinen Halt und kein Ziel in der realen Geschichte besaßen.

Die Haltung, die Richard Benz seinen Gegenständen gegenüber einnimmt, ist, über das Individuelle hinaus, von allgemeiner Bedeutung. Sie ist insbesondere dort problematisch, wo sie mit den wissenschaftlichen Methoden der Analyse von Literatur in Konkurrenz gerät oder gar bewußt gegen diese ausgespielt wird. Es fällt auf, daß die antirationalistische Grundeinstellung von Benz einer eigenen inhaltlichen Bestimmung ermangelt. Sie ist primär reaktiv und wird namentlich dann, wenn Benz auf wissenschaftliche Aussagen eingeht, auch aggressiv. In der Regel besteht somit die Struktur der Argumentation bei Benz aus zwei Teilen. Voran steht fast immer eine negierende Aussage, und erst in einer Art Gegenzug wird dann eine positive Gegenbehauptung entwickelt. Diesem Argumentationsschema liegt eine ganz bestimmte Form von »Anschauung« zugrunde, die von wissenschaftlicher Fragestellung und Analyse prinzipiell zu unterscheiden ist; in diesem Schema ist aller Überlegung die »richtige« Auffassung vom Gegenstand bereits vorgegeben, sie muß nur gegen falsche Auffassungen gesichert werden. Benz selbst hat dieses besondere Verhältnis zu Gegenständen der Kunst mit seiner Biographie in Verbindung gebracht, speziell mit seiner Herkunft aus der Welt lutherischer Orthodoxie (der Vater war Superintendent in Dresden). Über die Bedeutung dieser Herkunft für die Entwicklung seiner Anschauungsweise hat Benz gesagt: »Ich muß es für das größte Geschenk meines Lebens halten, daß ich in eine Welt geglaubter geistiger Überlieferung hineingeboren wurde, in meinem Vater noch den Mann eines echten starken Glaubens lieben und verehren mußte, der mit jedem Wort die Wahrheit seiner Überzeugung verkündete.« [29] Dieses fraglose, anschauende Hinnehmen übertrug Benz auf Gegenstände der Kunst, und zwar auch im historischen Sinne. Er habe, sagt Benz, in der Welt des Pfarrhauses »ein fast mittelalterliches Verhältnis zum Gegebenen noch erlebt« [30]. Diese intuitive Erkenntnisweise, der eine Einstellung zum Gegenstand in der Form einer religiösen Bindung zugrunde liegt, tritt am frappierendsten in den zahlreichen Schriften zutage, die Benz über Musik veröffentlicht hat, weil er für diese nicht nur keine theoretische oder historische Schulung, sondern obendrein auch keinerlei technisch-praktisches Verständnis besaß.

In seinem Beitrag *Mythos und Vernunft* in der Festschrift für Benz hat Hans-Georg Gadamer gesagt: »Daß im Mythos eine eigene Wahrheit vernehmlich wird, verlangt freilich die Anerkennung der Wahrheit von Erkenntnisweisen, die außerhalb der Wissenschaft liegen.« [31] Benz hat indes versucht, seine nicht-wissenschaftliche Erkenntnisweise in die Wissenschaft hineinzutragen, und, weil er von ihrer Superiorität überzeugt war, sie auch gegen die Wissenschaft durchzusetzen. In einer Zeit zunehmender geistesgeschichtlicher Interessen und abnehmender methodischer Strenge befand er sich in dieser ganz allgemeinen Hinsicht durchaus in Übereinstimmung mit einer sich auch in der Literarhistorie und Literaturwissenschaft ausbreitenden Grundströmung. Auf der Basis eines solchen sehr vagen Konsensus konnte dann auch die von Benz geprägte Vorstellung vom Volksbuch als literarischer Gattung, zumal diese noch mit einer besonderen Aura versehen war, Geltung gewinnen und für Jahrzehnte lebendig bleiben. Die »geglaubte geistige Überlieferung« ist sicher eine mögliche, vielleicht sogar eine notwendige Voraussetzung für eine Wissenschaft von der Kunst, aber eine wissenschaftliche Methode ist aus ihr unmittelbar nicht abzuleiten.

2. *Unmittelbare Grundlagen der gegenwärtigen methodischen Problematik*

Die neuromantischen Vorstellungen von Richard Benz haben die entscheidende Veranlassung zur Entstehung der Auffassung vom Volksbuch als literarhistorischem Gattungsbegriff gegeben. Freilich muß dabei auch gesagt werden, daß das Fortleben dieser Ideen, als innerwissenschaftlicher Vorgang, als rein methodisches Problem betrachtet, weder notwendig noch überhaupt plausibel erscheint, verständlich wird es nur vor dem Hintergrund der allgemeinen politischen Entwicklung in Deutschland. In den zwanziger Jahren war die Forschungssituation in bezug auf den frühen deutschen Roman – und das ist nur ein Spezialfall innerhalb einer im wesentlichen gleichartigen forschungsgeschichtlichen Entwicklung – noch keineswegs zugunsten der völkischen Ideen entschieden. Es existierte sowohl eine philologisch-empirische Richtung, die sich auf überlieferungsgeschichtliche Analysen stützte und den europäischen literarischen Kontext beachtete, wie auch eine andere, deren Hauptziel in der Ermittlung von nationalen Spezifika in der deutschen

Literaturgeschichte bestand. Für die letztere dienten empirische Beobachtungen wohl zur Legitimation ihres Wissenschaftscharakters, doch gehörten sie nicht zu ihrer methodischen Substanz, sie erscheinen als additive Belege für im Grunde intuitiv gewonnene Ansichten.

Diese methodisch deutlich voneinander unterschiedenen Zweige der Literaturwissenschaft werden repräsentiert durch die Habilitationsschriften von Wolfgang Liepe und von Lutz Mackensen [32]. Zwischen den Methoden, auf denen diese beiden grundverschiedenen Bücher beruhen, hat die Wissenschaftsgeschichte, d. h. haben die einzelnen Forscherindividuen gleichsam gewählt, und dies nicht ohne Nachhilfe der politischen Zeitumstände. Wenn heute ziemlich einhellig der allergrößte Teil der deutschen Prosaerzählungen des 15. und 16. Jahrhunderts als »Volksbuch« bezeichnet wird, auch mit der Folge, daß die ganze jüngere Geschichte dieser Stoffe seit dem 17. Jahrhundert demgegenüber an Interesse weit zurücktritt, so beruht diese Entwicklung darauf, daß sich im wesentlichen die Konzeption Mackensens durchgesetzt hat. Als man nach dem Zusammenbruch der nationalsozialistischen Herrschaft an unverdächtig und unbelastet erscheinende Forschungsrichtungen aus der Zeit vor dem Dritten Reich anknüpfen wollte, war die philologisch-empirische Tradition auf diesem Felde denn doch weithin in Vergessenheit geraten. Mit der Konzeption Lutz Mackensens, deren Geltung nie ernsthaft angezweifelt worden war, geriet man indes an eine Forschungsrichtung, die sich von »völkischen« Anschauungen gar nicht trennen läßt, weil beide in ihren Grundlagen übereinstimmen.

Seit dem Buch Wolfgang Liepes werden die Übersetzungen Elisabeths von Nassau-Saarbrücken als der Beginn des deutschen Romans bezeichnet. Man besäße heute zumindest die äußeren Voraussetzungen für ein Gesamtbild der im 15. und 16. Jahrhundert existierenden Erzählwerke in Vers und Prosa, wenn diese Literatur mit ihren Entstehungs- und Lebensbedingungen im Prinzip so erforscht wäre, wie das in Liepes Buch exemplarisch für einen wesentlichen Bereich geschehen ist. Die Bereitstellung vergleichbarer Bausteine für eine Gesamtdarstellung hätte vor allem sinnvoll abgegrenzte thematische Einheiten erfordert. Wo immer jedoch solche Detailforschung geleistet worden ist, leidet sie im allgemeinen gerade an der Begrenztheit der monographischen Themenstellung. Die einzelnen Mosaiksteine wollen sich nicht zum Bild fügen. Eine zwangsläufige Folge mangelnder Überschaubarkeit des Gebiets sind die bunten Panoramen, die bei den offenbar unvermeidlichen überblicksartigen Einleitungen zu Spezialdarstellungen [33] aus dem nur zu verständlichen Wunsch entstehen, sich des Gegenstands im ganzen erst einmal zu vergewissern. Die Arbeit von Liepe verbindet die Erforschung der Überlieferung mit einer Würdigung der Texte im literarhistorischen

Zusammenhang. Im einzelnen werden die Abhängigkeitsverhältnisse der deutschen und der französischen Textversionen und die jeweiligen Bearbeitungstechniken, auch in den Drucken, untersucht; eine zentrale Stellung nehmen dabei die Analysen der Handschriften ein, insbesondere im Blick auf die Entstehung der deutschen Texte.

Liepes Auseinandersetzung mit Benz ist in der Sache deutlich, wenngleich in der Form konziliant bis vorsichtig. Er hat das tatsachenferne Konstrukt, mit dem man es bei Benz zu tun hat, klar als solches angesprochen: »Wir sind die Künstler, die das Kunstwerk des Volksbuchs des 15. und 16. Jahrhunderts erschaffen, [...]« [34]. Liepe läßt den Leser im übrigen nicht im Zweifel über die allgemeine Bedeutung, die dem im Prinzip unwissenschaftlichen Versuch von Benz zukommt. Da Liepes Beurteilung des Volksbuchproblems von seiner Anschauung über den frühen deutschen Roman bestimmt ist, bleibt in seinem Konzept kaum Spielraum für Volksbuchvorstellungen. Er vertritt die Auffassung, daß Elisabeth die »Bahnbrecherin der neuen Prosaromangattung« gewesen sei [35]. Die Tatsache, daß die ältesten Texte aus ihrer Feder stammen, wird in ihrer Bedeutung also dahingehend verstanden, daß von diesem Datum an auch eine kontinuierliche Wirkung dieser Texte in der Literaturgeschichte zu verzeichnen sei.

Liepe übersieht dabei durchaus nicht, daß Elisabeths Arbeit nicht allein steht, daß sogar ihre zeitliche Priorität bestritten werden kann. Er denkt an den *Trojanischen Krieg* Hans Mairs von Nördlingen (1391) [36] und an Johannes Hartliebs *Alexander* (1444), am Rande auch an die mittelniederdeutschen Prosabearbeitungen von *Valentines bôk* und des *Girart von Roussilion* (um 1400) [37]. Die *Grisardis* des Erhart Groß (1436) erwähnte Liepe nicht [38]. Doch diese zeitlich benachbarten oder gar älteren Texte stehen für ihn nur »an der Schwelle des freien Unterhaltungsromans« [39]. »Die ersten Prosaromane, die in Deutschland lediglich um der ›schönen history‹ willen erzählt werden«, habe Elisabeth eingebürgert [40]. Daran ist sicher richtig, daß die in dieser Zeit beginnende Verselbständigung einer literarischen Unterhaltung gegenüber anderen Zweckbestimmungen der Literatur in Gestalt der Erbauung, der Belehrung, der Wissensvermittlung zu den Vorbedingungen einer Entstehung des Romans gehört. Deshalb wird aber noch auf lange Zeit hin die Vermittlung von Stoffen mit Vorbildcharakter auch im Rahmen von Unterhaltung keineswegs aufgegeben; eine »history«, die ausschließlich um ihrer selbst willen erzählt würde, ist auch im Roman erst eine ganz moderne Erscheinung.

An Liepes Beurteilung der literarhistorischen Bedeutung Elisabeths, speziell ihrer Stellung in der Geschichte des Romans, sind Korrekturen erforderlich. Eine fortdauernde Wirkung hatten nur drei der vier Übersetzungen Elisabeths, die *Sibylle* ist bis heute ungedruckt. Eine öffentliche literarische Nachwirkung dieser Übersetzungen datiert aber mit Sicherheit überhaupt erst seit dem Anfang des 16. Jahrhunderts. Erst zu diesem Zeitpunkt gelangten nämlich die zuvor nur in wenigen, teils kostbaren Handschriften vorhandenen und deshalb praktisch unzugänglichen Texte in den Druck und begannen, eine literaturgeschichtliche Wirkung auszuüben. Dieser Zeitpunkt ist aber ganz sicher nicht der, zu dem eine Tradition des deutschen Prosaromans einsetzt. Die These von der Primogenitur der Übersetzungen Elisabeths in der Geschichte des deutschen Romans gilt nur in der abstrakten Konstruktion einer Literaturgeschichte als Novitätengeschichte, die historische Realität der Literatur selbst ist damit nicht angemessen beschrieben, denn zu ihr gehört untrennbar die Rezeption und innerhalb ihrer die Kontinuitätsfrage. Vermutlich steht der in den Drucken dokumentierte Übergang der Übersetzungen Elisabeths vom rein privaten Gebrauch in einen Konnex mit einer wie auch immer begrenzten literarischen Öffentlichkeit erst in dem Zusammenhang einer dritten Welle der Rezeption älterer Romanstoffe. Einer ersten, überwiegend »privaten« Charakters, weil auf handschriftlicher Tradition beruhend, sind auch die Übersetzungen Elisabeths in der Zeit ihrer Entstehung zuzurechnen. Eine zweite wird durch das zahlenmäßig stärkere Aufkommen von Prosaromanen im Druck – etwa seit 1470 – markiert, eine dritte durch eine weitere derartige Welle im ersten Drittel des 16. Jahrhunderts.

Die soziale Deszendenztheorie, mit der der Volksbuchbegriff in der Literaturwissenschaft nahezu untrennbar verbunden ist, kehrt auch bei Liepe wieder. In seiner Darstellung gliedert sich der Absinkvorgang nach drei Stationen. Zuerst, bei der Entstehung einer romanhaften Unterhaltungsprosa, sei der Roman allein dem Adel zugeordnet. Anschließend, im Anfang des 16. Jahrhunderts, gelange der Roman in die Hände des Bürgertums: »Das Bürgertum übernahm die Literatur der unhöfischen ritterlichen Decadence« [41]. Im späteren 16. Jahrhundert werde diese Unterhaltungsliteratur dann in einem dritten Schritt Eigentum des »Volkes«: »Seit dann mit dem Jahre 1569 die 24gliedrige Erscheinungsfolge des Amadisromans einsetzt und den Kreisen des deutschen Adels das neue ritterliche Ideal galant barocker Gewundenheit zuführt, gehören die alten ritterlichen Stoffe [...] endgültig dem Volke.« [42] Doch weder ist das Publikum des *Amadis* auf den Adel allein beschränkt, die Gelehrten gehören ebenso dazu [43], noch haben wir hinlänglichen Grund zu der Annahme, daß schlagartig mit dem Jahre 1569 der Adel seine bisherige Lektüre gegen eine neue vertauscht hätte; die Verwandtschaftsverhältnisse zwischen der »alten« und der »neuen« Lektüre werden dabei ganz übersehen.

Die Konzessionen, die Liepe in dieser Fassung der »Absinktheorie« an die Lehre vom Volksbuch in ihrer im 19. Jahrhundert in so vielfältiger

Verflochtenheit gewachsenen Form machte, sind wesentlich klarer an seinem Artikel »Volksbuch« im *Reallexikon der deutschen Literaturgeschichte* abzulesen [44]. Dieser Artikel hätte Liepe eine Gelegenheit bieten können, den Grundthesen seines Buches auch gegenüber zeitgebundenen Abwandlungen des pseudoromantischen Volksbuch-Mythos Gehör zu verschaffen, doch hat er an dieser Stelle seine früher gewonnenen Thesen durch folgenschwere Kompromisse eher wieder verschleiert. Insbesondere hat Liepe durch eine viel zu geringfügige zeitliche Verschiebung der Stufen in dem nun einmal anerkannten Absinkvorgang, für den ja im Grundsatz durchaus Fakten geltend gemacht werden können, das Volksbuch als literarhistorische Gattung wenigstens für das 16. Jahrhundert doch wieder zu retten versucht. Auf der einen Seite hat er diesen Mythos bekämpft: »Es ist [...] eine ungerechtfertigte Verallgemeinerung, wenn die Frühdrucke oder Hss. der späteren Volksbücher, häufig gar Werke, die nie in den Druck eingegangen sind, als Volksbücher bezeichnet werden«, anderseits aber das Problem durch zeitliche Verlagerung nur verschoben (wenngleich zweifellos auch verringert): »Die Geschichte der Volksbücher im engeren Sinne [gemeint sind die späteren Neuauflagen und -bearbeitungen] ist die Geschichte ihrer Drucke, ihrer Verbreitung im Volke, ihrer inneren Wandlung und ihrer Weiterwirkung in der lebendigen Dichtung.« [45] Die Geschichte der Literatur ist aber bis zu einem gewissen Grad immer die Geschichte ihrer Verbreitung und ihrer Rezeption, und man kann jedenfalls unter diesem Gesichtspunkt nicht die Untersuchung der früheren und der späteren Phasen der Geschichte derselben Gattungen oder Stoffe methodisch voneinander trennen.

Die Auffassung, daß aus der erzählenden Literatur der frühen Neuzeit im Lauf der Zeit »Volksbücher« hervorgegangen seien, gewinnt dadurch den Anschein der Plausibilität für sich, daß man schon seit dem 16. Jahrhundert bei der erzählenden Literatur an äußeren Merkmalen der Buchgestaltung und -ausstattung eine Umgestaltung der Druckerzeugnisse beobachten kann, die zeigt, daß sie offensichtlich für wachsende Leserkreise bestimmt waren. Diese Wandlungen sind allerdings kein Spezifikum der Unterhaltungsliteratur, und infolgedessen kann es für eine buchkundliche Fundierung der Absinktheorie des Volksbuchs keinen strengen Beweis geben. Wir wissen mit nahezu völliger Sicherheit aufgrund der äußeren Beschaffenheit der Überlieferungsträger, durch Nachrichten über Auftraggeber und Besitzer von Handschriften, daß bis in die Frühzeit des Buchdrucks hinein das »Volksbuch« alles andere als ein Buch des Volkes war. Die Lesefähigkeit und die Lesegewohnheiten, die Bücherpreise, der Besitz von Büchern und seine soziale Verteilung: das alles ist auch für das 16. Jahrhundert trotz mancher Ansätze nicht im Zusammenhang erforscht. Die Literaturwissenschaft geht mit einigem

Grund von der Annahme aus, daß der bürgerliche Mittelstand im 18. Jahrhundert in breitem Maße zu lesen beginne. Dann aber ist in der lesergeschichtlichen Relation nicht gut vorstellbar, daß der Handwerksgeselle der Reformationszeit ein wohlgefülltes Bücherregal mit (abgesunkener) Roman- und sonstiger Unterhaltungslektüre besessen haben soll, die n. b. innerhalb eines halben Jahrhunderts einen nahezu totalen sozialen Abstieg vollzogen hätte. Und wenn im Zeitalter des Barock gelehrte Autoren polemische Feldzüge gegen diese Art von Unterhaltungslektüre führen, soll man dann wirklich annehmen, sie richteten diese Warnungen an Bauern und Handwerker? Man wird zweckmäßigerweise vermuten dürfen, daß sich diese Warnungen an das Publikum eben derjenigen Schriften richten, in denen diese Polemiken zu lesen sind.

Indem Liepe in seinem Artikel »Volksbuch« im *Reallexikon* die Perspektive von den Texten zu ihrer sozialen Funktion hin verschiebt, läßt er eine Inkonsequenz entstehen. Eine Textgruppe »Volksbücher«, deren Existenz er für das 15. Jahrhundert mit Recht bestreitet, existiert für ihn gleichwohl in dem unmittelbar anschließenden Zeitraum. Damit vollzieht er eine Annäherung an die Position seiner methodischen Gegner. Das Problem, wann denn »Volksbücher« im hier gemeinten Sinn aufkommen, ist aber bei der auch von Liepe aufrechterhaltenen Beschränkung auf den Textkanon, der sich im 19. Jahrhundert herausgebildet hat, gar nicht zu lösen. Eine lesersoziologisch ausgerichtete Forschung hätte auch die Frage zu beantworten, wann und wie denn eigentlich diejenigen Texte in die Nähe der Traditionsformen der alten Erzählliteratur gelangt sind, die keine Vorgeschichte vor dem 15. und 16. Jahrhundert besitzen, also nicht nur die jüngere Erzählliteratur, sondern vor allem Handwerks- und Rätselbücher und dergleichen.

Zumindest die Auswüchse der Benzschen Lehre vom Volksbuch sind auch von der geisteswissenschaftlich orientierten Forschung stets kritisiert worden. Als Beispiele seien hier nur Oskar Walzel [46] und Hans Naumann genannt. Auf letzteren, der die Volkskunde ausdrücklich als »Geisteswissenschaft« definierte [47], haben sich seither alle berufen, die das Volksbuch als gesunkenes Kulturgut ansahen. Und in der Tat hat Naumann dies mehrfach fast überdeutlich zum Ausdruck gebracht: »Volksgut wird in der Oberschicht gemacht« heißt es bei ihm, und, aufgeschlüsselt: »Volkstracht, Volksbuch, Volkslied, Volksschauspiel, Bauernmöbel usw. sind gesunkene Kulturgüter bis in die kleinsten Einzelheiten hinein, [...]« [48], das gilt in vollem Umfang auch für das Volksbuch [49]. Es ist unbefriedigend, daß Naumann das nichtliterarische Volksbuch bewußt ausgeklammert hat [50], denn angesichts seiner Erscheinungsformen etwa im 18. Jahrhundert ist nicht ohne weiteres sicher, daß es sich vom literarischen Volksbuch in jedem Betracht und zu jeder Zeit unterschiede.

Im Gegensatz zu Liepe, der von Überlieferungsträgern und Texten ausging, wollte Lutz Mackensen dieser Literatur von dem Begriff »Volksbuch« aus beikommen, dessen literarisch-soziologische Doppelnatur er historisch zu verifizieren versucht hat [51]. Mackensen bestimmt den geschichtlichen Zusammenhang der Textgruppe der Volksbücher zunächst nach einem ihnen gemeinsamen Rahmen: »die Zeit«, »der Geist der Zeit«, der »Geist dieser Werke«. Mit diesen fraglos vagen Ausdrücken soll dasjenige bezeichnet werden, worin literarische, geschichtliche, gesellschaftliche und individuelle Phänomene eines Zeitalters als in ihrem Gemeinsamen übereinstimmen, also, wie man heute – nicht weniger unbestimmt – vielleicht sagen würde: eine »Theorie der frühen Neuzeit«. Wenn die »Zeitgeisttheorie« in diesem Fall so wenig befriedigende Resultate erbracht hat, so hat dies seinen Grund primär darin, daß die außerliterarischen Bezugspunkte, die dabei zu berücksichtigen waren, einerseits untereinander und anderseits mit der Literatur nicht in sinnvolle Verbindung gebracht wurden. Die bloße Gleichzeitigkeit gewährleistet einen solchen sinnvollen Zusammenhang noch nicht [52]. Konkret bestimmte Mackensen nun allerdings den »Zeitgeist« mit einer Formel, die nicht nur die historische Realität entscheidend verkürzt, sondern die sich auch längst als Gemeinplatz in den Literaturgeschichten fand: »der Geist des Bürgertums«. Im Grundsatz war damit ein deduktives Verfahren eingeschlagen, das zu dem induktiven etwa bei Liepe in Opposition stand.

Darüber hinaus setzte Mackensen eine Prämisse literarischer Natur voraus: die Existenz einer Unterhaltungsliteratur. Der zentrale Beurteilungsgesichtspunkt, nach dem der einzelne Text innerhalb dieses Rahmens nun im besonderen einer Textgruppe »Volksbücher« zugewiesen wird, ist schließlich die »Gunst des Publikums« [53]. Damit werden literarische Erfolge zu einer Textgruppe zusammengefaßt, allerdings wohlgemerkt solche, die einer vorgängigen Selektion nach den genannten Gesichtspunkten »Bürgertum« und »Unterhaltung« unterzogen worden waren. Eine Zusammenstellung reiner Bucherfolge ohne diese Auswahlkriterien ergäbe ein ganz anderes Resultat. Allerdings schränken diese Kriterien sich gegenseitig ein. Wenn nämlich der Erfolg die Gattung notwendig mitkonstituiert, dann können alle Bestimmungen eines Textes, die nach anderen Kriterien vorgenommen werden, dieses einheitlich geltende Kriterium nicht mehr aufheben oder gar ersetzen. Von einem gewissen Punkt an stoßen die Kriterien also aufeinander, mit der Folge, daß solche Texte, die den »Volksbüchern« stofflich und strukturell analog sind, so daß man sie z. B. zur »Unterhaltungsliteratur«, vielleicht gar zur »bürgerlichen« zu rechnen hätte, einer anderen Gattung zugewiesen werden müßten, nur weil sie das Erfolgskriterium nicht erfüllen.

Der originäre Beitrag Mackensens zum Problem besteht in dem Versuch, innerhalb der Gesamtgruppe »Volksbücher« noch eine Differenzierung vorzunehmen, nämlich die Typen »Volksbuch« und »Volksroman« voneinander zu sondern. Mackensen wertet innerhalb der gesamten »Gattung« des volkstümlichen Buches erzählenden Charakters geradezu nach dem Grundsatz: je erfolgreicher, desto wertvoller. Und da trifft es sich denn wie von ungefähr, daß die erfolgreichsten Bücher (angeblich) die sind, die ohnedies in die noch über die Volksbücher erhobene Gruppe der Volksromane gehören: »Es ist bezeichnend, daß zwei einheimische, im Gang der Erzählung von fremden [!] Einfluß unberührte Romane zugleich auch die beliebtesten sind: Fortunat und Eulenspiegel« [54]. Daß ihr Erfolg von dem anderer (zum Beispiel: *Griseldis, Magelone, Melusine*) zum Teil weit übertroffen wird, hätte Mackensen schon nach den Angaben von Heitz-Ritter leicht ermitteln können. Nun hat Mackensen allerdings ausführlich dargelegt, das Publikum habe Volksromane und Volksbücher nicht voneinander unterschieden [55], und damit das zur Differenzierung der Textarten eingeführte Erfolgsprinzip gleich selbst wieder aufgehoben. Da aber überdies sowohl Volksroman wie Volksbuch nach Mackensen auch vom gleichen Verfassertypus stammen [56], kann er ihre Unterscheidung schließlich nur noch mit einer »Herkunft aus zwei einander fremden Welten« [57] begründen. Ein Nebeneffekt dieser Argumentation ist, daß dabei die Verfasserfrage für die »Volksbücher« allgemein an den Rand gedrängt wird [58]. Das entspricht alten romantischen Intentionen.

Mackensen hat seine Unterscheidung von »Volksbuch« und »Volksroman« mit philologisch-empirischen Indizien zu stützen versucht, indem er beispielsweise Fragen des Buchformats und der Buchausstattung erörterte. An zwei Beispielen sei gezeigt, daß seine Argumente methodisch nur von akzidenteller Bedeutung sind und lediglich ein bereits feststehendes Bild vom Roman – auch des 16. Jahrhunderts – belegen sollen. Zu diesem vorausgesetzten Bild gehört bei Mackensen die Hypothese, der Roman des 16. Jahrhunderts sei durchgehend volkstümlich. Von dieser Hypothese ausgehend, urteilt er nun, der Versuch des Druckkers Hieronymus Rodler, die *Haimonskinder* (1535) einzubürgern, d. h.: diese Übersetzung zu einem Volksbuch zu machen, sei »gescheitert«, und zwar »an dem kostspieligen Aufwand« [59]. In der Tat ist der Folioband aufwendig ausgestattet. Doch es gibt gar keine Indizien dafür, daß mit diesem Druck irgendwelche Popularisierungsversuche betrieben werden sollten. Wir haben eher Anlaß zu vermuten, daß die beschränkte Wirkung den Intentionen von Verfasser und Drucker entsprach. Der mutmaßliche Übersetzer der *Haimonskinder* – wie auch des *Fierrabras* – ist Johann II., Herzog in Bayern, Pfalzgraf bei Rhein und Graf zu Sponheim, in Urkunden auch »Herzog Hans vom Hunsrück« genannt.

Das kleine Programm der unter seiner Ägide betriebenen Presse, einer Art »Hofbuchdruckerei«, die fast nur Erstdrucke und diese nur in einmaliger Auflage herausbrachte (die einzige Ausnahme bildet ein Turnierbuch), hatte seinen Schwerpunkt in Büchern, die auf den Bedarf oder das Interesse des Fürsten zurückgingen. Ein Druck von Rodler entspricht also seiner sozialen Funktion nach eher einer Handschrift, er ist nur mit anderen, moderneren Mitteln hergestellt als diese. Das Programm der Rodlerschen Presse rückt die beiden Romane in die literarische Tradition der für den frühen deutschen Roman bedeutsamen west- und süddeutschen Fürstenhöfe des 15. Jahrhunderts in Saarbrücken, München, Innsbruck und Rottenburg [60]. Das Weiterwirken dieser Tradition in der Geschichte des Romans schränkt die Geltung der Hypothese von der Volkstümlichkeit dieser Literatur im 16. Jahrhundert zumindest stark ein.

Bei Mackensens Unterscheidung von »Volksbuch« und »Volksroman« spielt die Annahme eine große Rolle, daß sich aus dem Buchformat unmittelbar und eindeutig eine Zuordnung im lesersoziologischen Sinne erschließen lasse, und zwar nach der Regel, daß großes Format stets auf die Oberschicht deute, kleines aber auf große Verbreitung. »Es ist bezeichnend, daß die eigentlichen Volksromane [...] von Anfang an in Oktav erscheinen«, die *Schöne Magelone* – als Gegenbeispiel – jedoch erst ab 1556: »Der ritterliche Stoff wird also noch immer als höherstehend empfunden als der Volksstoff [...]« [61]. Nimmt man das Argument ernst, so würde das Folioformat von Feyerabends *Buch der Liebe* beweisen, daß neben der *Magelone* weitere zwölf Stoffe im Jahre 1587 »noch immer als höherstehend empfunden« worden seien [62]. Doch mit einer Ausnahme, dem *Octavianus,* waren sie zuvor alle schon bis zum Oktavformat »abgesunken«. Das *Buch der Liebe* müßte also eigentlich einen erneuten sozialen Aufstieg dieser Stoffe anzeigen – man sieht, daß das Format wohl ein Indiz, aber kein schlechthin gültiges Beweismittel sein kann, einfach auch weil die Buchformate allgemein, nicht nur die der Romanliteratur, im 16. Jahrhundert vielfach abnehmen. Das buchgeschichtliche Datum hat im übrigen für die von Mackensen aufgeworfene Frage einer Unterscheidung von »Volksbuch« und »Volksroman« schon deshalb kaum Bedeutung, weil keiner seiner »Volksromane« aus der Inkunabelzeit stammt. Damit ist auch die Wahrscheinlichkeit gering, daß bei ihnen überhaupt größere Formate vorkommen könnten [63].

Für die sozialgeschichtliche Einordnung des frühen Romans vermag die Buchkunde durchaus entscheidende Beiträge zu leisten. Das erfordert aber, daß ihre Möglichkeiten auch tatsächlich ausgeschöpft werden, d. h. daß die Druckgeschichte, die Programme der Drucker, die

Probleme der Typographie und der Illustrationen im Zusammenhang mit den literarischen Fragen untersucht werden. Das Buchformat ist zwar für den Laien das auffälligste, doch ist es sachlich keinesfalls das wichtigste Indiz. Die Widersprüchlichkeit von Mackensens Darstellung geht indes nur zum Teil darauf zurück, daß diese vielfältig geschichteten Probleme kaum gesehen sind. Die entscheidenden Aussagen sind vielmehr schon mit der geistesgeschichtlichen Prämisse »Bürgertum« und der literarischen »Unterhaltungsliteratur« vorgeprägt. Infolgedessen mißt Mackensen anderen Theorien, etwa über den Einfluß geistlicher Prosa oder des Humanismus auf die Ausbildung einer Erzählprosa, geringere Bedeutung bei: »Aber die großen Züge, die der Literatur ihr Gepräge verleihen, gehen nicht von den Gelehrten, nicht von den Gotteseiferern, sondern vom Bürgertum aus, und seine Form ist die Prosa.« [64] Was hier mit Bürgertum gemeint sein kann, wird aber nicht näher untersucht.

Alle überlieferungsgeschichtlichen Daten und Indizien, auch diejenigen, die für Mackensen erreichbar waren, deuten übereinstimmend darauf hin, daß die Anfänge dieser Erzähl- und Unterhaltungsprosa beim Adel liegen. Die schon im 15. Jahrhundert durchaus zu belegende Teilnahme sozial und ökonomisch führender »bürgerlicher« Schichten an dieser Literatur ist so gut wie immer Ausdruck einer bewußten Imitation von Lebensformen des Adels. In diesem Sinne hat auch das Bürgertum seinen Anteil an dieser Literatur, nur ist das bei allen Verfechtern des Volksbuch-Gedankens von Benz an natürlich nicht gemeint, und auch Mackensen dachte bei »Bürgertum« mindestens an einen extensiv auszulegenden Begriff von Mittelstand, einschließlich aller Arten von Handwerkern. Eher noch weiter geht in dieser Frage die marxistische Forschung. Sie neigt stets dazu, die Bedeutung der unteren Schichten für die literarische Entwicklung zu überschätzen oder den Anteil, den die Oberschicht an ihr hat, zu unterschätzen [65]. Schon Mackensen hat zugleich mit der Bedeutung der Oberschicht für die Erzählliteratur auch die des Romans zugunsten der Volksbücher zu relativieren versucht: »Beider Fürstinnen [gemeint sind Elisabeth von Nassau und Eleonore von Österreich] Werke haben ihre Bedeutung mehr für die Entstehung des Prosaromans als für die Geschichte der Volksbücher [...]« [66]. Gleichwohl nennt er selbst eine ganze Reihe von Autoren, die entweder im Auftrag von Fürsten oder Adel arbeiteten oder auch selbst Adlige waren: Johannes Hartlieb, der für den geschmacksgeschichtlich konservativen Münchener Hof unter mehreren Herzögen arbeitete, den anonymen Bearbeiter des *Wigalois* Wirnts von Gravenberc [67], dann Marquart von Stein, der die Geschichten des Chevalier de la Tour Landri übersetzte, Thüring von Ringoltingen, der für den Markgrafen von Hochberg die *Melusine* übersetzte, Veit Warbeck, der seine Übersetzung der *Magelone* Elisabeth von Einsiedel widmete, Antonius von Pforr, den Übersetzer des *Buchs der Beispiele der alten Weisen*, er erwähnt auch den der Pfalzgräfin Renata gewidmeten *Amadis*. Daß eine unter so hohem Patronat entstandene Literatur volkstümlich werden konnte, führt Mackensen auf die Reformation zurück, die die führenden Stände vom Ritterroman abgelenkt habe, »erst jetzt kann man die alten Ritterromane, zu denen nun die neuen Volksromane treten, als Volksbücher bezeichnen« [68].

Das könnte ein Vorschlag für eine chronologische Fixierung der von Hans Naumann so energisch formulierten Theorie von den gesunkenen Kulturgütern sein. Doch sie impliziert in dieser Fassung die ganz seltsame Annahme, daß die Reformation, wenn nicht ausschließlich, so doch in bevorzugtem Maße eine Angelegenheit der führenden Stände gewesen sei und offenbar zur Folge hatte, daß das »Volk« sich intensiv der Literatur (als Ersatz für entgangene religiöse oder gar politische Partizipation?) zugewandt habe. Die Teilnahme an den Ereignissen und Ideen der Reformation unterscheidet aber die Stände schwerlich. Wenn tatsächlich ein literarischer Interessenwandel der Oberschicht die Ursache des Einschnitts von knapp zwei Jahrzehnten war, den man in der Produktion von Unterhaltungsliteratur in der Reformationszeit beobachten kann, dann ist das nur ein Beweis dafür, daß die Produktion dieser Literatur zuvor von den oberen Schichten abhing. Folgte man Mackensen, so müßte man den absurden Schluß ziehen, daß der Adel sich mit den Problemen von Reformation und Bauernaufständen befaßt, das Bürgertum aber sich den standesgemäßen Freizeitbeschäftigungen des Adels zugewandt habe, so, als ob es von den großen Zeitereignissen ganz unbetroffen und in seinen Interessen nicht weiter berührt worden sei [69].

Mackensen führt in seinem Buch ein Rückzugsgefecht. Er bezieht dabei eine neue, scheinbar unangreifbare Verteidigungsposition für die Vorstellung vom Volksbuch als literarischer Gattung. Sein Begriff »Volksroman« definiert einen neugefaßten Kernbereich der zugleich volksmäßigen und romanhaften Unterhaltungsliteratur: der »Volksroman« wird gewissermaßen zum eigentlichen Volksbuch. Das herkömmliche Volksbuch, den »volkstümlichen Roman«, gibt Mackensen halb und halb preis und bewahrt, indem er die neue Gruppe der »Volksromane« einrichtet, zugleich den innersten Kern der Vorstellungen, die einmal das ganze Konglomerat von Texten umfaßten. Diese Rückzugsposition besitzt wegen der Differenzierung des literarhistorischen Gattungsbegriffs »Volksbuch« in verschiedene Formen eine gewisse Überzeugungskraft. Dabei verbindet sich der Originalitätsgedanke der klassischen Poetik (im Falle des Volksromans) mit kollektivistischen Vorstellungen einer etwas einseitig aufgefaßten Romantik (im Falle des volkstümlichen Romans). Fragt man aber nun, was bei ihm rein chronologisch mit »Zeit« gemeint ist, so wird sichtbar, wie gering der Einschlag konkreter Historie in diesem Gewebe ist. Der Zeitraum, innerhalb dessen die einbezogenen Texte liegen, umspannt nicht weniger als drei Jahrhunderte, er reicht von Elisabeth von Nassau, die ihre Übersetzertätigkeit im vierten Jahrzehnt des 15. Jahrhunderts begann, bis zum *Gehörnten Siegfried* (1726). Im Laufe von drei Jahrhunderten machen jedoch alle berührten zentralen Begriffe – Publikum, literarische Formen, Volkstümlichkeit, Produktions- und Vertriebsformen, Buchmarkt, vor allem aber »Bürgertum« – so wesentliche Wandlungen durch, daß eine Einheit dieses Zeitraums zur reinen Fiktion wird.

Mackensen hat in seinem Buch die noch heute herrschende wissenschaftliche Lehrmeinung formuliert, die sich aber in den Anwendungsgebieten der Fachwissenschaft, wie z. B. Literaturdidaktik oder Volksbildung, schon nicht mehr ganz durchsetzte. Der einflußreiche Pädagoge Severin Rüttgers etwa schob solche »literarisch-ästhetische Wertung« einfach beiseite, als er eine eigene Sammlung von dreizehn »Volksbüchern« herausgab [70]. Die Tatsache, daß Mackensens These über das Dritte Reich hinweg bis in die Gegenwart hinein in Geltung geblieben ist, bedeutet nun nicht, daß man es hier mit einer Nachwirkung »nationalsozialistischer« Germanistik zu tun habe. Die Grundlagen dieser Auffassungen sind älter als der Nationalsozialismus, der sie seinerseits lediglich aufgreifen und fördern konnte. Wenn man in der Nachkriegszeit wieder von den Thesen Mackensens von 1927 ausging, so geschah dies in der Voraussetzung, daß man damit Methoden und Gesichtspunkte aufgriff, die älter seien als die während des Nationalsozialismus vertretenen und deshalb von dessen Einfluß nicht betroffen [71]. Eine öffentliche Diskussion auch über die Voraussetzungen des Nationalsozialismus begann ja erst in der Mitte der sechziger Jahre an den Universitäten allgemein [72] und in der Germanistik im besonderen [73]. Man muß ferner damit rechnen, daß in der ersten Nachkriegszeit ein Rückgriff auf eine vornationalsozialistische Forschungsrichtung aus vielen Gründen leicht forciert geraten konnte. So liest man in der Göttinger Dissertation von Walter Heise (1952) die als Vorwurf an die Forschung gemeinte Bemerkung, nur Mackensen und Inge Gaertner (in ihrer Göttinger Dissertation von 1951) hätten sich »um eine Abgrenzung und Klärung des Begriffs Volksbuch bemüht« [74]. In Heises Arbeit wird der Begriff »Volksroman« sogar bis auf den *Simplicissimus* ausgedehnt. Es braucht gar nicht bezweifelt zu werden, daß *Simplicissimus* und *Fortunatus* Gemeinsamkeiten aufweisen, nur würde man daraus heute eher schließen, daß der *Fortunatus* sich nicht prinzipiell von einem Roman unterscheide. Mackensens Thesen sollten nun mit neuen, zeitgerechteren Methoden, und das bedeutet: durch die Untersuchung der »poetischen Struktur« der Texte, verifiziert werden.

Die Arbeit von Heise gehört zu einer Gruppe von thematisch verwandten Dissertationen, die unter der Ägide von Kurt Schreinert entstanden sind [75]. Die methodisch selbständigste von ihnen, zugleich die für die strukturelle Analyse von Erzähltexten der frühen Neuzeit fruchtbarste, schiebt das Volksbuchproblem einfach beiseite. Ihr Verfasser entscheidet sich für die Bezeichnung »frühneuhochdeutscher Prosaroman« [76], verwendet aber den Terminus »frühneuhochdeutsch« nur zur zeitlichen Eingrenzung. Im Vergleich zu den benachbarten Arbeiten erweist sich der Wechsel zur Strukturuntersuchung auch als gleichbedeutend mit einem Verzicht auf historische Perspektive. In reiner Form hingegen prägt die herrschende Lehre die – von diesem Methodenwandel noch nicht beeinflußte – Arbeit von Inge Gaertner, die an Konsequenz alle ihr verwandten einschließlich der von Mackensen selbst übertrifft, immer vorausgesetzt, daß man sich mit einer Anwendung, vielleicht Modifizierung des vorhandenen methodischen Rasters begnügt. Inge Gaertner übernimmt von Mackensen als Ausgangsbasis das Prinzip des literarischen Erfolgs, präzisiert es aber mit statistischen Methoden, um so den Volksbuchbegriff genauer einzugrenzen; dabei stützt sie sich auf die Bibliographie von Heitz-Ritter, die jedoch selbst schon in der Tradition des herkömmlichen germanistischen Volksbuchbegriffs steht [77]. Die Zuweisung eines Drucks zur Gruppe der Volksbücher wird nach folgender Regel vorgenommen: zwischen erstem und letztem Druck (handschriftliche Überlieferung scheidet eo ipso aus) müssen mindestens hundert Jahre liegen, in dieser Zeit müssen mindestens zehn »Auflagen« [78] erschienen sein, die Verteilung innerhalb dieser Zeitspanne, vor allem das Problem der Textversionen, spielen für die Zuweisung keine Rolle [79]. Diese Kriterien erfüllt eine Gruppe von 17 Werken. Neben diesen »Volksbüchern« läßt sich durch Steigerung der statistischen Anforderungen noch eine zweite Gruppe von 14 Volksbüchern – gewissermaßen von höherer Reinheit – ermitteln. Das sind solche, die im Laufe von 200 Jahren mindestens 22 Drucke erzielten.

Dieses statistische Netz ist aber im Grunde untauglich, denn die abstrakte Zeitspanne von hundert oder auch zweihundert Jahren, innerhalb derer die Verfasserin die »Auflagen« zählt, kann ganz beliebig innerhalb eines Gesamtzeitraums angesetzt werden, der von etwa 1470 bis zur Mitte des 19. Jahrhunderts reicht, so daß man die verschiedenartigsten Texte miterfaßt, auch junge Nachahmungen wie *Genoveva, Eginhard, Helena* und *Hirlanda*. Innerhalb dieses großen Zeitraums gibt es aber noch viele andere Bücher, die innerhalb von hundert Jahren mindestens zehnmal aufgelegt oder neu bearbeitet worden sind, so daß dann doch wieder die grundsätzliche Vorauswahl der Textgruppe die entscheidende Bedeutung erhält. Die Verfasserin löst also bei ihren statistischen Operationen die Frage der Definition des Volksbuchs vom Entstehungsproblem der Texte ab. Im Sinne einer empirisch fundierten soziologischen Befragung der Überlieferung wäre das theoretisch zwar erstrebenswert, aber reine Empirie war hier nicht beabsichtigt. Das Vor-Urteil über das, was zum Volksbuch zu rechnen sei, ist – wie stets – durch die wissenschaftsgeschichtliche Tradition geprägt: »Objektive Darstellung [...] unterscheidet die Volksbücher erstens nach rückwärts von den mittelhochdeutschen Epen, zweitens nach vorwärts von jeder Romanliteratur, drittens, wenn auch in geringerem Maße, von den gleichzeitigen frühneuhochdeutschen Erzählprosen.« [80] Die letztgenannte Gruppe besteht bei Inge Gaertner aus solchen Texten, die den »Volksbüchern« stofflich und strukturell ganz gleichartig sind, die nur dem Erfolgskriterium nicht entsprechen. Der Untersuchungsgang hat die Gestalt eines Zirkelschlusses, denn das Ergebnis bewährt sich somit gerade an den Voraussetzungen, die das Ergebnis überhaupt erst ermöglichen. Die überlieferungsgeschichtlichen Befunde, die textlichen, die motivlichen Abhängigkeitsverhältnisse, die Bearbeitungs-, d.h. Versionenprobleme sind aber so zahlreich und komplex, daß jeder Versuch aussichtslos ist, einer so großen Textgruppe einen einheitlichen Charakter zuzusprechen und sie unter einer Gattungsbezeichnung zusammenzuhalten, die den Funktionsmerkmalen der Bücher entsprechen und außerdem auch literaturwissenschaftlichen Ansprüchen genügen soll [81].

Es wäre Aufgabe eines Forschungsberichts im engeren Sinne, die jüngere Forschung im einzelnen zu würdigen. Hier ging es darum, anhand eines geschichtlichen Überblicks über die Rezeption der frühen deutschen Unterhaltungsprosa in Romanform seit der Romantik diejenigen Probleme von typischer Bedeutung aufzuzeigen und zu analysieren, die im Zusammenhang mit dem Volksbuchbegriff auch in der Fachwissenschaft entwickelt worden sind. Die jüngeren Arbeiten zum frühen deutschen Roman [82] umgehen auf jeweils eigene Weise das mit der Volksbuchfrage gestellte Problem. So verwendet z. B. Renate Wiemann große Sorgfalt auf den Beweis, daß der *Fortunatus* seiner Struktur nach ein Roman sei – spricht aber ohne ersichtlichen Grund ausschließlich vom »Volksbuch« *Fortunatus*. Alois Brandstetter hingegen stützt sich in seiner Untersuchung ausschließlich auf drei Drucke von Prosaversionen mittelhochdeutscher Versromane [83]. Damit wird nicht nur ein wesentlicher Teil der Überlieferungsgeschichte, die handschriftliche Tradition, vollständig übergangen [84], sondern wir stehen vor allem vor einer nicht weiter begründeten und obendrein recht speziellen Auswahl der gedruckten Texte. In all diesen Studien werden die Texte mit solchen literaturwissenschaftlichen Methoden analysiert, wie sie auf voll anerkannte Gattungen immer schon angewandt wurden. Die Volksbuch-Textgruppe erlebt damit eine stillschweigende Neubewertung [85]. Es entsteht nun die Gefahr, daß die rezeptionsgeschichtlichen und Gattungsprobleme nur ausgeklammert werden und daß längst unhaltbar gewordene methodische Positionen bestehen bleiben, wie in den im ersten Teil dieser Untersuchung etwas betont unter kritischem Blickwinkel gemusterten Standardwerken. Diese restaurieren die alten Grundanschauungen auch da noch, wo sie diese präziser formulieren und damit »verbessern«.

Dieses Sachgebiet ist in den letzten Jahrzehnten immer wieder von allgemeinen politischen Verhältnissen beeinflußt worden. Die Zusammenhänge zwischen politischer und Wissenschaftsgeschichte illustriert die Biographie von Wolfgang Liepe, der sich in den zwanziger Jahren in der Volksbühnenbewegung engagiert hatte und schon von daher gesehen sicher keinen Standort vertrat, der ihn den Nationalsozialisten empfohlen hätte. 1933 wurde Liepe, damals Ordinarius in Kiel, denn auch von seinem Lehrstuhl entfernt [86]. Er konnte einen Teil der Zeit der nationalsozialistischen Herrschaft in den USA verbringen und wurde einige Jahre nach dem Kriege auf seinen Kieler Lehrstuhl zurückberufen [87]. Wenn eine deutliche Wirkung seines Buches ausblieb, so erklärt sich das auch dadurch, daß Liepe nicht im Wissenschaftsbetrieb stand und infolgedessen keine praktische Wirksamkeit, z. B. mittelbar durch die Arbeiten von Schülern, entfalten konnte. Es ist ein indirekter Beweis für die Geschlossenheit des damaligen Konsensus innerhalb der Germanistik, daß eine im Grunde lediglich eigenständige Position unter politischen Bedingungen zu der eines Außenseiters geworden ist.

3. *Methodische Perspektiven*

Die Unentschiedenheit der gegenwärtigen Forschungslage auf dem Felde des frühen deutschen Romans verbietet es, von einem Methodenpluralismus zu sprechen, denn die verschiedenen Methoden werden eher synkretistisch als im deutlichen Bewußtsein ihrer Verschiedenartigkeit angewandt. Ein klares Bewußtsein von den wirkungsgeschichtlichen Überlagerungen wecken zu können, die unsere Vorstellungen von »Volksbüchern« enthalten, wäre schon viel, aber es sollte eine bewußte Anwendung – oder auch Vermeidung – bestimmter Methoden zur Folge haben, und zwar gerade in der Spezialforschung, auch im Editionswesen. Die in einigen Provinzen des Faches unangefochtene Einschätzung des frühen deutschen Romans als »volkstümlich« und die Auffassung vom »Volksbuch« als literarischer Gattung dokumentiert z. B. die umfängliche Serie *Deutsche Volksbücher in Faksimiledrucken,* die Ludwig Erich Schmitt begründet hat [88]. Hier wird die seit Makkensen gültige germanistische Volksbuchkonzeption alleine schon bei der Textauswahl weiterverwendet [89]. Für die Erforschung der frühen deutschen Romanliteratur zeichnen sich heute jedoch zwei Richtungen ab, die es der Philologie wie der Literarhistorie und Literaturwissenschaft ermöglichen, entscheidend weiter zu kommen: die Buchkunde und die Literatursoziologie.

Die Ergebnisse buchkundlicher Forschung sind für unser Sachgebiet bislang immer nur punktuell und hilfsweise herangezogen worden. Ihre umfassende Anwendung bildet jedoch eine unabdingbare Grundlegung für eine noch zu leistende sozialgeschichtliche Analyse des frühen deutschen Romans. Ein wesentlicher Schritt in diese Richtung ist mit der Untersuchung von Anneliese Schmitt getan, die selbständige und auf diesem Gebiet neue Fragestellungen verfolgt [90]. Die Verfasserin erprobt versuchsweise die Anwendungsmöglichkeiten sowohl eines enggefaßten (literarischen) wie eines weitgefaßten (soziologisch-buchkundlichen) Volksbuchbegriffs und gibt aufgrund dieser Prüfung dem weitgefaßten Volksbuchbegriff eindeutig den Vorzug [91]. Über die Publikumsbezogenheit des weitgefaßten Begriffs heißt es: »Sie reicht von der monastischen Sphäre über ein starkes bürgerliches Laienpublikum bis in die bäuerlichen Kreise hinein.« [92]. Der Adel wird hier mit Recht nicht ausdrücklich erwähnt, denn er hat in der Tat nur für den enggefaßten Volksbuchbegriff eine besondere Bedeutung, und zwar wegen der Prävalenz der Unterhaltungsliteratur, die diesen kennzeichnet. Der enggefaßte Volksbuchbegriff wird auch in dieser Untersuchung aus der einschlägigen Forschung gewonnen. Anneliese Schmitt rechnet zu den Volksbüchern im engeren (germanistischen) Sinne insgesamt 49 Titel, von denen 22 eindeutig als Romane zu klassifizieren seien [93]. Sie bezieht sowohl Überlieferungs- wie Wirkungsgeschichte und auch spezielle Fragen der Druckgeschichte in ihre Untersuchung ein; in bezug auf die Beherrschung des Materials – soweit es aus bibliographischen Quellen gewonnen werden kann – setzt ihre Studie neue Maßstäbe [94].

Die Verfasserin hält es für geboten, »den von den Literarhistorikern des 20. Jahrhunderts verwendeten gattungsgebundenen Volksbuchbegriff aufzugeben« [95] und ihn im Sinne einer nach Erscheinungsbild und Publikumsbezogenheit definierten »Buchgattung«, die »unterschiedliche literarische Inhalte und Gattungen« umfaßt [96], neu zu begründen. Diese Buchgattung ist im Prinzip eine europäische Erscheinung, die national und regional verschiedene Ausformungen erfahren kann. Mit dem herkömmlichen Begriff »Volksbuch« hat diese Buchgattung noch gemeinsam, daß die darin zusammengefaßten einzelnen Texte eine stoffliche Vorgeschichte, teilweise bis ins Mittelalter, und außerdem eine Vorgeschichte in anders beschaffenen Überlieferungsformen besitzen. Auch für diese Buchgattung sind Bucherfolge konstitutiv, diese Bucherfolge werden nur durch eine erhebliche Verbreitung der Publikumsschicht möglich. Ähnlich dem – im Sinne einer literarischen Gattung verstandenen – herkömmlichen »Volksbuch« besteht auch die Buchgattung überwiegend aus erzählenden Schriften, jedoch nicht nur aus solchen in Prosa, sondern auch in Versen. Der Roman ist von der Buchgattung »Volksbuch« jedoch praktisch ganz auszuschließen [97]. Man darf diese Gattung allerdings nicht gleichsetzen mit »Volkslesestoff«, ihre Bindung an einzelne konkrete soziale Schichten muß epochenspezifisch differenziert beurteilt werden [98]. Ausgehend von Anneliese Schmitts zuletzt referierter These haben wir künftig auch bei einer thematischen Eingrenzung des Untersuchungshorizonts auf den frühen deutschen Roman viel entschiedener nach den historisch und sozial verschiedenartigen Rollen der einzelnen an der Produktion und Verbreitung von Büchern Beteiligten zu differenzieren. Die Untersuchung solcher Rollen, der jede herkömmliche Spielart des Volksbuchsbegriffs mehr oder minder widerstrebt, steckt noch in den Anfängen [99]. Die Tatsache, daß uns die Verfasser vieler Texte nicht bekannt sind, begründet noch keine Anonymitätsvorstellungen, denn individuelle Züge sind bei Druckern, Übersetzern usw. im Umriß auch dann erschließbar, wenn die historischen Personen nicht ermittelt werden können. Die Konzentration der Forschung auf den »Inhalt« (der Texte) wie auf die »Funktion« (der Drucke) unter Absehung vom Verfasser, Drucker, Besitzer oder Leser verkürzt das Verständnis auch der Texte und ihrer weiteren Tradierung um eine entscheidende Dimension.

Da es sich augenscheinlich empfiehlt, künftig von einer wesentlich nach buchkundlichen Kriterien und nach sozialhistorischen Funktionen definierten »Buchgattung« auszugehen, kann man den verblaßten und amorph gewordenen Terminus »Volksbuch«, der grundsätzliche Züge aus der Geschichte seiner Prägung nie abstreifen kann, in der Literaturwissenschaft erst recht nicht weiterverwenden. Daß Anneliese Schmitt die sachliche Unhaltbarkeit des literaturwissenschaftlichen Volksbuchbegriffs auf einem eigenen Weg erwiesen hat, ist jedoch von größter Bedeutung: die Zweifel, die aus wissenschaftsgeschichtlicher und wirkungsgeschichtlicher Analyse heraus erwachsen, erfahren damit eine Bestätigung. Für den Literaturwissenschaftler werden damit die scheinbar unlöslich zusammengewachsenen Einzelelemente des Volksbuchbegriffs wieder frei für künftige Neubestimmung. Schon bei Görres enthielt der Volksbuchbegriff Hinweise auf die Gleichartigkeit von Überlieferungs- und somit Rezeptionsformen, die sich auf mehrere literarische Gattungen zugleich erstreckten. Diese Fragen des literarischen Gebrauchs, der sozialen Funktion, können auch für die frühe Neuzeit nicht mit Gattungsbestimmungen ineins gesetzt werden.

Die germanistische Literaturwissenschaft ist mit der unreflektierten Gleichsetzung von »Texten« und »Büchern«, die der Begriff »Volksbuch« impliziert, in eine Sackgasse geraten. Um aus dieser hinauszugelangen, muß die Wissenschaft die Geschichte der bisher unter dem Volksbuchbegriff zusammengefaßten Werke nach ihren wesentlichen Epochen und Funktionen gesondert untersuchen; gleichzeitig muß entschieden werden, ob man den Gegenstand primär mit buchkundlich fundierten philologisch-literargeschichtlichen oder aber mit rein literaturwissenschaftlichen Methoden angehen will. Richard Alewyn hat eine solche Trennung schon 1928 in seiner Rezension des Buches von Mackensen angedeutet: »Die deutschen Volksbücher sind, wie schon ihr Name ausdrückt, eine mehr soziologische als dichterische Erscheinung.« [100] In ihrer Erscheinungsweise, ihrer »Gegebenheit« [101], sind die Volksbücher jedoch nur zeitweise e i n e Erscheinung. Es gibt in mehreren historischen Zeitpunkten Textgruppen, die sich – auf jeweils andere Weise – als »Volksbücher« definieren ließen. Außer ihrer konkreten überlieferungsgebundenen »Gegebenheit« besitzen die »Volksbücher« des 15. und 16. Jahrhunderts jedoch auch ihre literarische Tradition. Sie werden nicht einfach als Romane oder Epen geschaffen und von irgendeinem Zeitpunkt an in einer ganz bestimmten Form konstant weitertradiert, die sie bleibend zu »Volksbüchern« machte, sondern diese historisch konkrete Form, die Görres und später der Volksbuchforschung einmal den Anstoß gegeben hat, ist selbst nur ein kleiner Ausschnitt aus beständig sich wandelnden Traditionen der literarischen und der Überlieferungsformen.

Das »Volksbuch« hat seine jüngste maßgebliche Definition von einem Volkskundler, von Lutz Mackensen, erfahren. Doch die Volkskunde hat seither Wandlungen vollzogen. In ihr finden heute auch literatursoziologische Fragestellungen ihren Ort. Ein Unterscheidungsversuch zwischen Literarhistorie und Literatursoziologie, den Rudolf Schenda formuliert hat, könnte, mit einigen Modifikationen, die der frühe deutsche Roman als Forschungsgegenstand erforderlich macht, von Nutzen sein: »Literarhistoriker verstehen [. . .] unter ›Literatursoziologie‹ die Einordnung hochkultureller literarischer Fakten in ein soziales (bürgerliches!) Kulturgerüst oder aber den Einfluß sozialer Fakten auf hochkulturelle literarische Kreationen. Der Literatursoziologe [. . .] muß dagegen bei literarsoziologischen Untersuchungen vornehmlich (nicht ausschließlich) das Verhältnis zwischen literarischen Fakten, unabhängig von ästhetischen Normen, und einem rezeptiven Publikum, unabhängig von dessen sozialem Status und seinen geistigen Fähigkeiten, ins Auge fassen und dabei die voneinander abhängigen oder sich gegenseitig bedingenden Produzenten der Literatur (Autoren, Drucker, Verleger, Händler) als Elemente eines literarischen, historisch bedingten Prozesses mitberücksichtigen« [102].

Die spezifischen Anforderungen, die der frühe deutsche Roman an die Literatursoziologie stellen würde, betreffen zwei Problemkreise: erstens die Frage, welche Normen, ästhetische oder aber andere, in der Rezeption von Literatur durch ihr Publikum überhaupt eine Rolle spielen. »Hochkulturelle literarische Fakten« können ebensogut moralisch, politisch oder religiös wie ästhetisch definiert sein. Zumindest forschungspolitisch wird die Rangfrage in dem Augenblick zum Problem, in dem die Literatur quantitativ einen Umfang annimmt, der bedingungslose Vollständigkeit bei ihrer wissenschaftlichen Erforschung unmöglich macht; das gilt mit Sicherheit für die Literatur seit dem späteren Mittelalter. Nun ist es zwar das Ergebnis einer Auswahl, doch anderseits eine mit der Sache selbst gesetzte Bedingung, wenn der Literarhistoriker mit dem Roman des 15. Jahrhunderts einen Gegenstand behandelt, der »hochkulturell« ist; lange genug hat man gerade das Gegenteil angenommen und sich nicht selten eben deswegen mit ihm beschäftigt. Das gilt auch für die Volkskunde. Das »Kulturgerüst«, in dem er zu lokalisieren ist, wird nun allerdings vom »Bürgertum« allenfalls mitbestimmt, und dieses Bürgertum müßte in einem von jüngeren Bedeutungen des Wortes sorgfältig zu unterscheidenden Sinne erst noch genau bestimmt werden. Höfische Lebensformen – mit der für sie typischen Bevorzugung französischer Literatur – und lateinsprachige Bildung, humanistische wie geistliche, sind die dominanten Merkmale des »Kulturgerüsts«, in dem der Roman entsteht und das auch für sein Publikum noch auf lange Zeit verbindlich bleibt. Ob dabei nur die sozialen Fakten die »literarischen Kreationen« beeinflussen, oder ob auch das umgekehrte Verhältnis eintritt, kann nicht vorweg statuiert werden; prinzipiell möglich ist beides. Vor der Romanlektüre ist nicht ohne jeden Anlaß jahrhundertelang gewarnt worden. Wenn sich in der Neuzeit im engeren Sinne die Literarhistorie bewußt oder unbewußt auf »hochkulturelle« Gegenstände konzentriert, so ist das in der Tat das Ergebnis einer Auswahl- und Steuerungsfunktion der Wissenschaft gegenüber der Gesamtmenge der Überlieferung, die im übrigen nach durchaus wechselnden Wertungsmaßstäben ausgeübt wird. Das Problem einer solchen Auswahl besteht auch für die frühe Neuzeit. Es kann aber nicht nachdrücklich genug betont werden, daß sich die wissenschaftliche Behandlung der Literatur dieser Zeit nur selten aus ihrem ästhetischen Wert rechtfertigen läßt, denn diese Literatur verfolgt ganz andere Ziele. Sie will Kenntnisse vermitteln, religiös oder moralisch erziehen, predigen, sonstige Gebrauchsfunktionen erfüllen, auch unterhalten. Letzteres mag ein Element oder eine Vorstufe ästhetischer Kultur im neuzeitlichen Sinne sein – mehr ist es sicher nicht.

Die soziologische Fragestellung ist auch für den Literaturwissenschaftler bei einem solchen Gegenstand unentbehrlich. Sie müßte in bezug auf den frühen deutschen Roman Probleme des sozialen Status –

z. B. der Auftraggeber und Besitzer von Überlieferungsträgern – ausdrücklich einbeziehen. Für den Literaturwissenschaftler gehören die Normen der Literatur entscheidend zur Schichtung des Publikums wie der diesen Schichten jeweils zuzuordnenden Literatur. In einer Zeit, in der die Zahl der Überlieferungsträger relativ gering, ihre statistische Konzentration auf einzelne Besitzer aber sehr hoch ist, kommt dem einzelnen Teilnehmer am literarischen Prozeß eine wesentlich größere Bedeutung zu als in späteren Epochen der Literatur. Wer darüber hinaus gar die Produktion von Büchern veranlassen konnte oder selbst betrieb, hatte eine noch weit gewichtigere Stellung im konkreten Rezeptionsvorgang als der einzelne Rezipient, der, in entsprechender Position, z. B. als Lehrer oder Pfarrer, seinerseits auch wieder ein Distributionsfaktor war. Zur genauen Bestimmung der konkreten Funktionen aller Teilnehmer am literarischen Prozeß ist die soziale Rolle, ist die Einschätzung der Bildung und damit der praktizierten literarischen Normen für den Literarhistoriker von größter Bedeutung. Eine sozialgeschichtliche Fundierung dieser Art ist notwendiger Bestandteil einer Überlieferungsgeschichte des Romans der frühen Neuzeit.

Anmerkungen

I. Einführung: Problematik der Gegenstandsbestimmung

1 Lancelot. Nach der Heidelberger Pergamenthandschrift Pal. Germ. 147 hrsg. von Reinhold *Kluge*. Bd. I, Berlin 1948 (= DTM 42). Bd. II, Berlin 1963 (= DTM 47); letzterer beruht zusätzlich auch auf der Kölner Papierhandschrift W.f° 46*. Bd. III, Berlin 1974 (= DTM 63).

2 Die Unterscheidung zwischen dem herkömmlichen Romanbegriff und seinen hier genannten Artverwandten hat Northrop *Frye* in Zweifel gezogen, u. a. durch den Aufweis von Strukturparallelen zwischen »novel« und »romance«: The secular scripture. A study of the structure of romance. Cambridge/Mass. und London 1976 (= The Charles Eliot Norton Lectures 1974/75); vgl. besonders das zweite Kapitel: The context of romance, ebd. S. 33–61.

3 Wolfgang *Stammler*: Mittelalterliche Prosa in deutscher Sprache. In: Deutsche Philologie im Aufriß. Hrsg. von W. *Stammler*. 2., überarb. Aufl. Berlin 1960, Sp. 749–1102. – Der Artikel faßt Volksrechte, Glaubensbekenntnisse, Christi Leben, Predigt, Beichtliteratur, Bibelübersetzung, scholastische und mystische Texte, Legenden, Ordensliteratur und Erbauungsliteratur zusammen und bietet am Schluß auch zwei knappe Abschnitte über die Antike als prosaischen Stoff und über Unterhaltungsprosa, die Proportionen von Geistlich und Weltlich in der Gesamtmenge der Texte indirekt veranschaulichend. Von »Gattung« ist bei Stammler nicht explizit die Rede, doch steht die Überschau in diesem Handbuch neben parallelen Artikeln zur mittelalterlichen und zur neuzeitlichen Epik, zur Fachprosa und zum Roman seit der Renaissance.

4 Über diesen Punkt gelangt der Exkurs »Zur Kritik des Volksbuchbegriffs« in der Studie von Walter *Raitz*: Zur Soziogenese des bürgerlichen Romans. Eine literatursoziologische Analyse des »Fortunatus«. Düsseldorf 1973 (= Literatur in der Gesellschaft 19), S. 123–145, nicht hinaus. Die von *Raitz* intendierte »kritische Bestandsaufnahme des Standes der Diskussion um ›Volksbuchbegriff‹ und ›Prosaroman‹, die zugleich ja romangenetische Gesichtspunkte enthält« (ebd. S. 124), beschränkt sich im wesentlichen auf eine kleine Auswahl von Forschungspositionen aus dem 20. Jahrhundert, ohne deren literaturgeschichtliche und wissenschaftsgeschichtliche Voraussetzungen zu untersuchen. Der Ursprung des ganzen Problems bleibt damit verdeckt.

5 Die beiden Bände (= Bde. IV/1 und 2 der »Geschichte der deutschen Literatur von den Anfängen bis zur Gegenwart« von *de Boor* und *Newald*) tragen die Untertitel: Erster Teil. Das ausgehende Mittelalter, Humanismus und Renaissance. 1370–1520 (München 1970). Zweiter Teil. Das Zeitalter der Reformation. 1520–1570 (München 1973).

6 Ebd. I, S. 48.

7 Ebd.

8 Ebd. S. 74.

9 Ebd. II, S. 3.
10 Ebd. S. 155.
11 Ebd. S. 184.
12 Vgl. als repräsentative Dokumente aus zwei verschiedenen Epochen der deutschen Literaturwissenschaft einmal Günther *Müller*: Geschichte der deutschen Seele. Vom Faustbuch zu Goethes Faust. 3. Aufl. Darmstadt 1967 (1. Aufl. 1939), darin besonders das Kapitel über das 16. Jahrhundert: »Faustische Renaissance« (S. 1–44), und demgegenüber Hans *Schwerte*: Faust und das Faustische. Ein Kapitel deutscher Ideologie. Stuttgart 1962.
13 *Rupprich* II, a.a.O., S. 190.
14 Ebd. S. 229.
15 Ebd. S. 185.
16 Ebd. S. 188.
17 Ebd. S. 177. Erhalten sind nur zwei defekte Exemplare aus der einzigen bekanntgewordenen Ausgabe von 1520. – Vgl. darüber Friedrich *Ritter* im Anhang zu seiner zusammen mit Paul *Heitz* verfaßten grundlegenden Bibliographie: Versuch einer Zusammenstellung der deutschen Volksbücher des 15. und 16. Jahrhunderts nebst deren späteren Ausgaben und Literatur. Straßburg 1924, S. 213 f. (im folgenden abgekürzt zitiert: *Heitz-Ritter*), und – genauer – *ders.*: Das Giletta-Volksbuch, nach einem bisher unbekannten Straßburger Drucke vom Jahre 1520 [Facsimile-Reproduktion, mit einer Einleitung versehen]. In: Jahrbuch der Elsass-Lothringischen Wissenschaftlichen Gesellschaft zu Straßburg 1, 1928, S. 56–79.
18 Heinz Otto *Burger*: Renaissance – Humanismus – Reformation. Deutsche Literatur im europäischen Kontext. Bad Homburg-Berlin-Zürich 1969 (= Frankfurter Beiträge zur Germanistik 7). – Vgl. dazu die Rezension von Dieter *Wuttke* in: Arcadia 7, 1972, S. 80–83, insbes. S. 82.
19 A.a.O. S. 88. – Vgl. Wolfgang *Liepe*: Elisabeth von Nassau-Saarbrücken. Entstehung und Anfänge des Prosaromans in Deutschland. Halle/S. 1920.
20 A.a.O. S. 88.
21 Ebd. S. 91. – Vgl. Georg *Lukács*: Die Theorie des Romans. Ein geschichtsphilosophischer Versuch über die Formen der großen Epik. 3. Aufl. Neuwied-Berlin 1963 (zuerst erschienen 1916).
22 Vgl. dazu die von *Lukács* 1962 (zur zweiten Auflage der »Theorie des Romans«) verfaßte, in ein Vorwort gekleidete Selbstrezension ex post, a.a.O., insbes. S. 7–12.
23 Siegfried *Beyschlag*: Städte, Höfe, Gelehrte. 1430–1490. In: Annalen der deutschen Literatur. Hrsg. von Heinz Otto *Burger*. 2. Aufl. Stuttgart 1971, S. 261.
24 In ganz anderer Weise hat Jürgen *von Stackelberg* (Von Rabelais bis Voltaire. Zur Geschichte des französischen Romans. München 1970) die Entwicklungsstationen des französischen Romans als bewußte Variationen (im Sinne von Parodien) bereits existierender Romanformen beschrieben. An dergleichen ist hier nicht zu denken; Stackelbergs Versuch wäre auf die Geschichte des deutschen Romans nicht übertragbar.
25 Vgl. Richard *Newald*: Humanismus und Reformation. 1490–1600. In: Annalen der deutschen Literatur, a.a.O. S. 317, 326, insbes. S. 331: »Als Ersatz der nicht mehr lebensfähigen Versepik [...], aber auch die Volksbücher und den Prosaroman verdrängend, erschienen ab 1569 die deutschen Ausgaben des ›Amadis‹ [...].«
26 Francesco *Delbono*: Il »Volksbuch« tedesco. Ricerche e interpretazioni.

Arona 1961; vgl. darin besonders den Abschnitt: Origine e sviluppo del »Volksbuch«, S. 7–70.

27 Vgl. ebd. S. 8–12; insbes. S. 8 (»il nome storico«); S. 11 (»una parola che, quando nacque, era ben precisa«); S. 12 (»-buch è espressione esatta, perché storica«).

28 Vgl. Heinz *Kindermann* im »Geleitwort« zu Bd. I (Volksbücher vom sterbenden Rittertum) der Reihe 12: »Volks- und Schwankbücher« seiner Sammlung: Deutsche Literatur. Sammlung literarischer Kunst- und Kulturdenkmäler in Entwicklungsreihen. Weimar-Wien-Leipzig 1928, S. V.

29 A.a.O. S. 11.

30 Beide Zitate ebd. S. 11. – Als bedenkliches Beispiel für *Delbonos* mannigfache (nicht nur sprachliche) Mißverständnisse hebe ich seine Übersetzung der Wendung »kunst und aventür« aus Thürings von Ringoltingen »Melusine« hervor: »l'arte di questi libri in prosa« (S. 69).

31 *Delbono* definiert: »Volksbuch è il libro in prosa in tutta la sua storia« (ebd. S. 62), d. h. seit dem 13. Jahrhundert! Und so liest man bei ihm denn auch, in der Bibliothek Püterichs von Reichertshausen hätten sich »Volksbücher« befunden (ebd. S. 46).

32 Joachim G. *Boeckh* und Günter *Albrecht*, Kurt *Böttcher*, Klaus *Gysi*, Paul Günter *Krohn*: Geschichte der deutschen Literatur von 1480 bis 1600. Berlin 1961 (= Geschichte der deutschen Literatur von den Anfängen bis zur Gegenwart. Bd. 4). – Dieses didaktisch überzeugend aufgebaute Werk (dem man die Arbeit verschiedener Hände ein wenig anmerkt) ist in der in der DDR erschienenen Literatur viel – und nicht selten zu Unrecht – kritisiert worden.

33 Ebd. S. 393.

34 Ebd. S. 95.

35 Ebd. S. 417.

36 Ebd. S. 95. – Vgl. auch S. 393: »Die Prosaerzählung läßt sich unterteilen in den kurzen Schwank und in die längere, romanhafte Geschichte. Beides sind Vorübungen für eine künstlerisch auszubildende deutsche Erzählprosa, gleichsam Vorformen von Novelle und Roman.«

37 Ebd. S. 107.

38 Die einzige zusammenfassende Arbeit zum Thema (Hildegard *Beyer*: Die deutschen Volksbücher und ihr Lesepublikum. Diss. Frankfurt/M. 1962) bietet überwiegend sekundär geschöpfte literarische Zeugnisse, die für das 15. und 16. Jahrhundert im wesentlichen schon von *Goedeke* (Bd. I, 2. Aufl., S. 340, und Bd. II, 2. Aufl., S. 458), vor allem aber von Werner *Fechter*: Das Publikum der mittelhochdeutschen Dichtung. Frankfurt/M. 1935 (= Deutsche Forschungen 28) gesammelt worden sind, für das 17. Jahrhundert von Richard *Alewyn*: Johann Beer. Studien zum Roman des 17. Jahrhunderts. Leipzig 1932 (= Palaestra 181), S. 266–272.
Diese volkskundliche Arbeit übernimmt den literaturwissenschaftlichen Gattungsbegriff »Volksbuch«, handelt also in der Hauptsache von Romanlektüre.

39 *Boeckh* u. a., a.a.O. S. 99.

40 Ingeborg *Spriewald* und Hildegard *Schnabel*, Werner *Lenk*, Heinz *Entner*: Grundpositionen der deutschen Literatur im 16. Jahrhundert. Berlin-Weimar 1972.
Ganz allgemein informiert über die Grundlinien der Entwicklung der Literaturwissenschaft der DDR Hans *Kaufmann* in der »Einleitung« der von ihm herausgegebenen »Positionen der DDR-Literaturwissenschaft.

Auswahl aus den Weimarer Beiträgen (1955–1970)«. 2 Bde. Kronberg/Ts. 1974 (= Scriptor Taschenbücher Literaturwissenschaft 30.31), S. VII–XXIII (in beiden Bänden identisch).

41 Vgl. Walter *Dietze*: Mündlicher Volksschwank und romanhafte Erzählform im ›Lalebuch‹. In: Weimarer Beiträge 14, 1968, S. 158–174.

42 So formuliert programmatisch-verallgemeinernd Hildegard *Schnabel,* in: *Spriewald* u. a., a.a.O. S. 38. – Ich bezweifle allerdings, daß die Verfasserin den Gedanken Lenins richtig interpretiert. Das Problem der »nationalen Frage« taucht bei Lenin zuerst 1903 im Zusammenhang mit dem Sprachenproblem im Kaukasus auf (vgl.: W. I. *Lenin*: Das Manifest der armenischen Sozialdemokraten. In: Werke. Hrsg. vom Marx-Engels-Lenin-Stalin-Institut beim ZK der SED. Bd. 6, Berlin 1956, S. 320–323), es stellte sich in allgemeinerer Form angesichts der Völkerschaften Rußlands. Lenin hat sich stets gegen einen föderativen Bundesstaat und gegen die Forderung nach nationaler Unabhängigkeit gewandt (vgl.: Die nationale Frage in unserem Programm, ebd. S. 452–461, insbes. S. 456). Dies ist der Kern der »nationalen Frage« bei Lenin.
Lenin trat gerade nicht für nationale Kultur ein: »Die Losung der Arbeiterdemokratie heißt nicht ›nationale Kultur‹, sondern internationale Kultur des Demokratismus und der Arbeiterbewegung der ganzen Welt.« (Vgl.: Kritische Bemerkungen zur nationalen Frage. Werke, Bd. 20, 1961, S. 1–37, hier S. 6). Wenn Hildegard *Schnabel* sagt, die These Lenins gelte »für jede in Klassen gespaltene Gesellschaft« (a.a.O. S. 38), so verallgemeinert sie ganz zu Unrecht, denn bei Lenin heißt es: »Es gibt zwei Nationen in jeder modernen [!] Nation« (Werke, Bd. 20, S. 17). Die Übertragung der modernen Vorstellung vom Nationalstaat auf die Territorialstaaten der frühen Neuzeit ist schwerlich im Sinne Lenins: »Eine unbedingte Forderung der marxistischen Theorie bei der Untersuchung jeder wie immer gearteten sozialen Frage ist, sie in einen b e s t i m m t e n historischen Rahmen zu stellen, [...]« (vgl.: Über das Selbstbestimmungsrecht der Nationen. Werke, Bd. 20, S. 395–461, hier S. 403).

43 Hildegard *Schnabel* (a.a.O. S. 69 f.) formuliert das noch allgemeiner: »Ein Hauptmerkmal und zugleich mit die wesentlichste Errungenschaft der deutschen Literatur des 15./16. Jahrhunderts ist bekanntlich ihre weitgehend spontane, auf Breitenwirkung orientierte V o l k s t ü m l i c h k e i t, die sie qualitativ sowohl von der unmittelbar vorangegangenen wie von der nachfolgenden Literatur abhebt.« In solcher Pauschalität formuliert, ist diese »Position« nicht mehr brauchbar.

44 Vgl. in diesem Zusammenhang jetzt auch Ingeborg *Spriewald*: Vom »Eulenspiegel« zum »Simplicissimus«. Zur Genesis des Realismus in den Anfängen der deutschen Prosaerzählung. Berlin 1974 (= Literatur und Gesellschaft). – Hier ist (S. 13) ausdrücklich von der »Erzählprosa« als einer »Gattung« die Rede. »Erzählprosa« ist aber etwas entschieden anderes als die im Titel genannte »Prosaerzählung«. Tatsächlich zugrunde gelegt wird in der Untersuchung eine nicht explizit begründete Auswahl von Texten, die herkömmlich unter der Bezeichung »Volksbücher« geführt werden: »Fortunatus«, »Eulenspiegel«, einige Werke Wickrams, »Lalebuch«, »Faustus«, »Simplicissimus« mit »Continuatio«.

45 Beide Zitate bei Ingeborg *Spriewald*: Wirklichkeitsgestaltung im Neubeginn der Prosaerzählung, in: Grundpositionen, a.a.O. S. 250 und S. 252.

46 Ebd. S. 254.

47 Ich habe den Terminus »Prosaerzählwerke« absichtlich als den unbe-

stimmtesten gewählt; der Wechsel zum Terminus »Roman« ist durch die zugrundeliegenden Zitate bedingt, inhaltlich ist er ohne Bedeutung.

48 Von der Namensform »Huge Scheppel«, die in den Handschriften überliefert ist und die zu Recht auch von *Burger* (Renaissance – Humanismus – Reformation, a.a.O.) gebraucht wurde, wechsele ich von hier an zu der in den Drucken vorkommenden über.

II. Die Rezeption des frühen deutschen Romans um 1800: Entstehung des literarhistorischen Volksbuchbegriffs

1 Die teutschen Volksbücher. Nähere Würdigung der schönen Historien-, Wetter- und Arzneybüchlein, welche theils innerer Werth, theils Zufall, Jahrhunderte hindurch bis auf unsere Zeit erhalten hat. Von J. *Görres*, Professor der Physik an der Secondärschule zu Coblenz. Heidelberg 1807. – Im folgenden abgekürzt zitiert: *Görres*.
Auf den leicht spielerisch-antiquarischen Charakter des Untertitels sei hingewiesen. Er stimmt wenig zu dem Inhalt des Buches, und es ist vielleicht kein Zufall, wenn die meisten »Volksbuchforscher« die »Wetter- und Arzneybüchlein« als so wenig gewichtig empfanden, daß sie sie auch in Görres' Text schlicht übersahen. – Zu berücksichtigen sind außerdem die Ergänzungen, die Görres im Rahmen einer anonymen Selbstanzeige geliefert hat: Die deutschen [!] Volksbücher. Heidelberg 1807. In: Heidelbergische Jahrbücher der Literatur I, 11. Heft (= 5. Abt., Heft 3), 1808, S. 409–427.

2 Der historische Umkreis für die Entstehung der Schrift ist beschrieben bei Herbert *Levin*: Die Heidelberger Romantik. München 1922; Josef *Nadler*: Görres und Heidelberg. In: Preußische Jahrbücher 198, 1924, S. 279–291, und Leo *Just*: Görres in Heidelberg. In: Historisches Jahrbuch 74, 1955, S. 416–431. Zu Einzelheiten vgl. das Nachwort von Lutz *Mackensen* zu seiner Neuausgabe der Schrift von Görres, Berlin 1925 (= Kleine volkskundliche Bücherei 2), S. 313–352. In allen diesen Studien wird bedauerlicherweise der allgemeine wissenschaftsgeschichtliche Kontext der Heidelberger Romantik vernachlässigt, die somit im wesentlichen lediglich als ein Ereignis in der Geschichte der deutschen Dichtung gesehen wird.

3 Vgl. Karl *Bartsch*: Romantiker und germanistische Studien in Heidelberg 1804–1808. Heidelberg 1881.

4 Franz *Schultz*: Joseph Görres als Herausgeber, Litterarhistoriker, Kritiker im Zusammenhange mit der jüngeren Romantik. Berlin 1902 (= Palaestra 12).

5 Vgl. die knappen Hinweise in der Studie von Inge *Gaertner*: Volksbücher und Faustbücher. Eine Abgrenzung. Mschr. Diss. Göttingen 1951, insbesondere im Abschnitt über die Geschichte des Begriffs »Volksbuch«, S. 3–31 (zu dieser Arbeit vgl. unten S. 142 f.). Am ausführlichsten hat unlängst Anneliese *Schmitt* die Probleme des Görresschen Buches erörtert: Die deutschen Volksbücher. Ein Beitrag zur Begriffsgeschichte und zur Tradierung im Zeitraum von der Erfindung der Druckkunst bis 1550. Teil I. II. Mschr. Diss. Humboldt-Universität Berlin 1973, insbes. I, S. 3–17 (vgl. über diese Studie unten S. 145 f.).
Ich folge dem in beiden Arbeiten eingeschlagenen Verfahren insofern nicht, als ich es bewußt vermeide, den Volksbuchbegriff als ein für allemal gegeben hinzunehmen. Ich sehe ihn vielmehr lediglich als ein wissen-

schaftsgeschichtliches Phänomen an. Gerade im Kontrast zu der primär buchkundlich ausgerichteten Studie von Anneliese Schmitt ergibt sich dadurch eher eine Ergänzung als eine Entgegensetzung beider Standpunkte.

6 Vgl. die Aufstellung unten S. 20–23.

7 *Görres,* S. 7* (ungezählt).

8 Reinhold *Steig*: Achim von Arnim und Clemens Brentano. Stuttgart 1894 (= Achim von Arnim und die ihm nahestanden 1), S. 218.

9 *Görres,* S. 308.

10 Verzeichniß einer sehr reichen Sammlung von Handschriften und alten Drucken zur Geschichte der deutschen, französischen, spanischen, holländischen und englischen romantischen Dichtkunst gehörig, meistens Seltenheiten und Gegenstände, die sich zu neuer Bearbeitung eignen, welche nebst andern Büchern in verschiedenen Sprachen und Wissenschaften den 13. December u. folg. Tage d. J. Vormittags um 9 Uhr am Dönhofsplatze Nr. 36. durch den Königl. Auctionskommissarius Bratring gegen gleich baare Bezahlung in kling. Preuß. Cour. meistbietend versteigert werden sollen. Berlin 1819. Im folgenden abgekürzt zitiert: Verzeichniß.

11 Katalog der nachgelassenen Bibliotheken der Gebrüder Christ. und Clemens Brentano welche Dienstag den 5. April 1853 und folgende Tage, Abends 5 Uhr präcise, bei J. M. Heberle in Köln öffentlich versteigert und dem Letztbietenden gegen gleich baare Zahlung verabfolgt werden. Köln 1853. Im folgenden abgekürzt zitiert: Katalog. Beide Auktionskataloge hat Bernhard *Gajek* in Form eines Facsimiles neu herausgegeben: Clemens und Christian Brentanos Bibliotheken. Die Versteigerungskataloge von 1819 und 1853. Mit einem unveröffentlichten Brief Clemens Brentanos. Heidelberg 1974 (= Beihefte zum Euphorion 6). – Ergänzend zu den Versteigerungskatalogen vgl. ferner den Abschnitt »Die Bücher in Brentanos Nachlaß« bei Bernhard *Gajek*: Homo Poeta. Zur Kontinuität der Problematik bei Clemens Brentano. Frankfurt/M. 1971 (= Goethezeit 3), S. 459–463.

12 Wieviel – oder besser wie wenig – an alten Drucken ohne ein darauf ausgerichtetes besonderes Sammelinteresse (und auch ohne Brentanos finanzielle Ressourcen) damals zusammenzubringen war, zeigt im Vergleich der Auktionskatalog für Tiecks Bibliothek (Bibliotheca Tieckiana. Catalogue de la bibliothèque célèbre de M. Ludwig Tieck qui sera vendue à Berlin le 10. Décembre 1849 et jours suivants par MM. A. Asher & Comp. Berlin 1849). Unter den nahezu 8000 Nummern fallen die Frühdrucke von »Fierrabras« (Simmern 1533), »Fortunatus«, »Olivier und Artus«, Paulis »Schimpf und Ernst« (drei Ausgaben), »Pontus« (drei Ausgaben), »Reineke Fuchs« (sechs Ausgaben), Wyles »Translatzen« (Straßburg 1510) und des »Heldenbuchs« (Hagenau 1509) wenig ins Gewicht. Im Gegensatz zu Brentano besaß Tieck so gut wie keine Ausgaben dieser Texte aus dem 17. und 18. Jahrhundert. Brentanos Sammlung veranschaulicht besonders gut die faktische Streuung der Überlieferung in den jüngeren Jahrhunderten.
Der Katalog der Tieckschen Bibliothek wurde von Albert *Cohn* zusammengestellt; vgl. den Neudruck des Katalogs, Wiesbaden 1970.

13 Erduin Julius *Koch*: Compendium der Deutschen Literaturgeschichte. Bd. I. Berlin 1795 (1. Ausgabe 1791). Bd. II. Berlin 1798. – Georg Wolfgang *Panzer*: Annalen der älteren deutschen Literatur. 3 Bde. Nürnberg-Leipzig 1788–1805. – *Ders.*: Annales typographici. 11 Bde. Nürnberg 1793–1803.

Einige Einschränkungen der Nachprüfungsmöglichkeiten sind mit den beiden Katalogen gegeben. Erstens ist zu bedenken, daß im »Katalog« von 1853 die Bücher Christian Brentanos ohne Kennzeichnung mitaufgeführt sind. Diese Fehlerquelle ist relativ geringfügig, weil angenommen werden kann, daß die hier interessierenden Bücher aus Clemens Brentanos Besitz stammen. Ferner verfahren beide Kataloge bibliographisch nicht genau, sie bieten nur Kurztitel in kaum normierter Form. Eine tatsächliche Übereinstimmung mit den zwar ausführlichen, aber – ebenso wie die zugrundeliegenden Buchtitel selbst – kein Erscheinungsjahr, selten genug den Verleger nennenden Angaben bei Görres ist in manchen Fällen lediglich wahrscheinlich zu machen. Die hierin begründete Unsicherheit läßt sich u. U. verringern, wenn nämlich Brentano von einem Titel mehr als eine Ausgabe besaß, weil somit stets verschiedene Wahrscheinlichkeitsgrade gegeben sind, unter denen eine Wahl möglich, häufig auch gut begründbar ist. Abgesehen von diesen Fehlerquellen ist der näheren Untersuchung der von Görres getroffenen Auswahl aber dadurch eine Grenze gezogen, daß sich die knappe Hälfte der von ihm angeführten Exemplare in den 1819 und 1853 zur Versteigerung gelangten Beständen Brentanos nicht mehr nachweisen läßt (dafür vielfach andere Ausgaben). Brentano hat bereits seit 1807 in Abständen Teile seiner Bibliothek verkauft, freilich auch weiter Bücher gesammelt.

Über die Bibliomanie Brentanos und ihre Bedeutung für sein dichterisches Schaffen vgl. Bernhard *Gajek* im Vorwort zum Neudruck der Kataloge, a.a.O. S. 11–20.

14 A.a.O. – An dieser Stelle ist eine knappe Bemerkung zu diesem Werk nötig. Die wissenschaftliche Literatur verweist heute gern auf seine Grenzen. Aber wer über längere Zeit ständig damit umgegangen ist, weiß, wie selten es gelingt, auch nur eine Einzelheit daran zu verbessern. Leistung und Grenzen des *»Heitz-Ritter«* lassen sich folgendermaßen bestimmen. Das Werk ist 1. eine reichhaltige Zusammenstellung aus existierenden bibliographischen Quellen, 2. seine Systematik läßt sehr zu wünschen übrig, 3. alle Angaben, die auf Autopsie zurückgehen, sind zweifelhaft und außerdem ungleich verteilt, 4. eine Neubearbeitung würde nichts Geringeres erfordern als eine vollständige Erfassung und beschreibende Verzeichnung der gesamten erzählenden Prosa in deutscher Sprache vom 13. Jahrhundert bis etwa 1600, für die bis zu diesem Zeitpunkt vorkommenden Titel auch weiter, bis zum Ende des 18. Jahrhunderts, und zwar sowohl der Handschriften wie der Drucke.

15 Vgl. seine Selbstrezension in den Heidelbergischen Jahrbüchern, a.a.O., S. 421.

16 Vgl. über die Endter Josef *Benzing*: Die Buchdrucker des 16. und 17. Jahrhunderts im deutschen Sprachgebiet. Wiesbaden 1963 (= Beiträge zum Buch- und Bibliothekswesen 12), S. 342 f.

17 Reinhold *Steig*: Achim von Arnim und Jacob und Wilhelm Grimm. Stuttgart-Berlin 1904 (= Achim von Arnim und die ihm nahe standen 3), S. 572. – In die gleiche Richtung weist auch ein Bericht von Sulpiz Boisserée, der am 7. November 1816 an Goethe schrieb: »Toll genug war es, wie er [Görres] gleich, ohne noch unsere Sammlung gesehen zu haben, gegen unsere Ansicht der Kunstgeschichte [...] zu Felde zog. Der Streit blieb jedoch in den gehörigen Schranken und [...] seitdem er auch noch eine Reihe der bedeutendsten Werke gesehen hat, ist er einigermaßen still und ruhig geworden.«

Und Boisserée abschließend zur Charakteristik Görres': »Wäre bei dem reichen aber wilden Geist dieses auch sonst mit vielen guten Eigenschaften begabten Mannes nur irgend etwas geregeltes und geordnetes möglich. Doch das baut immer ohne alle Grundlage, ohne alle Fügung und Bindung.« Sulpiz *Boisserée*: Briefwechsel, Tagebücher. Mit einem Nachwort von Heinrich *Klotz*. 2 Bde. Göttingen 1970 (= Deutsche Neudrucke. Reihe Texte des 19. Jahrhunderts), hier Bd. II, S. 144.

18 Er erscheint auszugsweise noch 1792 in Band 19 von *Reichards* »Bibliothek der Romane«. – Ich verzichte bei den im folgenden (in Klammern) genannten Büchern, die Brentano besaß, darauf, die Belege aus den Auktionskatalogen im einzelnen anzuführen.

19 Die Ausgaben lassen große Wandlungen im Textbestand erkennen – vielleicht ein zusätzlicher Grund für Görres, das berühmte Werk nicht zu berücksichtigen.

20 Der erste Band war zur Michaelismesse 1805 (mit der Jahreszahl 1806) erschienen.

21 *Grimms* Wörterbuch weist (Bd. 12, Zweiter Teil, Sp. 475) die Bedeutung »allgemein verständliches, für die menge passendes buch« aus. Hamann nennt 1782 Pestalozzis »Lienhard und Gertrud« ein Volksbuch. In bezug auf »die größtentheils auf fassungen des 15. und 16. jh. zurückgehenden erzählungen und schwanksammlungen, die [sc. am Ende des 18. Jahrhunderts] in billigster herstellung vertrieben wurden« (ebd. Sp. 476), hat offenbar erst Görres diesen Wortgebrauch durchgesetzt. – Zum Wortgebrauch von »Volksbuch« siehe ferner unten S. 45 f. und S. 53 f.

Folgende Einzelheit beleuchtet den wortgeschichtlichen Status gegen Ende des 18. Jahrhunderts deutlicher. *Pestalozzi* selbst hatte »Lienhard und Gertrud« zunächst den Untertitel »Ein Buch für das Volk« gegeben (Berlin-Leipzig 1781). (Ein Jahr später erschien dann »Christoph und Else« mit dem Untertitel »Mein zweytes Volks Buch«; vgl. Sämtliche Werke. Hrsg. von Artur *Buchenau*, Eduard *Spranger*, Hans *Stettbacher*, Bd. 7, Berlin 1940, S. 119.) In der Vorrede zur zweiten Auflage klagt er jedoch, daß das Publikum das Buch anders verstanden habe. Er bezeichnet zunächst die große »Ausdehnung des Wissens« als Kennzeichen seines Zeitalters und fährt dann fort: »In diesen Umständen mußte mein Buch seines eigentlichen Zwecks: Eine von der wahren Lage des Volks und seinen natürlichen ewigen Verhältnissen ausgehende bessere Volksbildung zu bewirken, natürlich verfehlen. Es hatte als Darstellung des Wesens der häuslichen Volksbildung fast keine Wirkung, und machte hauptsächlich als Roman Eindruck.« (Sämtliche Werke, a.a.O., Bd. 2, 1927, S. 432.) Das volksaufklärerisch gemeinte Buch fiel also gewissermaßen dem Romanbedarf der Leser anheim, eine rezeptionsästhetisch interessante Bruchstelle. Pestalozzi hat diesem »Mißverständnis« entgegenzuwirken versucht, indem er in der zweiten Auflage (Zürich-Leipzig 1790) den Untertitel änderte: »Ein Versuch, die Grundsätze der Volksbildung zu vereinfachen.« In der 3. Auflage (Stuttgart-Tübingen 1819) nahm er dann die ursprüngliche Formulierung wieder auf.

22 Johann Joachim *Eschenburg*: Entwurf einer Theorie und Literatur der schönen Redekünste. Zur Grundlage bei Vorlesungen. Dritte, abgeänderte und vermehrte Ausgabe. Berlin und Stettin 1805, S. 235. (Die vorangehenden Auflagen erschienen 1783 und 1789.) Für andere europäische Litera-

turen läßt Eschenburg auch Werke des 17. Jahrhunderts als Gattungsmuster gelten, insbesondere Cervantes.

23 Friedrich *Bouterwek*: Geschichte der Poesie und Beredsamkeit seit dem Ende des dreizehnten Jahrhunderts. Bd. 9. Göttingen 1812 (= Geschichte der Künste und Wissenschaften seit der Wiederherstellung derselben bis an das Ende des achtzehnten Jahrhunderts. 3. Abth.: Geschichte der schönen Wissenschaften), S. 334. Vgl. auch S. 419: »Nicht eines dieser romantischen Unterhaltungsbücher macht in seiner Art Epoche; nicht eines hat den Geschmack geläutert, oder veredelt.«

24 Vgl. darüber unten S. 57 f.

25 Franz *Schultz*: Joseph Görres, a.a.O. S. VII.

26 *Görres*, S. 3*.

27 Ebd.

28 Ebd. S. 4*.

29 *Görres*, S. 7*.

30 Vgl. darüber unten S. 51–54.

31 *Görres*, S. 1.

32 Ebd. S. 1–26.

33 Ganz vereinzelt wird – im Falle des »Eulenspiegel« z. B. – einmal von schichtenspezifischen Voraussetzungen der literarischen Produktion gesprochen: »Das Ganze deutet durch seine rhapsodische Form durchgängig auf ein successives Entstehen in verschiedenen Zeiten, und ein Erzeugniß einer ganzen Classe, die es als Denkmal eines nationellen innern Uebermuthes und freudigen Muthwillens nach und nach wie einen Scherbenberg zusammentrug, den nun irgend ein Einzelner vollends ordnete.« Ebd. S. 196.

34 Ebd. S. 2.

35 »Diese Art Gedichte, die wir seit Jahren Volkslieder zu nennen pflegen, ob sie gleich eigentlich weder vom Volk, noch für's Volk gedichtet sind, sondern weil sie so etwas Stämmiges, Tüchtiges in sich haben und begreifen, daß der kern- und stammhafte Theil der Nationen dergleichen Dinge faßt, behält, sich zueignet und mitunter fortpflanzt – [...]«. *Goethe*s Werke. Hrsg. im Auftrage der Großherzogin Sophie von Sachsen. Abt. I, Bd. 40, S. 355 f. Im folgenden abgekürzt zitiert: WA.

36 Der Begriff des Organischen, den Görres im Sinne Herders verwendet, ist heute Mißverständnissen ausgesetzt. In einer Auseinandersetzung mit Benno *von Wiese* (Herder. Grundzüge seines Weltbildes. Leipzig 1939) hat Hans Paul Bahrdt dargelegt, daß der Begriff des Organischen nicht mit biologischen Vorstellungen der modernen Naturwissenschaften in Verbindung gebracht werden darf; vgl. H. P. *Bahrdt*: Die Freiheit des Menschen in der Geschichte bei J. G. Herder. Mschr. Diss. Göttingen 1952, insbes. Kap. III: Die Einbettung des Menschen in die Welt und das Problem der menschlichen Freiheit (S. 117–175), wo auch die Begriffe Volk, Nation und Staat im Zusammenhang der Herderschen Vorstellung vom Organischen erörtert werden. Görres' Volksbegriff stimmt namentlich darin mit dem Herders überein, daß der gemeinsame Vollzug von Tradition – Görres spricht in den »Teutschen Volksbüchern« allein von der literarischen Tradition – die Einheit des Volks begründe.

37 *Görres*, S. 5.

38 Ebd. S. 6 f.

39 Ebd. S. 8.

40 Ebd. S. 70.

41 Ebd. S. 94.

42 Ebd. S. 177. – Vgl. auch die Beurteilung des »Herzog Ernst«: »Das Ganze [...] erscheint nur von mittlerm Werth, [...] und wenn man das, was dem Dichter gegeben war, abrechnet, leer und mit geringer Erfindung gedacht und durchgeführt« (S. 84 f.) oder die Aussage über den Stil der »Sieben weisen Meister«, »[...] daß in dem alten Buche [den Gesta Romanorum von 1489] die Sprache gediegener und weniger schleppend, geziert und steif erscheint« (S. 158), schließlich die Anmerkung zu »Der bellende Hund, so die irrgehende Schaafe aufsuchet, und zum wahren Schaafstall Christi zu bringen trachtet, [...]«: »Elende pfaffische [!] Controverse, Capuzinade gegen Luther und die Reformation gerichtet, ohne Geist, ohne Witz, ohne Rhetorik; leeres giftiges Geschreibe eines unsinnigen Zeloten, ohne wahren Beruf zur Polemik.« (S. 242).

43 Ich verweise hier auf die thematisch einschlägigen Forschungen Rudolf *Schenda*s, u. a.: Kleinformen der Trivialliteratur aus sechs Jahrhunderten. Versuch einer imaginären Ausstellung mit zehn Schaukästen. In: Beiträge zur deutschen Volks- und Altertumskunde 10, 1966, S. 49–66. – Italienische Volkslesestoffe im 19. Jahrhundert. Einführung und Bibliographie zur Sammlung italienischer Volksbüchlein im Museo Pitrè, Palermo. In: AGB 7, 1965–67, Sp. 209–300. – Tausend französische Volksbüchlein aus dem neunzehnten Jahrhundert. Versuch einer bibliographischen Auswahl. In: AGB 9, 1967–69, Sp. 779–952. – Tausend deutsche populäre Drucke aus dem neunzehnten Jahrhundert. In: AGB 11, 1971, Sp. 1465–1652; und vor allem: Volk ohne Buch. Studien zur Sozialgeschichte der populären Lesestoffe 1770–1910. Frankfurt/M. 1970 (= Studien zur Philosophie und Literatur des neunzehnten Jahrhunderts 5).
Ein fast modern anmutendes Beispiel für empirische Leserforschung bot bereits 1795/96 der Däne Rasmus Nyerup, vgl. unten S. 46–50.

44 Die lange Dauer dieser Wirkungsgeschichte ist ein ganz eigenes Thema. Sowohl die Tatsache selbst wie auch viele Einzelheiten dieser ungewöhnlich langen literarischen Geschichte einer teilweise schon aus dem Frühmittelalter stammenden Gruppe von Romanstoffen kann der heutige Literarhistoriker, der darin jedenfalls mit Görres einig ist, schwerlich anders erklären, als indem er zunächst nach den Eigenschaften dieser Stoffe fragt, des weiteren dann nach den Rezeptionsbedingungen, denen sie begegnen.
Ein Versuch, die Geschichte dieser Bücher im Sinne von Hans Robert Jauß »rezeptionsästhetisch« zu interpretieren, stieße auf Schwierigkeiten (vgl. H. R. *Jauß*: Literaturgeschichte als Provokation der Literaturwissenschaft. Konstanz 1967 [= Konstanzer Universitätsreden 3]; revidierte Fassung in: H. R. *J.*: Literaturgeschichte als Provokation. Frankfurt/M. 1970 [= ed. suhrkamp 418], S. 144–207). Zum einen benötigte man mehr als eine Ästhetik, um den höchst verschiedenartigen Gestalten, die der Gegenstand im Laufe seiner Geschichte annimmt, gerecht zu werden. Vor allem aber wird dieser Gegenstand im Laufe seiner Geschichte immer wieder von ungewöhnlich vielen außerästhetischen Rezeptionsfaktoren beeinflußt. Er geht deshalb auch in ästhetischen Kategorien nicht auf.
Es hat gegenwärtig nicht den Anschein, daß sich die zweifellos schwierigen Probleme von Wirkungsgeschichte und Rezeptionsgeschichte durch »methodologische« Diskussionen fördern ließen, vgl. die instruktive Textsammlung von Peter Uwe *Hohendahl*: Sozialgeschichte und Wirkungsästhetik. Dokumente zur empirischen und marxistischen Rezeptionsfor-

schung. Frankfurt/M. 1974. Man fragt sich, warum der Herausgeber angesichts fast eines halben Dutzends verschiedener Methoden, die teilweise nicht miteinander in Verbindung stehen, von einer »Grundsatzdebatte der [!] Rezeptionstheorie« (ebd. S. 46) spricht, vor allem, da die Probleme, die Antike, Christentum, Mittelalter, Renaissance usw. bieten, davon nicht berührt werden. Daß es eine einheitliche Theorie der Rezeption auch in der somit vorgenommenen Beschränkung nicht gebe, legt Hohendahl in seiner Einleitung selber dar.
Die marxistische Auffassung über das »Rezeptionsproblem« ist zuletzt prägnant formuliert worden in der Kollektivarbeit von Manfred *Naumann* und Dieter *Schlenstedt,* Karlheinz *Barck,* Dieter *Kliche,* Rosemarie *Lenzer*: Gesellschaft – Literatur – Lesen. Berlin-Weimar [2]1975 (= Akademie der Wissenschaften der DDR. Zentralinstitut für Literaturgeschichte), vgl. darin besonders den Abschnitt: Zur Kritik des Rezeptionsproblems in bürgerlichen Literaturauffassungen, S. 101–191.

45 Vgl. die deutlichen Hinweise bei *Görres,* S. 264 und S. 269.

46 Über die Sage vom Herzog Ernst. In: *Uhland*s Schriften zur Geschichte der Dichtung und Sage, Bd. V, Stuttgart 1870, S. 323–343, hier S. 325.

47 »Selbsthätig erwies sich die dichtende Kraft für das Fach der Romane nur in solchen Werken, welche nicht in der romantischen Fabelwelt, sondern im vollen, wirklichen Leben der eigenen Zeit beruhten.« (Geschichte der deutschen Dichtkunst im fünfzehnten und sechzehnten Jahrhundert. In: *Uhland*s Schriften [...], Bd. II, Stuttgart 1866, S. 193–592, hier S. 568). Gedacht ist hier an Werke komischer oder satirischer Natur, konkret an das »Lalebuch« und an Fischarts »Gargantua«.

48 *Görres,* S. 14.

49 Ebd. S. 18.

50 Ebd. S. 12.

51 Ebd. S. 15. – Die Behauptung *Delbono*s (a.a.O., S. 25 f.), daß Görres' Volksbuchbegriff dem des Volksliedes entspreche, geht an den Tatsachen vorbei.

52 *Görres,* S. 16.

53 Ebd. S. 3.

54 Ebd. S. 4.

55 Ebd. S. 9.

56 Vgl. z. B. Jochen *Schulte-Sasse*: Die Kritik an der Trivialliteratur seit der Aufklärung. Studien zur Geschichte des modernen Kitschbegriffs. München 1971 (= Bochumer Arbeiten zur Sprach- und Literaturwissenschaft 6).

57 Vgl. in diesem Sinne die beispielgebende Darstellung der Historischen Rechtsschule bei Franz *Wieacker*: Privatrechtsgeschichte der Neuzeit. 2. Aufl. Göttingen 1967, S. 348–430.

58 Friedrich Carl *von Savigny*: Vom Beruf unsrer Zeit für Gesetzgebung und Rechtswissenschaft. Heidelberg 1814. – Vgl. Sten *Gagnér*: Studien zur Ideengeschichte der Gesetzgebung. Stockholm-Uppsala-Göteborg 1960 (= Acta Universitatis Upsaliensis. Studia Iuridica Upsaliensia 1), insbes. S. 21 ff.

59 Vgl. in diesem Abschnitt Anm. 2.

60 Vgl. Hertha *von Ferber*: Das Volkstumserlebnis des Joseph Görres. Diss. Berlin 1938. Im gleichen Zusammenhang entstand die Studie von Gustav-Adolf *Brandt*: Herder und Görres 1798–1807. Ein Beitrag zur Frage Herder und die Romantik. Diss. Berlin 1939. – Vgl. ferner die bei Rudolf

Unger angefertigte Dissertation von Reta *Schmitz*: Das Problem »Volkstum und Dichtung« bei Herder. Diss. Göttingen 1937. Hervorgehoben sei eine mutige Rezension zu dieser Arbeit von Gerhard *Küntzel,* der die Dinge dahingehend zurechtrückte, daß innerhalb des Problemkreises »Volkstum und Dichtung« für Herder stets der Sinn für Dichtung das Primäre gewesen sei (in: Deutsche Literaturzeitung 60, 1939, Sp. 1625).

61 Im gleichen Sinne urteilt über die »Vorläufer« der Romantiker William Douglas *Robson-Scott* (The literary background of the Gothic revival in Germany. Oxford 1965): »The initiative of Bodmer, Breitinger and Christoph Heinrich Myller had fallen on stony ground.« (S. 113)

62 Das bisher bekannte Material ist zusammengestellt bei Inge *Gaertner*: Volksbücher und Faustbücher, a.a.O. S. 3–31, und Anneliese *Schmitt*: Die deutschen Volksbücher, a.a.O. Bd. I, S. 3–26.

63 Sie kam zunächst in Berlin bei Himburg heraus, ab 1782 in Riga bei Hartknoch. Vgl. über die darin enthaltenen »Volksbücher« Inge *Gaertner,* a.a.O. S. 4–7.
Die Arbeit von Fritz *Rupp*: H. A. O. Reichard. Sein Leben und seine Werke. Diss. Marburg 1908, sagt über die literarische Produktion Reichards zu wenig, ordnet diese vor allem historisch nicht ein.

64 *Goethe,* WA I, 26, S. 51.

65 H. A. O. Reichard (1751–1828). Seine Selbstbiographie, überarbeitet und herausgegeben von Hermann *Uhde.* Stuttgart 1877. Abgekürzt zitiert: *Reichard.*

66 *Reichard* erwähnt seine Periodica a.a.O. S. 150–153.
(1) Ein »Journal de lecture«, nach *Kirchner* Nr. 5601 und 5646 von 1782 bis 1794, ab 1784 unter dem Titel »Cahiers de lecture«, nach Reichard von 1775 bis 1796, und zwar anfangs unter dem Titel »Nouveau Mercure des France« erschienen (vgl. *Kirchner* Nr. 4487: von 1775–1777).
(2) »Olla Potrida«, nach Reichard von 1778 bis 1800, nach *Kirchner* Nr. 5511 in 80 Stücken von 1778 bis 1797. Das Exemplar der Niedersächsischen SUB Göttingen reicht bis 1797. Diese Zeitschrift ist bei weitem vielseitiger und interessanter als die »Bibliothek der Romane«. Sie enthält übrigens im zweiten Stück des Jahrgangs 1780 (S. 134–159) einen offenbar genauen Abdruck des »Andreytzo« von Martin *Montanus* nach einer sonst unbekannten Ausgabe Dillingen 1557 (vgl. *Heitz-Ritter*, S. 7).
(3) »Aus den Papieren einer Lesegesellschaft«, nicht bei *Kirchner,* 1787–1789, mit nur drei Bänden vergleichsweise kaum der Erwähnung wert.

67 Nicht immer sind alle Rubriken besetzt. Sie erscheinen jedoch regelmäßig und werden gegebenenfalls mit einem »Vacat« versehen.

68 Das seltene Beispiel einer literarischen Parodie, die so präzise ausfiel, daß ihre satirische Absicht – wie auch der zitierte Satz zeigt – vielfach verkannt wurde. Friedrich *Nicolai* hatte sich unter Pseudonym gegen die von Herder und Bürger propagierten Formen der Volksdichtung gewandt: Eyn feyner kleiner ALMANACH Vol schönerr echterr liblicherr Volckslieder, lustigerr Reyen vnndt kleglicherr Mordgeschichte, gesungen von Gabriel Wunderlich weyl. Benkelsengernn zu Dessaw, herausgegeben von Daniel Seuberlich, Schusternn tzu Ritzmück ann der Elbe. Erster Jahrgang. Berlynn vnndt Stettynn, verlegts Friedrich Nicolai -777.

69 Sie erschien in Paris 1775 bis 1789, und zwar kamen 1775 4 Bände heraus, von 1776 bis 1788 jährlich 8 und 1789 noch einmal 3. Fortgesetzt wurde sie 1799 bis 1805 mit jährlich 16 Bänden als »Nouvelle bi-

bliothèque universelle des romans«. Die inhaltliche Gliederung ist in beiden Serien identisch, nur daß in der letzteren eine Sparte mit »Romans étrangers« fortfiel.

Der Halbsatz: »Diese [die »Bibliothek der Romane«] entstand 1773 nach dem Vorbilde der Pariser ›Bibliothèque des Romans‹, [...]« (*Reichard,* S. 152) ist die einzige substantielle Bemerkung, die sich in Reichards Lebenserinnerungen über sein eigenes Unternehmen findet. Wie es zu der Jahreszahl 1773 an dieser Stelle kommt, habe ich nicht ermitteln können, Bd. 1 trägt die Jahreszahl 1778.

70 1793, S. 283–303. – Literatur zur französischen »Bibliothèque bleue« siehe unten Anm. 165.

Auf eine vorerst nicht näher aufklärbare Weise hängt vielleicht *Reichards* »Versuch eines Verzeichnisses einer Bibliotheque bleue, oder Volks-Bibliothek deutscher Nation« mit einer Publikumsbefragung zusammen, jedenfalls dann, wenn die Vorrede zu seinem in Hannover 1796 erschienenen »Buch der Liebe« mit »Jänner 1779« richtig datiert ist und wenn damit zugleich die Existenz einer früheren Auflage dieses Buches angezeigt wird (*Heinsius* und *Kayser* nennen 1796, *Hayn-Gotendorf* beide Jahreszahlen). Die Vorrede schließt mit folgenden Sätzen: »Seltene Drucke [...] und Handschriften von Romanen zu sammeln, und nach und nach eine deutsche ›Bibliotheque bleue‹ von ausgewählten Schriften dieser Gattung anzulegen – ist der Zweck des Werks, und dieses der Versuch. Ich werde die Nachrichten und Mittheilungen von seltenen Ausgaben und Manuscripten, mit dem Dank erkennen, den eine solche Unterstützung verdient: ich fodere meine Leser dazu auf, und bitte sie, ihre Bekanntmachungen an die Weigandsche Buchhandlung oder an mich, einzusenden. Gotha im Jänner 1779.« Rätselhaft ist dabei, daß Weygand weder die »Bibliothek der Romane« noch das »Buch der Liebe« verlegte.

71 Unter diese verirrten sich »Zwölf Sibyllen Weißagung« [!] (S. 301), wohl weil sie in Versen geschrieben sind.

72 Gemeint sind hier deutsche Boccaccio-Übersetzungen. Die Druckfehler, von denen es in diesem Anhang wimmelt, nehmen auf den letzten Seiten ein groteskes Ausmaß an. Ich habe die Schreibung des Originals in allen Fällen beibehalten.

73 *Görres'* Text zu seiner Nr. 24 (Neuvermehrtes Rathbüchlein) schließt mit dem Satz: »Man führt eines der Räthsel an, worin es heißt: ›Ich habe mehr Geld in meinem Seckel, als der Fugger‹, zum Beweise, daß es etwa um die Hälfte des sechszehnten Jahrhunderts gesammelt worden sey« (S. 176). Das beruht offensichtlich auf *Reichard*s (vom Setzer verballhornter) Angabe: »Vermutlich aus der Mitte des 16ten Sec. den die reichen Fugger zu Augspurg im größten Flor war denn S. 3 ist das Räzel ›Ich hab mehr geld in meinen Seckel als die Fucker‹.« (Bibliothek der Romane, Bd. 20, S. 297).

74 Es handelt sich um »Das bis an den jüngsten Tag währende Elend« (*Görres* Nr. 44, bei *Reichard* in Bd. 17). Natürlich finden sich von den 26 Büchern, die in dem »Versuch eines Verzeichnisses« erwähnt werden, ebenfalls viele in der »Bibliothek der Romane« wieder.

75 Die Abteilung (K) = »Größere [...] Volks-Schriften« enthält z. B. folgende Aufzählung: »[...] das Heldenbuch, Joh. Geiler von Keiserssieg; brandens Narrn schiff; Thomas Neurnes Schr.; Hans Sachs; Burcard Waldis; Philander von Sitterwald; Froschmäusler«, a.a.O. S. 301.

76 Nur bei *Reichard* werden folgende Titel erwähnt: »Gismunda«, »Pontus«,

»Ritter von Thurn«, »Reinke der Fuchs«, »Pfaff von Kalenberg«, »Kazipori« (anscheinend nicht nach eigener Kenntnis, sondern nur nach einer polemischen Erwähnung an anderem Ort), »Rollwagenbüchlein«, »Hans Clauert«, »Äsop«, »Der Lauf der Welt« sowie drei Glücksbücher; nur bei *Görres*: »Hirlanda«, »Marcolphus«, »Rübezahl«, »Das Schloß in der Höhle Xa Xa« und die Heiligenlegenden, ferner die Handwerksbücher und Schriften, die praktische Anleitungen enthalten, d. h. Arznei-, Wetter-, Traumbücher etc.

77 S. 6 f. (ungezählt) aus der 1779 datierten Vorrede, a.a.O. Der Titel deutet ein eigentümliches Schwanken zwischen poetisierter Historie und ihrer Ironisierung an, wie es sich ähnlich, aber in kunstvollerer Form beim jungen Tieck findet: Buch der Liebe. Innhaltendt herrliche, schöne Historien, allerley alten und newen Exempel; züchtigen Frauwen und Jungfrauwen, auch jedermann in gemein, zu lesen lieblich und kurzweilig. – Der Band enthält außer dem »Ritter Galmy« (der auch in dem Vorbild, *Feyerabends* »Buch der Liebe« von 1587, vorkommt) nur noch ein Fragment aus dem »Apollonius«.

78 Hrsg. von Friedrich *Gedike* und Johann Erich *Biester*, Bd. 6, Juli-Dezember 1785, S. 295–311. – Anneliese *Schmitt* (a.a.O. Bd. II, S. 5, Anm. 15) entnimmt einer Anmerkung bei Wolfgang *Stammler* (Von der Mystik zum Barock. 2. Aufl. Stuttgart 1950, S. 626), daß als Verfasser Karl Josef August Hofheim zu erschließen sei, der unter dem Pseudonym Justus Sincerus Veridicus publiziert hat. Stammler nennt jedoch Hofheim nur gleichsam bestätigend für den Anonymus in dem Sinne, daß »Melusine«, »Eulenspiegel« und »Gehörnter Siegfried« »die allgemeinste Volkslectüre« gewesen seien.
Der Aufsatz stimmt gut zu Auffassungen, wie sie Gedike selber geäußert hat. Vgl. zum historischen Kontext den Abschnitt »Mythos und Ideologie von der ›schlechten‹ Lektüre« bei Rudolf *Schenda*, Volk ohne Buch, a.a.O. S. 93–107.

79 Innerhalb des ganzen Umkreises der Lektüre machen die unterhaltenden Stoffe ja nur einen Teilbereich, vom Standpunkt der Aufklärung nicht einmal den wesentlichsten, aus. Ein gleichfalls anonymer Autor schreibt im selben Jahr, »daß Unterricht und Belehrung die Hauptabsicht alles Bücherlesens sey« (im Original gesperrt). – Vgl.: Warum lieset man Bücher? und was hat man dabey zu beobachten? In: Bremische Beyträge zur lehrreichen und angenehmen Unterhaltung für denkende Bürger, 1795, S. 1–30, hier S. 11.

80 A.a.O. S. 300.

81 Ebd. S. 309.

82 Vgl. hierzu die Übersicht bei Hermann *Bausinger*: Formen der »Volkspoesie«. Berlin 1968 (= Grundlagen der Germanistik 6), bes. S. 9–27.

83 Vgl. *Bausinger*, ebd. S. 10: »Das Ergebnis [zunehmender sozialer Orientierung und einer Verfeinerung der poetischen Stilmittel] war eine Erfindung, eine Konstruktion: die ›Volkspoesie‹, von Anfang an ein Mischprodukt aus dem objektiven Fundament der Volksüberlieferungen und aus genialisch-produktivem Interesse.«
Über das Volkslied im 18. und 19. Jahrhundert vgl. jetzt zusammenfassend und die Problematik seiner Erforschung andeutend Ernst *Klusen*: Volkslied. Fund und Erfindung. Köln 1969, insbes. S. 123–156.

84 Der sowohl bei Herder wie bei Jacob Grimm auftretende Begriff »Naturpoesie« geht bei jenem von Lyrik, bei diesem aber von Epik aus. Vgl.

hierzu Friedrich *Neumann*: Studien zur Geschichte der deutschen Philologie. Aus der Sicht eines alten Germanisten. Berlin 1971, S. 53 f.

85 Johann Ludwig *Ewald*: Über Volksaufklärung; ihre Gränzen und Vortheile. Berlin 1790. – Vgl. zum Problem auch Dieter *Narr*: Fragen der Volksbildung in der späteren Aufklärung. In: Württembergisches Jahrbuch für Volkskunde 1959/60, S. 38–67, bes. S. 44 f. – Heinz Otto *Lichtenberg*: Unterhaltsame Bauernaufklärung. Ein Kapitel Volksbildungsgeschichte. Tübingen 1970 (= Volksleben 26).

86 Wieland *Schmidt*: Vom Lesen und Schreiben im späten Mittelalter. In: PBB (Tübingen) 95, Sonderheft 1973 (FS Schröbler), S. 309–327. Vgl. S. 326: »Es verdient Beachtung, daß beispielsweise die Bauern, das platte Land, noch für Jahrhunderte auf dem Boden der Sprechkultur verharrten und weder durch die codices manuscripti noch durch die codices impressi Gutenbergs damals für die Schriftkultur gewonnen worden sind.«

87 Ebd.

88 Vgl. oben Anm. 20.

89 Heinrich Gottlieb *Zerrenner*: Volksaufklärung. Übersicht und freimüthige Darstellung ihrer Hindernisse nebst einigen Vorschlägen denselben wirksam abzuhelfen. Ein Buch für unsre Zeit. Magdeburg 1786, 2. ungezählte Seite.

90 Die Metamorphose von der Volkspädagogik zur Erziehung durch Kunstdichtung vollzieht sich auch in dem Entwicklungsschritt von *Becker*s »Mildheimischem Liederbuch« (Gotha 1799) zum »Wunderhorn«. – Über Beckers Sammlung vgl. Gottfried *Weissert*: Das Mildheimische Liederbuch. Studien zur volkspädagogischen Literatur der Aufklärung. Tübingen 1966 (= Volksleben 15) sowie das Nachwort von Günter *Häntzschel* zum Neudruck der Ausgabe des Liederbuchs von 1815, Stuttgart 1971 (= Deutsche Neudrucke. Reihe Texte des 18. Jahrhunderts). – Über Becker vgl. ferner Marianne *Kohl*: Die Nationalzeitung der Deutschen. 1784–1830. Leben und Werk des Publizisten R. Z. Becker. Diss. Heidelberg 1936.

91 Rudolf Zacharias *Becker*: Versuch über die Aufklärung des Landmannes. Nebst Ankündigung eines für ihn bestimmten Handbuchs. Dessau und Leipzig 1785, Vorwort S. 8. – Das angekündigte Werk trägt den Titel: Noth- und Hülfs-Büchlein für Bauersleute oder lehrreiche Freuden- und Trauer-Geschichte des Dorfs Mildheim. [Erster Teil] Gotha 1788. – Anderer Theil Gotha 1798.

92 Ebd. S. 22 f.

93 Ebd. S. 56.

94 Geschichts- und Romanen-Litteratur der Deutschen. Zur Kunde der unterhaltenden prosaischen Schriften aus dem Gebiete der Wissenschaften, in einen [!] Verzeichniß von 2866 der vorzüglichsten Schriften mit Preisen welche in einem Zeitraum von einem halben Jahrhundert erschienen sind. Breslau 1798. – Ein Neudruck mit einem Nachwort von Hans-Joachim *Koppitz* erschien Pullach 1973.

95 Ich gebe einige Beispiele (ohne Verlags- und Preisangaben): (a) Anna, oder der Fallstrick der Ehre und des Reichthums, ein Volksbuch, von J. G. D. Schmiedtgen, Gera 1796. – Christoph und Else, lesen in den Abendstunden, das Buch Lienhardt und Gertrud, oder Christoph und Else, mein [Johann Heinrich Pestalozzis] zweytes Volksbuch, Dessau 1782.

– Kluge, Sebastian, ein Volksbuch von C[hristian] G[otthilf] Salzmann, Leipzig 1790. – Roderich, Vater unter seinen Kindern, ein Volksbuch, Wittenberg 1783. – Sammlung angenehmer und lehrreicher Erzählungen, ein Beytrag zu den Volksbüchern für mancherley Leser, Magdeburg 1796. – (b) Eulenspiegels, Till, Leben und Meynungen, Volksroman, Breslau 1789. – Siegfried, der gehörnte, ein Volksroman, Altona 1783.

96 Fortegnelse over den danske Almues Morskabsbøger. In: Maanedskriftet Iris. Januar, Februar, März 1795, S. 225–273. Fortsetzungen erschienen unter leicht veränderten Titeln im Band für April, Mai und Juni 1795, S. 1–39, 129–139 und 225–283, und schließlich im Band für Januar, Februar und März 1796 der unter dem Titel »Iris og Hebe« weitergeführten Zeitschrift, S. 145–170 und 295–312 (Erscheinungsort ist Kopenhagen). – Der Titel war in deutschen Bibliotheken nicht erreichbar. Ich habe das Exemplar der UB I Kopenhagen benutzt (Signatur K, 456–8⁰ und K, 457–8⁰).

Zu Nyerups Arbeiten auf diesem Felde vgl. Robert *Paulli*: Bidrag til de danske Folkebøgers Historie. In: Jens Peter *Jacobsen,* Jørgen *Olrik* und Robert *Paulli* (Hrsgg.): Danske Folkebøger fra 16. og 17. Aarhundrede. 14 Bde. Kopenhagen 1914–1936, hier Bd. XIII, 1936, S. 169–291, insbes. S. 277–284.

97 Vgl. *Paulli,* ebd. S. 258.

98 »Efterslægten« bedeutet sowohl »Nachkommenschaft« wie »Nachwelt«; ein geeignetes deutsches Wort dafür bietet sich nicht an. – Ob zwischen den Vorschlägen in der »Berlinischen Monatsschrift« von 1785 zur Gründung einer »patriotischen Gesellschaft« und der ein Jahr später ins Leben gerufenen dänischen Gesellschaft eine Verbindung besteht, habe ich nicht ausmachen können.

99 »Almuens Oplysning«: Aufklärung der Allgemeinheit, namentlich der Kleinen Leute, der Landbevölkerung.

100 Dieser Ausdruck kommt bei dem Berliner Anonymus als Bezeichnung für die vom »gemeinen Mann« gelesenen Bücher vor. Er beschließt ihre Musterung mit den Worten: »Das wäre also ohngefähr ein halbes Hundert wirklicher Volksbücher.« (A.a.O. S. 305).

101 Rasmus *Nyerup*: Almindelig Morskabslæsning i Danmark og Norge igjennem Aarhundreder. Kopenhagen 1816. – Nyerup besaß gründliche Kenntnis vergleichbarer deutscher Literatur, so zitiert er schon 1795 immer wieder *Reichard*s »Bibliothek der Romane«; auf die Bemühungen deutscher Gelehrter und Schriftsteller scheint er hingegen ohne nennenswerten Einfluß geblieben zu sein.

Lediglich Friedrich Heinrich *von der Hagen* erwähnt Nyerup: Beitrag zur Geschichte und Literatur der Deutschen Volksbücher. In: Museum für Altdeutsche Literatur und Kunst 1, 1809, S. 241 f. – Dieser Aufsatz bietet zusammenhanglose Lesefrüchte im Umkreis einiger Titel aus *Görres*' »Teutschen Volksbüchern«, mit einigen Korrekturen zu Angaben von Görres. Festzuhalten ist, daß auch von der Hagen den Terminus »Volksbuch« nur auf die populären Drucke des späten 18. Jahrhunderts anwendet. Die gesamte Entwicklung der Stoffe bis hin zu dieser Stufe ist für ihn ihre »Geschichte und Literatur«, wobei »Literatur« hauptsächlich die bibliographischen Fakten meint. Eine angekündigte Fortsetzung ist nicht erschienen (die Zeitschrift brachte es nur noch bis zu einem ersten Heft des 2. Bandes, Berlin 1811).

102 Über den Buchdrucker Joachim Wieland vgl. *Paulli,* in: J. P. *Jacobsen* u. a., a.a.O. S. 254–263.

103 Für Nyerups Monographie von 1816 hat *Paulli* (ebd. S. 176–186) eine mit ganz knappen Erläuterungen versehene Übersicht über diejenigen darin behandelten Titel gegeben, die Jacobsen und er nicht in ihre Sammlung der »Folkebøger« aufgenommen haben. Diese Sammlung enthält nur erzählende Texte.

104 Ich nenne diese Titel so, wie sie in der Wielandschen Liste stehen (ohne die Preisangaben): Keyser Carls Historie – Olger Danskes Historie – De 7 Vise Mestere – Octavianus – Ugelspeyls Historie – Vilbaldus [= Wickrams »Knabenspiegel«] – Grisillis – Den Båyerske Robinson [= »Herzog Ernst«] – Melusinæ Historie – De skiønne Helenæ Historie – Skiønne Magelonæ – Hr. Vigelois Historie – Kong Appolonius – Fortunati Pung og Ønske-Hat – Doct. Fausti Historie – En Historie om 3de Brødre [= »Historie von vier Kaufleuten«].

105 Als Beispiele: »Almazonte« [= Persianischer Robinson] und »Baron Theodor af Neuhofs Levnetsbeskrivelse«, die mehrfach, so bei Paisiello als »Re Teodoro di Venezia«, für die Oper bearbeitet wurde.

106 So findet sich ein lateinischer »Herzog Ernst« in dem aus Hartmann Schedels Bibliothek stammenden clm 850 u. a. zusammen mit Reiseberichten aus dem Orient, Pilgerfahrten ins Heilige Land, Mirabilia Romae usw. Es handelt sich um die Version C, die auch im cgm 572, dort sogar zweisprachig, überliefert ist.

107 Iris og Hebe 1796, S. 145–170.

108 Ebd. S. 147.

109 Vgl. hierzu Georgiana R. *Simpson*: Herder's Conception of »Das Volk«. Diss. Chicago 1921.

110 Johann Christoph *Adelung*: Versuch eines vollständigen grammatisch-kritischen Wörterbuches der Hochdeutschen Mundart, mit beständiger Vergleichung der übrigen Mundarten, besonders aber der oberdeutschen. 5 Bde. Leipzig 1774–1786, hier Bd. IV, Sp. 1613. – Einen Hinweis auf »Volksbuch« gibt es bei Adelung auch in den späteren Auflagen nicht.

111 Joachim Heinrich *Campe*: Wörterbuch der Deutschen Sprache. 5 Bde. Braunschweig 1807–1811. – Bei diesem Spätling aufklärerischen Denkens ist ein eifervoller Unterton nicht zu überhören. Zur Aufnahme des Wortes »Roman« bequemt er sich nur widerwillig: »[...] ein zwar entbehrliches fremdes Wort, welches aber durch die Lesesucht in unsern Zeiten selbst bis in den untersten Klassen bekannt ist, so daß es eine Anführung verdient.« (Bd. II, S. 860)

112 Theodor *Heinsius*: Deutscher Hausschatz für Jedermann oder allverständliches deutsches Sprachbuch für den Nährstand und das Geschäftsleben, zur Vermeidung des Fehlerhaften und Undeutschen im Sprechen und Schreiben. Berlin 1814, S. VII. – Zum gleichen Programm vgl. auch das Fremdwörtervertilgungsbuch von Johann Daniel Friedrich *Rumpf*: Gemeinnütziges Wörterbuch zur Reinigung und Veredlung der Sprech- und Schreibart in Ansehung der Verdeutschung fremder, des bessern Ausdrucks für sprachwidrige, der Aufnahme neuer und der Erklärung sinnverwandter Wörter. Ein Hülfsbuch für Geschäftsführung und Umgang. Berlin 1811, S. Vf.: »[...] so ist alles fernere Beharren bei unserer Wortmengerei nicht bloß ein Auflehnen gegen den gesunden Menschenverstand, sondern es verdient mit vollem Fug Schändung einer gebildeten

Sprache, Verletzung der heiligsten Rechte des Volks genannt zu werden.« (Im Original Sperrungen.)

113 Theodor *Heinsius*: Volksthümliches Wörterbuch der Deutschen Sprache mit Bezeichnung der Aussprache und Betonung für die Geschäfts- und Lesewelt. 4 Bde. Hannover 1818–1822, hier Bd. IV/2, Sp. 1406.

114 Johann Evangelist *Kaindl*: Die Teutsche Sprache aus ihren Wurzen. 4 Bde. Sulzbach 1815–1824. – Kaindls Etymologismus produziert in Bd. III, § 134 (»Die Wurz Folg«) den heute eher makaber wirkenden Satz: »Volk und Führer sind aufeinander sich beziehende Begriffe.«

115 Thaddä Anselm *Rixner*: Erläuterndes Alphabetisches Wortregister zu Johann Evangelist *Kaindl*'s [...] vierbändigem Werke die Teutsche Sprache aus ihren Wurzen, verfaßt und geordnet von [...]. 2 Bde. Sulzbach 1830 (= Handwörterbuch der Deutschen Sprache, mit Hinweisung auf ihre Ableitung für Vernunft-, Sprach- und Geschichtsforscher), hier Bd. II, S. 220 (s. v. »Völkerschaft«).

116 Konrad *Schwenck*: Wörterbuch der deutschen Sprache in Beziehung auf Abstammung und Begriffsbildung. 3. Aufl. Frankfurt/M. 1838, S. 748.

117 *Trübners* Deutsches Wörterbuch. 8 Bde. Berlin 1939–1957, hier Bd. VII, S. 691. – Deutsches Wörterbuch, Bd. 12/II (1951), Sp. 468.
Zum Gebrauch des Begriffs »Volk« auf der Rechten und der Linken der Paulskirchenversammlung vgl. Horst *Grünert*: Sprache und Politik. Untersuchungen zum Sprachgebrauch der »Paulskirche«. Berlin-New York 1974 (= Studia Linguistica Germanica 10), S. 222–226 und S. 241–245. Nach Grünert identifizierte die Rechte »Volk« und »Nation« weitgehend; vgl. dazu auch die Beschreibung, die Grünert vom biomorphen Modell des Organismusgedankens im staatsrechtlichen Begriffsarsenal der Rechten gibt, ebd. S. 191–195. Die Konnotation »besitzlose Klasse« wurde in der Paulskirche eher von der Linken benutzt.

118 Zitiert nach dem Wiederabdruck in: Wilhelm *Scherer*: Deutsche Bildnisse. Dichter- und Gelehrtenporträts. Berlin 1919. (Für die Deutsche Bibliothek hrsg. von Alexander *Eggers*), S. 145–162, hier S. 160.

119 Vgl. Bd. V, S. 435.

120 Moriz *Heyne*: Deutsches Wörterbuch. 3 Bde. Leipzig 1890–1895, hier Bd. III, Sp. 1288.

121 Auf diesem Felde sind auch heute noch neue Funde möglich. Vgl. Heinz *Rölleke*: Neuentdeckte Beiträge Clemens Brentanos zur »Badischen Wochenschrift« in den Jahren 1806 und 1807. Rezeption deutscher Literatur des 16. und 17. Jahrhunderts in der Romantik. In: Jahrbuch des Freien Deutschen Hochstifts 1973, S. 241–346.

122 Die als Träger dieser Vorlesungen fungierende Gesellschaftsschicht konnte offensichtlich bis zu einem gewissen Grade die Rolle von Institutionen übernehmen.

123 Vgl. zum Zusammenhang Bernhard *Steiner*: Ludwig Tieck und die Volksbücher. Ein Beitrag zur Geschichte der älteren romantischen Schule. Berlin 1893, und Gotthold *Klee*: Zu Ludwig Tiecks germanistischen Studien. Programm Bautzen 1895.

124 Volksmährchen herausgegeben von Peter Leberecht. Bd. I, Berlin 1797, S. VII und XV.

125 Zitiert nach Gotthold *Klee*, a.a.O. S. 11.

126 Zitiert nach Reinhold *Steig*: Achim von Arnim und Clemens Brentano, a.a.O. S. 38.

127 In chronologischer Reihenfolge nach ihrer Entstehung: Vorlesungen über

schöne Litteratur und Kunst [1802/03 und 1803/04]. Hrsg. von Jacob *Minor*. 3 Tle. Heilbronn 1884 (= DLD 17–19). – Eine Rezension zu *Büschings* und *von der Hagens* »Buch der Liebe« [Berlin 1809] aus den Heidelberger Jahrbüchern der Literatur 1810, zitiert nach A. W. *von Schlegel*'s sämmtliche Werke. Hrsg. von Eduard *Böcking*. Bd. 12, Leipzig 1847, S. 225–243. – Vorrede zu »Flore und Blanscheflur«. Ein episches Gedicht in zwölf Gesängen von Sophie *v. Knorring*, geb. *Tieck*. Hrsg. und mit einer Vorrede begleitet von A. W. *Schlegel*. Berlin 1822, ebenfalls zitiert nach *Böckings* Ausgabe, Bd. 7, 1846, S. 272–280.

128 Beide Zitate in den Vorlesungen, Bd. II, a.a.O. S. 18 und 19. – Vgl. aber den nahezu entgegengesetzten Standpunkt in den Wiener Vorlesungen (1812) seines Bruders: »Ich habe schon mehrmals meine Überzeugung geäußert, daß ich auch das Dasein einer Volkspoesie immer nur als einen Beweis von Zerrüttung und Auflösung der wahren Dichtkunst ansehen kann; denn diese soll nicht ausschließlich dem Volke so wenig, wie den Gebildeten überlassen sein, sondern dem Volke, den Gebildeten, und der gesamten Nation gemeinsam sein.« Friedrich *Schlegel*: Geschichte der alten und neuen Literatur. In: Kritische Friedrich Schlegel Ausgabe. Hrsg. von Ernst *Behler* unter Mitwirkung von Jean-Jacques *Anstett* und Hans *Eichner*. Bd. VI, Paderborn-München-Wien 1961, S. 255.

129 Einen anderen Hinweis enthält A. W. *Schlegels* Aussage, daß angesichts der »Verachtung, worein sie [die Volksbücher] im 18. Jahrhundert gesunken waren«, Goethe durch seinen »Faust« den ersten Anstoß zu einer Neubewertung von erzählenden Werken des 15./16. Jahrhunderts gegeben habe. Vgl. A. W. *Sch.*: Geschichte der deutschen Sprache und Poesie [Bonner Vorlesungen 1818/19]. Hrsg. von Josef *Körner*. Berlin 1913 (= DLD 147), S. 161.

130 Vorrede zu »Flore und Blanscheflur«, a.a.O. S. 275.

131 Berliner Vorlesungen, Bd. III, a.a.O. S. 128.

132 Rezension zu *Büschings* und *von der Hagens* »Buch der Liebe«, a.a.O. S. 227. *Schlegel* zitiert hier von der Hagen und Büsching, insoweit den sprachlichen Retuschen in ihrem »Buch der Liebe« zustimmend, die mit demselben Argument ihrerseits kritisieren, daß *Reichard* in seinem »Buch der Liebe« so verfahren sei (vgl. dazu auch unten Anm. 89 in Kap. IV).
Schlegels im Prinzip richtigem Urteil wäre heute hinzuzufügen, daß die gegenwärtig erscheinenden und geplanten Editionen viel zu häufig schon edierte Texte reproduzieren. Was nottäte, wäre aber vor allem eine Erweiterung des seit langem festliegenden Kanons an Texten, und zwar durch gediegene kritische Ausgaben. Das setzt in vielen Fällen voraus, daß man der handschriftlichen und der Mischüberlieferung aus Handschriften und Drucken größere Aufmerksamkeit widmet. Aufs Ganze gesehen halten sich die Editionen, die wir bis heute besitzen, in zu starkem Maße an die gedruckte Überlieferung, während die handschriftliche nicht allein der editorischen Erschließung harrt, sondern sogar einer zusammenfassenden bibliographischen Feststellung.

133 Friedrich *Schlegel*: Sammlung romantischer Dichtungen des Mittelalters. 2 Bde. Leipzig 1804. – Lother und Maller, eine Rittergeschichte. Aus einer ungedruckten Handschrift, bearbeitet und herausgegeben von Friedrich *Schlegel*. Frankfurt/M. 1805.

134 [Friedrich *de la Motte Fouqué*:] Historie vom edlen Ritter Galmy und einer schönen Herzogin aus Bretagne. Von Pellegrin. 2 Teile. Berlin 1806.

– Der Goldfaden, eine schöne alte Geschichte, wieder herausgegeben von Clemens *Brentano*. Heidelberg 1809.

135 Adelbert *von Chamisso*: Fortunati Glückseckel und Wunschhütlein. Ein Spiel (1806). Hrsg. von E. F. *Kossmann*. Stuttgart 1895 (= DLD 54/55).

136 Nach *Steig* (Achim von Arnim und Jacob und Wilhelm Grimm, a.a.O. S. 82) beabsichtigte Görres 1810, eine Bearbeitung der »Heymonskinder« herauszugeben. Nach einem Brief von Görres an Sulpiz Boisserée vom 15. September 1822 wollte er – gleichfalls im Jahre 1810 – den Hartmannschen »Gregorius« in Prosa umsetzen. Vgl. Sulpiz *Boisserée*: Briefwechsel/Tagebücher, Bd. I, a.a.O. S. 411.

137 Eine von Arnim geplante Bearbeitung des »Tristrant« unterblieb, weil Arnim annahm, daß August Wilhelm Schlegel an dem gleichen Stoff schon arbeite. Vgl. *Steig*: Achim von Arnim und Clemens Brentano, a.a.O. S. 120.
August Wilhelm *Schlegel* verfolgte in der Tat einen solchen Plan, und zwar seit 1800. Das Werk blieb Fragment (zuerst veröffentlicht 1811). Abgedruckt in Bd. I der Ausgabe von *Böcking*, 1846, S. 100–126. Vgl. Rudolf *Haym*: Die romantische Schule. Ein Beitrag zur Geschichte des deutschen Geistes. Berlin 1870, S. 711, Anm. 3.
Als eine von Arnim tatsächlich ausgeführte, wenn auch nicht in selbständiger Form erschienene Bearbeitung sei seine Nacherzählung von Enea Silvio Piccolominis »Euryalus und Lucretia« erwähnt. Sie bildet den Inhalt des »Ersten Winterabends« in der Novellensammlung: Der Wintergarten. Novellen von Ludwig Achim *von Arnim*. Berlin 1809.

138 In diesem Zusammenhang schreibt der junge Uhland Ende 1806 an Leo von Seckendorf: »Der teutsche Dichter [...] fühlt einen auffallenden Mangel an vaterländischer Mythologie [...]« und konstatiert, »[...] auch wir Teutsche stehn auf dem Punkte der dramatischen Kraft und suchen eine Vorwelt epischer Dichtungen.« Vgl. *Uhland*s Briefwechsel. Im Auftrag des Schwäbischen Schillervereins hrsg. von Julius *Hartmann*. 4 Bde. Stuttgart-Berlin 1911–16 (= Veröffentlichungen des Schwäbischen Schillervereins 4–7), hier Bd. I, S. 15. Praktisches Resultat dieser Suche nach »vaterländischer Mythologie« war dann *Uhland*s – unterschätztes – Drama: Ernst, Herzog von Schwaben. Trauerspiel in fünf Aufzügen. Heidelberg 1818.
Erstaunlich sind Uhlands spärliche Kenntnisse im Jahre 1806: weder Reichards »Bibliothek der Romane« noch die »Bibliothèque des romans« sind ihm zugänglich, Görres' »Teutsche Volksbücher« gelangen erst vier Jahre nach Erscheinen in seine Hand. So ist er angewiesen auf vereinzelte Reutlinger Drucke, die »durch Bänkelsänger, Bilderhändler etc. herumgetragen werden« (ebd. S. 26).

139 Nach Eva D. Beckers Recherchen ist von den Romanen, die in den Leipziger Meßkatalogen in den letzten Jahren des 18. Jahrhunderts erschienen, nur die Hälfte erhalten. Vgl. Eva. D. *Becker*: Der deutsche Roman um 1780. Stuttgart 1964 (=Germanistische Abhandlungen 5), S. 4.

140 Für die Kenntnis der intensiven Bemühungen um eine Aneignung des Nibelungenliedes ist noch immer grundlegend die Untersuchung von Josef *Körner*: Nibelungenforschungen der deutschen Romantik. Leipzig 1911 (= Untersuchungen zur neueren Sprach- und Literatur-Geschichte N. F. 9). – Vgl. ferner Otfrid *Ehrismann*: Das Nibelungenlied in Deutschland. Studien zur Rezeption des Nibelungenliedes von der Mitte des 18. Jahr-

hunderts bis zum Ersten Weltkrieg. München 1975 (= Münchner Germanistische Beiträge 14).

141 Ein Ansatz dazu liegt vor in dem von Johann Gustav *Büsching* und Friedrich Heinrich *von der Hagen* herausgegebenen »Buch der Liebe«, 1. [= einziger] Bd., Berlin 1809. Es enthält nur »Tristan und Isalde«, »Fierrabras« und »Pontus und Sidonia«. Die originale sprachliche Gestalt der Texte ist hier gerade so weit modernisiert, daß keine Verständnisschwierigkeiten auftreten.

142 Vgl. Richard *Alewyn*: Johann Beer, a.a.O. S. 144.

143 Vgl. Raymond *Immerwahr*: Romantisch. Genese und Tradition einer Denkform. Frankfurt/M. 1972 (= Respublica Literaria 7), S. 9.

144 Ebd. S. 8.

145 *Goethe*, WA I, 7, S. 235.

146 Die vollständige »Ring«-Dichtung erschien 1853, die vier Teile wurden zwischen 1869 und 1876 aufgeführt. Man könnte in diesem Zusammenhang auch an *Hebbel*s »Nibelungen« denken (uraufgeführt 1861 in Weimar). Die Empfehlung, das Epos in eine Oper umzugestalten, hatte schon Friedrich Theodor *Vischer* 1844 in seinen »Kritischen Gängen« entwikkelt.

147 Vgl. WA III, 3, S. 369. – Der Brief Niethammers ist abgedruckt bei Erich *Petzet*: Die Verhandlungen der bairischen Regierung mit Goethe über ein deutsches Nationalbuch. In: Blätter für das Gymnasial-Schulwesen, hrsg. vom Bayerischen Gymnasiallehrerverein, 43, 1907, S. 449–466, hier S. 458 f. – Gleichfalls im Jahre 1907 erschienen in WA I, 42, Zweite Abtheilung, die in Weimar aufbewahrten Materialien zum Gesamtkomplex von Goethes Volksbuchplan, bearbeitet von Philipp *Strauch*, vgl. ebd. S. 397–428.

148 Vgl. Ernst *Hojer*: Die Bildungslehre F. I. Niethammers. Frankfurt/M. - Berlin - Bonn 1965 (= Forschungen zur Pädagogik und Geistesgeschichte 2).

149 Die pädagogischen Hauptschriften Niethammers hat Werner *Hillebrecht* neu herausgegeben: Friedrich Immanuel Niethammer: Philanthropinismus – Humanismus. Texte zur Schulreform. Weinheim–Berlin–Basel 1968 (= Kleine Pädagogische Texte 29).

150 Vgl. WA IV, 20, S. 136.

151 Es handelt sich um insgesamt 55 Blätter in Quart, vgl. WA I, 42/2, S. 418–428.

152 WA IV, 20, S. 156–159.

153 Der an Niethammer gesandte Aufsatz stimmt inhaltlich zu den ersten 12 Blättern des »Schemas«. Nach Blatt 12 des »Schemas« läßt auch der Schriftduktus einen Einschnitt erkennen (nach einer Beobachtung von stud. phil. Wolfgang Schimpf, der das Konvolut im Goethe- und Schiller-Archiv Weimar näher untersucht hat).

154 Vgl. seinen Antrag über das »Bedürfnis eines Nationalbuches« bei *Petzet*, a.a.O. S. 452–458 und WA I, 42/2, S. 399–408.

155 Der Brief ist abgedruckt bei *Petzet*, a.a.O. S. 464 f.

156 Vgl. WA IV, 20, S. 311 f.

157 Vgl. WA I, 42/2, S. 411. – Die folgenden Zitate aus dem S. 413–417 abgedruckten »Aufsatz«.

158 WA I, 42/2, S. 418.

159 Vgl. z. B. Fritz *Strich* in der Artemis-Gedenkausgabe, Bd. 14, Zürich 1950, S. 463.

160 WA I, 36, S. 30.

161 Von zwei verschiedenen Volksbuch-Entwürfen spricht auch Hans-Georg *Herrlitz*: Der Lektüre-Kanon des Deutschunterrichts im Gymnasium. Ein Beitrag zur Geschichte der muttersprachlichen Schulliteratur. Heidelberg 1964. – Ich vermag Herrlitz' Bedauern, daß Goethe Niethammers Anliegen »übersehen und enzyklopädisch mißverstanden« habe (ebd. S. 95), nicht zu teilen, denn es scheint mir nicht sicher, daß die auch von Niethammer geförderte Entwicklung eines »deutschen Unterrichts« so unbedingt begrüßenswert gewesen ist.

162 Die drei Zitate WA I, 42/2, S. 420 f. (das zweite im Original gesperrt).

163 Vgl. Franz *Schultz*: Joseph Görres, a.a.O. S. 68.

164 Die Bezeichnung »volkstümlich«, die in dem Terminus »populär« kein genaues Äquivalent hat, wende ich in dieser Untersuchung auf romantische und nachromantische Werke an, d. h. dort, wo ein »volksgemäßer« Charakter bewußt intendiert wird.
Konkrete Anschauung von Lesefähigkeit, Sprech- und Schriftkultur, Volksbüchern, Lesegewohnheiten und Bücherbesitz vermitteln die konzentrierten Angaben bei Helmut *Möller*: Die kleinbürgerliche Familie im 18. Jahrhundert. Verhalten und Gruppenkultur. Berlin 1969 (= Schriften zur Volksforschung 3); vgl. Kap. VI. 4 »Wissen«, ebd. S. 248–278. – Vgl. ferner Rolf *Engelsing*: Analphabetentum und Lektüre. Zur Sozialgeschichte des Lesens in Deutschland zwischen feudaler und industrieller Gesellschaft. Stuttgart 1973. – Engelsings Addition zahlreicher Angaben ist nicht ohne Mühe benutzbar, da die Quellen historisch nicht genügend eingeordnet und auch nicht weiter auf ihren Wert befragt werden. In dieser Hinsicht weit besser abgesichert ist *Engelsing*s – freilich stark auf Bremische Verhältnisse bezogene – Studie: Der Bürger als Leser. Lesergeschichte in Deutschland 1500–1800. Stuttgart 1974.

165 Ich nenne ferner pars pro toto einige Titel über die »Bibliothèque bleue«, die verschiedene Arten des Zugangs zu ihr repräsentieren. – Alexis *Socard*: Livres populaires imprimés à Troyes 1600 à 1800. Hagiographie – Ascétisme. Paris-Troyes 1864. *Ders.*: Livres populaires. Noëls et cantiques imprimés à Troyes depuis le XVIIe siècle jusqu'à nos jours. Avec des notices bibliographiques et biographiques sur les imprimeurs troyens. Paris - Troyes - Reims 1865. [Bibliographische Zusammenstellungen.] – Pierre *Brochon*: Le livre de colportage en France depuis le XVIe siècle. Sa littérature – Ses lecteurs. Paris 1954. [Kulturgeschichtlicher Überblick mit relativ schmaler, doch sorgfältig analysierter Materialgrundlage; bibliographisch nicht interessiert, gibt nicht einmal Formatangaben.] – Robert *Mandrou*: De la culture populaire aux XVIIe et XVIIIe siècles. La Bibliothèque bleue de Troyes. Paris 1964. [Versuch einer Interpretation des thematischen Fonds, ohne eigene Quellenstudien.] – Einen umfassenden Überblick über sie bietet die Bibliographie von Alfred *Morin*: Catalogue descriptif de la Bibliothèque bleue de Troyes (almanachs exclus). Genf 1974 (= Publications du centre de recherches d'histoire et de philologie VI: Histoire et civilisation du livre 7).
Zum Fortleben der »Bibliothèque bleue« im 19. Jahrhundert vgl. Rudolf *Schenda*: Die Bibliothèque Bleue im 19. Jahrhundert. In: Heinz Otto *Burger* (Hrsg.): Studien zur Trivialliteratur. 2. Aufl. Frankfurt/M. 1976 (= Studien zur Philosophie und Literatur des 19. Jahrhunderts 1), S. 137–153. *Ders.*: Tausend französische Volksbüchlein aus dem neunzehnten Jahrhundert, a.a.O. Vgl. ferner *Mandrou*, a.a.O. S. 165–174.

166 Vgl. Bibliothèque universelle des romans, a.a.O. April 1787, 2. Hälfte, S. 182. – Die Oudot und Garnier waren die bekanntesten Druckerfamilien in Troyes.

167 Robert *Mandrou,* a.a.O. S. 16 (Anm.).

168 Charles *Nisard*: Histoire des livres populaires ou de la littérature du colportage depuis l'origine de l'imprimerie jusqu'à l'établissement de la commission d'examen des livres du colportage – 30 Novembre 1852. 2 Bde. 2. Aufl. Paris 1864 (zuerst erschienen 1854). – Charles Nisard ist nicht zu verwechseln mit seinem Bruder Désiré, dem Literarhistoriker.

169 »durch jahre lange benutzung zum eigenthum erwerben«: Deutsches Wörterbuch 12, I, Sp. 606.

170 Jenaische Allgemeine Literatur-Zeitung Nr. 108, 10. Mai 1810, S. 259.

171 Vgl. z. B. Charles *Nodier* und *Le Roux de Lincy*: Nouvelle Bibliothèque bleue ou Légendes populaires de la France. Paris 1842. Der Band enthält: Robert le Diable – Richard sans peur – Jean de Paris – Jean de Calais – Geneviève – Jehanne Pucelle – Griselidis.

172 Jacques Charles *Brunet*: Manuel du libraire et de l'amateur de livres. 6 Bde. und 2 Supplementbde. 5. Aufl. Paris 1860–1880 (1. Aufl. 1810. – Ein Neudruck erschien Berlin 1921). – Gustave *Brunet*: La France littéraire au XVe siècle ou catalogue raisonné des ouvrages en tout genre imprimés en langue française jusqu'à l'an 1500. Paris 1865. – Georg Wolfgang *Panzer*: Annalen der älteren deutschen Literatur, a.a.O. und *ders.:* Annales typographici, a.a.O. – Emil *Weller*: Repertorium typographicum. Die deutsche Literatur im ersten Viertel des 16. Jahrhunderts. 2 Bde. Nördlingen 1864–1885.

173 *Sainte-Beuve* übergeht interessanterweise in dem Kapitel »Du roman au seizième siècle« seiner Studie »Tableau historique et critique de la poésie française et du théâtre français au seizième siècle« (2 Bde. 2. Aufl. Paris 1838) die noch fortlebende mittelalterliche Literatur Frankreichs und stellt statt dessen Betrachtungen darüber an, wie denn im 16. Jahrhundert ein neugeschaffener Ritterroman ausgefallen wäre. In diesem Zusammenhang nennt er dann Rabelais einen »homme du peuple«, vgl. ebd. Bd.I, S. 351: »Il a compris et satisfait à la fois les penchants communs, le bon sens droit et les inclinations matoises du tiers-état au seizième siècle. Savant qu'il était par goût et par profession, il s'est fait homme du peuple, et a trouvé moyen de charmer le peuple et les savants.«

174 Eine solche klare Grenzziehung zwischen Mittelalter und Neuzeit liegt der Bibliographie von Brian *Woledge* zugrunde: Bibliographie des romans et nouvelles en prose française antérieurs à 1500. Genf-Lille 1954 (= Publications romanes et françaises 42); ein Supplement dazu erschien Genf 1973 als Band 130 der gleichen Reihe. Beide Bände bilden ein Ganzes aber bezeichnenderweise erst zusammen mit der Bibliographie von *Woledge* und H. P. *Clive*: Répertoire des plus anciens textes en prose française depuis 842, jusquaux premières années du XIIIe siècle. Genf 1964 (= Publications romanes et françaises 79).

175 William J. *Thoms*: A collection of early prose romances. 3 Bde. London 1828. Eine zweite Auflage erschien London 1858, eine dritte, inhaltlich veränderte , besorgte Henry *Morley* 1889 unter dem Titel »The early prose romances«. 1907 faßte Ernest A. *Baker* alle Stücke der Ausgaben von Thoms und Morley zusammen: Early English prose romances. Edited by William J. *Thoms*. New edition, revised and enlarged. London. – Die ursprüngliche Version der Sammlung von *Thoms* enthält folgende Werke:

Robert the Deuyill – Thomas of Reading – Fryer Bacon – Virgilius – Robin Hood – George a Green – Tom a Lincolne – Helyas [= Schwanenritter] – Doctor Faustus – Second report of Doctor Faustus. – Aus *Morleys* Neubearbeitung kamen hinzu: sieben Stücke aus den »Hundred Merry Tales«, ferner »Reynard the Fox«, »Hamlet« und »Guy Earl of Warwick«.

176 Die Niedersächsische Landesbibliothek Hannover besitzt eine im frühen 19. Jahrhundert in zehn Bänden zusammengefaßte Sammlung von insgesamt 75 solcher Hefte, wie sie auch Görres vorlagen (Signatur: Lh 5371). Druck und Papierqualität einerseits, Trivialität der Texte anderseits veranschaulichen das Wagestück, das Görres mit der literarischen Nobilitierung dieser »Groschenliteratur« unternahm.

177 Vgl. *Thoms'* allgemeine Einleitung im ersten Band, a.a.O. S. VIII. – Richard Mercer *Dorson*: The British folklorists. London 1968, behandelt Thoms im Kapitel »The antiquary folklorists«, vgl. S. 75–90.

178 Scotts Romane haben den Markt für Unterhaltungsliteratur geradezu umgeformt, und zwar über den durch sie bewirkten Einfluß auf die Preisgestaltung. Vgl. Richard D. *Altick*: The English common reader. A social history of the mass reading public 1800–1900. Chicago-London-Toronto 1957, S. 262 f.

179 *Thoms*, a.a.O. S. VIII.

180 Ebd.

181 John *Dunlop*: The history of fiction. 3 Bde. London 1814. Eine zweite Auflage erschien 1816 in Edinburgh. In der deutschen Überarbeitung von Felix Liebrecht blieb das Werk bis in unser Jahrhundert hinein ein Standardtitel: Felix *Liebrecht*: John Dunlop's Geschichte der Prosadichtungen oder Geschichte der Romane, Novellen, Märchen usw. Berlin 1851.

182 Vgl. Richard D. *Altick*, a.a.O. S. 73–76.

183 Vgl. Queenie Dorothy *Leavis*: Fiction and the reading public. London 1932. 2. Aufl. 1965.

184 John *Ashton*: Chap-books of the eighteenth century. New foreword by Victor *Neuburg*. Trowbridge-London 1969 (zuerst erschienen 1882), S. V.

185 Ebd. S. 95–183.

186 Victor Edward *Neuburg*: Chapbooks. A guide to reference material on English, Scottish, and American chapbook literature of the eighteenth and nineteenth centuries. 2. Aufl. Guildford-London 1972, S. 1.

187 Vgl. dazu das enzyklopädische Standardwerk von Ernest A. *Baker*: The history of the English novel, insbesondere Bd. I: The age of romance; from the beginnings to the renaissance. London 1924.

188 Arundell *Esdaile*: A list of English tales and prose romances printed before 1740. Part I: 1475–1642. Part II: 1643–1739. London 1912 (= The bibliographical society 17).

189 Sterg *O'Dell*: A chronological list of prose fiction in English, printed in England and other countries. 1475–1640. Cambridge/Mass. 1954.

190 Vgl. *Esdaile*, a.a.O. S. XI: »Jestbooks are only included when they have at least one unity, that of a single hero; [...].«

191 Sterg *O'Dell*, a.a.O. S. 3.

192 Samuel Lee *Wolff*: The Greek romance in Elizabethan prose fiction. New York 1912, S. 463 f.

193 Emile H. *van Heurck*: Les livres populaires flamands. Anvers 1927. – Der flämische Ausdruck für die jüngeren Drucke seit dem 17. Jahrhundert

(»blauwboeken«) lehnt sich offensichtlich an französischen Sprachgebrauch an.

194 Lucien *Debaene*: De nederlandse volksboeken. Ontstaan en geschiedenis van de nederlandse prozaromans, gedrukt tussen 1475 en 1540. Antwerpen 1951.

Der Literaturwissenschaftler gewinnt in systematischer Beziehung weder bei van Heurck noch bei Debaene viel. Letzterer veranschaulicht – ungewollt – die ganze Problematik der deutschen Volksbuchdiskussion, indem er »prozaromans« und »andere volksboeken« (der Inkunabel- und Frühdruckzeit!) voneinander zu trennen versucht. Seinen Hauptgegenstand, den »prozaroman«, definiert er folgendermaßen: »fictieve wereldlijke verhalen, hoofdzakelijk in proza geschreven, deels gebaseerd op oudere ridderwereld en -literatuur, deels behorend tot de laatmiddeleeuwse maatschappij, aanvankelijk voraal voor een burgerlijk publiek bestemd (en gedrukt), later geleidelijk meer en meer tot gezonken cultuurgoed vervallend.« (A.a.O. S. 23, im Original gesperrt.)

195 Laurent Philippe Charles *van den Bergh*: De Nederlandsche volks-romans. Eene bijdrage tot de geschiedenis onzer letterkunde. Amsterdam 1837, S. III.

196 Die Steuerungsversuche von kirchlicher Seite hatten insofern einen sachlichen Grund, als sowohl in Flandern wie in den Niederlanden solche Unterhaltungsliteratur auch zur Schullektüre gehörte.

197 Gilles Jacob Denijs *Schotel*: Vaderlandsche Volksboeken en Volkssprookjes van de vroegste tijden tot het einde der 18⁰ eeuw. 2 Bde. Haarlem 1873/74.

198 Eine solche Zweiteilung treffen wir auch innerhalb der italienischen Forschung an. Die Bibliographien von Gaetano Melzi und Giambattista Passano repräsentieren dabei den ersten Typus, literarhistorische und volkskundlich ausgerichtete Arbeiten den zweiten. Vgl. G. *Melzi*: Bibliografia dei romanzi e poemi cavallereschi italiani. Mailand 1838. – G. *Passano*: I novellieri italiani in prosa, indicati e descritti. Mailand 1864. *Ders.*: I novellieri italiani in verso, indicati e descritti. Bologna 1868.

Für einen orientierenden Zugang zur Erforschung von Volksdichtung seien genannt: Francesco *Novati*: La storia e la stampa nella produzione popolare italiana. Con un elenco topografico di tipografi e calcografi italiani che dal secolo XV al XVIII impressero storie e stampe popolari. Bergamo 1907. – Giuseppe *Cocchiara*: Per la raccolta e lo studio delle stampe popolari italiane. In: Giornale storico della letteratura italiana 95, 1930, S. 115–124. – Giovanni *Bronzini*: Il mito della poesia popolare. Rom 1966 (= Collana di cultura 12).

Vgl. auch Rudolf *Schenda*: Italienische Volkslesestoffe im 19. Jahrhundert, a.a.O.

199 Vgl. Alexis *Socard*: Livres populaires imprimés à Troyes, a.a.O. S. II: »Le prince d'Essling, en sa riche collection de vieux romans, et avant cet illustre ami des livres, Crozet, le savant libraire de la Bibliothèque royale, ainsi que Charles Nodier, le prince des bibliophiles, possédaient tous des éditions troyennes qu'ils jugeaient dignes de splendides reliures.«

200 Vgl. z. B. Pierre *Brochon*: »Un certain nombre de romans de chevalerie datant des débuts de l'imprimerie et tombés uniquement dans les impressions populaires dès le XVIIe siècle constituent à peu près tout le fond romanesque de la ›Bibliothèque Bleue‹ au XVIIIe siècle.« (A.a.O. S. 50). Im gleichen Sinne *van Heurck*, a.a.O. S. 1. – Nicht wenige dieser Romane

sind in dem Augenblick, in dem sie in den Buchdruck eingehen, schon ein- oder zweihundert Jahre alt.

201 Richard *Alewyn*: Johann Beer, a.a.O. S. 142.

202 Ich kann auf das von *Alewyn* angedeutete Problem an dieser Stelle nicht ausführlich eingehen. Doch sei darauf verwiesen, daß ein Ende des Absinkprozesses um 1600 bei weitem noch nicht erreicht ist. Zweihundert Jahre später liegt das Niveau der Texte und der äußeren Gestalt dieser Bücher noch erheblich tiefer, ohne daß man sagen könnte, daß sie damit an dem tiefsten Punkt ihrer Entwicklung angekommen wären.

III. Typen der Rezeption des frühen deutschen Romans im 19. Jahrhundert: Konsolidierung und Verfestigung des Volksbuchbegriffs

1 Einen Ausschnitt behandelt zusammenfassend Friedrich *Sengle*: Biedermeierzeit. Deutsche Literatur im Spannungsfeld zwischen Restauration und Revolution 1815–1848. Bd. I, Stuttgart 1971, S. 243–251. – Zur Problematik der Epochenkategorie bei Sengle vgl. Richard *Brinkmann*: Gedanken über einige Kategorien der Literaturgeschichtsschreibung. Anläßlich der ersten beiden Bände von Friedrich Sengles »Biedermeierzeit«. Euphorion 69, 1975, S. 41–68, bes. S. 51–54.

2 Die Vielfalt der hier zu berücksichtigenden Faktoren macht begriffsgeschichtlich die Anwendung eines einfachen heurematologischen Verfahrens unmöglich. Zu den antiken Ursprüngen dieses Verfahrens vgl. den Artikel »Erfinder II (geistesgeschichtlich)« von Klaus *Thraede* im Reallexikon für Antike und Christentum, Bd. V, 1962, Sp. 1191–1278, und Franz Josef *Worstbrock*: Translatio artium. Über die Herkunft und Entwicklung einer kulturhistorischen Theorie. In: Archiv für Kulturgeschichte 47, 1965, S. 1–22.

3 Vgl. Helmut *Möller*: Die kleinbürgerliche Familie im 18. Jahrhundert, a.a.O. – Rolf *Engelsing*: Analphabetentum und Lektüre, a.a.O. – *Ders.*: Der Bürger als Leser, a.a.O., insbes. S. 339–342.

4 Die für die Definition entscheidenden Sätze lauten: »Im Roman sollen vorzüglich Gesinnungen und Begebenheiten vorgestellt werden; im Drama Charaktere und Thaten. Der Roman muß langsam gehen, und die Gesinnungen der Hauptfigur müssen, es sei auf welche Weise es wolle, das Vordringen des Ganzen zur Entwickelung aufhalten. Das Drama soll eilen, und der Charakter der Hauptfigur muß sich nach dem Ende drängen, und nur aufgehalten werden. Der Romanheld muß leidend, wenigstens nicht im hohen Grade wirkend sein; von dem dramatischen verlangt man Wirkung und That.« WA I, 22, S. 178.

5 Ich zitiere nach dem 3. Abdruck der 5. Auflage, der in 10 Bänden in Leipzig 1822–1826 erschien, hier Bd. 8, S. 339.

6 Ebd. S. 399. – (Das ist nicht wörtlich zu nehmen: der Artikel »Heldengedicht« – a.a.O. Bd. IV, S. 668–670 – enthält keine derartigen Ausführungen.)

7 Beide Zitate ebd. S. 403. – Andere vergleichbare Nachschlagewerke lassen eine ähnliche Klarheit vermissen. In *Pierers* »Universal-Lexikon« erhält man nur verworrene Auskunft (Bd. 25, 1836, S. 320). Oscar Ludwig Bernhard *Wolff*: Neues elegantes Conversations-Lexicon für Gebildete aus allen Ständen, Leipzig 1834–1837, geht auf den Gegenstand, den Ritter- oder mittelalterlichen Roman oder auch auf das Volksbuch, nicht ein.

8 Die 9. Auflage (der Titel ist mit dem der 5. identisch) erschien in Leipzig 1843–1848. Der Artikel »Volksbuch« findet sich in Bd. 15, S. 22–24; alle hier gegebenen Zitate ebd. S. 22.

9 In dieser Hinsicht geht *Meyers* »Konversations-Lexikon« eine Generation später noch einen Schritt weiter: »Volksbücher, im weiteren Sinne alle diejenigen Bücher, welche unter allen Klassen und Ständen eines Volks Verbreitung gefunden haben; im engern Sinne und namentlich in literarhistorischer Hinsicht aber meist die in Prosa abgefaßten Unterhaltungsbücher, die im 15. und 16. Jahrhundert theils im Volke selbst entstanden, theils aus gebildeten Kreisen, meist mit Abänderungen, besonders hinsichtlich der Form, in dasselbe übergingen.« Vgl. Neues Konversations-Lexikon, ein Wörterbuch des allgemeinen Wissens. Unter der Redaction von H. *Krause* hrsg. von Herrmann J. *Meyer*. 2., gänzlich umgearb. Aufl., Bd. 15, Hildburghausen 1867, Sp. 530 f.

10 Ich habe die Konversationslexika hier nur herangezogen, um die Ausbreitung und Generalisierung der Vorstellungen vom Volksbuch im 19. Jahrhundert zu zeigen. Es wäre nicht uninteressant, dieses Thema weiterzuverfolgen und die Reflexe literaturwissenschaftlicher Tätigkeit in diesen für das Wissen breiter Schichten zuständigen Lexika zu analysieren. Die neueste Auflage des Brockhaus liefert in ihrem Artikel »Volksbücher« drastischen Anschauungsunterricht von der in der Fachwissenschaft in dieser Frage bestehenden Wirrnis. Vgl. Brockhaus Enzyklopädie in 20 Bänden. 17., völlig neubearb. Aufl. des Großen Brockhaus, Bd. 19, Wiesbaden 1974, S. 691 f.

11 Rolf *Engelsing*: Zur Sozialgeschichte deutscher Mittel- und Unterschichten. Göttingen 1973 (= Kritische Studien zur Geschichtswissenschaft 4). Vgl. darin besonders S. 112–154: Die Perioden der Lesergeschichte in der Neuzeit.

12 Ebd. S. 142.

13 Wieland *Schmidt*: Vom Lesen und Schreiben im späten Mittelalter, a.a.O. S. 325. Schmidt fährt fort: »Der Vorstoß dieser Laienkreise zur Schriftkultur war vielmehr in der Zeit vor Gutenberg schichtenmäßig bereits festgelegt und abgeschlossen. Innerhalb dieser Schichten trat allerdings durch die codices impressi eine erhebliche zahlenmäßige Zunahme ein, und die Summe neu gewonnener Leser muß tatsächlich beträchtlich gewesen sein. Diese Zunahme darf aber nicht darüber hinwegtäuschen, daß diese neu hinzutretenden Leser denselben Schichten angehört haben, die sich schon vor Gutenberg den Büchern zugewandt hatten.« Ebd. S. 325 f.

14 Vgl. Rudolf *Schenda*: Volk ohne Buch, a.a.O. S. 441–467: »Leser und Nichtleser.« Den Anteil potentieller Leser an der Gesamtbevölkerung in Mitteleuropa schätzt Schenda folgendermaßen: 1770: 15 %, 1800: 25 %, 1830: 40 %, 1870: 75 % (vgl. ebd. S. 444 f.) Konkrete Einzelbelege aus der Zeit zwischen 1779 und 1900 vgl. ebd. S. 446–451.
Vgl. Rolf *Engelsing*: Zur Sozialgeschichte deutscher Mittel- und Unterschichten, a.a.O. S. 141.

15 Ian *Watt*: Der bürgerliche Roman. Aufstieg einer Gattung. Defoe – Richardson – Fielding. Aus dem Englischen von Kurt *Wölfel*. Frankfurt/M. 1974 (= Suhrkamp Taschenbuch Wissenschaft 78), S. 39. (Engl. Originalausgabe London 1957.)

16 Die vorstehenden Bemerkungen beziehen sich primär auf Großformen der erzählenden Literatur. Zum Thema Lesepublikum in der Frühdruckzeit vgl. außer Wieland Schmidt Manfred *Sauer*: Die deutschen Inkunabeln,

ihre historischen Merkmale und ihr Publikum, Diss. Köln 1956, und Rudolf *Hirsch*: Printing, selling and reading 1450–1550. Second printing with a supplemental annotated bibliographical introduction. Wiesbaden 1974. Vgl. auch Rudolf *Schenda*: Kleinformen der Trivialliteratur aus sechs Jahrhunderten, a.a.O.

17 Auskunft über das Fortleben der »Volksbücher« in unteren Leserschichten gibt eine Titelliste, die Rudolf *Schenda* zusammengestellt hat: Tausend deutsche populäre Drucke aus dem neunzehnten Jahrhundert, a.a.O. Es kommt dabei nicht entscheidend darauf an, welcher Grad an Vollständigkeit mit dieser Liste erreicht worden ist (Schenda, ebd. Sp. 1473: »Repräsentativ ist diese willkürliche Auswahl nicht [...]«). Zweierlei läßt sich ihr mit hinlänglicher Sicherheit entnehmen: der Anteil der älteren »Volksbücher« an der populären Lektüre ist gering (vgl. ebd. Sp. 1471 f.), und er nimmt offenbar im Laufe des Jahrhunderts auch ab. Die alten Stoffe haben in der Tat durch die Romantik ein »höheres Leben« – mit Görres zu reden – gewonnen. Die Bearbeiter näherten sie vielfach von neuem der Kunstdichtung an.

18 Vgl. Johann Wilhelm *Appell*: Die Ritter-, Räuber- und Schauerromantik. Zur Geschichte der deutschen Unterhaltungs-Literatur. Leipzig 1859. – Carl *Müller-Fraureuth*: Die Ritter- und Räuberromane. Ein Beitrag zur Bildungsgeschichte des deutschen Volkes. Halle 1894.

19 Auf Anregungen Tiecks gehen wiederum manche der Arbeiten Friedrich Heinrich von der Hagens zurück. Vgl. hierzu Gotthold *Klee*, a.a.O.

20 Friedrich Sengle hat in seiner weitausgreifenden Literaturgeschichte zur Biedermeierzeit gerade der »mittleren« Stilebene mit den ihr zuzurechnenden Gattungen besondere Aufmerksamkeit gewidmet. Ihr wären auch die anspruchsvolleren Volksbuchbearbeitungen zuzurechnen, die sich auch aus anderen Gründen in Sengles Programm einfügen: »Ich halte die Erforschung der Romantiktradition in Deutschland für einen wichtigen Nachholbedarf der Germanistik. Sie ist, soviel ich sehe, in der Anglistik weiter gediehen. Man sollte diese Forschung auf breite Fundamente setzen.« F. *Sengle*: Biedermeierzeit. Deutsche Literatur im Spannungsfeld zwischen Restauration und Revolution 1815–1848. Bd. II: Die Formenwelt. Stuttgart 1972, S. 951, Anm.

21 Vgl. Heinrich *Hoffmann*: Die Deutsche Philologie im Grundriss. Ein Leitfaden zu Vorlesungen. Breslau 1836. – Der § 26 »Quellensammlungen prosaischer Schriften. Volksbücher« nennt *Reichards* »Bibliothek der Romane« und »Buch der Liebe«, *von der Hagens* »Buch der Liebe« (1809) und »Narrenbuch« (1811) sowie *Aurbachers* und *Schwabs* Sammlungen.

22 *Sengle* hat ihm unter dem Kennzeichen »Stiller Organisator« einen eigenen Abschnitt in seiner Literaturgeschichte gewidmet, vgl. a.a.O. Bd. II, S. 34 f. – Schwab wurde 1845 Oberkonsistorialrat und Oberstudienrat und hatte eine bedeutsame Position in der Leitung des württembergischen Schulwesens. Für die Sphäre seiner bildungspolitischen Wirkung kennzeichnend ist die Bemerkung seines Sohnes über Gustav Schwabs Tätigkeit als Kanzelredner, es habe »sein Eingehen auf die Interessen der höheren Bildung einen zahlreichen Zuhörerkreis aus den gebildeten Ständen zu ihm« hingezogen. Vgl. Christoph Theodor *Schwab:* Gustav Schwab's Leben. Erzählt von seinem Sohne. Freiburg und Tübingen 1883, S. 157.

23 Gustav *Schwab*: Die Deutschen Volksbücher. Für Jung und Alt wieder erzählt. 2 Bde. 3. Aufl. Stuttgart 1847. – Der Inhalt der beiden Teile der – erweiterten – 3. Auflage (mit Stichwort-Titeln): (I) Siegfried – Mage-

lone – Armer Heinrich – Hirlanda – Genovefa – Schloß in der Höhle Xa Xa – Griseldis – Robert der Teufel – Schildbürger – Heymonskinder. (II) Octavian – Melusina – Herzog Ernst – Faustus – Fortunatus.

24 Ebd. S. V.

25 Von *Aurbacher* erschien anonym: Ein Volksbüchlein. Enthaltend: die Geschichte des ewigen Juden, die Abenteuer der sieben Schwaben, nebst vielen andern erbaulichen und ergötzlichen Historien. München 1827; dazu ein 2. Teil: Enthaltend: die Legende von St. Christoph, Faustus, die Wanderungen des Spiegelschwaben, nebst vielen andern erbaulichen und ergötzlichen Historien. München 1829. Dieser Band trägt auch den Einzeltitel: Ernst und Scherz. Eine Sammlung vermischter Erzählungen.
Zu Aurbacher vgl. Wilhelm *Kosch*: Ludwig Aurbacher, der bayrisch-schwäbische Volksschriftsteller. Seine Jugenderinnerungen (1784–1808). Nebst Briefen an ihn von Melchior von Diepenbrock, Ladislaus von Pyrker, J. M. Sailer, Eduard von Schenk und Joh. Friedrich Heinrich Schlosser sowie einem Abriß seines Lebens und Schaffens. Köln 1914 (= Görres-Gesellschaft. Erste Vereinsschrift 1914).

26 Volksbüchlein, Bd. I, S. 167.

27 Ebd. Bd. II, S. 175.

28 Ebd. S. 176 f.

29 Karl *Rosenkranz*: Verzweigung der abendländischen Novellen. In: K. *R.*: Zur Geschichte der Deutschen Literatur. Königsberg 1836, S. 67–78, hier S. 77. Die Veranlassung zu diesem Aufruf gab die zweite Auflage von Aurbachers »Volksbüchlein«, dessen Autor Rosenkranz aber nicht bekannt war.

30 Gotthard Oswald *Marbach*: Volksbücher. 53 Bde. Leipzig: Otto Wigand 1838–1860 [?]. Die Angaben über die Bandzahl differieren in den Quellen erheblich. Ich gebe hier eine Übersicht über alle 53 Bände, wieder mit Stichwort-Titeln; die Jahreszahlen sind zum Teil bibliothekarisch ermittelt.
Unter *Marbach*s Namen erschienen
1838: (1) Griseldis – (2) Lieder in Leid und Lust – (3) Melusine – (4) Schildbürger – (5) Magelone – (6) Octavian – (7) Sieben Schwaben – (8) Genoveva – (9/10) Heymondskinder [!] – Siegfried – (11) Drei Schwestern – Drei Rolandsknappen;
1839: (12) Eulenspiegel – (13/14) Tristan – (15–17) Reineke Fuchs;
ohne Jahr bis 1841: (18) Wigalois – Schneeweißchen – Bruder Lustig – (19/20) Deutsche Lieder zu Schutz und Trutz – (21) Hirlanda – (22) Fortunat – (23) Fortunats Söhne – (24) Faust;
ohne Jahr bis 1842: (25) Höhle Xa Xa – (26) Robert der Teufel – (27) Schnurren – (28/29) Sprichwörter und Spruchreden – (30/31) Sieben weise Meister – (32) Armer Heinrich – (33) Eginhard von Böhmen – (34) Herzog Ernst.
Die weiteren Titel stammen nicht mehr von Marbach:
(35) Senfkörner (Anekdoten und Erzählungen) – (36) Schwanenritter – (37) Helena [*Schenda* verzeichnet für 1847 eine Bearbeitung von O. L. B. *Wolff*, vgl. *ders.*: Tausend deutsche populäre Drucke, a.a.O. Sp. 1528.] – Finkenritter – (38) Fabelschatz, hrsg. von Otto *Wigand* 1849 – (39) Eulenspiegel – (40) Rübezahl – (40–43) Herpin – (44) Gerbino [!] – (45) Kirmesbruder – Hans Guck in die Welt – (46) Virgilius – (47/48) Joachim und Anna, hrsg. von O. L. B. *Wolff* 1848 – (49/50) Leben Jesu

Christi, hrsg. von O. L. B. *Wolff* 1849 – (51/52) Dorfgespräche, 1849 – (53) Apollonius – Zwergenburg – Rätselbuch, 1860 [?].

31 Über die Dorfgeschichte vgl. *Sengle,* Biedermeierzeit Bd. II, a.a.O., S. 864–871.

32 In den Heften der Marbach-Wigandschen »Volksbücher« finden sich viele Annoncen für Verwandtes aus dem Bereich zwischen Erziehung und Sachbuch, z. B. Kinderspiegel, ökonomische Hausschätze etc.

33 In eckigen Klammern stichwortartige Hinweise auf den Inhalt.

34 Ebd. Nr. 52, S. 29. – Für unser Thema ist von Interesse folgender kleiner Prospekt einer Volksbibliothek: »Gelehrte Bücher, wie sie drin in der Stadt in der großen Bibliothek zu Tausenden stehen, die nützen uns nichts. Wir wollen Bücher mit der Geschichte vergangener Zeiten, weil sie belehrt und warnt; Bücher über das Leben und die Schicksale großer Männer und Frauen; Bücher über Städte, so wie über fremde Länder, mit etlichen Landkarten; Bücher über Thiere und Pflanzen, weil der Landmann daraus gar Vielerlei Nützliches lernen kann; Bücher über Obstbau, Gemüsebau, Weinbau, Flachsbau, Hopfenbau, Kleebau, Feldwirthschaft; auch ein Buch mit guten Predigten, die den Kopf über die geistlichen Dinge aufklären; gute Bücher mit deutschen Liedern und Gedichten, und wo möglich die Schriften der vorzüglichsten deutschen Schriftsteller, nämlich die von Schiller, Körner, Bürger, die das Volk als sein schönes Eigenthum kennen muß. Solche Bücher nützen dem Landmann, und machen ihn verständig.« (Ebd. S. 33) Diese Liste beginnt im Grunde mit dem, was der Begriff »Historia« im mittelalterlichen und frühneuzeitlichen Verstande bezeichnet – erst an der letzten Stelle findet sich die Dichtung im neuzeitlichen Sinne.

35 Über die erst in jüngster Vergangenheit merklich gestiegene Lesefähigkeit bieten die »Dorfgespräche« viele Aussagen, z. B.: »In meiner Jugend wars mit den Dorfschulen schlecht bestellt. Damals galt's schon viel, wenn man schreiben lernte. Heute ist das Schreiben gewöhnlich und es nimmt Wunder bei dem, der es nicht gelernt hat.« (Nr. 51, S. 18 f.) Vgl. auch den ganzen Dialog Nr. 9, der von einem Erwachsenen handelt, der sich entschlossen hat, das Lesen zu erlernen.

36 Vgl. Hans *Naumann*: Grundzüge der deutschen Volkskunde. Leipzig 1922 (= Wissenschaft und Bildung 181), insbes. S. 5.

37 Karl *Simrock*: Die deutschen Volksbücher. Gesammelt und in ihrer ursprünglichen Echtheit wiederhergestellt. 13 Bde. Frankfurt/M. 1845–1867. Hier stichwortartig der Inhalt:

I (1845): Heinrich der Löwe [in Versen] – Magelone – Reineke Fuchs – Genovefa.

II: Heimonskinder – Barbarossa – Octavian.

III (1846): Peter Dimringer – Fortunatus – Appolonius – Herzog Ernst – Siegfried – Wigoleis.

IV: Faustus – Faustus (Puppenspiel) – Tristran – Heilige drei Könige.

V: 12396 Sprichwörter [aus Bebel, Agricola, Sebastian Franck und aus verstreuten Quellen, z. B. dem Anhang zu den Drucken des »Herzog Ernst« aus dem 16. Jahrhundert].

VI (1847): Melusine – Markgraf Walther [= Griseldis] – Gismunda [= Guiscardo und Sigismunda] – Armer Heinrich – Schwanenritter – Flos und Blankflos – Virgilius – Bruder Rausch – Ahasver.

VII (1850): Fierabras – Eginhard – Räthselbuch – Büttner Handwerksgewohnheiten – Huf- und Waffenschmiede – Finkenritter.

VII (1851): Volkslieder.
IX: Der märkische Eulenspiegel – Kinderbuch – Räthselbuch II – Thedel von Wallmoden – Hugschapler.
X: Die sieben Schwaben [nach Aurbacher, von Simrock versifiziert!] – Räthselbuch III – Oberon, oder Hug von Bordeaux – Eulenspiegel – Helena.
XI (1865): Pontus – Herpin – Galmy.
XII: Jüngstes Gericht im Thal Josaphat – Hirlanda – Gregorius – Sieben weise Meister – Malegis.
XIII (1867): Montevilla – Aesop – Lucidarius – Sybillenweissagungen – Graf Schafgotsch.

38 Zwei Hefte von 1839, die auf den Titelblättern mit »Deutsche Volksbücher« I und II bezeichnet sind (»Nach den ächtesten Ausgaben hergestellt«), sprechen von dem »auf dem Felde der älteren deutschen Literatur und Sagen-Poesie rühmlichst« bekannten Karl Simrock. Man rechnete hier noch mit dem Vorhandensein ganz billiger Ausgaben und bezeichnete das eigene Unternehmen als »Lohn der Demuth«, d. h. der bisherigen ärmlichen Erscheinungsform dieser Kolportagehefte.
1868, nach Abschluß der »Volksbücher«-Serie, eröffnete Simrock eine »Bibliothek der Romane, Novellen, Geschichten u.s.w.« mit »Loher und Maller« – Zeichen der Konjunktur. 1876 erschien noch: Schimpf und Ernst nach Johannes Pauli. Als Zugabe zu den Volksbüchern erneut und ausgewählt von Karl Simrock. Heilbronn 1876.

39 Zu Simrocks Übersetzungen vgl. Hugo *Moser*: Karl Simrock als Erneuerer mittelhochdeutscher Dichtung. Bemerkungen zu seinem Verfahren. In: PBB (Tübingen) 94, Sonderheft 1972 (Festschrift Eggers), S. 458–483. Moser bezieht Simrocks Volksbücher in seine Untersuchung nicht ein.

40 A.a.O. Bd. I, S. VII.

41 Jan *Elema* und R. *van der Wal* sind der Vorlagenmischung bei Simrock in einem Einzelfall nachgegangen: Zum Volksbuch »Eine schöne merkwürdige Historie des heiligen Bischofs Gregorii auf dem Stein genannt«. In: Euphorion 57, 1963, S. 292–320.

42 Bei Simrock ist auch die Organisationsform eine andere geworden. Der wissenschaftliche Apparat übersteigt nunmehr die Ressourcen des Einzelnen. Man kann deshalb aus dem Katalog von Simrocks Bibliothek keine Aufschlüsse über seine Bearbeitertätigkeit gewinnen, wenngleich sich einige Hinweise finden. Simrock besaß die »Bibliothèque universelle des romans«, *Nisard* in der zweiten Auflage und die Sammlung von *Thoms*, jedoch so gut wie keine alten Drucke. Vgl. Verzeichniss der von dem Herrn Professor Dr. Karl Simrock nachgelassenen Bibliothek welche Montag den 15. Januar 1877 u. an den folg. Tagen Nachmittags $5^1/_2$ Uhr im Auctionslokale von Matthias Lempertz' Buchhandlung und Antiquariat in Bonn versteigert wird. Bonn 1876, bes. S. 56–59.

43 Johannes *Scheible*: Das Kloster. Weltlich und geistlich. Meist aus der ältern deutschen Volks-, Wunder-, Curiositäten- und vorzugsweise komischen Literatur. Zur Kultur- und Sittengeschichte in Wort und Bild. 13 Bde. Leipzig 1845–1848.

44 Ebd. Bd. I, S. VIII.

45 Vgl. zuletzt die kleine Ausgabe Karl Otto *Conradys*: Deutsche Volksbücher. Reinbek 1968 (= Rowohlts Klassiker der Literatur und der Wissenschaft. Deutsche Literatur 24). Sie gibt sich nach außen als »Ausgabe«, mißversteht dabei jedoch den wahren Charakter ihrer Textgrundlagen,

mit einer Ausnahme neuromantische »Erneuerungen«. Vgl. meine kritischen Anmerkungen dazu: Germanistik 10, 1969, S. 576 f. Es entbehrt nicht der Ironie, daß Conrady in diesem Fall Methoden genau derjenigen »Germanistik« anwendet, die zu kritisieren er auf dem Münchner Germanistentag 1966 aufgetreten war. Vgl. Carl Otto *Conrady*: Deutsche Literaturwissenschaft und Drittes Reich. In: Nationalismus in Germanistik und Dichtung. Dokumentation des Germanistentages in München vom 17.–22. Oktober 1966. Hrsg. von Benno *von Wiese* und Rudolf *Henß*. Berlin 1967, S. 37–60.

46 Felix *Bobertag*: Volksbücher des 16. Jahrhunderts. Eulenspiegel. Faust. Schildbürger. Berlin-Stuttgart 1888 (= DNL 25).

47 Lutz *Mackensen*: Die deutschen Volksbücher. Leipzig 1927 (= Forschungen zur deutschen Geistesgeschichte des Mittelalters und der Neuzeit 2). Vgl. unten S. 136–141.

48 Bereits 1827 zählte Koberstein in seiner Literaturgeschichte »drei berühmte Volksromane« auf: »Eulenspiegel«, »Faust«, »Schildbürger« (August *Koberstein*: Grundriß zur Geschichte der deutschen National-Litteratur. Zum Gebrauch auf gelehrten Schulen entworfen. Leipzig 1827, S. 327). Zwar fehlt hier noch der von Mackensen in diese Gruppe miteinbezogene »Fortunatus«, doch gleichwohl ist damit Mackensens Unterscheidung von »Volksroman« und »volkstümlicher Roman« vorweggenommen. Das Wort kommt auch sonst im 19. Jahrhundert häufiger vor. So hat Oscar Ludwig Bernhard *Wolff* 1848 eine Serie »Volksromane« (bei Wigand in Leipzig) mit dem »Simplicissimus« eröffnet.

49 *Bobertag*, a.a.O. S. I.

50 Vgl. über Benz außerdem Kapitel IV, 1.

51 Die ersten fünf erschienen Jena 1911/12, der »Alexander« erst 1924.
Später folgten: Sanct Brandans Meerfahrt. Das Volksbuch, erneuert von Richard *Benz*. Jena 1927 (= Deutsche Volkheit) und: Eine hübsche histori von der kuniglichen stadt troy, wie sie zerstoeret ward. Erneuert von Richard *Benz*. Berlin: Die Rabenpresse 1938 (= Bibliophiler Phönix-Druck 1).
Noch im Jahr 1912 gab Peter *Jerusalem* in der vielgelesenen Reihe »Die Bücher der Rose« einen Band mit »Magelone«, »Schildbürger«, »Fortunatus«, »Doctor Faust« und »Melusine« heraus, in dem die Texte unprätentiös und ohne Ehrgeiz in bezug auf Vorlagen und Stilisierung auf Neuhochdeutsch wiedergegeben wurden.

52 Auch diese »Erneuerungen« sind gelegentlich, so wie es früher mit Simrocks »Volksbüchern« geschah, für Editionen gehalten worden. Vgl. z. B. Herwig *Buntz*: Die deutsche Alexanderdichtung des Mittelalters. Stuttgart 1973 (= Sammlung Metzler 123), S. 36, wo *Benz*' »Alexander« als Edition der Übersetzung Johannes Hartliebs genannt wird mit dem vertrauenerweckenden Zusatz: »Edition nach zwei Hss. und Drucken des 15. Jahrhunderts.«

53 Alle Zitate aus einer unpaginierten Beilage zu Bd. II (»Historia von D. Johann Fausten«), in der *Benz* seine Vorlagen seinem eigenen Text gegenüberstellt, um sein Verfahren zu rechtfertigen (bei einem Ausschnitt aus den »Sieben weisen Meistern«); das letzte Zitat im Original gesperrt.

54 Aus rein historischen Gründen könnte man an dieser Stelle auch noch auf die knapp zwei Jahrzehnte jüngere, »kulturgeschichtliche« Konzeption von Franz Podleiszek und Heinz Kindermann, die Prosatexte der frühen Neuzeit nach sehr groben inhaltlichen Kategorien zu ordnen versuchten,

hinweisen, aber diese Kategorien haben kaum etwas mit der literarischen Herkunft der Texte zu tun.

Vgl. Franz *Podleiszek*: Die Kulturentwicklung vom Mittelalter zur Neuzeit in den deutschen Volksbüchern des 15. und 16. Jahrhunderts. Mschr. Diss. Wien 1929.

In der Reihe 12 (Volks- und Schwankbücher) der »Deutschen Literatur in Entwicklungsreihen«, die Heinz *Kindermann* herausgab, waren 7 Bände vorgesehen. Ihre Themen in Stichworten: I: Sterbendes Rittertum, II: Weltweite und Abenteuerlust, III: Die leidende Frauenseele, IV: Der neuentdeckte Mensch, V: Deutsche Schwankbücher, VI: Närrische Weisheit – Irdisches Glück und ewige Sehnsucht, VII: Anfänge des bürgerlichen Prosaromans in Deutschland. – Nur die Bände I, II und VII sind erschienen.

55 Hugo *Kuhn*: Zugang zur deutschen Heldensage. In: H. *K.*, Dichtung und Welt im Mittelalter. Stuttgart 1959, S. 181–195 (zuerst erschienen 1952).

56 Ebd. S. 182.

57 Der Terminus »Volksbuch« wird dabei erst allmählich rezipiert. Ludwig *Wachler* spricht in diesem Zusammenhang noch von Erzählungen und Romanen: Vorlesungen über die Geschichte der teutschen Nationallitteratur. 2 Bde. Frankfurt/M. 1818 und 1819, hier Bd. I, S. 141–144. Auch in seinem Handbuch der Geschichte der Litteratur (Dritte Umarbeitung. 4 Bde., Leipzig 1833) paßt sich Wachler der nachromantischen Auffassung nicht an.

58 Arthur *Henkel*: Was ist eigentlich romantisch? In: Festschrift für Richard Alewyn. Köln-Graz 1967, S. 292–308, hier S. 298.

59 Karl *Rosenkranz*: Geschichte der Deutschen Poesie im Mittelalter. Halle 1830, S. 383. – Rosenkranz versteht »Volk« als »natio« – an dieser Stelle. Daß auch er daneben die Bedeutung »vulgus« verwendet, deutet auf die Amplitude des Begriffs im 19. Jahrhundert. Vgl. den Anfang seines Aufsatzes »Die Bilderliteratur des deutschen Volkes«: »Wir sind seit dem Ende des vorigen Jahrhunderts auf die Eigenthümlichkeit der Bildung aufmerksam geworden, welche das Volk, im Unterschied von den sogenannten höheren Ständen, in sich bewahrt. Diese Stände gehören selbst zum Volk, allein ihre allgemeine Bildung verdeckt nicht selten die nationelle Individualität, verwischt die charakteristischen Äusserungsweisen derselben. Das Volk aber, d. h. hier der bäuerliche und gewerbliche Stand, stellt die nationelle Eigenheit schroff heraus. In einem Salon wird man Mühe haben, die Nation, der ein Individuum angehört, sogleich zu bestimmen; nicht so auf dem Markt, in den Wirthshäusern u.s.w.« (In: K. *R.*, Zur Geschichte der Deutschen Literatur, a.a.O. S. 245.)

60 Geschichte der Deutschen Poesie im Mittelalter, a.a.O. S. 389.

61 Für die deutsche Literaturgeschichte der frühen Neuzeit ist dieses Problem bisher kaum gesehen, geschweige denn erörtert worden, so daß man sich vorerst mit Forschungen aus benachbarten Fachgebieten behelfen muß. Vgl. z. B. Karl *Keuck*: Historia. Geschichte des Wortes und seiner Bedeutungen in der Antike und in den romanischen Sprachen. Diss. Münster 1934. – Xenja *von Ertzdorff*: Die Wahrheit der höfischen Romane des Mittelalters. In: ZfdPh 86, 1967, S. 375–389. – *Dies.*: Rudolf von Ems. Untersuchungen zum höfischen Roman im 13. Jahrhundert. München 1967. – Helmut *Brackert*: Rudolf von Ems. Dichtung und Geschichte. Heidelberg 1968 (= Germanische Bibliothek). – Heinz *Rupp* und Oskar *Köhler*: Historia – Geschichte. In: Saeculum 2, 1951, S. 627–638. – Rü-

diger *Landfester*: Historia magistra vitae. Untersuchungen zur humanistischen Geschichtstheorie des 14. bis 16. Jahrhunderts. Genf 1972 (= Travaux d'Humanisme et Renaissance 123).
Für einen bestimmten Teil der erzählenden Literatur vgl. Wolfgang *Brückner*: Historien und Historie. Erzählliteratur des 16. und 17. Jahrhunderts als Forschungsaufgabe. In: W. *B.* (Hrsg.): Volkserzählung und Reformation. Ein Handbuch zur Tradierung und Funktion von Erzählstoffen und Erzählliteratur im Protestantismus (Festschrift für Mathilde Hain). Berlin 1974, S. 13–123.

62 Heinrich *Kurz*: Geschichte der deutschen Literatur, mit ausgewählten Stücken aus den Werken der vorzüglichsten Schriftsteller. 2 Bde. Stuttgart, 1. Aufl. 1840, 5. Aufl. 1870. Ich zitiere nach der 8. Auflage (o. J.).

63 Ebd. Bd. I, S. 744.

64 Eine ähnliche Linie der Entwicklung zeichnet Wilhelm *Wackernagel*: Geschichte der deutschen Litteratur. Basel 1848 (= Deutsches Lesebuch. Bd. 4), vgl. insbesondere den Abschnitt »Romane und Novellen«, ebd. S. 355–361. Zur Bestimmung des Ursprungs der Unterhaltungsliteratur verweist Wackernagel auf die im 15. Jahrhundert verbreiteten Widmungen an Hochgestellte.

65 Wolfgang *Menzel*: Deutsche Dichtung von der ältesten bis auf die neueste Zeit. 3 Bde. Stuttgart 1858/59. Vgl. den Abschnitt »Volksbücher« in Bd. I, S. 393–407, der bevorzugt Romanliteratur enthält. Die anderen »Volksbücher« finden sich in anderen Kapiteln, z. B. unter »Legenden«, »Schwänke«, »Sagen«.

66 Theodor *Mundt*: Allgemeine Literaturgeschichte. 3 Bde. Berlin 1846, hier Bd. 2, S. 4.

67 Ebd. S. 108.

68 August Koberstein's Geschichte der deutschen Nationalliteratur. 5., umgearbeitete Auflage, hrsg. von Karl *Bartsch*. Bd. I: Bis zum Ende des 16. Jahrhunderts. Leipzig 1872, S. 1.

69 In der Rubrik dieser »besten oder merkwürdigsten« Romane zählt Koberstein schon in der 1. Auflage auf: »Loher«, »Pontus«, »Euryalus«, »Melusine«, »Fortunatus«, »Fierabras«, »Haimonskinder«, »Magelone«, »Octavian«, »Amadis« (a.a.O. S. 324 f.). Ein »eigenthümlich deutsches Gepräge« zeigt diese Auswahl nicht, sie ist im Gegenteil rein qualitativ.

70 August Friedrich Christian *Vilmar*: Vorlesungen über die Geschichte der deutschen National-Literatur. Marburg und Leipzig 1845.

71 Deutsche Dichtung von der ältesten bis auf die neueste Zeit, a.a.O. Bd. I, S. 393–407.

72 Heinrich *Laube*: Geschichte der deutschen Literatur. 4 Bde. Stuttgart 1839/40, hier Bd. I, S. 161–168.

73 Friedrich *Oswald*: Die deutschen Volksbücher. In: Telegraph für Deutschland 1839, Nr. 186, 188, 189, 190 und 191. Hier zitiert nach Karl *Marx* – Friedrich *Engels*: Werke. Ergänzungsband II. Teil. Hrsg. vom Institut für Marxismus-Leninismus beim ZK der SED. Berlin 1967, S. 13–21. –
Vgl. hierzu Günther *Voigt*: Friedrich Engels und die deutschen Volksbücher. In: Deutsches Jahrbuch für Volkskunde 1, 1955, S. 65–108. Ferner auch Věra *Macháčková*: Der junge Engels und die Volksbücher. In: Germanistica Pragensia 1, 1960 (= Acta Universitatis Carolinae, Philologica 3, 1960), S. 13–35, und *dies.*: Der junge Engels und die Literatur (1838–1844). Berlin 1961, insbes. S. 80–103.

74 Über die Bedeutung Jacob Grimms für neuere marxistische Positionen vgl. Herbert *Kolb*: Karl Marx und Jacob Grimm. Archiv für das Studium der neueren Sprachen und Literaturen 206, 1969/70, S. 96–114.
75 *Engels,* a.a.O. S. 13.
76 Ebd.
77 Ebd.
78 Ebd. S. 14.
79 Ebd. S. 19.
80 Ebd. S. 15.
81 Joseph Freiherr *von Eichendorff*: Die deutschen Volksschriftsteller. In: Historisch-politische Blätter 22, 1848, S. 129–147. Zitiert nach: Neue Gesamtausgabe der Werke und Schriften. Hrsg. von Gerhart *Baumann* in Verbindung mit Siegfried *Grosse.* 4 Bde. Stuttgart o. J., hier Bd. IV, S. 868 f.
82 Ebd. S. 869.
83 Vgl. den Abschnitt »Eichendorffs Dichtungsbegriff« in der Studie von Hans-Egon *Hass*: Eichendorff als Literarhistoriker. Historismus und Standpunktforschung – ein Beitrag zur Geschichte der Literaturgeschichtsschreibung und ihrer Methodenprobleme. Zeitschrift für Aesthetik und Allgemeine Kunstwissenschaft 2, 1952–1954, S. 103–177, bes. S. 120–134.
84 Vgl. Robert *Prutz*: Über die Unterhaltungsliteratur, insbesondere der Deutschen. Literarhistorisches Taschenbuch 3, 1845, S. 423–454, und: Sophien's Reise von Memel nach Sachsen, ebd. 6, 1848, S. 353–436.
85 Eine Wende deuten möglicherweise Arbeiten Klaus *Weimar*s an: Historische Einleitung zur literaturwissenschaftlichen Hermeneutik. Tübingen 1975; *ders.*: Zur Geschichte der Literaturwissenschaft. Forschungsbericht. DVjs 50, 1976, S. 298–364. – Ergänzend zu der von Weimar akzentuierten Methodengeschichte ist eine institutionengeschichtliche Betrachtungsweise erforderlich.
86 Nach Scherers Meinung ist Hettners Buch »ein Rückschritt hinter Gervinus [...]. Die historische Grundkategorie, hat man mit Recht gesagt, ist die Causalität. Keine noch so treue und gewissenhafte Erforschung der Thatsachen, keine noch so lichtvolle und sinnige Sonderung und Gruppirung des Stoffes kann den Historiker der Pflicht entheben, die Ursachen dessen zu ergründen, was geschieht. Der Hauptfehler Hettners ist die mangelhafte Motivirung.« Wilhelm *Scherer* (Rez): H. Hettners Litteraturgeschichte des 18. Jahrhunderts. 3. Theil, 2. Buch. In: W. *Sch.*, Kleine Schriften. Hrsg. von Konrad *Burdach* und Erich *Schmidt.* Bd. II: Kleine Schriften zur neueren Litteratur, Kunst und Zeitgeschichte. Berlin 1893, S. 66–71, hier S. 66.
87 Vgl. insbesondere Rolf-Peter *Carl*: Prinzipien der Literaturbetrachtung bei Georg Gottfried Gervinus. Bonn 1969 (= Literatur und Wirklichkeit 4), vor allem S. 139–145, ferner Gotthard *Erlers* Einleitung zu: Georg Gottfried Gervinus. Schriften zur Literatur. Berlin 1962 (die Einleitung erschien außerdem als Aufsatz in Bd. 8, 1962, der Weimarer Beiträge).
Zur Einführung vgl. Lothar *Gall*: Georg Gottfried Gervinus. In: Hans-Ulrich *Wehler* (Hrsg.), Deutsche Historiker. Göttingen 1973, S. 493–512.
88 Vgl. Friedrich *Sengle*: Biedermeierzeit, Bd. II, a.a.O. S. 303 f.
89 Gerhard *Schilfert* und Hans *Schleier*: Georg Gottfried Gervinus als Historiker. In: Joachim *Streisand* (Hrsg.), Die deutsche Geschichtswissenschaft vom Beginn des 19. Jahrhunderts bis zur Reichseinigung von oben. 2.

Aufl. Berlin 1969 (= Deutsche Akademie der Wissenschaften zu Berlin. Schriften des Instituts für Geschichte. Reihe I. Bd. 20), S. 148–169, hier S. 151.

Ähnlich gemeint ist Hans *Mayers* Satz: »Mit Georg Gottfried Gervinus [...] beginnt in Deutschland die Fachwissenschaft der Literaturhistorie.« Vgl.: Das Fischer Lexikon. Literatur II/1, hrsg. von Wolf-Hartmut *Friedrich* und Walther *Killy*. Frankfurt/M. 1965, S. 322 (s. v. »Literaturwissenschaft in Deutschland«). Auch für Paul Gerhard *Völker* ist Gervinus der Begründer »der wissenschaftlichen Literaturgeschichte«, vgl. *ders.*: Die inhumane Praxis einer bürgerlichen Wissenschaft. Zur Methodengeschichte der Germanistik. In: Marie Luise *Gansberg* und Paul Gerhard *Völker*, Methodenkritik der Germanistik. Materialistische Literaturtheorie und bürgerliche Praxis. 2. Aufl. Stuttgart 1971 (=Texte Metzler 16), S. 48. (Völkers Aufsatz erschien zuerst in: Das Argument 49, 1968.)

Die hier genannten Urteile leiten sich her von Werner *Krauss*' bedeutendem Aufsatz: Literaturgeschichte als geschichtlicher Auftrag. In: W. *K.*, Studien und Aufsätze. Berlin 1959 (= Neue Beiträge zur Literaturwissenschaft 8), S. 19–71, darin insbes. S. 24–28.

Gervinus ist inzwischen auch schon als »Propagandist des Bürgertums« kritisiert worden; vgl. Karl-Heinz *Götze*: Die Entstehung der deutschen Literaturwissenschaft als Literaturgeschichte. Vorgeschichte, Ziel, Methode und soziale Funktion der Literaturgeschichtsschreibung im deutschen Vormärz. In: Jörg Jochen *Müller* (Hrsg.), Literaturwissenschaft und Sozialwissenschaften 2: Germanistik und deutsche Nation 1806–1848. Zur Konstitution bürgerlichen Bewußtseins. Stuttgart 1974, S. 167–226, hier S. 220.

90 Hans *Rosenberg*: Gervinus und die deutsche Republik. Ein Beitrag zur Geistesgeschichte der deutschen Demokratie. In: H. *R.*, Politische Denkströmungen im deutschen Vormärz. Göttingen 1972 (= Kritische Studien zur Geschichtswissenschaft 3), S. 115–127 (zuerst erschienen in: Die Gesellschaft 1929/II, S. 119–136).

91 Leopold *von Ranke*: Rede zur Eröffnung der XII. Plenarversammlung am 27. September 1871. Sämmtliche Werke. 2. und 3. Gesammtausgabe. Bd. 52/53, Berlin 1888, S. 567–577, hier S. 568.

92 Sie erschien in erster Auflage in Leipzig 1835–1842 als Bd. 2–6 der siebenbändigen Sammlung der »Historischen Schriften« von *Gervinus*. Diese 5 Bände tragen übrigens schon in der ersten Auflage alle einen zusätzlichen Serientitel, der später zum Haupttitel wurde: »Geschichte der deutschen Dichtung«.

93 Vgl. seinen Artikel in der Deutschen Zeitung vom 22. Dezember 1848, auszugsweise abgedruckt bei Hans *Rosenberg*, a.a.O. S. 120 f.

94 Die Details dieses Systems erörtert Erich *Wolf*: G. G. Gervinus. Sein geschichtlich-politisches System. Diss. Leipzig 1931.

95 In seiner kenntnisreichen, doch im Urteil unentschiedenen Abhandlung über Gervinus hat Rudolf Unger die im Werk sichtbaren Gegensätze individualpsychologisch im Sinne einer »Grundspannung« zu deuten versucht, die aus ganz verschiedenen »Antrieben« resultierte. Vgl. R. *Unger*: Gervinus und die Anfänge der politischen Literaturgeschichtschreibung in Deutschland. Eine Säkularerinnerung. In: R. *U.*, Zur Dichtungs- und Geistesgeschichte der Goethezeit. Berlin 1944 (= Gesammelte Studien III), S. 298–324, hier S. 305 (zuerst erschienen 1935 in den Nachrichten von der Gesellschaft der Wissenschaften zu Göttingen. Philol.-Hist. Klasse). Eine

solche Deutung verdeckt den Tatbestand, daß hier mit einer älteren Wissenschaftstradition von eigenem Anspruch zu rechnen ist, »die Poetik und Ästhetik, die Kunde und Lehre von der Dichtung, die ›allgemeine‹ und systematische Literaturwissenschaft, die seit der Renaissance das Abendland durchzog«, wie es Franz *Schultz* formulierte (Die Entwicklung der Literaturwissenschaft von Herder bis Wilhelm Scherer. In: Emil *Ermatinger*, Hrsg.: Philosophie der Literaturwissenschaft. Berlin 1930, S. 1–42, hier S. 5).

Hinweise auf diese Tradition auch in Walter *Benjamins* 1931 in der »Literarischen Welt« erschienenem Aufsatz: Literaturgeschichte und Literaturwissenschaft. Wiederabgedruckt in: W. *B.*, Angelus Novus. Ausgewählte Schriften 2. Frankfurt/M. 1966, S. 450–456.

96 *Gervinus,* a.a.O. Bd. I (nach der internen Zählung für die Literaturgeschichte), S. 11.

97 Ebd. S. 2.

98 Vgl. auch Bd. IV/1 (1840), S. V., wo »das reine Geschäft des Historikers« dahingehend bestimmt wird, »zu ordnen, zu stellen, Zusammenhang in Allem, und durch den Zusammenhang Nothwendigkeit nachzuweisen«.

99 Vgl. Bd. I, S. 12 f. – Wenn Paul Gerhard *Völker* (a.a.O. S. 49) behauptet, Gervinus' Literaturgeschichte sei bestimmt von der »Frage nach dem, was Literatur bewirkt und wem sie nützt [...]. Das Literarische an der Literatur, gemessen an den Kriterien überlieferter Ästhetik stellt sich eben gegen diesen Aspekt der Literatur und wird deshalb von Gervinus vernachlässigt«, so kann das allenfalls auf den ersten Teil des von mir hier zitierten Programms bei Gervinus bezogen werden. Es gilt weder für den zweiten Teil noch für das praktische Verfahren Gervinus'.

100 Jahrbücher für wissenschaftliche Kritik, 1836, 1. Bd., Sp. 281–293. Die Rezension beginnt mit dem Satz: »Das Werk des Hrn. Gervinus wird für die Geschichtschreibung unserer poetischen Literatur eine der denkwürdigsten Epochen bilden, denn es nimmt seinen Standpunkt auf einer Höhe, welche ihr bis jetzt, für ihren ganzen Umfang, fremd geblieben ist.«

101 Ebd. Sp. 284.

102 Vgl. ebd. Sp. 285: »Wie wenig der Verf., so sehr er das Anlehnen an ein bestimmtes System der Aesthetik scheuet, der Nothwendigkeit eines ästhetischen Kanons sich hat entziehen können, beweist er theils durch sein beständiges Zurückkommen auf W. v. Humboldts ästhetische Versuche, aus denen er seine Grundbegriffe über Schönheit und Poesie überhaupt schöpft, theils durch sein noch häufigeres Parallelisiren der deutschen Poesie mit der griechischen, die ihm zum Regulativ für das Besondere dient. Das innige Anschließen an die Productionen der letzteren hat die glückliche Folge gehabt, daß er die mittelaltrigen Schöpfungen mit einer wohlthuenden Unbefangenheit betrachtet. Die eigenthümliche Verworrenheit, Leerheit, Gezwungenheit vieler derselben ist wohl noch Niemandem vorher so klar geworden.«

103 *Gervinus,* Bd. II (1836), S. 224.

104 Über Hartlieb, der »überhaupt ein allezeit fertiger und höchst elender Scribent war«, vgl. ebd. S. 241. Über »den unbedeutenden Vielschreiber Wickram« vgl. Bd. III (1838), S. 117. Zum »Rollenwagenbüchlein« heißt es: »Mit dieser Sammlung stellt sich Wickram ganz unter die niedrigsten Volksbücher. Hier wird zwar über die Zoten geschimpft in den Vorreden, es wird versprochen, daß nichts, was vor Jungfrauen ungebührlich zu re-

den wäre, erzählt werden solle, es wird feierlich Weh gerufen über die, durch welche Ärgerniß kommt, aber wenn nun diese hier erzählten Schwänke nicht voll Zoten, Ärgerniß und Ungebühr sein sollen, so muß jenes Zeitalter hierüber so gigantische Begriffe gehabt haben, daß wir mit unserm geringen Vermögen nicht nachkommen können.« (Ebd. S. 118). Die Motivgeschichte der moralischen Entrüstung in der Literaturwissenschaft – vornehmlich über das Skatologische und das Sexuelle – ist ein nicht unwesentlicher Bestandteil der Geschichte der literarischen Wertung.

105 Die drei Zitate Bd. II, S. 229 f.

106 Bd. II, S. 234.

107 »Die große Pracht und Sorgfalt« der Handschriften deutet nach Gervinus darauf hin, daß sie für fürstliche Personen geschrieben seien, und er bemerkt ferner, daß die Widmungen Hartliebs, Johanns von Soest, Thürings von Ringoltingen in die gleiche Richtung weisen. Vgl. Bd. II, S. 232 f.

108 Bd. IV/2, S. 632.

109 Bd. II, S. 345.

110 Bd. II, S. 351.

111 Dieses Postulat stellt auch Catherine Inez *Lee* auf: Wilhelm Scherer's Goethe criticism: an investigation and examination of Scherer's critical method. Diss. Stanford 1971, bleibt dann aber selbst dahinter zurück. – Die Hauptelemente der methodologischen Position Scherers hat Dietrich *Grohnert* herausgearbeitet, wenngleich unter Überbetonung des Ideologieverdachts: Die methodologische Konzeption in Wilhelm Scherers »Geschichte der deutschen Literatur«. Wissenschaftliche Zeitung der PH Potsdam 9, 1965, S. 111–126. – Die Studie von Franz *Gress*: Germanistik und Politik. Kritische Beiträge zur Geschichte einer nationalen Wissenschaft. Stuttgart 1971 (= Problemata) erreicht demgegenüber in ihrer unreflektierten Vermischung von Biographismus und Ideologiekritik die Ebene der Methodengeschichte gar nicht und verfehlt infolgedessen ihre eigenen methodenkritischen Ziele. – Wenig förderlich auch der Abschnitt über Scherer bei Peter *Salm*: Drei Richtungen der Literaturwissenschaft. Scherer – Walzel – Staiger. Tübingen 1970, S. 5–35.

112 Wilhelm *Scherer*: Die Anfänge des deutschen Prosaromans und Jörg Wickram von Colmar. Eine Kritik. Straßburg-London 1877 (= Quellen und Forschungen zur Sprach- und Culturgeschichte der germanischen Völker 21).

113 Felix *Bobertag*: Geschichte des Romans und der ihm verwandten Dichtungsgattungen in Deutschland. Erste Abtheilung. Bis zum Anfange des XVIII. Jahrhunderts. 1. Band. Breslau 1876.

114 Theoretisch hat Scherer einmal eine Wahl der Gegenstände nach ihrer Rangordnung empfohlen, doch das sollte ausdrücklich für den jüngeren, angehenden Gelehrten nicht gelten; vgl. den von Erich Schmidt redigierten Auszug aus Scherers Kollegmanuskript seiner »Einleitung in die deutsche Philologie«, mit der August Sauer 1894 den ersten Band des »Euphorion« eröffnete (S. 1–4).

Unter den nachfolgenden Eröffnungsschriften dieses Bandes ist ein »Offener Brief« Anton Schönbachs an den Herausgeber bemerkenswert. Schönbach rät dringlich dazu, auch die wissenschaftliche Erörterung der neueren Dichtung (d. h. des 19. Jahrhunderts) in das Programm der Zeitschrift aufzunehmen, und zwar aus einer ganzen Reihe von Gründen: »[...] niemals bin ich aus diesen fernen Gefilden [sc. der altdeutschen Predigt] abgeschweift und habe einen flüchtigen Blick auf die Literaturen unserer eigenen Zeit geworfen, ohne für meine altdeutschen Sachen neue Gesichtspunkte heimzubringen und gemäß Wilhelm Scherers schönem Worte vom ›Prinzip der gegenseitigen Erhellung‹ neue Einsicht gewonnen zu haben.« (Ebd. S. 10) Man würde heute eher umgekehrt dazu raten müssen, die neuere Literatur durch die ältere zu »erhellen«.

115 Daß dieses Unbehagen zum Teil gerade durch solche Unternehmungen genährt wurde, deren Planung auf Mommsen selbst zurückging, hat Wilamowitz knapp und kritisch angemerkt. Vgl. Ulrich *von Wilamowitz-Moellendorff*: Erinnerungen. 1848–1914. 2., ergänzte Aufl. Leipzig 1929, S. 303 f.

116 Die Reden sind abgedruckt in: Theodor *Mommsen*: Reden und Aufsätze. 2. Aufl. Berlin 1905. Namentlich die Frage aus der Rede vom 30. Juni 1887 (»Ob nicht auch [...] wir an der Großheit der Entwickelung leiden«, ebd. S. 154) wird nach dem Vorgang Werner *Krauss*' (Literaturgeschichte als geschichtlicher Auftrag, a.a.O. S. 32 f.) in wissenschaftskritischen Studien manchmal angeführt. Es empfiehlt sich aber, das Original zu benutzen. Mommsens Zitatoren kann man geradezu ideologisch danach einteilen, ob sie ihn nach Werner Krauss zitieren oder nach Karl *Reinhardt* (Die klassische Philologie und das Klassische. In: K. *R.*, Von Werken und Formen. Godesberg 1948, S. 431 f.). An den »Leitfehlern« erkennt man, daß Krauss nicht nach dem Original, sondern nach Reinhardt zitiert, jedoch sehr ungenau. Dieser selbst zitiert jedoch auch schon unvollständig und mit Fehlern.

117 Die Anfänge des deutschen Prosaromans, a.a.O. S. 46 f.

118 Wilhelm *Scherer*: Geschichte der deutschen Literatur. Berlin 1883.

119 Wilhelm *Scherer*: Poetik. Berlin 1888. – Es handelt sich um eine Vorlesung, die Richard M. Meyer nach Scherers Kollegheft und einigen Nachschriften herausgegeben hat. – Innerhalb der »Berliner Schule« war man der Meinung, daß ihre Veröffentlichung besser unterblieben wäre. Tatsächlich ist sie wohl durch Erich Schmidts Poetik-Kolleg überholt worden. Vgl. Robert *Petsch*: Erich Schmidts Seminar. In: Das Germanische Seminar der Universität Berlin. Festschrift zu seinem 50jährigen Bestehen. Berlin 1937, S. 13–18, bes. S. 15.

120 Poetik, a.a.O. S. 17. Ich greife das Lehrgedicht als Beispiel heraus, weil es in der jüngeren Diskussion über die literarische Formenlehre eine gewisse Rolle gespielt hat. Vgl. dazu Friedrich *Sengle*s Münchener Antrittsvorlesung: Die literarische Formenlehre. Vorschläge zu ihrer Reform. Stuttgart 1967 (= Dichtung und Erkenntnis 1) und Bernhard *Fabian*: Das Lehrgedicht als Problem der Poetik. In: Die nicht mehr schönen Künste. Grenzphänomene des Ästhetischen. Hrsg. von Hans Robert *Jauß*. München 1968 (= Poetik und Hermeneutik 3), S. 67–89.
Zur jüngeren Geschichte des Lehrgedichts, namentlich im 17. und 18. Jahrhundert, vgl. Leif Ludwig *Albertsen*: Das Lehrgedicht, eine Geschichte der antikisierenden Sachepik in der neueren deutschen Literatur. Aarhus 1967.

121 Poetik, a.a.O. S. 31.

122 Ebd. S. 32, der letzte Satz im Original gesperrt.

123 AfdA 4, 1877, S. 201 f. Hier zitiert nach: Kleine Schriften, Bd. II, a.a.O. S. 296.

124 »Fierrabras« (1533), »Haimonskinder« (1535). Die »Haimonskinder« erreichten eine den Verbreitungsmöglichkeiten des Buchdrucks entsprechen-

de Wirkung auf dem Buchmarkt erst in einer ganz anderen Textversion, die 1604 in Köln als Oktavband erschien.

125 Poetik, a.a.O. S. 121–137.

126 Ebd. S. 121.

127 Geschichte der deutschen Literatur, a.a.O. S. 264 f.

128 Die beiden Zitate ebd. S. 265 und 266.

129 Vgl. darüber die Arbeit von Franz *Finke*: Die Brüder Schlegel als Literarhistoriker. Mschr. Diss. Kiel 1961.

IV. Das Volksbuch als Gattungsbegriff

1 Friedrich *Vogt* und Max *Koch*: Geschichte der Deutschen Literatur von den ältesten Zeiten bis zur Gegenwart. 2 Bde. 3. Aufl. Leipzig-Wien 1910, hier Bd. I: Friedrich *Vogt*: Von der Urzeit bis zum 17. Jahrhundert, S. 234. (Zuerst erschienen 1897.)

2 Vgl. Anne *Kimmich*: Kritische Auseinandersetzung mit dem Begriff »Neuromantik« in der Literaturgeschichtsschreibung. Diss. Tübingen 1936. – Zur Problematik des Begriffs »Neuromantik« vgl. Helmut *Prang* in: Reallexikon der deutschen Literaturgeschichte, Bd. II (2. Auflage 1965), S. 678–680. Mit Bezug auf die Dichtung meint Prang: »so wie die dt. Romantik um 1800 eine bewußte Abkehr von der Aufklärung und eine Reaktion gegen den Rationalismus des 18. Jh.s darstellte, so wandte sich die N. am Ende des 19. Jh.s gegen den Naturalismus oder auch gegen jeden materialistischen Realismus des herrschenden Zeitgeistes« (ebd. S. 678).

3 Die Unterscheidung ist rein historisch gemeint. Damit sollen weder die gedanklichen Gemeinsamkeiten bestritten werden noch der für den entstehenden Nationalsozialismus ganz unschätzbare Wert der älteren völkischen Bewegung. Sie hat immerhin bewirkt, daß viele Gebildete, kulturell Interessierte, an den Nationalsozialismus unvermerkt herangeführt wurden. – Zum weiteren Zusammenhang dieser Problematik vgl. Kurt *Sontheimer*: Antidemokratisches Denken in der Weimarer Republik. Die politischen Ideen des deutschen Nationalismus zwischen 1918 und 1933. München 1962, insbes. S. 308–315 über »Volk« als antidemokratischen Grundbegriff.

4 Richard *Benz*: Die deutschen Volksbücher. Ein Beitrag zur Geschichte der deutschen Dichtung. Jena 1913. Ich zitiere nach der 2. Auflage, die Jena 1924 unter dem oben im Text angeführten Titel erschien.

5 Vgl. oben S. 99 f.

6 In seinen Jugenderinnerungen äußert sich Benz über Scherer folgendermaßen: »Wagte sich ein Literarhistoriker, wie es Wilhelm Scherer getan hatte, auch auf das mittelalterliche Gebiet [Scherers Entwicklung verlief freilich gerade umgekehrt], so mußte es entsprechend ausfallen: er kam von dem alleinigen Vorbildwert der Weimarer Klassik, die noch kaum etwas vom Mittelalter gekannt hatte, nicht los, was die schiefsten Urteile sowohl über das Formale wie über Stoff und Inhalt zur Folge hatte. So trug man in die höfische Poesie das humanistische Ideal hinein, wich, wo es ging, der religiösen Dichtung aus und sah nur allzuleicht im bloßen Versemachen Poesie.« Richard *Benz*: Lebens-Mächte und Bildungs-Welten meiner Jugend. Dresdner und Heidelberger Erinnerungen. Hamburg 1950, S. 245.

7 *Benz*: Geschichte und Ästhetik, a.a.O. S. 29. – Vorsichtiger und differenzierter äußerte Benz sich drei Jahrzehnte später: »So sind auch die wenigen deutschen Frühhumanisten, die sich an dieser Verdeutschung beteiligten, im Grunde anonym in diesem Volksbuchstil untergegangen: [...]«; vgl. R. *B.*: Geist, Schrift und Bild im Buch des 15. Jahrhunderts. Hamburg 1934 (=Hamburger Beiträge zur Buchkunde 1), S. 17.

8 Alle drei Zitate Geschichte und Ästhetik, a.a.O. S. 1.

9 Ebd. S. 25.

10 Ebd. S. 14.

11 Ebd. S. 31. – Bezeichnend genug, daß Benz dem – von Simrock verursachten – Irrtum aufgesessen ist, es habe ein »Volksbuch« »Gregorius« gegeben, das die »weitschweifig-künstlichen Reimereien mittelhochdeutscher Verfasser [...] verdichtet« habe (vgl. R. *B.*: Geist und Gestalt im gedruckten deutschen Buch des 15. Jahrhunderts. Mainz 1953, S. 23). Vgl. zum Textproblem: J. *Elema* und R. *van der Wal*, a.a.O.

12 Geschichte und Ästhetik, a.a.O. S. 12.

13 Ebd.

14 Ebd. S. 12 f.

15 Verbreitung und Bedeutung dieses Begriffs für literaturwissenschaftliche Fragestellungen in der ersten Jahrhunderthälfte scheinen heute seine Aussagekraft zu übersteigen. Gleichwohl hat auch ein so scharfsinniger und selbständiger Forscher wie Clemens Lugowski – und das bei einem so wenig dazu einladenden Gegenstand wie Jörg Wickram – mit diesem Begriff operiert und die komplexe Lebenswirklichkeit der Gemeinschaft des 16. Jahrhunderts als »mythisches Analogon« bezeichnet, das den Bezugsgrund für die Entstehung der Kunstform des Romans bilde. Diese Entstehung bringt Lugowski – freilich ohne andere Möglichkeiten zu erwägen – mit Wickram in Verbindung. Vgl. Clemens *Lugowski*: Die Form der Individualität im Roman. Berlin 1932 (= Neue Forschung 14), bes. S. 10 ff.

16 *Benz*: Geschichte und Ästhetik, a.a.O. S. 2.

17 Für wie gewichtig Benz selbst das Buch noch in der Rückschau ansah, geht aus seinen Jugenderinnerungen hervor. Auf seine Beschäftigung mit der »Sprache« mittelalterlicher Dichtung führt er seine Neigung und Begabung für die »Knappheit der Form« zurück. »Sie macht mir noch jetzt das Büchlein wert, das den schlichten Titel ›Die deutschen Volksbücher‹ trug, in Wahrheit aber eine konzentrierte Geschichte der mittelalterlichen Dichtung darstellt und den Versuch ihrer völligen Neu-Bewertung, da der Akzent auf die frühe geistliche Poesie und auf die Prosa des 15. Jahrhunderts verschoben ist, der bisher einseitig auf der höfischen Dichtung lag, die man sich angewöhnt hatte, eine mittelhochdeutsche ›Klassik‹ zu nennen. Hätte ich es über mich vermocht, ein dickes Buch daraus zu machen, was beinahe leichter gewesen wäre, und ihm einen sensationellen Titel mit ›Umwertung‹ und der gleichen zu geben, es wäre wahrscheinlich ein Erfolg gewesen. Aber was auf sechzig Seiten Platz findet, das hat für den deutschen Leser nicht genügend Gewicht; und so ist diese Broschüre, als Beilage gleichsam zu der Reihe der Volksbuch-Ausgaben, ohne Wirkung vorübergegangen. Sie erschien, mit der Jahreszahl 1913, zu Weihnachten 1912, und schon im nächsten Frühjahr konnte Diederichs dazu sagen, daß die Germanisten es sich wohl zur Besprechung geben ließen, das große Publikum aber wenig darnach fragte. Und diese Besprechungen waren weiter, wenn auch behutsamer, ablehnend, auch als Diederichs sich mit

dem Ersuchen um eine Stellungnahme an den Vorstand des Germanisten-Verbands wandte, – ich hatte zu deutlich das Versagen der Philologie in Dingen künstlerischen Urteils und geistiger Bewertung aufgedeckt.« (*Benz*: Lebens-Mächte, a.a.O. S. 243.)

Zu beiden Auflagen des Buches erschienen übrigens in selbständiger Form nur ganz wenige und belanglose Kurzanzeigen, keine davon in einer wissenschaftlichen Zeitschrift. Benz dachte hier vielleicht an die ablehnenden Urteile in den Büchern von Burdach, Walzel und Liepe (s. u.).

18 Richard *Benz*: Märchen und Aufklärung im 18. Jahrhundert. Eine Vorgeschichte zur Märchen-Dichtung der Romantiker. Diss. Heidelberg 1907. (Hauptgutachter war Wilhelm Braune, Benz' Lehrer im engeren Sinne war jedoch der Extraordinarius Max Frhr. von Waldberg.)

Die 33 Seiten dieser Dissertation kehren als Einleitung wieder in *Benz'* Buch: Märchen-Dichtung der Romantiker. Mit einer Vorgeschichte. Gotha 1908, in dem viele Grundzüge seiner Volksbuch-Schrift schon vorgebildet sind. Benz stellt das Märchen in der Literatur des 18. Jahrhunderts als letztes Verfallsstadium einer Form dar, die erst durch die Romantiker wieder zum Leben erweckt worden sei. Der Anmerkungsteil zeigt gute Kenntnisse des Quellenmaterials, besitzt jedoch praktisch keine begründende Verbindung mit dem Haupttext. – Manche Urteile, die sich in diesem Buch finden, wären nach Gestus wie Inhalt auch bei George denkbar, vgl. S. 1 des Vorworts (ungezählt): »[...] man hat sich durch den Roman das Organ für Dichtung verdorben.«

19 Gegenwart im Geiste. Festschrift für Richard Benz. Hamburg 1954 [gemeinschaftlich herausgebracht von den Verlagen Piper, Diederichs, Reclam und Christian Wegner; mit Bibliographie: »Das Buch-Werk von Richard Benz«, 1908–1953]. Unter den Autoren finden sich Hermann Hesse, Hans Carossa, Robert Minder, Hans-Georg Gadamer, Walther Bulst, Marie Luise Kaschnitz, Paul Böckmann, Thrasybulos Georgiades. – In dem Beitrag von Rudolf *Goldschmit-Jentner* heißt es über Benz: »Durch seine Wiedererweckung und Ausgabe d e u t s c h e r V o l k s b ü c h e r, die in sprachlich künstlerischen Erneuerungen uns eine trotz der Vorarbeiten eines Görres vergessene Literatur wiederschenkten, wurde er nun zum Repräsentanten des wahren Heidelberger Geistes.« (Ebd. S. 61).

20 Fritz *Stern*: Kulturpessimismus als politische Gefahr. Eine Analyse nationaler Ideologie in Deutschland. Bern-Stuttgart-Wien 1963, S. 191.

21 Für ein spezielles, wenngleich bedeutsames Gebiet ist diese Reaktionsweise auf das Unbehagen im wilhelminischen Reich untersucht worden von Gerhard *Kratzsch*: Kunstwart und Dürerbund. Ein Beitrag zur Geschichte der Gebildeten im Zeitalter des Imperialismus. Göttingen 1969.

In den entsprechenden Abschnitten seiner Kulturgeschichte Heidelbergs spricht Benz vornehmlich von kunsthistorischen Impulsen (vgl. R. *B.*: Heidelberg – Schicksal und Geist. Konstanz 1961, S. 446–454).

22 Daß Lagarde, Nietzsche, Langbehn ihm Vorbilder gewesen seien, hat Benz selbst bezeugt. Vgl. Richard *Benz*: Revolution und Reformation. Kulturpolitische Schriften. Jena 1928, S. 8.

23 Richard *Benz*: Die Renaissance, das Verhängnis der deutschen Cultur. Jena 1915 (= Blätter für deutsche Art und Kunst. Hrsg. von R. Benz. 1. Heft). Der Titel der Reihe greift bewußt auf Herders und Goethes Schrift »Von deutscher Art und Kunst« von 1773 zurück; die geänderte Präposition unterstreicht den programmatischen Zug.

24 Konrad *Burdach*: Deutsche Renaissance. Betrachtungen über unsere künf-

tige Bildung. Berlin 1916. – Ich zitiere nach der zweiten, vermehrten Auflage Berlin 1918, hier S. 4.

25 Ebd. S. 15.

26 Richard *Benz*: Die Grundlagen der deutschen Bildung. 2. Aufl. Jena 1928 (zuerst erschienen 1920); die beiden Zitate S. 88 bzw. S. 17.

27 Ebd. S. 19. – Im Original gesperrt.

28 So forderte er in diesem Programm z. B. eine Umwandlung des Theaters in ein »Volks-Spielhaus«, verstanden als eine Art »Kunst-Kirche«. Vgl. Revolution und Reformation, a.a.O., darin: Ein Kulturprogramm, S. 4.

29 Vgl. Richard *Benz*: Lebens-Mächte, a.a.O. S. 19. Unmittelbar zuvor heißt es: »Und das ist mir immer als größter Vorzug des protestantischen Pfarrhauses erschienen, daß der in ihm Aufwachsende erfuhr, wie Geistiges noch ernst genommen wurde, ja daß der höchste und einzige Lebens-Ernst im Geiste lag, und alle Kraft zu Dienst und Opfer ihm bereit war [...] Die bedeutsamste wissenschaftliche, ja selbst künstlerische Atmosphäre war hiergegen schon unrettbar säkularisiert.« (Ebd. S. 18 f.).
Vor diesem Hintergrund erscheint die – dieses Moment gänzlich übersehende – kurze Charakteristik von Benz, die Robert *Minder* in der Benz-Festschrift gegeben hat (Gruß an Richard Benz. In: Gegenwart im Geiste, a.a.O. S. 34 f.), als Fehldeutung, namentlich wenn man an Minders Essay »Das Bild des Pfarrhauses in der deutschen Literatur von Jean Paul bis Gottfried Benn« denkt (vgl. Robert *Minder*: Kultur und Literatur in Deutschland und Frankreich. Fünf Essays. Frankfurt/M. 1962 = Insel-Bücherei 771, S. 44–72); auch über die Ursprünge der dogmatischen Starre in Benz' Urteilen verlohnte es, in diesem Zusammenhang nachzudenken.

30 *Benz*: Lebens-Mächte, a.a.O. S. 20.

31 Gegenwart im Geiste, a.a.O. S. 70.

32 Wolfgang *Liepe*: Elisabeth von Nassau-Saarbrücken. Entstehung und Anfänge des Prosaromans in Deutschland, a.a.O. – Lutz *Mackensen*: Die deutschen Volksbücher, a.a.O.

33 Als Beispiel vgl. die Einleitung über die Geschichte des Romans vor dem 17. Jahrhundert bei Hans Gerd *Rötzer*: Der Roman des Barock. 1600–1700. Kommentar zu einer Epoche. München 1972.

34 *Liepe,* a.a.O. S. 73.

35 Ebd. S. 2.

36 Ebd. S. 36. – Vgl. zu Mair und den weiteren existierenden Versionen des Stoffes Karin *Schneider*: Der »Trojanische Krieg« im späten Mittelalter. Berlin 1968 (= Philologische Studien und Quellen 40).

37 *Liepe,* a.a.O. S. 36 f. Er erwähnt ferner in diesem Zusammenhang die mittelniederländischen Versbearbeitungen »Renout«, »Maldeghijs« und »Margarete von Limburg« (S. 45). Das Verhältnis der mittelniederländischen und mittelniederdeutschen Unterhaltungsliteratur zu der des deutschen Sprachraums ist ein ungeschriebenes Kapitel der Überlieferungs- und Literaturgeschichte.

38 Philipp *Strauch* (Hrsg.): Die Grisardis des Erhart Grosz. Nach der Breslauer Handschrift. Halle 1931 (= ATB 29).

39 *Liepe,* a.a.O. S. 36.

40 Ebd. S. 37.

41 Ebd. S. 58.

42 Ebd. S. 59 f.

43 Vgl. den methodischen Vorstoß von Hilkert *Weddige*: Die »Historien vom Amadis auss Franckreich«. Dokumentarische Grundlegung zur Entstehung und Rezeption. Wiesbaden 1975 (= Beiträge zur Literatur des XV. bis XVIII. Jahrhunderts 2).
44 Bd. III der ersten Auflage (1928/29), S. 481–485.
45 Ebd. S. 481.
46 Oskar *Walzel*: Wechselseitige Erhellung der Künste. Ein Beitrag zur Würdigung kunstgeschichtlicher Begriffe. Berlin 1917 (= Philosophische Vorträge 15), bes. S. 52 ff. – Walzels Entgegnung auf Benz ist insofern wertlos, als er dessen Präsentation des Materials übernimmt und es lediglich mit einer anderen Deutung versieht.
47 Hans *Naumann*: Grundzüge der deutschen Volkskunde, a.a.O. S. 1: »Die Volkskunde ist heute auf dem Standpunkt angelangt, da man sie, auch in ihren Realien, zu einer reinen Geisteswissenschaft erheben kann.«
48 Ebd. S. 5. Der erste Satz im Original gesperrt.
49 An anderer Stelle (ebd. S. 108) bezeichnet Naumann das Volksbuch ausdrücklich als »gesunkene Standespoesie«.
50 Vgl. ebd. S. 110: »Im übrigen soll hier von Traum- und Wetterbüchern, Handwerksregeln und dergleichen nicht die Rede sein.«
51 Vgl. dazu die Rezensionen von Richard *Alewyn* (Literaturblatt für germanische und romanische Philologie 49, 1928, Sp. 409–411) und Heinz *Kindermann* (AfdA 48, 1929, S. 127–130). Beide bringen Kritik an Einzelheiten vor, legen jedoch unterschiedliche Einstellungen zum Thema an den Tag: während Alewyn dem Gegenstand und seiner Definition eine gewisse Skepsis entgegenbringt, nimmt Kindermann ihn als gegeben hin, ohne nach der Problematik seines möglichen Umrisses zu fragen.
52 Wegen der komplizierten und sehr stark von literarischer Tradition bestimmten Reflexverhältnisse zwischen »äußerer« Realität und literarischer Ebene, die sich im frühen deutschen Roman wesentlich um die »Mittelalterromantik« zentrieren, lassen sich die in den Texten genannten politischen und sozialen Sachverhalte nicht unmittelbar als Gegenstände literatursoziologischer Fragestellungen verwenden.
53 *Mackensen*, a.a.O. S. 78.
54 Ebd. S.69.
55 Ebd. S. 80.
56 Ebd. S. 110.
57 Ebd.
58 Ebd. S. 111 heißt es, die soziale Stellung des Verfassers sei »für die Volksbuchfrage« nebensächlich.
59 Ebd. S. 22 und S. 72.
60 Vgl. Elsbeth *Bonnemann*: Die Presse des Hieronymus Rodler in Simmern. Eine fürstliche Hofbuchdruckerei des 16. Jahrhunderts. Leipzig 1938 (= Sammlung bibliothekswissenschaftlicher Arbeiten 48).
61 *Mackensen*, a.a.O. S. 22.
62 Das »Buch der Liebe« enthält außer der »Magelone« noch folgende Texte: »Octavianus«, »Galmy«, »Tristrant«, »Camillus und Emilia«, »Florio und Bianceforra«, »Theagenes und Chariclia«, »Gabriotto und Reinhart«, »Melusina«, »Ritter von Thurn«, »Pontus und Sidona«, »Herpin«, »Wigoleis«.
63 Ein ganz anderes Problem, das mit der grundsätzlichen Frage der Beweiskraft des Buchformats für Rückschlüsse auf das Lesepublikum nichts zu tun hat, besteht darin, daß Mackensens als Belege gedachte Angaben

nicht selten falsch sind. So sind z. B. die vier ersten Ausgaben des »Fortunatus« in Quart erschienen, vom »Eulenspiegel« (dessen Zuordnung zum Roman wohl einmal gründlicher geprüft werden müßte) sogar mindestens die ersten acht Ausgaben (nach *Heitz-Ritter*).

64 *Mackensen,* a.a.O. S. 7.

65 Strenggenommen entsteht dieser systemimmanente Zwang noch nicht aus der marxistisch-leninistischen Geschichtsdeutung, sondern erst aus der dogmatischen Gleichsetzung des Romans mit dem Typus des realistischen Romans, die in marxistischer Literaturwissenschaft verbreitet ist. Die Entstehung dieses Romantypus wird nach dieser Auffassung zur Entstehung der Romanform überhaupt. Vgl. z. B. Margaret *Schlauch*: Antecedents of the English novel 1400–1600 (from Chaucer to Deloney). Warschau-London 1963.

66 *Mackensen,* a.a.O. S. 15.

67 Dieser hat seine Arbeit nach eigener Aussage »durch etlich edel und auch ander personen« ausgeführt, wie es Fol. A II r des Drucks von 1519 (Straßburg: Johann Knobloch d. Ä.) heißt; die »anderen« sind mit an Sicherheit grenzender Wahrscheinlichkeit Patrizier.

68 *Mackensen,* a.a.O. S. 17.

69 Ernste Zweifel an der methodischen Strenge der Untersuchung kommen einem spätestens in dem Augenblick, in dem man dann wieder liest, das Publikum der Volksbücher sei vor wie nach der Reformation das gleiche gewesen (vgl. ebd. S. 29).

70 Severin *Rüttgers* (Hrsg.): Deutsche Volksbücher. Leipzig 1936, S. VIII. – Rüttgers' Textbearbeitungen und auch seine Anmerkungen sind um eines weniger prätentiös als die von Richard Benz. – Zu Rüttgers vgl. Dietrich *Boueke* und Brigitte *Röttger*: Severin Rüttgers. Ein Beitrag zum Irrationalismus in der Literaturdidaktik. In: Pädagogische Rundschau 28, 1974, S. 23–41.

71 Nach dem Ende der nationalsozialistischen Herrschaft ist Mackensen von seinen Entstehungshypothesen abgerückt und hat die Definition des Volksbuchs auf die jüngere Überlieferung abgestellt: »Nicht Ursprung, Herkunft oder Verfasser stempeln das ›Volksbuch‹, sondern allein der besondere Weg, den es durch die Zeiten nimmt, die andauernde Bestätigung, die es durch seine Leser, das ›Volk‹, erfährt, [...].« Vgl. L. *Makkensen*: Die deutschen Volksbücher. In: Volksgut im Jugendbuch. Märchen – Heldensage – Volksbuch. Reutlingen 1953 (= Jahresgabe des Ensslin und Laiblin Verlages), S. 59–80, hier S. 59. Damit wird – wenngleich in erheblicher Verspätung – der Anschluß an die durch Liepe vertretene philologische Tradition ermöglicht.

72 Hier ist an die Vortragszyklen in Tübingen, München und Berlin zu erinnern – aber auch daran, daß ihre Planung noch damals erhebliche Spannungen innerhalb der Hochschulen heraufbeschwor. Vgl. Andreas *Flitner* (Hrsg.): Deutsches Geistesleben und Nationalsozialismus. Eine Vortragsreihe der Universität Tübingen. Mit einem Nachwort von Hermann *Diem*. Tübingen 1965. – Die deutsche Universität im Dritten Reich. Eine Vortragsreihe der Universität München. München 1966. – Nationalsozialismus und die deutsche Universität. Berlin 1966 (= Universitätstage 1966. Veröffentlichung der Freien Universität Berlin).

73 Vgl.: Nationalismus in Germanistik und Dichtung. Dokumentation des Germanistentages in München vom 17. bis 22. Oktober 1966. Hrsg. von Benno *von Wiese* und Rudolf *Henß*. Berlin 1967. – Von den Diskussio-

nen und Auseinandersetzungen unter den Fachvertretern vermittelte der Münchner Germanistentag nur ein sehr unvollständiges Bild.

74 Walter *Heise*: Die deutschen Volksromane vom Fortunatus bis zum Simplicissimus in ihrer poetischen Struktur. Mschr. Diss. Göttingen 1952, S. 3. – Inge *Gaertner*: Volksbücher und Faustbücher, a.a.O.

75 Persönlicher Einfluß Lutz Mackensens, der nach dem Krieg (bis 1954) in Göttingen wohnte, auf diese Arbeiten ist nicht auszuschließen, in einem Fall ist sie vom Autor bezeugt (vgl. *Heise,* S. 4).

76 Dieter *Röth*: Dargestellte Wirklichkeit im frühneuhochdeutschen Prosaroman. Die Natur und ihre Verwendung im epischen Gefüge. Mschr. Diss. Göttingen 1959.

77 Ihr augenfälligster Beitrag zur Etablierung des literaturwissenschaftlichen Volksbuchbegriffs (das Volksbuch als literarische Gattung) besteht in der scheinbar selbstverständlichen Anordnung nach bloßen Titeln. Die suggestive Wirkung ist überzeugend: auch wenn in einer Titelangabe ein Autorname auftaucht, hat man doch generell den Eindruck, man habe es mit anonymen Werken zu tun. Es wäre nicht schwierig, den umgekehrten Effekt zu erzielen: eine Anordnung der Titelangaben nach Autoren, Übersetzern und Bearbeitern würde das äußere Bild von dieser Literatur beim Leser grundlegend verändern.

78 Die dringend erforderliche Differenzierung zwischen Neuauflagen und neuen Textversionen ist weder bei *Heitz-Ritter* noch in der sonstigen wissenschaftlichen Literatur durchgeführt.
Strenggenommen kann man in der gesamten Frühdruckzeit eher von »Ausgaben« als von »Auflagen« sprechen, weil der moderne Ausdruck »Auflage« stets die Vorstellung hervorruft, daß die Drucke textlich invariant seien.

79 Im Anhang (S. 211–217) hat Inge *Gaertner* aufgrund der in Göttingen vorhandenen Bestände Bemerkungen zur Textkontinuität, d. h. zur Bearbeitung der Texte zusammengestellt. Die Bedeutung der Textveränderungen wird dabei stark unterschätzt, weil die Verfasserin stets von der Frage ausgeht, ob Veränderungen an der »Fabel« eines Werkes vorkommen. Das ist natürlich äußerst selten der Fall.

80 Ebd. S. 204.

81 Die Vorschläge zur Präzisierung des Volksbuchbegriffs machen nur einen Teil der Definitionsversuche von Inge Gaertner aus. Sie versucht außerdem noch, die »Faustbücher« dadurch vom »Volksbuch« abzuheben, daß sie sie als Darstellung von Problemen bezeichnet – im Gegensatz zu der von Stoffen und Vorgängen in den »Volksbüchern«. Vgl. ebd. S. 92 und S. 205.

82 Hans-Gert *Roloff*: Stilstudien zur Prosa des 15. Jahrhunderts. Die Melusine des Thüring von Ringoltingen. Köln-Wien 1970 (= Literatur und Leben N. F. 12). Vgl. dazu die weiterführende Rezension von Werner M. *Bauer* in: Sprachkunst. Beiträge zur Literaturwissenschaft 4, 1973, S. 158–162. – Renate *Wiemann*: Die Erzählstruktur im Volksbuch Fortunatus. Hildesheim-New York 1970 (= Deutsche Volksbücher in Faksimiledrucken. Reihe B. Bd. 1). – Alois *Brandstetter*: Prosaauflösung. Studien zur Rezeption der höfischen Epik im frühneuhochdeutschen Prosaroman. Frankfurt/M. 1971. – Norbert *Thomas*: Handlungsstruktur und dominante Motivik im deutschen Prosaroman des 15. und frühen 16. Jahrhunderts. Nürnberg 1971 (= Erlanger Beiträge zur Sprach- und Kunstwissenschaft 37). – Die letzten drei Titel habe ich in der Zeitschrift

»Germanistik« kurz angezeigt, vgl. Bd. 12, 1971, S. 531 f. und 755 f., sowie Bd. 13, 1972, S. 108 f.

83 A.a.O.: »Wilhelm von Österreich«, »Wigoleis« und »Tristrant« – warum der »Herzog Ernst« nicht behandelt wird, erfährt man nicht. Da Brandstetter Probleme der Rhetorik in den Mittelpunkt seiner Untersuchung stellt, hätte er diesen Text, gerade weil er scheinbar einen Umweg über die Zwischenstufe lateinischer Prosa nimmt, nicht übergehen dürfen.

84 Es fehlt offensichtlich eine Bibliographie, die die handschriftliche Überlieferung miterfaßt. Bezeichnend genug, daß den Verfassern der beiden Dissertationen, die in jüngerer Zeit dem »Wilhelm von Österreich« gewidmet sind, die Donaueschinger Handschrift (Nr. 153) der Prosaversion entgangen ist. Vgl. die Studie, die Veronika *Straub* unter dem (überzogenen) Titel: Entstehung und Entwicklung des frühneuhochdeutschen Prosaromans. Studien zur Prosaauflösung »Wilhelm von Österreich« veröffentlichte, Amsterdam 1974 (= Amsterdamer Publikationen zur Sprache und Literatur 16) und Krishna Murari *Sharma*: Vom Versepos zum Prosaroman. Studien zum Prosaroman »Wilhelm von Österreich«. Diss. München 1969.

85 In der Arbeit von Denes *Monostory*: Der »Decamerone« und die deutsche Prosa des XVI. Jahrhunderts, Den Haag-Paris 1971, wird der Volksbuchbegriff ausschließlich auf die sogenannten Schwankbücher bezogen. Der Verfasser diskutiert den Begriff nicht, doch erlauben seine Hinweise auf die Gegebenheiten des Buchwesens (S. 54–64) Rückschlüsse auf ein alles andere als volkstümliches Publikum der »Decamerone«-Drucke; entsprechende Angaben für die deutschen Erzählungssammlungen fehlen.

86 Liepe, der 1930 entscheidend bei der Verleihung der Ehrendoktorwürde an Max Reinhardt mitgewirkt hatte, wurde – fälschlich – als Halbjude denunziert, 1933 zunächst beurlaubt, 1934 an die Frankfurter Universität versetzt. Vgl. Erich *Hofmann*: Die Christian-Albrechts-Universität in preußischer Zeit. In: Geschichte der Christian-Albrechts-Universität Kiel. 1665–1965. Bd. I, Neumünster 1965, S. 82–115, und Karl *Jordan* und Erich *Hofmann*: Geschichte der philosophischen Fakultät, ebd. Bd. V, Neumünster 1969, insbes. S. 226 f.

87 Zum Vergleich: Lutz Mackensen, 1926 in Greifswald habilitiert, gelangte 1932 an die Herder-Hochschule in Riga, 1941 nach Gent und 1942 an die Reichsuniversität Posen. Nach 1945 hat er sein Amt als Hochschullehrer nicht mehr ausgeübt.

88 Deutsche Volksbücher in Faksimiledrucken. Hrsg. von Ludwig Erich *Schmitt* und Renate *Noll-Wiemann*. Hildesheim – New York 1970 ff. In der Reihe A [Texte] sind bisher erschienen: Johannes Hartliebs »Alexander«; »Appolonius« und »Griseldis«; »Florio und Biancefora«; »Fortunatus«; »Hug Schapler«; »Magelone«; »Die sieben weisen Meister«; »Schiltbürger«; »Wigalois«, in der Reihe B [Untersuchungen] die Arbeiten von Renate *Wiemann*, Heinz-Günter *Schmitz* und Helmut *Melzer* (vgl. hierzu das Literaturverzeichnis).
Bei den Texten handelt es sich um einfache photomechanische Nachdrukke (von »Faksimile« kann nicht im Ernst die Rede sein), bei denen sich der Verlag nicht einmal den Luxus einer Paginierung gestattet hat. Der Benutzer muß z. T. nach den Bogensignaturen der Originale zitieren!

89 Vollends obsolet ist der editorische Minimalismus dieser Reihe. Auf ihre Prinzipien paßt gut die auch von A. W. Schlegel aufgegriffene Bemerkung (s. oben S. 58) aus dem Vorwort des »Buchs der Liebe« *von der Hagens* und *Büschings* (1809), mit dem die Herausgeber das Verfahren des wörtli-

chen Abdrucks in *Reichards* »Buch der Liebe« (1779) kritisieren: »Dergleichen ist offenbar nur für die Schriftgelehrten; soll aber für diese etwas gethan werden, so muß es durch kritische Ausgaben aus den verschiedenen Handschriften und Drucken geschehen. Für bloß wiederholende Abdrücke sind die Originale doch noch zu häufig, und jene höchstens bei noch ganz unbekannten oder nur noch in einzigen Exemplaren vorhandenen Werken zulässig, wiewohl auch hier nicht das Wünschenswertheste.« (A.a.O. S. XII).

90 Anneliese *Schmitt*: Die deutschen Volksbücher. Ein Beitrag zur Begriffsgeschichte und zur Tradierung im Zeitraum von der Erfindung der Druckkunst bis 1550. A.a.O.
An einem einzelnen Werk hat Ursula *Hess* diese Arbeit exemplarisch geleistet: Heinrich Steinhöwels »Griseldis«. Studien zur Text- und Überlieferungsgeschichte einer frühhumanistischen Prosanovelle. München 1975 (= Münchener Texte und Untersuchungen zur deutschen Literatur des Mittelalters 43).

91 »Das Stoffgebiet des weitgefaßten Volksbuchbegriffs [...] reicht von der volkstümlichen religiösen Literatur bis zur Unterhaltungsprosa einerseits und zur Fachprosa andererseits.« (A.a.O. Bd. I, S. 112).

92 Ebd. S. 128. Wieweit die Streuung in die Unterschicht hineinreicht, bleibt auch für nicht-unterhaltende Literatur noch zu prüfen.

93 Ebd. S. 166. »Roman« wird hier in einem weiten Sinne verstanden, wie das die Abhängigkeit der Texte von mittelalterlichen Vorbildern nahelegt (vgl. Bd. II, S. 52, Anm. 360).

94 Als Material stand der Verfasserin im wesentlichen zur Verfügung: die Kartei des Gesamtkatalogs der Wiegendrucke, die Bestände der Deutschen Staatsbibliothek Berlin und die der Ratsschulbibliothek Zwickau, ferner die Bibliographien und gedruckten Kataloge. Autopsie von Originalen außerhalb der DDR war der Verfasserin nicht möglich.

95 Ebd. S. 4.

96 Ebd. S. 134.

97 Vgl. ebd. S. 136: »Der Roman als literarische Großform mit kompliziertem Aufbau fällt als Volksbuch von vornherein aus, [...].«

98 Vgl. die Zusammenfassung in elf Thesen, ebd. S. 157–161.

99 Eine gewisse Verwandtschaft zu Anneliese Schmitts »sozialem Funktionstyp« der Buchgattung Volksbuch hat der »Funktionstyp frühe deutschsprachige Druckprosa«, den Inge Leipold im Blick auf das Programm eines einzelnen Inkunabeldruckers zu definieren versucht hat (Inge *Leipold*: Untersuchungen zum Funktionstyp »Frühe deutschsprachige Druckprosa«. Das Verlagsprogramm des Augsburger Druckers Anton Sorg. In: DVjs 48, 1974, S. 264–290). – Es scheint mir nicht sicher, daß tatsächlich das ganze Sorgsche Programm einem einheitlichen Funktionstypus zuzurechnen ist, auch sind die verschiedenartigen Profile der Programme konkurrierender Drucker zu bedenken, in denen sich die Funktionstypen überschneiden. Im ganzen engt der Buchdruck die funktionale Variabilität der Handschriftenproduktion ein. Er trägt insofern zur zunehmenden Stabilisierung literarischer Gattungen bei.

100 Literaturblatt für germanische und romanische Philologie 49, 1928, Sp. 409.

101 Ich verwende diesen Ausdruck im Sinne von Hugo *Kuhns* 1936 (DVjs 14, S. 223–245) erschienenem grundlegenden Aufsatz: Mittelalterliche Kunst und ihre »Gegebenheit«. Jetzt auch in: H. K.: Text und Theorie. Kleine Schriften, Bd. II, Stuttgart 1969, S. 28–46.

102 Rudolf *Schenda*: Tausend französische Volksbüchlein aus dem neunzehnten Jahrhundert, a.a.O. Sp. 779, Anm. 2. – Ich muß ausdrücklich bemerken, daß ich in diesem Zitat nicht etwa die Bemühungen Schendas auf diesem Felde zusammengefaßt sehe; es eignet sich indes gut zur präzisierenden Kontrastierung mit den Erfordernissen der Literaturwissenschaft.

Literaturverzeichnis

Adelung, Johann Christoph: Versuch eines vollständigen grammatisch-kritischen Wörterbuches der Hochdeutschen Mundart, mit beständiger Vergleichung der übrigen Mundarten, besonders aber der oberdeutschen. 5 Bde. Leipzig 1774–1786.

Albertsen, Leif Ludwig: Das Lehrgedicht, eine Geschichte der antikisierenden Sachepik in der neueren deutschen Literatur mit einem unbekannten Gedicht Albrecht von Hallers. Aarhus 1967.

Alewyn, Richard (Rez.): Lutz Mackensen, Die deutschen Volksbücher. 1927. In: Literaturblatt für germanische und romanische Philologie 49, 1928, Sp. 409–411.

– Johann Beer. Studien zum Roman des 17. Jahrhunderts. Leipzig 1932 (= Palaestra 181).

Allgemeine deutsche Real-Encyclopädie für die gebildeten Stände. (Conversations-Lexicon.) 10 Bde. 5. Original-Aufl. (3. Abdruck). Leipzig 1822–1826.

Allgemeine deutsche Real-Encyclopädie für die gebildeten Stände. (Conversationslexicon.) 15 Bde. 9. Aufl. Leipzig 1843–1848.

Altick, Richard D.: The English common reader. A social history of the mass reading public 1800–1900. Chicago-London-Toronto 1957.

[Anon.:] Über die Mittel, bessere Bücher in die Hände der niedrigern lesenden Menschenklasse zu bringen. In: Berlinische Monatsschrift, hrsg. von Friedrich Gedike und Johann Erich Biester, Bd. 6, Juli–Dezember 1785, S. 295–311.

[Anon.:] Warum lieset man Bücher? und was hat man dabey zu beobachten? In: Bremische Beyträge zur lehrreichen und angenehmen Unterhaltung für denkende Bürger, Bremen 1795, S. 1–30.

Appell, Johann Wilhelm: Die Ritter-, Räuber- und Schauerromantik. Zur Geschichte der deutschen Unterhaltungs-Literatur. Leipzig 1859.

Arnim, Ludwig Achim von: Der Wintergarten. Novellen. Berlin 1809.

– und Clemens Brentano: Des Knaben Wunderhorn. Alte deutsche Lieder gesammelt von [...]. 3 Bde. Heidelberg-Frankfurt/M. 1806–1808.

Ashton, John: Chap-books of the eighteenth century. New foreword by Victor Neuburg. Trowbridge-London 1969 (1. Aufl. 1882).

Aurbacher, Ludwig: Ein Volksbüchlein. Teil 1. Enthaltend: Die Geschichte des ewigen Juden, die Abenteuer der sieben Schwaben, nebst vielen andern erbaulichen und ergötzlichen Historien. München 1827 (= Probeblätter für Volksfreunde). Teil 2: Ernst und Scherz. Eine Sammlung vermischter Erzählungen. Enthaltend: Die Legende von St. Christoph, Faustus, die Wanderungen des Spiegelschwaben, nebst vielen andern erbaulichen und ergötzlichen Historien. München 1829. – Zweyte, vermehrte und verbesserte Ausgabe für Volksfreunde: München 1835. 1839.

Bahrdt, Hans Paul: Die Freiheit des Menschen in der Geschichte bei J. G. Herder. Mschr. Diss. Göttingen 1952.

Baker, Ernest A. (Hrsg.): Early English prose romances. Edited by William J. Thoms. New edition, revised and enlarged. London 1907 (s. auch Thoms).
– The history of the English novel. Bd. I: The age of romance; from the beginnings to the renaissance. London 1924.
Bartsch, Karl: Romantiker und germanistische Studien in Heidelberg 1804–1808. Heidelberg 1881.
Bauer, Werner M. (Rez.): Hans-Gert Roloff, Stilstudien zur Prosa des 15. Jahrhunderts. Die Melusine des Thüring von Ringoltingen. Köln-Wien 1970 (= Literatur und Leben N. F. 12). In: Sprachkunst. Beiträge zur Literaturwissenschaft 4, 1973, S. 158–162.
Bausinger, Hermann: Formen der »Volkspoesie«. Berlin 1968 (= Grundlagen der Germanistik 6).
Becker, Eva D.: Der deutsche Roman um 1780. Stuttgart 1964 (= Germanistische Abhandlungen 5).
Becker, Rudolf Zacharias: Versuch über die Aufklärung des Landmannes. Nebst Ankündigung eines für ihn bestimmten Handbuchs. Dessau und Leipzig 1785.
– Noth- und Hülfs-Büchlein für Bauersleute oder lehrreiche Freuden- und Trauer-Geschichte des Dorfs Mildheim. [1. Teil] Gotha 1788. – Anderer Theil Gotha 1798.
– Mildheimisches Liederbuch. Faksimiledruck nach der Ausgabe von 1815. Mit einem Nachwort von Günter Häntzschel. Stuttgart 1971 (= Deutsche Neudrucke. Reihe Texte des 18. Jahrhunderts).
Benjamin, Walter: Literaturgeschichte und Literaturwissenschaft. In: W. B., Angelus Novus. Ausgewählte Schriften 2. Frankfurt/M. 1966, S. 450–456.
Benz, Richard: Märchen und Aufklärung im 18. Jahrhundert. Eine Vorgeschichte zur Märchen-Dichtung der Romantiker. Diss. Heidelberg 1907.
– Märchen-Dichtung der Romantiker. Mit einer Vorgeschichte. Gotha 1908.
– (Hrsg.): Die deutschen Volksbücher. 6 Bde. Jena 1911–1924.
– Die deutschen Volksbücher. Ein Beitrag zur Geschichte der deutschen Dichtung. Jena 1913. – 2. Aufl. Jena 1924 unter dem Titel: Geschichte und Ästhetik des deutschen Volksbuchs.
– Die Renaissance, das Verhängnis der deutschen Cultur. Jena 1915 (= Blätter für deutsche Art und Kunst. Hrsg. von Richard Benz. 1. Heft).
– (Hrsg.): Sanct Brandans Meerfahrt. Das Volksbuch, erneuert von [...]. Jena 1927 (= Deutsche Volkheit).
– Die Grundlagen der deutschen Bildung. Vorlesungen. 2. Aufl. Jena 1928.
– Revolution und Reformation. Kulturpolitische Schriften. Jena 1928.
– Geist, Schrift und Bild im Buch des 15. Jahrhunderts. Hamburg 1934 (= Hamburger Beiträge zur Buchkunde 1).
– (Hrsg.): Eine hübsche histori von der kuniglichen stadt troy, wie sie zerstoeret ward. Erneuert von [...]. Berlin: Die Rabenpresse 1938 (= Bibliophiler Phönix-Druck 1).
– Lebens-Mächte und Bildungs-Welten meiner Jugend. Dresdner und Heidelberger Erinnerungen. Hamburg 1950.
– Geist und Gestalt im gedruckten deutschen Buch des 15. Jahrhunderts. Mainz 1951 (= Kleiner Druck der Gutenberg-Gesellschaft 51).
– Heidelberg. Schicksal und Geist. Konstanz 1961.
Benzing, Josef: Die Buchdrucker des 16. und 17. Jahrhunderts im deutschen Sprachgebiet. Wiesbaden 1963 (= Beiträge zum Buch- und Bibliothekswesen 12).

Bergh, Laurent Philippe Charles van den: De Nederlandsche volks-romans. Eene bijdrage tot de geschiedenis onzer letterkunde. Amsterdam 1837.

Beyer, Hildegard: Die deutschen Volksbücher und ihr Lesepublikum. Diss. Frankfurt/M. 1962.

Beyschlag, Siegfried: Städte, Höfe, Gelehrte. 1430–1490. In: Annalen der deutschen Literatur. Hrsg. von Heinz Otto Burger. 2., überarbeitete Aufl. Stuttgart 1971, S. 255–286.

Bibliotheca Tieckiana. Catalogue de la bibliothèque célèbre de M. Ludwig Tieck qui sera vendue à Berlin le 10. Décembre 1849 et jours suivants par MM. A. Asher & Comp. Berlin 1849. Neudruck: Mit einem Vorwort von Erich Carlsohn. Wiesbaden 1970.

Bibliothèque universelle des romans. Paris 1775–1789. Fortgesetzt unter dem Titel »Nouvelle bibliothèque universelle des romans«. Paris 1799–1805.

Bobertag, Felix: Geschichte des Romans und der ihm verwandten Dichtungsgattungen in Deutschland. Erste Abtheilung. Bis zum Anfange des XVIII. Jahrhunderts. 1. Bd. Breslau 1876.

– (Hrsg.): Volksbücher des 16. Jahrhunderts. Eulenspiegel. Faust. Schildbürger. Berlin-Stuttgart 1888 (= Deutsche National-Litteratur 25).

Boeckh, Joachim G., und Günter Albrecht, Kurt Böttcher, Klaus Gysi, Paul Günter Krohn: Geschichte der deutschen Literatur von 1480 bis 1600. Berlin 1961 (= Geschichte der deutschen Literatur von den Anfängen bis zur Gegenwart. Bd. 4).

Boisserée, Sulpiz: Briefwechsel/Tagebücher. Faksimiledruck nach der 1. Aufl. von 1862. Mit einem Nachwort von Heinrich Klotz. 2 Bde. Göttingen 1970 (= Deutsche Neudrucke. Reihe Texte des 19. Jahrhunderts).

Bonnemann, Elsbeth: Die Presse des Hieronymus Rodler in Simmern. Eine fürstliche Hofbuchdruckerei des 16. Jahrhunderts. Leipzig 1938 (= Sammlung bibliothekswissenschaftlicher Arbeiten 48).

Boueke, Dietrich, und Brigitte Röttger: Severin Rüttgers. Ein Beitrag zum Irrationalismus in der Literaturdidaktik. In: Pädagogische Rundschau 28, 1974, S. 23–41.

Bouterwek, Friedrich: Geschichte der Poesie und Beredsamkeit seit dem Ende des dreizehnten Jahrhunderts. Bd. IX. Göttingen 1812 (= Geschichte der Künste und Wissenschaften seit der Wiederherstellung derselben bis an das Ende des achtzehnten Jahrhunderts. Dritte Abtheilung: Geschichte der schönen Wissenschaften).

Brackert, Helmut: Rudolf von Ems. Dichtung und Geschichte. Heidelberg 1968 (= Germanische Bibliothek. Reihe 3).

Brandstetter, Alois: Prosaauflösung. Studien zur Rezeption der höfischen Epik im frühneuhochdeutschen Prosaroman. Frankfurt/M. 1971.

Brandt, Gustav-Adolf: Herder und Görres 1798–1807. Ein Beitrag zur Frage Herder und die Romantik. Diss. Berlin 1939.

Brentano, Clemens: Der Goldfaden, eine schöne alte Geschichte, wieder herausgegeben von [. . .]. Heidelberg 1809.

– s. auch Katalog [. . .].

– s. auch Verzeichniß [. . .].

Brinkmann, Richard: Gedanken über einige Kategorien der Literaturgeschichtsschreibung. Anläßlich der ersten beiden Bände von Friedrich Sengles »Biedermeierzeit«. In: Euphorion 69, 1975, S. 41–68.

Brochon, Pierre: Le livre de colportage en France depuis le XVIe siècle. Sa littérature, ses lecteurs. Paris 1954.

Brockhaus Enzyklopädie in 20 Bänden. 17., völlig neubearbeitete Aufl. des Großen Brockhaus. Wiesbaden 1966–1974.

Bronzini, Giovanni Battista: Il mito della poesia popolare. Rom 1966 (= Collana di cultura 12).

Brückner, Wolfgang (Hrsg.): Volkserzählung und Reformation. Ein Handbuch zur Tradierung und Funktion von Erzählstoffen und Erzählliteratur im Protestantismus. Berlin 1974.

Brunet, Gustave: La France littéraire au XVe siècle ou catalogue raisonné des ouvrages en tout genre imprimés en langue française jusqu'à l'an 1500. Paris 1865.

Brunet, Jacques Charles: Manuel du libraire et de l'amateur de livres. 6 Bde. und 2 Supplementbde. 5. Aufl. Paris 1860–1880 (Neudruck Berlin 1921).

Büsching, Johann Gustav, und Friedrich Heinrich von der Hagen (Hrsgg.): Buch der Liebe. 1. [= einziger] Bd. Berlin 1809.

Buntz, Herwig: Die deutsche Alexanderdichtung des Mittelalters. Stuttgart 1973 (= Sammlung Metzler 123).

Burdach, Konrad: Deutsche Renaissance. Betrachtungen über unsere künftige Bildung. 2., vermehrte Aufl. Berlin 1918.

Burger, Heinz Otto: Renaissance – Humanismus – Reformation. Deutsche Literatur im europäischen Kontext. Bad Homburg-Berlin-Zürich 1969 (= Frankfurter Beiträge zur Germanistik 7).

Campe, Joachim Heinrich: Wörterbuch der Deutschen Sprache. 5 Bde. Braunschweig 1807–1811.

Carl, Rolf-Peter: Prinzipien der Literaturbetrachtung bei Georg Gottfried Gervinus. Bonn 1969 (= Literatur und Wirklichkeit 4).

Chamisso, Adelbert von: Fortunati Glückseckel und Wunschhütlein. Ein Spiel (1806). Aus der Handschrift zum ersten Male hrsg. von Ernst Ferdinand Kossmann. Stuttgart 1895 (= Deutsche Litteraturdenkmale des 18. und 19. Jahrhunderts 54/55).

Cocchiara, Giuseppe: Per la raccolta e lo studio delle stampe popolari italiane. In: Giornale storico della letteratura italiana 95, 1930, S. 115–124.

Conrady, Karl Otto (Hrsg.): Deutsche Volksbücher. Reinbek 1968 (= Rowohlts Klassiker der Literatur und der Wissenschaft 510/511. Deutsche Literatur 24).

Debaene, Lucien: De nederlandse volksboeken. Ontstaan en geschiedenis van de nederlandse prozaromans, gedrukt tussen 1475 en 1540. Antwerpen 1951.

Delbono, Francesco: Il »Volksbuch« tedesco. Ricerche e interpretazioni. Arona 1961.

Die deutsche Universität im Dritten Reich. Eine Vortragsreihe der Universität München. München 1966.

Dietze, Walter: Mündlicher Volksschwank und romanhafte Erzählformen im »Lalebuch«. In: Weimarer Beiträge 14, 1968, S. 158–174.

Docen, Bernhard Joseph (Rez.): Joseph Görres, Die deutschen Volksbücher. 1807. In: Jenaische Allgemeine Literatur-Zeitung Nr. 108–110, 10.–12. Mai 1810.

Dorson, Richard Mercer: The British folklorists. London 1968.

Dunlop, John: The history of fiction. 3 Bde. London 1814. 2. Aufl. Edinburgh 1816. (Deutsche Ausgabe s. Liebrecht.)

Eichendorff, Joseph Frhr. von: Neue Gesamtausgabe der Werke und Schriften in 4 Bdn. Hrsg. von Gerhart Baumann in Verbindung mit Siegfried Grosse. Stuttgart 1953–1958. Ergänzungsband 1959.

Ehrismann, Otfrid: Das Nibelungenlied in Deutschland. Studien zur Rezeption des Nibelungenlieds von der Mitte des 18. Jahrhunderts bis zum Ersten Weltkrieg. München 1975 (= Münchner Germanistische Beiträge 14).

Elema, Jan, und R. van der Wal: Zum Volksbuch »Eine schöne merkwürdige Historie des heiligen Bischofs Gregorii auf dem Stein genannt«. In: Euphorion 57, 1963, S. 292–320.

Engels, Friedrich: Die deutschen Volksbücher. In: Marx, Karl, und Friedrich Engels, Werke. Hrsg. vom Institut für Marxismus-Leninismus beim ZK der SED. Ergänzungsband II. Teil, Berlin 1967, S. 13–21.

Engelsing, Rolf: Analphabetentum und Lektüre. Zur Sozialgeschichte des Lesens in Deutschland zwischen feudaler und industrieller Gesellschaft. Stuttgart 1973.

– Zur Sozialgeschichte deutscher Mittel- und Unterschichten. Göttingen 1973 (= Kritische Studien zur Geschichtswissenschaft 4).

– Der Bürger als Leser. Lesergeschichte in Deutschland 1500–1800. Stuttgart 1974.

Ertzdorff, Xenja von: Die Wahrheit der höfischen Romane des Mittelalters. In: Zeitschrift für deutsche Philologie 86, 1967, S. 375–389.

– Rudolf von Ems. Untersuchungen zum höfischen Roman im 13. Jahrhundert. München 1967.

Eschenburg, Johann Joachim: Entwurf einer Theorie und Literatur der schönen Redekünste. Zur Grundlage bei Vorlesungen. Dritte, abgeänderte und vermehrte Ausgabe. Berlin und Stettin 1805.

Esdaile, Arundell: A list of English tales and prose romances printed before 1740. Part I: 1475–1642. Part II: 1643–1739. London 1912 (= The Bibliographical Society 17).

Ewald, Johann Ludwig: Über Volksaufklärung; ihre Gränzen und Vortheile. Berlin 1790.

Fabian, Bernhard: Das Lehrgedicht als Problem der Poetik. In: Die nicht mehr schönen Künste. Grenzphänomene des Ästhetischen. Hrsg. von Hans Robert Jauß. München 1968 (= Poetik und Hermeneutik 3), S. 67–89.

Fechter, Werner: Das Publikum der mittelhochdeutschen Dichtung. Frankfurt/M. 1935 (= Deutsche Forschungen 28) (Nachdruck Darmstadt 1966).

Ferber, Hertha von: Das Volkstumserlebnis des Joseph Görres. Diss. Berlin 1938.

Finke, Franz: Die Brüder Schlegel als Literarhistoriker. Mschr. Diss. Kiel 1961.

Flitner, Andreas (Hrsg.): Deutsches Geistesleben und Nationalsozialismus. Eine Vortragsreihe der Universität Tübingen. Mit einem Nachwort von Hermann Diem. Tübingen 1965.

[*Fouqué,* Friedrich de la Motte:] Historie vom edlen Ritter Galmy und einer schönen Herzogin aus Bretagne. Von Pellegrin. 2 Tle. Berlin 1806.

Frye, Northrop: The secular scripture. A study of the structure of romance. Cambridge/Mass.-London 1976 (= The Charles Eliot Norton Lectures 1974/75).

Gaertner, Inge: Volksbücher und Faustbücher. Eine Abgrenzung. Mschr. Diss. Göttingen 1951.

Gagnér, Sten: Studien zur Ideengeschichte der Gesetzgebung. Stockholm-Uppsala-Göteborg 1960 (= Acta Universitatis Upsaliensis. Studia Iuridica Upsaliensia 1).

Gajek, Bernhard: Homo poeta. Zur Kontinuität der Problematik bei Clemens Brentano. Frankfurt/M. 1971 (= Goethezeit 3).

– (Hrsg.): Clemens und Christian Brentanos Bibliotheken. Die Versteigerungskataloge von 1819 und 1853. Mit einem unveröffentlichten Brief Clemens Brentanos. Heidelberg 1974 (= Beihefte zum Euphorion 6).

Gall, Lothar: Georg Gottfried Gervinus. In: Hans-Ulrich Wehler (Hrsg.), Deutsche Historiker. Göttingen 1973, S. 493–512.

Gegenwart im Geiste. Festschrift für Richard Benz. Hrsg. von Walther Bulst und Arthur von Schneider. Hamburg 1954.

Gervinus, Georg Gottfried: Geschichte der poetischen National-Literatur der Deutschen. 5 Bde. Leipzig 1835–1842 (= Historische Schriften 2–6). – 4. Aufl., Leipzig 1853, unter dem Titel: Geschichte der deutschen Dichtung.

– Schriften zur Literatur. Hrsg. von Gotthard Erler. Berlin 1962.

Geschichts- und Romanen-Litteratur der Deutschen. Zur Kunde der unterhaltenden prosaischen Schriften aus dem Gebiete der Wissenschaften, in einen Verzeichniß von 2866 der vorzüglichsten Schriften mit Preisen welche in einem Zeitraum von einem halben Jahrhundert erschienen sind. Nachdruck der Ausgabe Breslau 1798. Mit einem Nachwort von Hans-Joachim Koppitz. Pullach bei München 1973.

Goedeke, Karl: Grundriß zur Geschichte der deutschen Dichtung aus den Quellen. 2., ganz neu bearbeitete Auflage. I. II. Dresden 1884. 1886.

Görres, Joseph: Die teutschen Volksbücher. Nähere Würdigung der schönen Historien-, Wetter- und Arzneybüchlein, welche theils innerer Werth, theils Zufall, Jahrhunderte hindurch bis auf unsere Zeit erhalten hat. Heidelberg 1807 (s. auch Mackensen).

[*Görres,* Joseph:] Die deutschen Volksbücher. Heidelberg 1807. In: Heidelbergische Jahrbücher der Literatur I, 11. Heft (= 5. Abt., Heft 3), 1808, S. 409–427.

Goethe, Johann Wolfgang: Werke. Hrsg. im Auftrage der Großherzogin Sophie von Sachsen. Abt. I–IV. 133 Bde. (in 143). Weimar 1887–1919.

– Gedenkausgabe der Werke, Briefe und Gespräche. Hrsg. von Ernst Beutler. 24 Bde. Zürich 1948–1959.

Götze, Karl-Heinz: Die Entstehung der deutschen Literaturwissenschaft als Literaturgeschichte. Vorgeschichte, Ziel, Methode und soziale Funktion der Literaturgeschichtsschreibung im deutschen Vormärz. In: Jörg Jochen Müller (Hrsg.), Literaturwissenschaft und Sozialwissenschaften 2: Germanistik und deutsche Nation 1806–1848. Zur Konstitution bürgerlichen Bewußtseins. Stuttgart 1974, S. 167–226.

Gress, Franz: Germanistik und Politik. Kritische Beiträge zur Geschichte einer nationalen Wissenschaft. Stuttgart 1971 (= Problemata).

Grimm, Jacob, und Wilhelm Grimm: Deutsches Wörterbuch. 16 Bde. (in 32). Leipzig 1854–1960.

Grohnert, Dietrich: Die methodologische Konzeption in Wilhelm Scherers »Geschichte der deutschen Literatur«. In: Wissenschaftliche Zeitschrift der Pädagogischen Hochschule Potsdam 9, 1965, S. 111–126.

Grünert, Horst: Sprache und Politik. Untersuchungen zum Sprachgebrauch der »Paulskirche«. Berlin-New York 1974 (= Studia Linguistica Germanica 10).

Hagen, Friedrich Heinrich von der: Beitrag zur Geschichte und Literatur der Deutschen Volksbücher. In: Museum für Altdeutsche Literatur und Kunst 1, 1809, S. 238–311.

– und Gustav Büsching (Hrsgg.): Buch der Liebe. Berlin 1809.

Hass, Hans-Egon: Eichendorff als Literarhistoriker. Historismus und Standpunktforschung – ein Beitrag zur Geschichte der Literaturgeschichtsschreibung und ihrer Methodenprobleme. In: Jahrbuch für Aesthetik und Allgemeine Kunstwissenschaft 2, 1952–1954, S. 103–177.

Haym, Rudolf: Die romantische Schule. Ein Beitrag zur Geschichte des deutschen Geistes. Berlin 1870 (Nachdruck Darmstadt 1961).

Hayn, Hugo, und Alfred N. Gotendorf: Bibliotheca Germanorum erotica et curiosa. Verzeichnis der gesamten deutschen erotischen Literatur mit Einschluß der Übersetzungen nebst Beifügung der Originale. 3. Aufl. 8 Bde. und 1 Erg.-Bd. München 1912–1929.

Heinsius, Theodor: Deutscher Hausschatz für Jedermann oder allverständliches deutsches Sprachbuch für den Nährstand und das Geschäftsleben, zur Vermeidung des Fehlerhaften und Undeutschen im Sprechen und Schreiben. Berlin 1814.

– Volksthümliches Wörterbuch der Deutschen Sprache mit Bezeichnung der Aussprache und Betonung für die Geschäfts- und Lesewelt. 4 in 5 Bdn. Hannover 1818–1822.

Heinsius, Wilhelm: Allgemeines Bücher-Lexikon oder vollständiges Alphabetisches Verzeichnis aller von 1700 bis zu Ende 1892 erschienenen Bücher. 19 Bde. Leipzig 1812–1894.

Heise, Walter: Die deutschen Volksromane vom Fortunatus bis zum Simplicissimus in ihrer poetischen Struktur. Mschr. Diss. Göttingen 1952.

Heitz, Paul, und Friedrich Ritter (Hrsgg.): Versuch einer Zusammenstellung der deutschen Volksbücher des 15. und 16. Jahrhunderts nebst deren späteren Ausgaben und Literatur. Straßburg 1924.

Henkel, Arthur: Was ist eigentlich romantisch? In: Festschrift für Richard Alewyn. Hrsg. von Herbert Singer und Benno von Wiese. Köln-Graz 1967, S. 292–308.

Herrlitz, Hans-Georg: Der Lektüre-Kanon des Deutschunterrichts im Gymnasium. Ein Beitrag zur Geschichte der muttersprachlichen Schulliteratur. Heidelberg 1964.

Hess, Ursula: Heinrich Steinhöwels »Griseldis«. Studien zur Text- und Überlieferungsgeschichte einer frühhumanistischen Prosanovelle. München 1975 (= Münchener Texte und Untersuchungen zur deutschen Literatur des Mittelalters 43).

Heurck, Emile H. van: Les livres populaires flamands. Anvers 1927.

Heyne, Moriz: Deutsches Wörterbuch. 3 Bde. Leipzig 1890–1895.

Hillebrecht, Werner (Hrsg.): Friedrich Immanuel Niethammer: Philanthropinismus – Humanismus. Texte zur Schulreform. Weinheim-Berlin-Basel (= Kleine Pädagogische Texte 29).

Hirsch, Rudolf: Printing, selling and reading 1450–1550. Second printing with a supplemental annotated bibliographical introduction. Wiesbaden 1974.

Hoffmann, Heinrich: Die Deutsche Philologie im Grundriss. Ein Leitfaden zu Vorlesungen. Breslau 1836.

Hofmann, Erich: Die Christian-Albrechts-Universität in preußischer Zeit. III. Im Dritten Reich. In: Geschichte der Christian-Albrechts-Universität Kiel. 1665–1965. Bd. I, Neumünster 1965, S. 82–115.

Hohendahl, Peter Uwe (Hrsg.): Sozialgeschichte und Wirkungsästhetik. Dokumente zur empirischen und marxistischen Rezeptionsforschung. Frankfurt/M. 1974 (= Fischer Athenäum Taschenbücher Literaturwissenschaft 2072).

Hojer, Ernst: Die Bildungslehre F. I. Niethammers. Ein Beitrag zur Geschichte des Neuhumanismus. Frankfurt/M.-Berlin-Bonn 1965 (= Forschungen zur Pädagogik und Geistesgeschichte 2).

Immerwahr, Raymond: Romantisch. Genese und Tradition einer Denkform. Frankfurt/M. 1972 (= Respublica Literaria 7).

Jacobsen, Jens Peter, Jørgen Olrik und Robert Paulli (Hrsgg.): Danske Folkebøger fra 16. og 17. Aarhundrede. 14 Bde. Kopenhagen 1914–1936.

Jauß, Hans Robert: Literaturgeschichte als Provokation der Literaturwissenschaft. Konstanz 1967 (= Konstanzer Universitätsreden 3). – Revidierte Fassung in: H. R. J., Literaturgeschichte als Provokation. Frankfurt/M. 1970 (=edition suhrkamp 418), S. 144–207.

Jerusalem, Peter (Hrsg.): Deutsche Volksbücher. Die schöne Magelone/die Schildbürger/Fortunatus/Doktor Faust/Melusine. Nach den frühesten Drukken und mit den alten Holzschnitten. Ebenhausen bei München 1912 (= Die Bücher der Rose 18).

Just, Leo: Görres in Heidelberg. In: Hist. Jahrbuch 74, 1955, S. 416–431.

Jordan, Karl, und Erich Hofmann: Geschichte der philosophischen Fakultät. In: Geschichte der Christian-Albrechts-Universität Kiel. 1665–1965. Bd. V, Neumünster 1969.

Kaindl, Johann Evangelist: Die Teutsche Sprache aus ihren Wurzen. 4 Bde. Sulzbach 1815–1824.

Katalog der nachgelassenen Bibliotheken der Gebrüder Christ. und Clemens Brentano welche Dienstag den 5. April 1853 und folgende Tage, Abends 5 Uhr präcise, bei J. M. Heberle in Köln öffentlich versteigert und dem Letztbietenden gegen gleich baare Zahlung verabfolgt werden. Köln 1853 (Nachdruck s. Gajek).

Kaufmann, Hans (Hrsg.): Positionen der DDR-Literaturwissenschaft. Auswahl aus den Weimarer Beiträgen (1955–1970). 2 Bde. Kronberg/Ts. 1974 (= Scriptor Taschenbücher Literaturwissenschaft 30.31).

Kayser, Christian Gottlob: Vollständiges Bücher-Lexikon, enthaltend alle von 1750 bis zu Ende des Jahres 1910 in Deutschland und in den angrenzenden Ländern gedruckten Bücher. 36 Tle. Leipzig 1834–1911.

Keuck, Karl: Historia. Geschichte des Wortes und seiner Bedeutungen in der Antike und in den romanischen Sprachen. Diss. Münster 1934.

Kimmich, Anne: Kritische Auseinandersetzung mit dem Begriff »Neuromantik« in der Literaturgeschichtsschreibung. Diss. Tübingen 1936.

Kindermann, Heinz (Hrsg.): Volksbücher vom sterbenden Rittertum. Weimar-Leipzig-Wien 1928 (= Deutsche Literatur in Entwicklungsreihen. Reihe 12: Volks- und Schwankbücher. Bd. 1).

– (Rez.): Lutz Mackensen, Die deutschen Volksbücher. 1927. In: Anzeiger für deutsches Altertum 48, 1929, S. 127–130.

Kirchner, Joachim: Die Zeitschriften des deutschen Sprachgebietes von den Anfängen bis 1830. Stuttgart 1969 (= Bibliographie der Zeitschriften des deutschen Sprachgebietes bis 1900. Bd. 1).

Klee, Gotthold: Zu Ludwig Tiecks germanistischen Studien. Programm Bautzen 1895.

Kluge, Reinhold (Hrsg.): Lancelot. Nach der Heidelberger Pergamenthandschrift Pal. Germ 147. 3 Bde. Berlin 1948. 1963. 1974 (= Deutsche Texte des Mittelalters 42. 47. 63).

Klusen, Ernst: Volkslied. Fund und Erfindung. Köln 1969.

Koberstein, August: Grundriß zur Geschichte der deutschen National-Litteratur. Zum Gebrauch auf gelehrten Schulen entworfen. Leipzig 1827.

August Koberstein's Geschichte der deutschen Nationalliteratur. 5., umgearbeite Aufl. hrsg. von Karl Bartsch. 5 Bde. Leipzig 1872–1873.

Koch, Erduin Julius: Compendium der Deutschen Literaturgeschichte. Bd. I. Berlin 1795 (1. Ausgabe 1791). Bd. II. Berlin 1798.

Körner, Josef: Nibelungenforschungen der deutschen Romantik. Leipzig 1911 (= Untersuchungen zur neueren Sprach- und Literatur-Geschichte N. F. 9).

Kohl, Marianne: Die Nationalzeitung der Deutschen. 1784–1830. Leben und Werk des Publizisten R. Z. Becker. Diss. Heidelberg 1936.

Kolb, Herbert: Karl Marx und Jacob Grimm. In: Archiv für das Studium der neueren Sprachen und Literaturen 206, 1969/70, S. 96–114.

Kosch, Wilhelm: Ludwig Aurbacher, der bayrisch-schwäbische Volksschriftsteller. Seine Jugenderinnerungen (1784–1808). Nebst Briefen an ihn von Melchior von Diepenbrock, Ladislaus von Pyrker, J. M. Sailer, Eduard von Schenk und Joh. Friedrich Heinrich Schlosser, sowie einem Abriß seines Lebens und Schaffens. Köln 1914 (= Görres-Gesellschaft. Erste Vereinsschrift 1914).

Kratzsch, Gerhard: Kunstwart und Dürerbund. Ein Beitrag zur Geschichte der Gebildeten im Zeitalter des Imperialismus. Göttingen 1969.

Krauss, Werner: Literaturgeschichte als geschichtlicher Auftrag. In: W. K., Studien und Aufsätze. Berlin 1959 (= Neue Beiträge zur Literaturwissenschaft 8), S. 19–71.

Küntzel, Gerhard (Rez.): Reta Schmitz, Das Problem »Volkstum und Dichtung« bei Herder. Berlin 1937. In: Deutsche Literaturzeitung 60, 1939, Sp. 1620–1626.

Kuhn, Hugo: Zugang zur deutschen Heldensage. In: H. K., Dichtung und Welt im Mittelalter. Stuttgart 1959, S. 181–195.

– Mittelalterliche Kunst und ihre »Gegebenheit«. In: H. K., Text und Theorie. Kleine Schriften Band 2. Stuttgart 1969, S. 28–46.

Kurz, Heinrich: Geschichte der deutschen Literatur mit ausgewählten Stücken aus den Werken der vorzüglichsten Schriftsteller. 8., unveränderte Aufl. Leipzig-Berlin o. J. (1. Aufl. 1840).

Landfester, Rüdiger: Historia magistra vitae. Untersuchungen zur humanistischen Geschichtstheorie des 14. bis 16. Jahrhunderts. Genf 1972 (= Travaux d'Humanisme et Renaissance 123).

Laube, Heinrich: Geschichte der deutschen Literatur. 4 Bde. Stuttgart 1839/40.

Leavis, Queenie Dorothy: Fiction and the reading public. London 1932 (2. Aufl. 1965).

Lee, Catherine Inez: Wilhelm Scherer's Goethe criticism: an investigation and examination of Scherer's critical method. Diss. Stanford 1971.

Leipold, Inge: Untersuchungen zum Funktionstyp »Frühe deutschsprachige Druckprosa«. Das Verlagsprogramm des Augsburger Druckers Anton Sorg. In: Deutsche Vierteljahrsschrift für Literaturwissenschaft und Geistesgeschichte 48, 1974, S. 264–290.

Lenin, Wladimir Iljitsch: Das Manifest der armenischen Sozialdemokraten. In: Werke. Hrsg. vom Marx-Engels-Lenin-Stalin-Institut beim ZK der SED. Bd. VI, Berlin 1956, S. 320–323.

– Die nationale Frage in unserem Programm. Ebd. S. 452–461.

– Kritische Bemerkungen zur nationalen Frage. In: Werke. Hrsg. vom Institut für Marxismus-Leninismus beim ZK der SED. Bd. XX, Berlin 1961, S. 1–37.

– Über das Selbstbestimmungsrecht der Nationen. Ebd. S. 395–461.

Levin, Herbert: Die Heidelberger Romantik. Preisschrift der Corps-Suevia-Stiftung der Universität Heidelberg. München 1922.

Lichtenberg, Heinz Otto: Unterhaltsame Bauernaufklärung. Ein Kapitel Volksbildungsgeschichte. Tübingen 1970 (= Volksleben 26).

Liebrecht, Felix: John Dunlop's Geschichte der Prosadichtungen oder Geschichte der Romane, Novellen, Märchen usw. Aus dem Englischen übertragen und vielfach vermehrt und berichtigt. Berlin 1851.

Liepe, Wolfgang: Elisabeth von Nassau-Saarbrücken. Entstehung und Anfänge des Prosaromans in Deutschland. Halle/S. 1920.

– Art. »Volksbuch«. In: Reallexikon der deutschen Literaturgeschichte. 1. Aufl. Bd. III, Berlin 1928/29, S. 481–485.

Lugowski, Clemens: Die Form der Individualität im Roman. Berlin 1932 (= Neue Forschung. Arbeiten zur Geistesgeschichte der germanischen und romanischen Völker 14).

Lukács, Georg: Die Theorie des Romans. Ein geschichtsphilosophischer Versuch über die Formen der großen Epik. 3. Aufl. Neuwied-Berlin 1963.

Macháčková, Věra: Der junge Engels und die Volksbücher. In: Germanistica Pragensia 1, 1960 (= Acta Universitatis Carolinae, Philologica 3, 1960), S. 13–35.

– Der junge Engels und die Literatur (1838–1844). Berlin 1961.

Mackensen, Lutz (Hrsg.): Joseph Görres. Die teutschen Volksbücher. Mit einem Nachwort. Berlin 1925 (= Kleine volkskundliche Bücherei 2).

– Die deutschen Volksbücher. Leipzig 1927 (= Forschungen zur deutschen Geistesgeschichte des Mittelalters und der Neuzeit 2).

– Die deutschen Volksbücher. In: Volksgut im Jugendbuch. Märchen – Heldensage – Volksbuch. Reutlingen 1953 (= Jahresgabe des Ensslin und Laiblin Verlages), S. 59–80.

Mandrou, Robert: De la culture populaire aux XVIIe et XVIIIe siècles. La bibliothèque bleue de Troyes. Paris 1964.

Marbach, Gotthard Oswald: Volksbücher. Nr. 1–53. Leipzig 1838–1849.

Mayer, Hans: Art. »Literaturwissenschaft in Deutschland«. In: Literatur II/1. Hrsg. von Wolf-Hartmut Friedrich und Walther Killy. Frankfurt/M. 1965 (= Das Fischer Lexikon 35/1), S. 317–333.

Melzer, Helmut: Trivialisierungstendenzen im Volksbuch. Ein Vergleich der Volksbücher »Tristrant und Isalde«, »Wigoleis« und »Wilhelm von Österreich« mit den mittelhochdeutschen Epen. Hildesheim-New York 1972 (= Deutsche Volksbücher in Faksimiledrucken. Reihe B. Bd. 3).

Melzi, Gaetano: Bibliografia dei romanzi e poemi cavallereschi italiani. Mailand 1838.

Menzel, Wolfgang: Deutsche Dichtung von der ältesten bis auf die neueste Zeit. 3 Bde. Stuttgart 1858/59.

Minder, Robert: Kultur und Literatur in Deutschland und Frankreich. Fünf Essays. Frankfurt/M. 1962 (= Insel-Bücherei 771).

Möller, Helmut: Die kleinbürgerliche Familie im 18. Jahrhundert. Verhalten und Gruppenkultur. Berlin 1969 (= Schriften zur Volksforschung 3).

Mommsen, Theodor: Reden und Aufsätze. 2. Aufl. Berlin 1905.

Monostory, Denes: Der »Decamerone« und die deutsche Prosa des XVI. Jahrhunderts. Den Haag-Paris 1971 (= Studies in German literature 16).

Morin, Alfred: Catalogue descriptif de la Bibliothèque bleue de Troyes (almanachs exclus). Genf 1974 (= Publications du centre de recherches d'histoire et de philologie VI: Histoire et civilisation du livre 7).

Morley, Henry: The early prose romances. London 1889 (= The Carisbrooke library 4).

Moser, Hugo: Karl Simrock als Erneuerer mittelhochdeutscher Dichtung. Bemerkungen zu seinem Verfahren. In: PBB (Tübingen) 94, Sonderheft 1972 (Festschrift Eggers), S. 458–483.

Müller, Günther: Geschichte der deutschen Seele. Vom Faustbuch zu Goethes Faust. 3. Aufl. Darmstadt 1967.

Müller-Fraureuth, Carl: Die Ritter- und Räuberromane. Ein Beitrag zur Bildungsgeschichte des deutschen Volkes. Halle 1894.

Mundt, Theodor: Allgemeine Literaturgeschichte. 3 Bde. Berlin 1846.

Nadler, Josef: Görres und Heidelberg. In: Preußische Jahrbücher 198, 1924, S. 279–291.

Narr, Dieter: Fragen der Volksbildung in der späteren Aufklärung. In: Württembergisches Jahrbuch für Volkskunde 1959/60, S. 38–67.

Nationalsozialismus und die deutsche Universität. Berlin 1966 (= Universitätstage 1966. Veröffentlichung der Freien Universität Berlin).

Nationalismus in Germanistik und Dichtung. Dokumentation des Germanistentages in München vom 17. bis 22. Oktober 1966. Hrsg. von Benno von Wiese und Rudolf Henß. Berlin 1967.

Naumann, Hans: Grundzüge der deutschen Volkskunde. Leipzig 1922 (= Wissenschaft und Bildung 181).

Naumann, Manfred, und Dieter Schlenstedt, Karlheinz Barck, Dieter Kliche, Rosemarie Lenzer: Gesellschaft – Literatur – Lesen. 2. Aufl. Berlin-Weimar 1975 (= Akademie der Wissenschaften der DDR. Zentralinstitut für Literaturgeschichte).

Neuburg, Victor E.: Chapbooks. A guide to reference material on English, Scottish, and American chapbook literature of the eighteenth and nineteenth centuries. 2. Aufl. Guildford-London 1972.

Neues Konversations-Lexikon, ein Wörterbuch des allgemeinen Wissens. Unter der Redaction von H. Krause hrsg. von Herrmann J. Meyer. 16 Bde. 2., gänzlich umgearb. Aufl. Hildburghausen 1862–1868.

Neumann, Friedrich: Studien zur Geschichte der deutschen Philologie. Aus der Sicht eines alten Germanisten. Berlin 1971.

Newald, Richard: Humanismus und Reformation. 1490–1600. In: Annalen der deutschen Literatur. Hrsg. von Heinz Otto Burger. 2., überarbeitete Aufl. Stuttgart 1971, S. 288–338.

[*Nicolai,* Friedrich:] Eyn feyner kleyner ALMANACH Vol schönerr echterr liblicherr Volckslieder, lustigerr Reyen vnndt kleglicherr Mordgeschichte, gesungen von Gabriel Wunderlich weyl. Benkelsengernn zu Dessaw, herausgegeben von Daniel Seuberlich, Schusternn tzu Ritzmück ann der Elbe. Erster Jahrgang. Berlynn vnndt Stettynn, verlegts Friedrich Nicolai -777.

Nisard, Charles: Histoire des livres populaires ou de la littérature du colportage depuis l'origine de l'imprimerie jusqu'à l'établissement de la commission d'examen des livres du colportage – 30 Novembre 1852. 2 Bde. 2. Aufl. Paris 1864 (Neudruck New York 1965).

Nodier, Charles, und Le Roux de Lincy: Nouvelle Bibliothèque bleue ou Légendes populaires de la France. Paris 1842.

Novati, Francesco: La storia e la stampa nella produzione popolare italiana. Con un elenco topografico di tipografi e calcografi italiani che dal secolo XV al XVIII impressero storie e stampe popolari. Bergamo 1907.

Nyerup, Rasmus: Fortegnelse over den danske Almues Morskabsbøger. In: Maanedskriftet Iris (ab 1796 unter dem Titel: Iris og Hebe). Januar, Februar, März 1795, S. 225–273. April, Mai, Juni 1795, S. 1–39, 129–139, 225–283. Januar, Februar, März 1796, S. 145–170, 295–312.

– Almindelig Morskabslæsning i Danmark og Norge igjennem Aarhundreder. Kopenhagen 1816.

O'Dell, Sterg: A chronological list of prose fiction in English, printed in England and other countries. 1475– 1640. Cambridge/Mass. 1954.

Panzer, Georg Wolfgang: Annalen der älteren Deutschen Litteratur. 2 Bde. Nürnberg-Leipzig 1788–1805.

– Annales Typographici. 11 Bde. Nürnberg 1793–1803.

Passano, Giambattista: I novellieri italiani in prosa, indicati e descritti. Mailand 1864.

– I novellieri italiani in verso, indicati e descritti. Bologna 1868.

Pestalozzi, Johann-Heinrich: Sämtliche Werke (ab 1952: Kritische Ausgabe). Hrsg. von Artur Buchenau, Eduard Spranger, Hans Stettbacher. 21 Bde. Berlin-Leipzig (ab 1956: Zürich) 1927–1964.

Petsch, Robert: Erich Schmidts Seminar. In: Das Germanische Seminar der Universität Berlin. Festschrift zu seinem 50jährigen Bestehen. Berlin 1937, S. 13–18.

Petzet, Erich: Die Verhandlungen der bairischen Regierung mit Goethe über ein deutsches Nationalbuch. In: Blätter für das Gymnasial-Schulwesen, hrsg. vom Bayerischen Gymnasiallehrerverein, 43, 1907, S. 449–466.

Pierer, Heinrich August (Hrsg.): Universal-Lexikon oder vollständiges encyclopädisches Wörterbuch. 26 Bde. Altenburg 1835–1836.

Podleiszek, Franz: Die Kulturentwicklung vom Mittelalter zur Neuzeit in den deutschen Volksbüchern des 15. und 16. Jahrhunderts. Mschr. Diss. Wien 1929.

– (Hrsg.): Anfänge des bürgerlichen Prosaromans in Deutschland. Weimar-Leipzig-Wien 1933 (= Deutsche Literatur in Entwicklungsreihen. Reihe 12: Volks- und Schwankbücher. Bd. 7) (Nachdruck Darmstadt 1974).

– (Hrsg.): Volksbücher von Weltweite und Abenteuerlust. Weimar-Leipzig-Wien 1936 (= Deutsche Literatur in Entwicklungsreihen. Reihe 12: Volks- und Schwankbücher. Bd. 2) (Nachdruck Darmstadt 1964).

Prang, Helmut: Art. »Neuromantik«. In: Reallexikon der deutschen Literaturgeschichte. 2. Aufl. Bd. II, Berlin 1965, S. 678–680.

Prutz, Robert: Über die Unterhaltungsliteratur, insbesondere der Deutschen. In: Literarhistorisches Taschenbuch 3, 1845, S. 423–454.

– Sophien's Reise von Memel nach Sachsen. In: Literarhistorisches Taschenbuch 6, 1848, S. 353–436.

Raitz, Walter: Zur Soziogenese des bürgerlichen Romans. Eine literatursoziologische Analyse des »Fortunatus«. Düsseldorf 1973 (= Literatur in der Gesellschaft 19).

Ranke, Leopold von: Rede zur Eröffnung der XII. Plenarversammlung am 27. September 1871. In: L. v. R., Abhandlungen und Versuche. Neue Sammlung. Hrsg. von Alfred Dove und Theodor Wiedemann. Leipzig 1888 (= Sämmtliche Werke. 2. und 3. Gesammtausgabe. Bd. 51/52), S. 567–577.

Reichard, Heinrich August Ottokar (Hrsg.): Bibliothek der Romane. 21 Bde. Berlin (ab 1782: Riga) 1778–1794.

– (Hrsg.): Olla Potrida. 20 Bde. Berlin 1778–1797.

(Hrsg.): Buch der Liebe. Innhaltendt herrliche, schöne Historien, allerley alten und newen Exempel; züchtigen Frauwen und Jungfrauwen, auch jedermann in gemein, zu lesen lieblich und kurzweilig. Leipzig 1796.

Reinhardt, Karl: Die klassische Philologie und das Klassische. In: K. R., Von Werken und Formen. Vorträge und Aufsätze. Godesberg 1948, S. 419–457.

Ritter, Friedrich: Das Giletta-Volksbuch, nach einem bisher unbekannten Straßburger Drucke vom Jahre 1520. In: Jahrbuch der Elsass-Lothringischen Wissenschaftlichen Gesellschaft zu Straßburg 1, 1928, S. 56–79.

Rixner, Thaddä Anselm: Erläuterndes alphabetisches Wortregister zu Johann Evangelist Kaindl's [...] vierbändigem Werke die Teutsche Sprache aus ihren Wurzen, verfaßt und geordnet von [...] 2 Bde. Sulzbach 1830 (= Handwörterbuch der Deutschen Sprache, mit Hinweisung auf ihre Ableitung für Vernunft-, Sprach- und Geschichtsforscher).

Robson-Scott, William Douglas: The literary background of the Gothic revival in Germany. A chapter in the history of taste. Oxford 1965.

Rölleke, Heinz: Neuentdeckte Beiträge Clemens Brentanos zur »Badischen Wochenschrift« in den Jahren 1806 und 1807. Rezeption deutscher Literatur des 16. und 17. Jahrhunderts in der Romantik. In: Jahrbuch des Freien Deutschen Hochstifts 1973, S. 241–346.

Röth, Dieter: Dargestellte Wirklichkeit im frühneuhochdeutschen Prosaroman. Die Natur und ihre Verwendung im epischen Gefüge. Mschr. Diss. Göttingen 1959.

Rötzer, Hans Gerd: Der Roman des Barock. 1600–1700. Kommentar zu einer Epoche. München 1972.

Roloff, Hans-Gert: Stilstudien zur Prosa des 15. Jahrhunderts. Die Melusine des Thüring von Ringoltingen. Köln-Wien 1970 (= Literatur und Leben N. F. 12).

Rosenberg, Hans: Gervinus und die deutsche Republik. Ein Beitrag zur Geistesgeschichte der deutschen Demokratie. In: H. R., Politische Denkströmungen im deutschen Vormärz. Göttingen 1972 (= Kritische Studien zur Geschichtswissenschaft 3), S. 115–127.

Rosenkranz, Karl: Geschichte der Deutschen Poesie im Mittelalter. Halle 1830.

– (Rez.): Geschichte der poetischen National-Literatur der Deutschen von Dr. G. G. Gervinus. Erster Theil. Leipzig 1835. In: Jahrbücher für wissenschaftliche Kritik 1836, Bd. I, Sp. 281–293.

– Zur Geschichte der Deutschen Literatur. Königsberg 1836.

Rüttgers, Severin (Hrsg.): Deutsche Volksbücher. Leipzig 1936.

Rumpf, Johann Daniel Friedrich: Gemeinnütziges Wörterbuch zur Reinigung und Veredlung der Sprech- und Schreibart in Ansehung der Verdeutschung fremder, des bessern Ausdrucks für sprachwidrige, der Aufnahme neuer und der Erklärung sinnverwandter Wörter. Ein Hülfsbuch für Geschäftsführung und Umgang. Berlin 1811.

Rupp, Fritz: H. A. O. Reichard. Sein Leben und seine Werke. Diss. Marburg 1908.

Rupp, Heinz, und Oskar Köhler: Historia – Geschichte. In: Saeculum 2, 1951, S. 627–638.

Rupprich, Hans: Vom späten Mittelalter bis zum Barock. Erster Teil: Das ausgehende Mittelalter, Humanismus und Renaissance. 1370–1520. München 1970. Zweiter Teil: Das Zeitalter der Reformation. 1520–1570. München 1973 (= Geschichte der deutschen Literatur von den Anfängen bis zur Gegenwart. Hrsg. von Helmut de Boor und Richard Newald, IV/1 und 2).

Sainte-Beuve, Charles-Augustin: Tableau historique et critique de la poésie française et du théâtre français au seizième siècle. 2 Bde. 2. Aufl. Paris 1838 (zuerst 1828).

Salm, Peter: Drei Richtungen der Literaturwissenschaft. Scherer – Walzel –

Staiger. Tübingen 1970 (= Konzepte der Sprach- und Literaturwissenschaft 2).

Sauer, Manfred: Die deutschen Inkunabeln, ihre historischen Merkmale und ihr Publikum. Diss. Köln 1956.

Savigny, Friedrich Carl von: Vom Beruf unsrer Zeit für Gesetzgebung und Rechtswissenschaft. Heidelberg 1814.

Scheible, Johannes: Das Kloster. Weltlich und geistlich. Meist aus der ältern deutschen Volks-, Wunder-, Curiositäten- und vorzugsweise komischen Literatur. Zur Kultur- und Sittengeschichte in Wort und Bild. 13 Bde. Leipzig 1845–1848.

Schenda, Rudolf: Italienische Volkslesestoffe im 19. Jahrhundert. Einfühung und Bibliographie zur Sammlung italienischer Volksbüchlein im Museo Pitrè, Palermo. In: Archiv für Geschichte des Buchwesens 7, 1965/1967, Sp. 209–300.

– Kleinformen der Trivialliteratur aus sechs Jahrhunderten. Versuch einer imaginären Ausstellung mit zehn Schaukästen. In: Beiträge zur deutschen Volks- und Altertumskunde 10, 1966, S. 49–66.

– Tausend französische Volksbüchlein aus dem neunzehnten Jahrhundert. Versuch einer bibliographischen Auswahl. In: Archiv für Geschichte des Buchwesens 9, 1967/1969, Sp. 779–952.

– Die Bibliothèque Bleue im 19. Jahrhundert. In: Heinz Otto Burger (Hrsg.): Studien zur Trivialliteratur. 2. Aufl. Frankfurt/M. 1976 (= Studien zur Philosophie und Literatur des 19. Jahrhunderts 1), S. 137–153.

– Volk ohne Buch. Studien zur Sozialgeschichte der populären Lesestoffe 1770–1910. Frankfurt/M. 1970 (= Studien zur Philosophie und Literatur des 19. Jahrhunderts 5).

– Tausend deutsche populäre Drucke aus dem neunzehnten Jahrhundert. In: Archiv für Geschichte des Buchwesens 11, 1971, Sp. 1465–1652.

Scherer, Wilhelm: Die Anfänge des deutschen Prosaromans und Jörg Wickram von Colmar. Eine Kritik. Straßburg-London 1877 (= Quellen und Forschungen zur Sprach- und Culturgeschichte der germanischen Völker 21).

– Geschichte der deutschen Literatur. Berlin 1883.

– Poetik. Berlin 1888.

– (Rez.): H. Hettners Litteraturgeschichte des 18. Jahrhunderts. 3. Th., 2. Buch. 1864. In: W. Sch., Kleine Schriften (hrsg. von Konrad Burdach und Erich Schmidt). Bd. II, Berlin 1893, S. 66–71.

– (Rez.): Felix Bobertag, Geschichte des Romans und der ihm verwandten Dichtungsgattungen in Deutschland. Erste Abth. Bis zum Anfange des XVIII. Jahrhunderts. 1. Bd. Breslau 1877. In: W. Sch., Kleine Schriften (hrsg. von Konrad Burdach und Erich Schmidt). Bd. II, Berlin 1893, S. 295 f.

– Wissenschaftliche Pflichten. Aus einer Vorlesung Wilhelm Scherers. In: Euphorion 1, 1894, S. 1–4.

– Deutsche Bildnisse. Dichter- und Gelehrtenporträts. Berlin 1919. Für die Deutsche Bibliothek herausgegeben von Alexander Eggers.

Schilfert, Gerhard, und Hans Schleier: Georg Gottfried Gervinus als Historiker. In: Joachim Streisand (Hrsg.), Die deutsche Geschichtswissenschaft vom Beginn des 19. Jahrhunderts bis zur Reichseinigung von oben. 2. Aufl. Berlin 1969 (= Deutsche Akademie der Wissenschaften zu Berlin. Schriften des Instituts für Geschichte. Reihe I. Bd. 20), S. 148–161.

Schlauch, Margaret: Antecendents of the English novel 1400–1600 (from Chaucer to Deloney). Warschau-London 1963.

Schlegel, August Wilhelm von: Sämmtliche Werke. Hrsg. von Eduard Böcking. 12 Bde. Leipzig 1846–1847.

– Vorlesungen über schöne Litteratur und Kunst. Hrsg. von Jacob Minor. 3 Tle. Heilbronn 1884 (= Deutsche Litteraturdenkmale des 18. und 19. Jahrhunderts 17–19).

– Geschichte der deutschen Sprache und Poesie. Hrsg. von Josef Körner. Berlin 1913 (= Deutsche Litteraturdenkmale des 18. und 19. Jahrhunderts 147).

Schlegel, Friedrich: Sammlung romantischer Dichtungen des Mittelalters. 2 Bde. Leipzig 1804.

– Lother und Maller, eine Rittergeschichte. Aus einer ungedruckten Handschrift, bearbeitet und herausgegeben von [...]. Frankfurt/M. 1805.

– Kritische Friedrich Schlegel Ausgabe. Hrsg. von Ernst Behler unter Mitwirkung von Jean-Jacques Anstett und Hans Eichner. Paderborn-München Wien 1958 ff.

Schmidt, Wieland: Vom Lesen und Schreiben im späten Mittelalter. PBB (Tübingen) 95, Sonderheft 1973 (Festschrift Ingeborg Schröbler. Hrsg. von Dietrich Schmidtke und Helga Schüppert), S. 309–327.

Schmitt, Anneliese: Die deutschen Volksbücher. Ein Beitrag zur Begriffsgeschichte und zur Tradierung im Zeitraum von der Erfindung der Druckkunst bis 1550. Teil I. II. Mschr. Diss. Humboldt-Universität Berlin 1973.

Schmitt, Ludwig Erich, und Renate Noll-Wiemann (Hrsgg.): Deutsche Volksbücher in Faksimiledrucken. Reihe A. Bd. 1 ff. Hildesheim-New York 1973 ff.

Schmitz, Heinz-Günter: Physiologie des Scherzes. Bedeutung und Rechtfertigung der Ars Iocandi im 16. Jahrhundert. Hildesheim-New York 1972 (= Deutsche Volksbücher in Faksimiledrucken. Reihe B. Bd. 2).

Schmitz, Reta: Das Problem »Volkstum und Dichtung« bei Herder. Diss. Göttingen 1937.

Schneider, Karin: Der »Trojanische Krieg« im späten Mittelalter. Deutsche Trojaromane des 15. Jahrhunderts. Berlin 1968 (= Philologische Studien und Quellen 40).

Schönbach, Anton E.: Offener Brief an den Herausgeber [d. i. August Sauer]. In: Euphorion 1, 1894, S. 4–12.

Schotel, Gilles Denijs Jacob: Vaderlandsche Volksboeken en Volkssprookjes van de vroegste tijden tot het einde der 18^{e} eeuw. 2 Bde. Haarlem 1873/1874.

Schulte-Sasse, Jochen: Die Kritik an der Trivialliteratur seit der Aufklärung. Studien zur Geschichte des modernen Kitschbegriffs. München 1971 (= Bochumer Arbeiten zur Sprach- und Literaturwissenschaft 6).

Schultz, Franz: Joseph Görres als Herausgeber, Litterarhistoriker, Kritiker im Zusammenhange mit der jüngeren Romantik. Berlin 1902 (= Palaestra 12).

– Die Entwicklung der Literaturwissenschaft von Herder bis Wilhelm Scherer. In: Emil Ermatinger (Hrsg.), Philosophie der Literaturwissenschaft. Berlin 1930, S. 1–42.

Schwab, Christoph Theodor: Gustav Schwab's Leben. Erzählt von seinem Sohne. Freiburg und Tübingen 1883.

Schwab, Gustav: Die deutschen Volksbücher. Für Jung und Alt wieder erzählt. 2 Bde. 3. Aufl. Stuttgart 1847.

Schwenck, Konrad: Wörterbuch der deutschen Sprache in Beziehung auf Abstammung und Begriffsbildung. 3. Aufl. Frankfurt/M. 1838.

Schwerte, Hans: Faust und das Faustische. Ein Kapitel deutscher Ideologie. Stuttgart 1962.

Sengle, Friedrich: Die literarische Formenlehre. Vorschläge zu ihrer Reform. Stuttgart 1967 (= Dichtung und Erkenntnis 1).

– Biedermeierzeit. Deutsche Literatur im Spannungsfeld zwischen Restauration und Revolution 1815–1848. Bd. I: Allgemeine Voraussetzungen. Richtungen. Darstellungsmittel. Bd. II: Die Formenwelt. Stuttgart 1971/1972.

Sharma, Krishna Murari: Vom Versepos zum Prosaroman. Studien zum Prosaroman »Wilhelm von Österreich«. Diss. München 1969.

Simpson, Georgiana R.: Herder's conception of ›Das Volk‹ Diss. Chicago 1921.

Simrock, Karl: Deutsche Volksbücher. Nach den ächtesten Ausgaben hergestellt. I. II. Berlin 1839.

– Die deutschen Volksbücher. Gesammelt und in ihrer ursprünglichen Echtheit wiederhergestellt. 13 Bde. Frankfurt/M. 1845–1867.

– Loher und Maller. Ritterroman. Erneuert. Stuttgart 1868 (= Bibliothek der Romane, Novellen, Geschichten u.s.w.).

– Schimpf und Ernst nach Johannes Pauli. Als Zugabe zu den Volksbüchern erneut und ausgewählt. Heilbronn 1876.

– s. auch Verzeichniss [...].

Socard, Alexis: Livres populaires imprimés à Troyes de 1600 à 1800. Hagiographie – Ascétisme. Paris-Troyes 1864.

– Livres populaires. Noëls et cantiques imprimés à Troyes depuis le XVIIe siècle jusqu'à nos jours. Avec des notices bibliographiques et biographiques sur les imprimeurs troyens. Paris-Troyes-Reims 1865.

Sontheimer, Kurt: Antidemokratisches Denken in der Weimarer Republik. Die politischen Ideen des deutschen Nationalismus zwischen 1918 und 1933. München 1962.

Spriewald, Ingeborg: Vom »Eulenspiegel« zum »Simplicissimus«. Zur Genesis des Realismus in den Anfängen der deutschen Prosaerzählung. Berlin 1974 (= Literatur und Gesellschaft).

– und Hildegard Schnabel, Werner Lenk, Heinz Entner: Grundpositionen der deutschen Literatur im 16. Jahrhundert. Berlin-Weimar 1972.

Stackelberg, Jürgen von: Von Rabelais bis Voltaire. Zur Geschichte des französischen Romans. München 1970.

Stammler, Wolfgang: Von der Mystik zum Barock. 1400–1600. 2., durchgesehene und erweiterte Aufl. Stuttgart 1950 (= Epochen der deutschen Literatur. Bd. II, Erster Teil).

– Mittelalterliche Prosa in deutscher Sprache. In: Deutsche Philologie im Aufriß. Unter Mitarbeit zahlreicher Fachgelehrter hrsg. von Wolfgang Stammler. 2., überarbeitete Aufl. Berlin 1960, Sp. 749–1102.

Steig, Reinhold: Achim von Arnim und Clemens Brentano. Stuttgart 1894 (= Achim von Arnim und die ihm nahe standen 1).

– Achim von Arnim und Jacob und Wilhelm Grimm. Stuttgart-Berlin 1904 (= Achim von Arnim und die ihm nahe standen 3).

Steiner, Bernhard: Ludwig Tieck und die Volksbücher. Ein Beitrag zur Geschichte der älteren romantischen Schule. Berlin 1893.

Stern, Fritz: Kulturpessimismus als politische Gefahr. Eine Analyse nationaler Ideologie in Deutschland. Bern-Stuttgart-Wien 1963.

Straub, Veronika: Entstehung und Entwicklung des frühneuhochdeutschen Prosaromans. Studien zur Prosaauflösung »Wilhelm von Österreich«. Amsterdam 1974 (= Amsterdamer Publikationen zur Sprache und Literatur 16).

Strauch, Philipp (Hrsg.): Die Grisardis des Erhart Grosz. Nach der Breslauer Handschrift. Halle 1931 (= Altdeutsche Textbibliothek 29).

Thomas, Norbert: Handlungsstruktur und dominante Motivik im deutschen Prosaroman des 15. und frühen 16. Jahrhunderts. Nürnberg 1971 (= Erlanger Beiträge zur Sprach- und Kunstwissenschaft 37).

Thoms, William J.: A collection of early prose romances. 3 Bde. London 1828 (4. Aufl. s. Baker).

Thraede, Klaus: Art. »Erfinder II (geistesgeschichtlich)«. In: Reallexikon für Antike und Christentum, Bd. V, Stuttgart 1962, Sp. 1191–1278.

[*Tieck,* Ludwig:] Volksmährchen herausgegeben von Peter Leberecht. 3 Bde. Berlin 1797.

– Romantische Dichtungen. 2 Bde. Jena 1799/1800.

– Minnelieder aus dem Schwäbischen Zeitalter neu bearbeitet und herausgegeben. Berlin 1803.

– Kaiser Octavianus. Ein Lustspiel in zwei Theilen. Jena 1804.

– Frauendienst, oder: Geschichte und Liebe des Ritters und Sängers Ulrich von Lichtenstein, von ihm selbst beschrieben. Nach einer alten Handschrift bearbeitet und herausgegeben. Stuttgart-Tübingen 1812.

– Fortunat. Ein Mährchen in fünf Aufzügen. In: L. T.: Phantasus. Eine Sammlung von Mährchen, Erzählungen, Schauspielen und Novellen (3 Bde. Berlin 1812–1816), Bd. III (1816). Erster Theil: S. 5–221. Zweiter Theil: S. 267–494.

– s. auch Bibliotheca Tieckiana.

Trübners deutsches Wörterbuch. Hrsg. von Alfred Götze. 8 Bde. Berlin 1939–1957.

Uhde, Hermann (Hrsg.): H. A. O. Reichard (1751–1828). Seine Selbstbiographie, überarbeitet und herausgegeben. Stuttgart 1877.

Uhland, Ludwig: Ernst, Herzog von Schwaben. Trauerspiel in fünf Aufzügen. Heidelberg 1818.

– Schriften zur Geschichte der Dichtung und Sage. Hrsg. von Wilhelm Ludwig Holland, Adelbert von Keller und Franz Pfeiffer. 8 Bde. Stuttgart 1865–1873.

– Briefwechsel. Im Auftrag des Schwäbischen Schillervereins hrsg. von Julius Hartmann. 4 Bde. Stuttgart-Berlin 1911–1916 (= Veröffentlichungen des Schwäbischen Schillervereins 4–7).

Unger, Rudolf: Gervinus und die Anfänge der politischen Literaturgeschichtschreibung in Deutschland. Eine Säkularerinnerung. In: R. U., Zur Dichtungs- und Geistesgeschichte der Goethezeit. Berlin 1944 (= Gesammelte Studien III), S. 298–324.

Die deutsche Universität im Dritten Reich. Eine Vortragsreihe der Universität München. München 1966.

Verzeichniss der von dem Herrn Professor Dr. Karl Simrock nachgelassenen Bibliothek welche Montag den 15. Januar 1877 u. an den folg. Tagen Nachmittags 5 1/2 Uhr im Auctionslokale von Matthias Lempertz' Buchhandlung und Antiquariat in Bonn versteigert wird. Bonn 1876.

Verzeichniß einer sehr reichen Sammlung von Handschriften und alten Drukken zur Geschichte der deutschen, französischen, spanischen, holländischen und englischen romantischen Dichtkunst gehörig, meistens Seltenheiten und Gegenstände, die sich zu neuer Bearbeitung eignen, welche nebst andern Büchern in verschiedenen Sprachen und Wissenschaften den 13. December u. folg. Tage d. J. Vormittags um 9 Uhr am Dönhofsplatze Nr. 36. durch den Königl. Auctionskommissarius Bratring gegen gleich baare Bezahlung in kling. Preuß. Cour. meistbietend versteigert werden sollen. Berlin 1819 (Nachdruck s. Gajek).

Vilmar, August Friedrich Christian: Vorlesungen über die Geschichte der deutschen National-Literatur. Marburg-Leipzig 1845.

Völker, Paul Gerhard: Die inhumane Praxis einer bürgerlichen Wissenschaft. Zur Methodengeschichte der Germanistik. In: Marie Luise Gansberg und Paul Gerhard Völker, Methodenkritik der Germanistik. Materialistische Literaturtheorie und bürgerliche Praxis. 2. Aufl. Stuttgart 1971 (= Texte Metzler 16), S. 40–73.

Vogt, Friedrich, und Max Koch: Geschichte der deutschen Literatur von den ältesten Zeiten bis zur Gegenwart. 2 Bde. 3. Aufl. Leipzig-Wien 1910.

Voigt, Günther: Friedrich Engels und die deutschen Volksbücher. In: Deutsches Jahrbuch für Volkskunde 1, 1955, S. 65–108.

Wachler, Ludwig: Vorlesungen über die Geschichte der teutschen Nationallitteratur. 2 Bde. Frankfurt/M. 1818/19.

– Handbuch der Geschichte der Litteratur. Dritte Umarbeitung. 4 Bde. Leipzig 1833.

Wackernagel, Wilhelm: Geschichte der deutschen Litteratur. Basel 1848 (= Deutsches Lesebuch. Bd. 4).

Walzel, Oskar: Wechselseitige Erhellung der Künste. Ein Beitrag zur Würdigung kunstgeschichtlicher Begriffe. Berlin 1917 (= Philosophische Vorträge 15).

Watt, Ian: Der bürgerliche Roman. Aufstieg einer Gattung. Defoe – Richardson – Fielding. Aus dem Englischen von Kurt Wölfel. Frankfurt/M. 1974 (= Suhrkamp Taschenbuch Wissenschaft 78).

Weddige, Hilkert: Die »Historien vom Amadis auss Franckreich«. Dokumentarische Grundlegung zur Entstehung und Rezeption. Wiesbaden 1975 (= Beiträge zur Literatur des XV. bis XVIII. Jahrhunderts 2).

Weimar, Klaus: Historische Einleitung zur literaturwissenschaftlichen Hermeneutik. Tübingen 1975.

– Zur Geschichte der Literaturwissenschaft. Forschungsbericht. In: Deutsche Vierteljahrsschrift für Literaturwissenschaft und Geistesgeschichte 50, 1976, S. 298–364.

Weissert, Gottfried: Das Mildheimische Liederbuch. Studien zur volkspädagogischen Literatur der Aufklärung. Tübingen 1966 (= Volksleben 15).

Weller, Emil: Repertorium typographicum. Die deutsche Literatur im ersten Viertel des 16. Jahrhunderts. 2 Bde. Nördlingen 1864–1885.

Wieacker, Franz: Privatrechtsgeschichte der Neuzeit, unter besonderer Berücksichtigung der deutschen Entwicklung. 2., neubearbeitete Aufl. Göttingen 1967.

Wiemann, Renate: Die Erzählstruktur im Volksbuch Fortunatus. Hildesheim-New York 1970 (= Deutsche Volksbücher in Faksimiledrucken. Reihe B. Bd. 1).

Wiese, Benno von: Herder. Grundzüge seines Weltbildes. Leipzig 1939 (= Meyers Kleine Handbücher 19).

Wilamowitz-Moellendorff, Ulrich von: Erinnerungen. 1848–1914. 2., ergänzte Aufl. Leipzig 1929.

Woledge, Brian: Bibliographie des romans et nouvelles en prose française antérieurs à 1500. Genf-Lille 1954 (= Publications romanes et françaises 42).

– und H. P. Clive: Répertoire des plus anciens textes en prose française depuis 842 jusqu'aux premières années du XIIIe siècle. Genf 1964 (= Publications romanes et françaises 79).

– Bibliographie des romans et nouvelles en prose française antérieurs à 1500. Supplément 1954–1973. Genf 1973 (= Publications romanes et françaises 130).

Wolf, Erich: G. G. Gervinus. Sein geschichtlich-politisches System. Diss. Leipzig 1931.

Wolff, Oscar Ludwig Bernhard (Hrsg.): Neues elegantes Conversations-Lexicon für Gebildete aus allen Ständen. 4 Bde. Leipzig 1834–1837.

Wolff, Samuel Lee: The Greek romances in Elizabethan prose fiction. New York 1912.

Worstbrock, Franz Josef: Translatio artium. Über die Herkunft und Entwicklung einer kulturhistorischen Theorie. In: Archiv für Kulturgeschichte 47, 1965, S. 1–22.

Wuttke, Dieter (Rez.): Heinz Otto Burger, Renaissance, Humanismus, Reformation – Deutsche Literatur im europäischen Kontext. 1969. In: Arcadia 7, 1972, S. 80–83.

Zerrenner, Heinrich Gottlieb: Volksaufklärung. Übersicht und freimüthige Darstellung ihrer Hindernisse nebst einigen Vorschlägen denselben wirksam abzuhelfen. Ein Buch für unsre Zeit. Magdeburg 1786.

Namenregister